資料集

昭和期の都市労働者 2

大阪：釜ヶ崎・日雇

《図書資料編》

［1］大正期

近現代資料刊行会

凡例

一、本資料集は、一九二六（昭和元）年～一九八九（昭和六四）年に亘る昭和期を中心にして、主要都市で働く労働者と労働を取り巻く様々な社会問題に関係する資料を集成、復刻するシリーズ『資料集　昭和期の都市労働者』の第二集である。第二集では都市「大阪」の「日雇労働者」、特に寄せ場「釜ヶ崎」とそこに住まう「日雇労働者」に関する種々の資料を中心に選定・収録する。
二、図書資料編にあたる本資料集では、主に調査、概況の報告などの書籍、一部雑誌記事などを収録する。
三、第一回配本（第一～八巻）には、大正時代末および一九二七（昭和二）年～一九四四（昭和一九）年に刊行された資料を発行年月日順に収録したが、編集上やむを得ず配列が前後するものがある。
四、原則的に各資料の表紙から奥付まですべてを原寸大で収録したが、編集上縮小また一部抜粋して収録した資料もある。
五、目次・見出しの表記は、題名については表紙の表題を新字体に統一して掲載する。また、発行所・発行日は原則として奥付表記を採用したが、奥付表記のない場合などは表紙、はしがきなどの記述を採用した。なお資料本文中のあきらかな誤植でも資料性重視の立場から修正せずにそのまま掲載する。
六、本シリーズの刊行趣旨は、都市労働者と労働にまつわる様々な社会問題解決の確定に実証的歴史研究を通して寄与することである。こうした刊行趣旨から原資料中にみられる差別的語句、表現・論と思われるものについても資料表記のまま収録する。
七、最終配本に解説と収録資料一覧を収録した別冊を付す。

資料集　昭和期の都市労働者2

大阪　釜ヶ崎・日雇《図書資料編》1［大正期］

目次

木賃宿の一考察

（大阪市立市民館・大正十四（一九二五）年三月一日）……5

労働調査報告第五十号　公園内に於ける無宿者調査

（大阪市社会部調査課・大正十五（一九二六）年十二月一日）……59

労働調査報告号外其二　本市に於ける失業者の分布状態

（大阪市社会部調査課・大正十五十四（一九二六）年十月一日）……133

下級労働者取締り建議

（『救済研究』第五巻第六号・大正六（一九一七）年六月二十五日）……411

木賃宿々泊児童の教育

（『救済研究』第七巻第十号・大正八（一九一九）年十月二十五日・市立児童相談所員　鵜川富尾）……417

今宮町方面木賃宿の宿泊人

（『社会事業研究』第十一巻第四号・大正十二（一九二三）年四月二十五日）……429

一木賃宿の解剖
（『社会事業研究』第十三巻第三号・大正十四（一九二五）年三月一日・弘済会保育部　田村克己）……443
一木賃宿の解剖（続）
（『社会事業研究』第十三巻第四号・大正十四（一九二五）年四月一日・弘済会保育部　田村克己）……465
不良住宅地区改善の諸力
（『大大阪』第二巻第八号・大正十五（一九二六）年八月・志賀志那人）……487

◇木賃宿の一考察

（大阪市立市民館・大正十四（一九二五）年三月一日）

掲載資料の原本として大阪市立大学学術情報総合センター所蔵資料を使用

木賃宿の一考察

大阪市立市民館

木賃宿の一考察目次

一、「やど」を我家の人々

赤裸で世の中に飛びだして我家を構へるといふことは餘程の經濟力がなければ出來ないことである。たとひそれが借家であるとしても一戸を借りて生活するには單に月々或は日々の家賃を支拂ふのみならず多くは最初にその家賃の月額に幾倍する敷金を納めねばならない。又多くの場合疊建具を用意せねばならない。更に日常生活に要する一切の家具をも準備せねばならない。その上近隣との交際、各種の公課にも應せねばならないから相當に而も確實なる收入あるものでなければ中々一戸を借りて生活することは困難である。

一戸の家を借りることの出來ないものはこゝに間借の生活をする。しかしこの間借をするにしても第一前家賃《さきやちん》としてその月分の間借料を支拂はねばならない場合が多い。夜具の準備を要する。炊事具も一通り備へねばならない。電燈料水道使用料を支出するだけの力がなければならない。これらの生活費を支辨する能力の不足するものは間借の生活すら出來得ないものである。

間借りの生活すら出來得ないもの、それ程に經濟力の薄弱なものは何處に住みどんな生活をなし居るのであらうか。こゝに木賃宿の生活が始まる。木賃宿若くはこれに類する安下宿の一室を自己及びその家族の住居とさせるものが即是である。これらの人々は自分丈けの力を以てしては容易に一戸の家を借れないばかりでなく、多くは日常用ふる寢具すらこれを借りて生活せねばならぬほど經濟的に惠まれて居ない人々なのである。この報告に於ては本館附近に於けるこれら宿を我家とする人々の生活狀態の一斑を明かにすることを目的とする。

二、南と北に群がる「やど」

本館附近の木賃宿といへば近く市に編入さるゝ西成郡豊崎町に在るものを指す。實際豊崎町に於ける木賃宿なるものは南方今宮町に於けるものと共に本市接續町村中最も著名なる社會事象の一である。

豊崎町に於ける木賃宿は其數に於てこれを本業とせるもの八、兼業とせるもの二十二ある。この內兼業者は旅人宿屋又は下宿業者の木賃宿を兼ねるものであるが事實は木賃專業者と殆んど全く同じ營業狀態にあるといつてよいものばかりである。故に實際木賃の業を營むものは豊崎町に三十ある譯となる。

中でも

三河屋、つるや、平野屋、備前屋、播磨屋、玉屋、紀の國屋、山口館、大阪屋、あづまや、丹波屋、讃岐屋、藤屋

等は有名である。

次に豊崎町の何れの方面にこの種の宿が最も多いかを調べると、

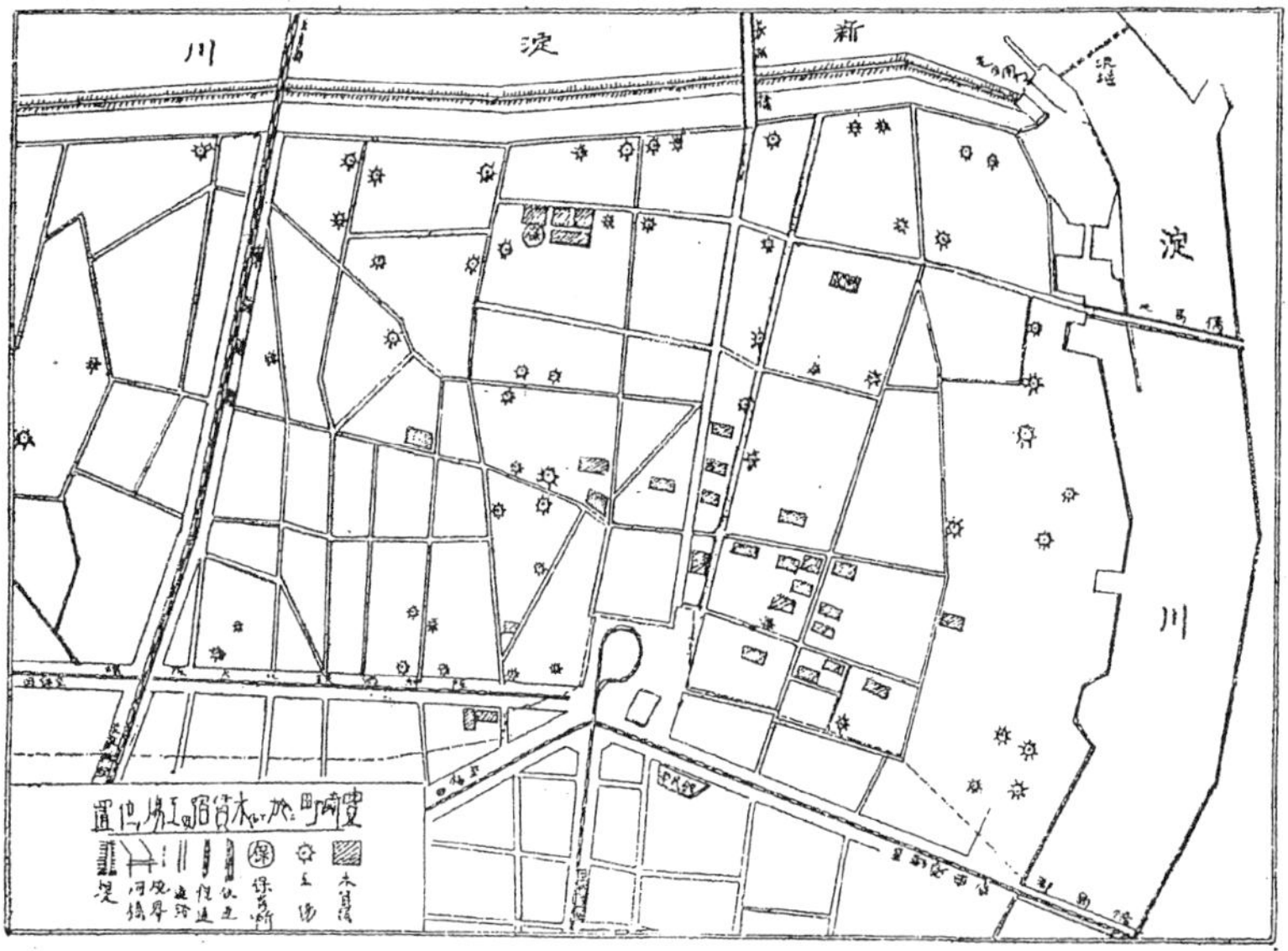

豊崎町	本庄に在るもの	一九
仝	南長柄に在るもの	八
仝	北長柄に在るもの	二
仝	川崎に在るもの	一
仝	南濱に在るもの	〇
計		三〇

即ち町内五字の内、本庄最も多く殆ど全体の三分の二を占め、南北長柄は合して十となり、其他は川崎に一あるのみで南濱には一つもない。されば豊崎町に於ける木賃宿は本庄、長柄に集中して居つて殊に本庄に多いといふことが出來る。今これら木賃宿に關する所轄中津警察署の調査を次にかゝぐる。

三

豊崎町に於ける木賃宿調

（大正十三年十二月末日現在　大阪府中津警察署調査）

番號	營業種別	家屋の構造	室數 二階	室數 下屋	室數 計	營業所	免許年月日
一	木賃	木造二階建	一	三	四	豊崎町本庄	明治四〇、二、六
二	仝	仝	五	四	九	仝南長柄	仝四〇、三、三〇
三	仝	仝	二	三	五	仝仝	仝二六、三、一〇
四	仝	木造平家建		一〇	一〇	仝本庄	仝三九、三、六
五	仝	木造二階建	一	五	六	仝南長柄	仝三九、三、八
六	仝	仝	二	一一	一三	仝北長柄	仝四二、七、二〇
七	仝	仝	六	四	一〇	仝本庄	大正二、一、一八
八	仝	仝	三四	三二	六六	仝仝	仝八、八、二
九	下宿 木賃	仝	四	一	五	仝仝	仝六、一〇、二五
一〇	旅人宿 下宿 木賃	木造平家建		一六	一六	仝仝	明治四四、五、二
一一	下宿 木賃	木造二階建	二		二	仝仝	大正五、七、五
一二	仝	仝	二	一〇	一二	仝仝	仝九、七、二七
一三	仝	仝	一六	一九	三五	仝仝	仝八、七、一九
一四	仝	仝	一〇	六	一六	仝仝	仝九、七、二
一五	仝	仝	三		三	仝北長柄	仝三、四、一〇
一六	木賃	木造二階建	三	二	五	豊崎町本庄	大正七、四、一七
一七	仝	仝	二	一	三	仝川崎	仝四、四、九
一八	仝	仝	一一	八	一九	仝本庄	仝九、七、二七
一九	仝	仝	四	三	七	仝南長柄	仝七、一、一七
二〇	仝	仝	一一	八	一九	仝本庄	仝九、七、二七
二一	仝	仝	五	六	一一	仝仝	仝五、七、二九
二二	旅人宿 木賃	仝	四	一六	二〇	仝南長柄	仝九、一二、一三
二三	下宿 木賃	仝	二	一	三	仝本庄	仝七、一、一二
二四	仝	仝	二	一	三	仝仝	明治四五、五、三
二五	仝	仝	二	一	三	仝仝	大正七、一一、一六
二六	仝	仝	二		二	仝仝	仝一三、九、一九
二七	仝	仝	四	二	六	仝南長柄	仝一三、六、七
二八	仝	仝	六		六	仝仝	仝九、九、三
二九	仝	仝	一一	二	一三	仝仝	仝九、一〇、一五
三〇	仝	仝	二	六	八	仝本庄	仝四、四、九

種別合計
- 木賃本業者　八
- 木賃兼業者　二二
- 計　三〇

室數合計
- 二階　一七一
- 下屋　一八七
- 計　三五八

四

三、「やど」の造りと室の数

豊崎町に於ける木賃宿三十の中、二階建のもの二十八、平家建のもの二、多くは中央に廊下を設け、その左右に小さい部屋をいくつも拵へて居る。何れも木造であるがその建築の粗造なること普通借家のそれにも及ばないものが多い。されば建築後幾年ならずして早や壁落ち柱ゆがみ鴨居敷居のくるつてゐるものも少くない。試に現營業主がその營業を免許された年代を調ぶると次の通りとなる。

免許されたる年數	業主の數	平均	備考
五年以内のもの	一〇	三・五	最も新らしきは大正一三年九月免許されたる二階建二室のもの
一〇年以内のもの	一一	七・四	
一五年以内のもの	三	一三・五	
二〇年以内のもの	五	一八・九	
二五年以内のもの			
三〇年以内のもの			
三五年以内のもの	一	三二・九	最も古きは明治二六年三月免許されたる二階建五室のもの
計	三〇	九・五	

これによると十年以内に免許されたものが最も多く、五年以内のものまた殆どこれに等しく二者を合すると二十一となり、全數の三分の二以上を占めて居る。最も新しいのは大正十三年九月に免許されたもので僅々五ヶ月の以前であるが最も古いものは明治二十六年三月であるから約三十三年以前のものである。而して全体を平均すると九・五年となる。これは現在の建物に現在の營業主がその營業を免許されて以來の年數で

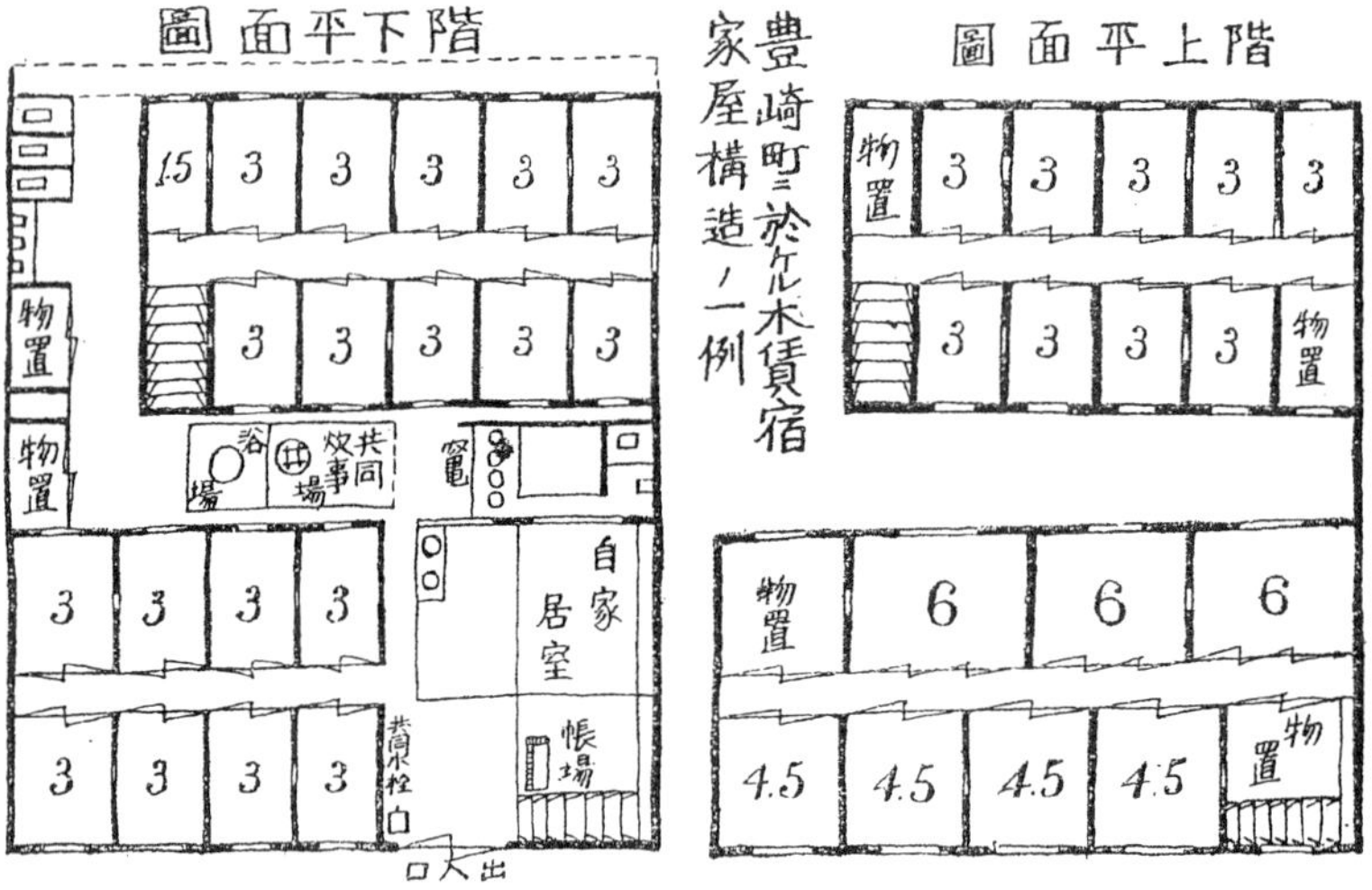

豊崎町ニ於ケル木賃宿家屋構造ノ一例

六

而も採算本位の見地から建てたものであるから その家屋の現状は隨分慘めなものが少くない。

社會研究と云ふ如うな果敢ない興味に唆られ木賃宿の集合生活に飛び込み、三日と續く人はあるまい。社會の底に落ち込んで、這ひ上がれないせつぱ詰まつた場合の唯一の安住地に、生の爲めに生を營むものでなければ到底耐へられまい。古い武者繪や、活動のビラを切り張りした襖、紙の縱横も構ひなく縱横につぎはひだ障子、腸を出した疊、壁の小穴につるした二室共用の十六燭の電燈が、埃だらけではあるが光の少い晝より明るく輝く下に、秋刀魚の一尾を夫婦や小供でつゝき合ふ之れでも一家團欒の障子一重の土間や廊下に漬物桶や、七輪の行列、入口に立てば何とも云へぬ人いきれ、追込の部屋に垢に光る木の枕、地圖の如うにしみのある表裏も分からぬ蒲團に足を延ばせば、身のぬくもりで鼻をつく臭、淋しい夢を蚤や南京虫に妨げられた記憶は一寸忘られぬものである。

次にこれら木賃宿に於ける客室數を觀察するにその少きものは唯二室を有するものから多いものは六十五室を有するものまで大小種々あるが總計二階が百七十一室、下屋が百八十七室、計三百五十八室となる。さればこれを三十の營業主に平均するときは一營業主平均室數は一一・九となる。今各營業主を所有室數によつて分類すれば次の表を得る。

室の數	營業主の數	備考
五室未滿のもの	八	最少は二室を有するものなり
一〇室未滿のもの	九	
一五室未滿のもの	四	
二〇室未滿のもの	五	
二五室未滿のもの	二	
三〇室未滿のもの		
三〇室を超ゆるもの	二	この二の内一は三十五室のもの他は六十五室のものなり

即ちこの表によれば十室未滿のもの最も多く、五室未滿のもの之に次ぎこの二者を合すると十七となり全体の過半數を占めて居る。之についで十五室未滿のもの二十室未滿のもの〻可なり多いことも注目すべきであらう。

各室の疊數は居住者に至大の關係を有する。

今全体の客室を疊數別に分類すれば次の通りとなる。

一室の疊數	室數	室數の百分比
一疊半	五	一・四%
二疊	一二	三・三
二疊半	八	二・二
三疊	二五九	七二・四
四疊	一一	三・一
四疊半	三六	一〇・一
五疊	四	一・一
六疊	二三	六・四
計	三五八	一〇〇・〇

上記の表の通り一室の疊數は最少一疊半から最大六疊まで八種にわかれてゐる。その内最も多いのは三疊の二百五十九室で全体の七二・四%に上つて居る。これについでは四疊半の三十六室、一〇・一%、六疊の二十三室、六・四%など稍多い方であるが三疊のそれとは非常の差がある。その他は何れも極めて少數であるから大体に於て豊崎町に在る木賃宿の疊數は三疊を普通とし四疊半六疊のものも幾分かは有るといひ得る。殊に定住者の室は後に述ぶるが如く殆ど三疊であつて四疊半、六疊などの室は追込みといつて獨身者の合宿に宛てるか或は臨時團体の宿泊者に宛つることが多いのである。しかして疊數の總計は一一九二・五疊であるからこれを一室平均にすれば三・三疊となる。

四、きりつめた設備

疊や建具の事は前に記したが、便所の少くて不潔なことは何れの宿でも殆ど同樣で、汚物は常に堆積充滿し嚴冬の候尚惡臭數間のところに達する。手洗水なども幾日前に取り替へたのかわからぬところが多い。

炊事場も割合に狭く排水の完全に出來て居るところは殆どないといつてよい。炊事には多く井戸水を使用し如何に大きい宿でも水道は出入口に一個の水栓を設備して居るのみである。井戸水は一般に餘り良好でなく近時染工場などの影響を受けて一層惡くなつて居るところもある。

廊下は大抵三尺の幅であるが階上階下の別なく各室の前に七輪、鍋釜、桶、笊等をはじめ薪炭、コークス、野菜、下駄など雜然と列べられて居るから一層せまい感じがする。三疊の一室以外にはこれら僅少の炊爨具すら置く所を持たないこの人々の生活は如何に不便であらう。何れの宿も階上の室は夫婦ものか、子供のないものに充てゝ居るが階下は幼き子女を有する家族を收容して居るがため階下の廊下は殊に夜間に於て不潔である。

電燈は普通二室に一個となつて居る。極く古い所ではカーボン線の八燭光が煤煙と塵埃とにまみれて隣室との間の欄間に當るところの壁の穴から弱い光を投げて居るのであるからその暗いことも略ぼ推察出來やうと思ふ。これらの室に於ては坐して新聞紙すら讀むことが困難である。

設備の比較的整ふて居るといふ宿では浴室を設けて無料入浴せしめて居るが、その浴槽極めて小さく普通の家庭に備へて居る位のものであるから到底すべての人に入浴の快さを味はせることは困難である故に大抵の宿泊人は別に錢湯費を要する譯である

九

五、とまり賃

次に宿泊料は如何といふに普通三疊一室が一泊五十錢である。二疊が四十錢、四疊若くは四疊半が六十錢、六疊が七十五錢となつて居る。それには冬は前に述べた蒲團が三帖、夏は蚊帳一張と蒲團二帖が附いて居る。炬燵を要するものは別に一夜五錢宛でこれを提供して居る。三疊一室の定員は普通二人であるが宿泊料は一人でも二人でも五十錢でよろしい。定員を超過して三人四人はいつても宿では別段何ともいはない。だから往々五六人の下職をつれた小さい親方がその下職から十錢なり十五錢なりの宿泊料を徴收して一室を借り切ることがある。但しこの場合には蒲團の不足を告げるから一帖について一夜の賃貸料普通三錢乃至五錢位で宿からその求めに應じて居る。

以上は主として別間といはるゝ部分の宿泊料であるが他に追込といつて獨身者の合宿する室がある。これは一人について一泊三十錢の宿泊料となつて居る。大抵四疊半か六疊に五六人乃至十人ばかりを追込んで居る。長さ五寸に幅三寸厚さ二寸位の汗じんだ木枕に見知らぬ人々が思ひ〳〵の夢を結ぶのであるからその一人々々に就ても可なり記し得るがそはこの報告の目的でないからこゝには略する。

別間、追込みを通じて宿泊料は一、二泊のものも數年滯在のものも同樣で、永く居るからといつて特に割引するといふ樣なことはせない筈に申合せて居るが實際には長期滯在のものには一ヶ月に一圓とか一圓五十錢とかを割戻すところもある樣である。すべて宿泊料は每日而も宿泊前に徵收する定めであつて何れもこれを實行して居るから滯納するものは殆どないと言つてもよい。

電燈料水道使用料等は別に徵收せない。これらは普通の宿と相似て居るところであつて間借の生活をなせる者よりも暢氣な点であるかも知れない。しかし永く滯在して居るものでも殆ど夜具を準備せるものなく日々賃借りして居るのなどはかゝるところに泊る人々の刹那々々にのみ生きる一種の心理から來るものであらう。

六、泊るより住むが本位

豊崎町に於ける三十の木賃宿には日々二千五六百人の宿泊者がある。その内六七百人は一両日か長くとも一ヶ月に滿たない臨時の宿泊者で、三四百人は一ヶ年未滿の滯在者であるがその他の一千五六百人は何れも一ヶ年以上の長期滯在者である。茲に常宿者といふのは一ヶ年以上滯在して居るものを指すことゝする。

常宿者の範圍を右の如く限定しても豊崎町全体で其數一千五六百人に達し而もそれが各所に散在して三十の宿に宿つて居るのであるからこれらのすべてに對する調査は他日にゆづることゝし今回はその代表的なるものとして前記番號一二、一四、一八、二〇の四宿に主として滯在せる百十一世帶三百五十人

二一

に就てその使用室數、疊數、世帶人員、家族關係、年齡、職業、收入、一ヶ月平均勤勞日數、滯在期間等を調査することゝしたのである。(附錄調査原表參照)

今これによつて世帶主の滯在期間を調べると

滯在期間調

年齡	一世帶平均滯在期間	世帶數	世帶數百分比
一年以上—二年未滿	一・六年	二五	二二・五%
二年以上—三年未滿	二・五	一〇	九・〇
三年以上—四年未滿	三・四	一七	一五・三
四年以上—五年未滿	四・三	八	七・二
五年以上—六年未滿	五・三	一九	一七・一
六年以上—七年未滿	六・三	四	三・六
七年以上—八年未滿	七・二	七	六・三
八年以上—九年未滿	八・三	一〇	九・〇
九年以上—一〇年未滿	九・一	二	一・八
一〇年以上	一三・四	九	八・一
計	四・九	一一一	一〇〇・〇

備考
1. 一年未滿のものは本表に計上せない
2. 最高は五十二歳の古物商で十九ケ年間滯在してゐるもの
3. 滯在期間合計五四四・七年、一世帶平均四・九年

即ち上記の調によれば百十一世帶の滯在期間は合計五四四・七年であつて一世帶平均四・九年となる滯在期間の最小なる一年以上二年未滿の世帶數は二十五で最も多く全体の二二・五%を占めて居る。五年以上六年未滿の世帶數は十九で一七・一%を占め其他三年以上四年未滿のものも可なり多い。これについで二年以上三年未滿のもの八年以上九年未滿のもの及び十年以上のものも相當の數に達して居ることは注目すべきであらう。殊に最高は十九ケ年も滯在して居る五十二歳の男子で古物の行商を營めるものである。斯く實際に徵すれば所謂木賃宿の止宿者なるものは勿論短期の臨時宿泊

者も少くないが全体の約五分の三は長期の常宿者であつてこれらは少くともその滯在期間に就ては間借人或は借家人と大差ないと認めらるゝ。この事はこれら常宿者を調査研究するの必要なることを雄辯に物語るものではあるまいか。

七、三疊を我家の世帯

現在人員と世帯數をしらべて次の表を得る。

常宿者と世帯數調

宿番號	世帯數	現住人員 男	現住人員 女	現住人員 計	一世帯平均人員 男	一世帯平均人員 女	一世帯平均人員 計
三	三六	五九	五七	一一六	一・六	一・六	三・二
一四	二七	四六	四四	九〇	一・七	一・六	三・三
一八	二五	四〇	三八	七八	一・六	一・五	三・一
二〇	二三	三二	三四	六六	一・四	一・五	二・九
計	一一一	一七七	一七三	三五〇	一・六	一・六	三・二

備考　總數に於ては女一〇〇に對し男一〇二の割合

即ち現在人員三百五十八人、内男百七十七人、女百七十三人で女百に對し男は百二の割合となつて居る。世帯數百十一であるから一世帯平均人員は三・二人となり男に於ても女に於ても一世帯平均人員は各一

・六人となつて居る。

次に世帯に就て調査するにその世帯人員別は下記の通りである。

これによれば三人世帯最も多く二人世帯四人世帯順次之に次ぎ何れも相當の數を有し三者を合すれば九十二世帯八二・九%となる。其他は何れも僅少である。

更に世帯の構成狀態を觀察すれば

人員別世帯數調

世帯人員	世帯數	世帯數百分比
一人世帯	五	四・五%
二人世帯	三三	二九・九
三人世帯	三五	三一・五
四人世帯	二四	二一・六
五人世帯	七	六・三
六人世帯	六	五・四
七人世帯	一	〇・九
計	一一一	一〇〇・〇

世帯の構成調

世帯の構成別	世帯數	世帯數百分比
獨身のもの	五	四・五%
夫婦のみのもの	三〇	二七・〇
夫婦と兒女のもの	六二	五五・九
夫婦と兒女と尊屬のもの	三	二・七
夫又は婦と兒尊卑屬のもの	一一	九・九
計	一一一	一〇〇・〇

即ち世帯の構成は夫婦と兒女のもの最も多く六十二世帯、五五・九%を占め、之についでは夫婦のみの三十世帯、二七・〇%が多い。しかして一世帯平均人員は三・二人であるから一般には夫婦と一人若くは二人の兒女を育て〻居るものが最も多いといひ得やう。而もこの最大多數を占めて居る三人若くは四人世帯のものも之につげる夫婦二人のみの世帯のものもその夫婦の年齢を觀れば何れも相當の年齒を數

へて居るものである。これは附錄の原表に就ても、後に記す年齡の項に於ても明らかなることであるが兎に角右の世帶の構成表よりして少くとも次のことを言ひ得ると思ふ。

1 定住者の夫婦は多く中年以上のものなること。

従つて多くは人生の苦しい歩みを續け來り、浮世の荒波にもまれ〳〵た人々である。

2 現に伴ひ居る一人若くは二人三人の兒女は多くは幼少年期若くは乳兒嬰兒期にあるものなること。

即ち長子次子の如き年長なる子女は外に出で最も保護を要すべきものゝみを抱え居ること。

3 夫婦の內何れか一方が缺けて而も幼弱なる兒女若くは尊屬卑屬を擁して居る世帶も可なりに多いこと。

常宿者使用疊數別室數世帶數及現住人員數調

疊數別	室數	疊數計	世帶數	現住人員 男	現住人員 女	現住人員 計	一室平均世帶數	一室平均人員數	一疊平均人員數
二疊半	三	七・五	三	三	〇	三	一・〇	一・〇	〇・四
三疊	一〇三	三〇九・〇	一〇三	一五九	一六〇	三一九	一・〇	三・一	一・〇
四疊	二	八・〇	二	六	六	一二	一・〇	六・〇	一・五
四疊半	三	一三・五	三	九	七	一六	一・〇	五・三	一・二
計	一一一	三三八・〇	一一一	一七七	一七三	三五〇	一・〇	三・一	一・〇

即ち一室の疊數は最小二疊半最大四疊半であつて三疊の室最も多く百三室全体の九二・八%を占めて居り其他は二疊半四疊半の各三室四疊の二室

でこれを合するも八室、七・二％にすぎないから全体に於て一室平均疊數三・〇疊となつて居る。

次に世帯數と室數との關係を見るに一世帯は何れも一室を使用して居る。こは一見普通の生活をなせるものゝ様であるがその一室の疊數が前に述べた通り殆ど三疊のもの多きを見れば俗にいふ九尺二間の裏長屋にすらその間口もその奥行も共に及ばないのである。加ふるに各自の世帯に充てられた空地といふものは殆どないものばかりである。

更にその現住人員と室數との關係を見るに二疊半の室は平均一・〇人であるが三疊は一室三・一人、四疊は一室六・〇人、四疊半は一室五・三人全体の平均は三・一人となつて居る。この内最も室數の多い三疊の室に就て更にその居住人員を調べると次の通りとなる。

三疊の一室に住む人々の員數調

居住人員數	世帯數	世帯數百分比
一人居住	二	一・九％
二人居住	三三	三二・一
三人居住	三五	三四・〇
四人居住	二三	二二・三
五人居住	七	六・八
六人居住	二	一・九
七人居住	一	一・〇
計	一〇三	一〇〇・〇

三疊一室の居住人員は平均三・一人であるがその内容は上記の表に明らかなる如く三人居住二人居住のものが最も多く一人居住のものは極めて少い。之に反して四人居住五人居住のもの可なり多く六人居住のもの七人居住のものすらある。三疊の一室に親子兄弟七人が細い煙を立てゝゐるのなど殊に悲惨である。朝な夕なこの七人は主人の賣り歩く油の賣上金から得る僅かばかりの利益によつて辛くもその日を糊して居

餘のである。妻は壯健であるが五人の子女は何れも幼少である上に二人は乳兒と嬰兒であるから內職の餘裕すら有たない。長女は不就學、長男は就學して居るが正規の學年よりも一ケ年遲れて居る。子寶といふこともあるが子供の數が餘りに多いために貧乏して居るものも此外に可なり澤山ある。兎に角、この七人は庭もなく空地もない唯不潔な薄暗い三疊の一室を天地として日々その生にあえぎつゝあるのである。

八、血氣に缺けた客の群れ

常宿者の年齡構成（五歲階級別）

年齡別	男	女	計	計ノ百分比 (%)	大阪市（大正十年）(%)	全國（大正七年）(%)
〇歲以上―五歲未滿	一七	二〇	三七	一〇・六	八・三	一三・九
五歲以上―一〇歲未滿	二〇	二三	四三	一二・三	八・九	一一・九
一〇歲以上―一五歲未滿	一五	一六	三一	八・九	一〇・一	一〇・三
一五歲以上―二〇歲未滿	一二	九	二一	六・〇	一〇・七	九・六
二〇歲以上―二五歲未滿	五	六	一一	三・一	一〇・八	八・三
二五歲以上―三〇歲未滿	五	一三	一八	五・一	一〇・〇	七・二
三〇歲以上―三五歲未滿	一一	一七	二八	八・〇	八・九	六・六
三五歲以上―四〇歲未滿	一九	二一	四〇	一一・四	七・五	六・四
四〇歲以上―四五歲未滿	二二	一八	四〇	一一・四	六・七	五・九
四五歲以上―五〇歲未滿	一六	一一	二七	七・七	五・五	四・六
五〇歲以上―五五歲未滿	一六	八	二四	六・九	三・九	四・三
五五歲以上―六〇歲未滿	九	五	一四	四・〇	二・九	三・二
六〇歲以上―六五歲未滿	七	三	一〇	二・九	二・〇	三・二
六五歲以上―七〇歲未滿	二		二	〇・六	一・七	二・四
七〇歲以上―七五歲未滿		二	二	〇・六		一・七
七五歲以上―八〇歲未瀨	一	一	二	〇・六	三・〇	〇・九
八〇歲を越ゆるもの其他						〇・七
計	一七七	一七三	三五〇	一〇〇・〇	一〇〇・〇	一〇〇・〇

次に常宿者の年齡を五歲階級別に整理すると上記の通りとなる。

これによれば五歲以上十歲未滿のもの最も多く一二・三%を示し、三十五歲以上四十歲未満、四十歳以上四十五歳未満之についで何れも一一・四％となり〇歳以上五歳未満又之についで一〇・六％を示して居る。然るに茲に最も注意を要することは十五歳以上三十歳未満の所謂青壯年期に屬する現

年齢及體性別人員

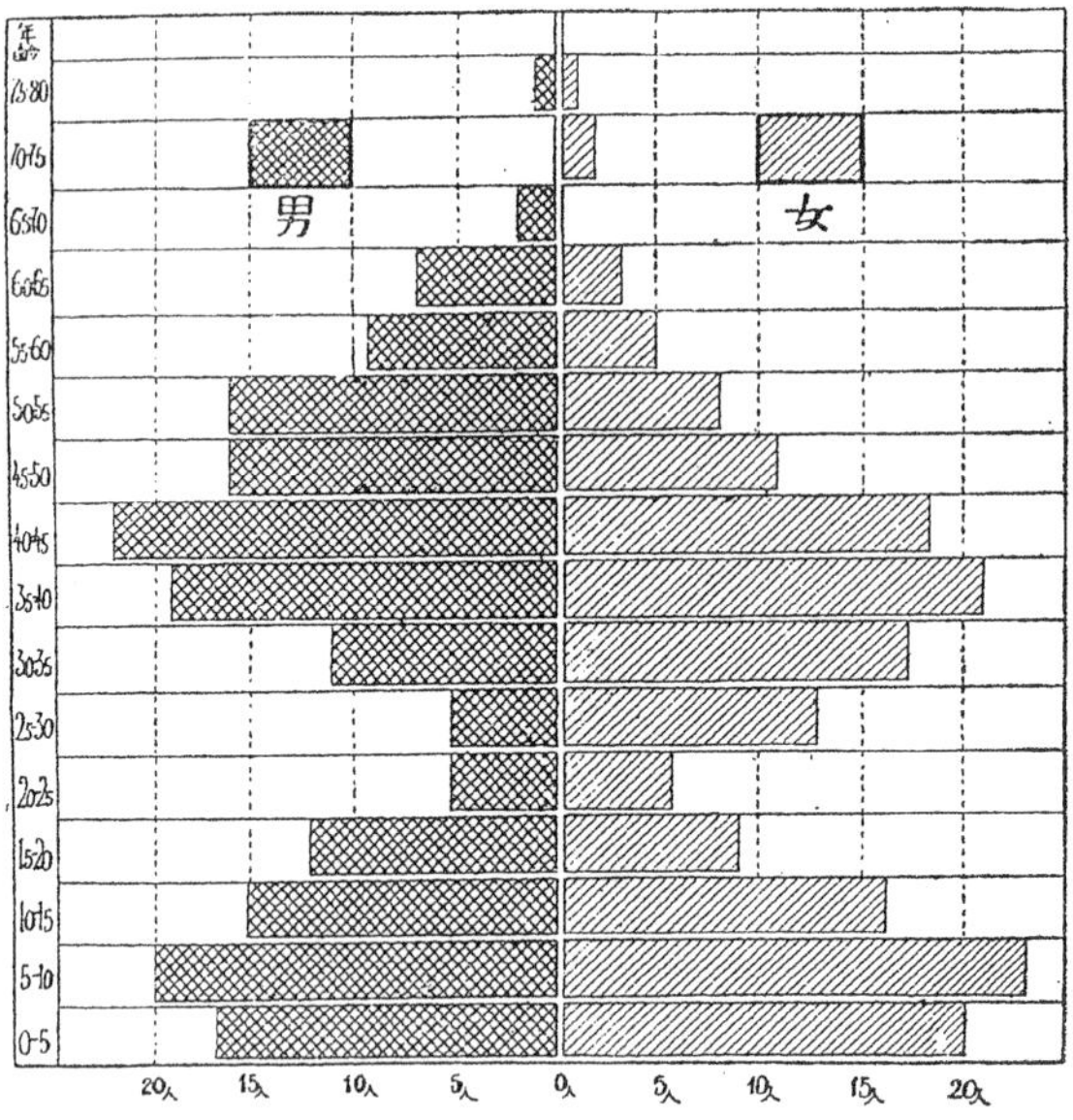

住者が非常に少ないといふことである。斯く年齢の構成に於て幼少年期及老年期のものが多く青壯年期のものが非常に少ないといふことは一種の變態現象ともいふべきで隆々たる發展をなせる日本全國及わが大阪市のそれらと比較するときは如何にその頻數曲線《フリクエンシーカーブ》に差のあるかを明らかにし得ると思ふ。まことに今回の調査結果は先年内務省社會局にて發表された細民生計狀態調査に於ける年齢の構成に甚だよく似て居る。唯東京市社會局に於て行はれた木賃宿の調査と非常に大きい徑庭のあるのは本館の調査が常宿者（少くとも一ケ年以上）に限ってゐるに東京市のは全宿泊人に就て調査された結果であらう。以上によつて少くとも當地方

年齢構成の比較

年齢別	全國（大正七年）	大阪市（大正十年）	本調査（大正十四年）	細民調査（内務省大正十二年）	東京市木賃宿（大正十二年）
〇歳以上—一〇歳未満	二四・八	一八・〇	二一・九	三八・五	八・五
一〇歳以上—二〇歳未満	一九・八	二〇・五	一四・九	一四・一	五・六
二〇歳以上—三〇歳未満	一五・四	二〇・二	八・二	七・八	二四・七
三〇歳以上—六〇歳未満	三〇・七	三四・七	四九・四	三六・八	五六・三
六十歳以上	九・三	五七・	四・七	二・八	四・九

の木賃常宿者は幼少年期及老年期のもの最も多く青壮年期のものが非常に少くて所謂細民人口構成の特質を明らかに具備して居るといふことが出來やう。

九、內緣の多い夫婦關係

配偶の關係

		未婚	有配 法律上の	有配 內緣の	有配 計	死別	離別	計
實數	男	七〇	四五	四九	九四	一二	一	一七七
	女	七三	四五	四九	九四	六		一七三
	計	一四三	九〇	九八	一八八	一八	一	三五〇
百分比	男	二〇・〇	一二・九	一四・〇	二六・九	三・四	〇・三	五〇・六
	女	二〇・九	一二・九	一四・〇	二六・九	一・七		四九・四
	計	四〇・九	二五・七	二八・〇	五三・七	五・一	〇・三	一〇〇・〇

配偶の關係は上記の如く未婚百四十三人、四〇・九%有配一八八人五三・七%、死別十八人五・一%、離別一人〇・三%となつて居る。有配者の中、法律上の有配九十八人二五・七%、內緣のもの九十八人二八・〇%で正式に法律上の結婚をなせるものよりも內緣關係にあるも

のゝ方が八人三・七％多いことなどは注目すべきであらう。
次にこれら有配者の年齢につきその差をしらべて左の結果を得る。

配遇者の年齢の差調

年齢別	夫の年齢の多きもの			妻の年齢の多きもの			合計		
	法律上の有配にあるもの	内縁關係にあるもの	計	法律上の有配にあるもの	内縁關係にあるもの	計	法律上の有配にあるもの	内縁關係にあるもの	計
五年未滿の差あるもの	一七	八	二五	六	七	一三	二三	一五	三八
十年〃	一四	一〇	二四	一		一	一五	一〇	二五
十五年〃	五	一二	一七		二	二	五	一四	一九
二十年〃		三	三		一	一		四	四
二十五年〃	一	四	五				一	四	五
三十年〃		一	一		一	一		二	二
計	三七	三八	七五	七	一一	一八	四四	四九	九三
備考	1 外に夫妻同年齢のもの法律上の有配に一あり 2 すべて本表の數字は夫婦の組數をあらはす								

有配總數九十四、その中夫婦同年齢のもの一、一・一％夫の年齢の多きもの七五、七九・八％、妻の年齢の多きもの一八、一九・一％となつて居る。

しかして五年未滿の差あるもの三八、十年未滿のもの二十五、十五年未滿のもの十九、これらは可なり多い方であるが最大三十年未滿のものも二ある。この二の内一は夫の年齢の多きもので夫は五十六歳の手傳、妻は二十九歳の遍路、他の一は妻の年齢の多きもので夫は三十五歳の提灯骨造り、妻は六十歳の無職である。

内縁關係にあるものと法律上正式の結婚をなせるものとに於ける夫妻の年齢を比較すると前者には年齢の差大なるものが多い。即ち右の表に於て法律上の有配は五年未滿の二十三、十年未滿の十五等が最も多く二十年を超ゆるものはたゞ一であるが内縁關係にあるものは五年未滿のものと十五年未滿のものと殆ご同數であり二十年未滿二十五年未滿のものも可なり多く三十年未滿のもの亦二人ともこれに屬して居るといふ有樣である。

一〇、顧られぬ小供の生活

世帯と子供の數調

	世帯數	世帯數百分比
子供を伴ひ居らざるもの	三七	三三・三%
子供を伴ひ居るもの　一人を伴ひ居るもの	三七	三三・三
二人〃	二二	一九・八
三人〃	七	六・三
四人〃	七	六・三
五人〃	一	一・〇
計	七四	六六・七
合計	一一一	一〇〇・〇

生活を基調として子供の世帯に於ける關係を見るとその有無といふことよりも寧ろ現にその子供を伴ひ居るや否やといふことが意味をもつてくる。

上記の表によると現に子供を伴ひ居るものは百十一世帯中七十四あつて全体の六六・七%に當り、その内一人を伴ふものの三三・三%、二人を伴ふもの一九・八%で二者を合すれば五三・一%となる。三人四人を伴ひ居るものも可なりに多く五人を伴ひ居るものすらある。總じて子供を伴ひ居るものと居らないものとは三分の二と三分の一との割合となつて居る。

しかしてこの子供の中には既に青年期に在るもの極めて少く、多くは幼少年期或は乳兒嬰兒期に在るものである。その中學齡期に在るものを調べて次の表を得る。

學齡期の子供調

性別	現住者總數	學齡兒童數	就學兒童數	不就學兒童數	現住者總數に對する學齡兒童	學齡兒童に對する就學兒童	學齡兒童に對する不就學兒童
男	一七七	二四	一七	七	一三・六	七〇・八	二九・二
女	一七三	三〇	一四	一六	一七・三	四六・七	五三・三
計	三五〇	五四	三一	二三	一五・四	五七・四	四二・六

即ち學齡期兒童總數五十四人の現住者に對する割合は一五・四%であるが之を男女別にすれば男一三・六%女一七・三%となる。其中就學兒童は三十一人で五七・四%不就學兒童は二十三人で四二・六%となつて居る。此關係は男女の別に於て可なりの差がある。即ち男の就學率は七〇・八%なるに女は四六・七%從つて不就學者の割合は男二九・二%であるが女は五三・三%となつて居る。斯くの如く就學兒童數の割合は非常に少ないが尙その僅少の就學兒童中には正規の學年に在學せず一年なり二年なり遲れて居

るものが可なりある。

即ち就學兒童三十一人中一年遲れ居るもの七人、二年遲れのもの三人、三年遲れのもの一人計十一人、三五・五%は正規の年齡に相當する敎育を受けて居ないのである。これらの兒童が正規の學年に在る兒童と日々同じ敎室で机をならべ同じ先生から敎育を受けるのであるがそこにその兒童自身について或はその兒童と他の兒童との間に於て何等精神的の變調若くば等差がないと思はるゝであらうか。多年實際敎育に從事せる多數の敎育家は男兒童の學級に於て不良性の牛耳を採り、女兒童の學級に於て多數の同窓に好ましからぬ影響を及ぼすものはこれら遲學年の兒童に多いことを痛切に感じて居るとの事である。こは敎育上決して等閑に附すべき問題ではあるまいと思はれる。茲に擧げた三年遲れて居る男兒童の如きも十三歳、壯健なる土方の子供であつて目下尋常三年に在學して居るが幼少なる同級兒童を或は威赫し或は懷柔して隱然一大勢力を形づくり虛言、買食、窃盜、搔拂ひなどを盛んに行はしめて居る。その威力の大きいことは他の上級兒童をも壓伏せしめつゝありとの事である。兎に角この調査に於ては學齡兒童五十四人中、普通に敎育を受け居るものは僅々二

遲學年の子供調

性別	一年遲れ居るもの	二年遲れ居るもの	三年遲れ居るもの	計	就學兒童總數	就學兒童總數に對する遲學年兒の百分比
男	四	二	一	七	一七	四一・二
女	三	一		四	一四	二八・六
計	七	三	一	一一	三一	三五・五

十八三七・〇%にすぎないのである。全國學齡兒童の就學步合九九・一七%(大正十年度)に對し本調査に於けるそれは五七・四%であり、而も正規の學年に在るもの僅々三七・〇%である。この事實は確に識者の一考を煩はすべきではあるまいか。

保育期にあるもの二十七人内男十五人女十二人、これらは保育に關し全然顧みられて居ないものである。都市の掃き溜めとも云ふべき文化圈外に一寸ずりの其の日暮し刹那の享樂をせめてもの願ひとする荒みに荒んだ親兄弟が、幼きものに與ふる感化は怖るべきものである。しかし、中には『自分達は仕方がないとしてもせめて子供だけは一人でも何とかしてやりたい。』と切なる願を持つて居る美はしい親心のものも少くない。

子女の中、義務敎育を終了したもの、若くは學齡を超過したものは多く外に出て生活しこの範圍には入らないのであるがそれでも僅少のものは尙殘留して居る。しかもこの殘留子女こそ最も注意すべきであつて多くは身体の虛弱なるか精神の低格なるか何れ完全なる發達をなせるものでない。殊にこれら殘留子女は相當年齡の長じて居る父母の許にある關係上却つてその愛に狎れる傾をもつて居る。社會の病的現象は不健全なるこれらの子女によつて醞釀さるゝことが少くない。一例を擧ぐれば當年十五歲の女兒盜癖甚だしく最初は父や母の財布から二錢三錢を盜んで居つたのだが今日では同宿の不就業兒童等を敎唆して八百屋、小間物屋、草煙屋、燒芋屋、文房具屋などの店頭よりその商品或は賣上金を掻つぱらふことを常習とする樣になつた。而も彼女は斯くして得たる贓品や金錢には何の執着もなきもの丶如くこれをその同志の兒童等に頒ち與へ或は活動寫眞を見せ或は好むところのものを買ひ與へる、されば無智にして有閑なるこれら不就學兒童等は或はその利に誘はれ或はその威におそれ父母の眼をぬすんでも唯彼女の命に從はんことを希つて居る。烱眼にして温情に富める宿の主人は一日彼の女とその父母を呼んで將來のため懇々諭さうとしたが意外にも父母共に彼女のために大に辯護して少しも反省するところがない。そこで事實を列擧し數時間に亘つて更に熱烈に反省を促した結果、漸くその父母も悔悟するに至つた。本人の父は五十三歳の日稼人で日收二圓ばかりを得、實母は五年前病死、現在は繼母で三十二歳、兄一人十歳で職工見習をなし二歳の異母妹一人と三疊の一室に五人暮しである。反省後一ヶ月ばかりは彼の女も非常に謹愼して居つたが月餘にして又々本性をあらはし盛んに不良性を發揮して居る。斯んな有樣であるから本人の將來も憂ふべきであるがそれよりも更に懼るべきは本人によつて惡影響を受くる幾多の無智なる少年少女等の將來である。

二、かせぎ高と仕事の種々

職業及びそれによる收入は生活に最も重大なる關係を有する。今總員三百五十八人につき職業の有無を調べて次の表を得る。

有業と無業の數調

		有業	無業	計
實數	男	一〇五	七二	一七七
	女	二三	一五〇	一七三
	計	一二八	二二二	三五〇
百分比	男	三〇・〇	二〇・六	五〇・六
	女	六・六	四二・八	四九・四
	計	三六・六	六三・四	一〇〇・〇
社會局細民調査百分比	男	二六・五	二四・七	五一・二
	女	一三・五	三五・三	四八・八
	計	四〇・〇	六〇・〇	一〇〇・〇

即ち有業百二十八人、三六・六%無業二百二十二人、六三・四%、これを男女別に觀察すれば男の有業百五人、三〇・〇%、無業七十二人二〇・六%、女の有業二十三人六・六%、無業百五十八人四二・八%となつてゐる。これを社會局に於ける細民調査のそれに比較すれば本調査は總數に於て有業は稍少く、男の有業は稍多く女の有業は非常に少いといふことになつて居る。

次に有業者の職業種類別人員一ケ月平均勤勞日數及收入等を調べて二十八頁の表を得る。即ち之によれば有業者總數百二十八人、一ケ月平均勤勞日數二十三日、日收最高三圓、最低三十錢、平均一圓八十錢。男の有業者は百五人、一ケ月平均勤勞日數二十三日、日收最高三圓、最低五十錢、平均二圓〇一錢。女の有業者は二十三人、一ケ月平均勤勞日數二十二日、日收最高二圓、最低三十錢、平均八十五錢となつて居る。

人員數を職業種類別に觀察すれば工業最も多く五十六人を算し次は商業卅八人、其他の有業者二十六人、交通業十人、公務自由業四人、農業及水産業各一人といふ順序である。

職業細別による人員數中最も多いのは日稼の十九人で建築手傳十七人、土方十二人、仲仕八人、鍛冶職工七人、椿油賣六人、朝鮮飴行商及遊藝稼人各四人など順次これに次いで居る。

收入の最も多いのは交通業の二圓三十七錢で商業の二圓十二錢之につぎ農業一圓八十錢其他の有業者一圓六十八錢、工業一圓六十四錢、水産業一圓五十錢、公務自由業一圓四十三錢となつて居る。

職業細別による收入の最高は三圓である。これには八百屋行商、椿油賣、遊藝稼人、中仕などが屬する。

平均收入の多い職業は土方、建築手傳、八百屋行商、古物行商、椿油賣、遊藝稼人、仲仕、などでこれらは何れも日收二圓以上となつて居るものばかりである。

二七

有業者職業種類別人員一ヶ月平均勤勞日數及收入調

業別	職業	男 人員	男 一ヶ月平均勤勞日數	男 日收 最高	男 日收 最低	男 日收 平均	女 人員	女 一ヶ月平均勤勞日數	女 日收 最高	女 日收 最低	女 日收 平均	計 人員	計 一ヶ月平均勤勞日數	計 日收 最高	計 日收 最低	計 日收 平均
農業	植木職	一	二三			一八〇						一	二三			一八〇
農業	計	一	二三			一八〇						一	二三			一八〇
水產業	漁夫	一	二三			一五〇						一	二三			一五〇
水產業	計	一	二三			一五〇						一	二三			一五〇
工業	硝子職工	一	二六			七〇	一	二〇			三〇	二	二三	七〇	三〇	五〇
工業	鍛冶職工	七	二八	二五〇	五〇	一〇〇						七	二八	二五〇	五〇	一〇〇
工業	鑄物掛職	二	二〇	二〇〇	一〇〇	一五〇						二	二〇	二〇〇	一〇〇	一五〇
工業	金細工	一	二〇			一三〇						一	二〇			一三〇
工業	メリヤス職工						一	二八			六〇	一	二八			六〇
工業	糸繰工						三	二五	六五	四〇	五二	三	二五	六五	四〇	五二
工業	友禪職工	一	二七			三〇						一	二七			三〇
工業	紙函張						二	二七	六〇	四〇	五〇	二	二七	六〇	四〇	五〇
工業	刷子職工						二	二八	六〇	五〇	五五	二	二八	六〇	五〇	五五
工業	木箱職工	三	二六	二〇〇	六〇	一三七						三	二六	二〇〇	六〇	一三七
工業	籠細工職	一	二七			二〇〇						一	二七			二〇〇
工業	提灯骨削職	一	二六			二〇〇						一	二六			二〇〇
工業	下駄鼻緒職						一	二〇			三〇	一	二〇			三〇
工業	土方	一三	二一	二八〇	一八〇	二三〇						一三	二一	二八〇	一八〇	二三〇
工業	建築手傳	一七	二三	二五〇	一五〇	二二二						一七	二三	二五〇	一五〇	二二二
工業	計	四六	二三	二八〇	五〇	一八七	一〇	二五	六五	三〇	四九	五六	二四	二八〇	三〇	一六四
商業	八百屋行商	三	二五	三〇〇	三〇〇	三〇〇						三	二五	三〇〇	三〇〇	三〇〇
商業	朝鮮飴行商	四	二三	一八〇	一五〇	一六五						四	二三	一八〇	一五〇	一六五
商業	夕刊賣	一	二六			一五〇	一	二六			一二〇	二	二六	一五〇	一二〇	一三五
商業	古物行商	三	二一	二五〇	一二〇	二〇七						三	二一	二五〇	一二〇	二〇七

業										交通業				公務自由業				其他の有業者						合計
屑物買	椿油賣	翫具行商	東西屋	宿屋部屋守	饅頭焼	うどん行商	遊藝稼人	辻占賣	計	人力車夫	荷馬車挽	仲仕	計	僧侶	行者	按摩	計	日稼	屑ひろい	煙突掃除夫	葬儀人夫	研屋	計	合計
一	四	一	一	一	一	一	三	二	一六	一	一	八	一〇	一	一	一	三	一二	二	二	一	一	一八	一〇五
二五	一四	一〇	二〇	二〇	二六	二三	二一	二三	二四	二七	二八	二三	二三	二五	二〇	二五	二三	二三	二三	二三	二五	二五	二四	二三
	三〇〇						三〇〇	一五〇	三〇〇			三〇〇	三〇〇				二二〇	二五〇	二五〇	一七〇			一五〇	三〇〇
	二〇〇						二〇〇	一五〇	一〇〇			一五〇	一五〇				一五〇	二〇〇	五〇	一七〇			五〇	五〇
二〇〇	二六七	一八〇	二〇〇	一〇〇	三〇〇	三〇〇	二五〇	一五〇	二一〇	三〇〇	二三〇	二三〇	二三七	一五〇	二二〇	一五〇	一七三	二二一	一五〇	一七〇	八〇	二〇〇	一九九	二〇一
	二						一		四							一	一	七	一				八	一三
	二三						二二		二三							二〇	二〇	一八	二五				一九	二一
	二〇〇								二〇〇									一八〇					一八〇	二〇〇
	二〇〇								一〇〇									五〇					五〇	三〇
	二〇〇						一〇〇		一五五							五〇	五〇	一〇〇	一〇〇				一〇〇	八五
一	六	一	一	一	一	一	四	二	二〇	一	一	八	一〇	一	一	二	四	一九	三	二	一	一	二六	一一八
二五	一四	一〇	二〇	二〇	二六	二三	二一	二三	二三	二七	二八	二三	二三	二五	二〇	二三	二三	二一	二三	二三	二五	二五	二一	二二
	三〇〇						三〇〇	一五〇	三〇〇			三〇〇	三〇〇			一五〇	二二〇	二五〇	二五〇	一七〇			二五〇	三〇〇
	二〇〇						一〇〇	一五〇	一〇〇			一五〇	一五〇			五〇	五〇	五〇	五〇	一七〇			五〇	三〇
二〇〇	二四五	一八〇	二〇〇	一〇〇	三〇〇	三〇〇	二一三	一五〇	二一三	三〇〇	二三〇	二三〇	二三七	一五〇	二二〇	一〇〇	一四三	一七七	一三三	一七〇	八〇	二〇〇	一六八	一八一

備考　日收は錢單位

以上は有業者についての調べであるが茲に無業者中に相當の收入あるもの丶一群がある。それは普通に遍路といつて靈場巡拜の装をなし日々各戸に喜捨を乞ひそれによつて生活して居るものである。今回の調査に於てもこの遍路の數は二十三人の内男十四人女九人の多數に上つて居る。

遍路は勿論正業でないから有業者の中に算入することは出來ないがその收入は可なりに多い。即ち上の表の如く最高日收二圓五十錢、最低八十錢、平均一圓四十七錢となり、男の平均一圓七十九錢、女の平均九十八錢となつて居る。斯樣に相當の收入があるため正業を求めても得られない人々や働けど尙働けどわがくらし樂にならざる人々の中には所謂恥も外聞も打ちすてこの遍路となるものがある。さればこれまでは老人の佛恩報謝といふ美はしい宗教心の發露であつたこの遍路といふ靈場巡拜が今では生活難に堪え得られない人々が避難のために行ふ一種の職業のやうになつて居る。試みにこれらの人々の年齡を調べると上の通りとなる。

遍路の日收調

性別	人員	最高日收	最低日收	日收平均
男	一四	錢 二五〇	錢 一三〇	錢 一七九
女	九	一〇〇	八〇	九八
計	二三	二五〇	八〇	一四七

遍路の年齡調

	男	女	計
二十歳以上—三十歳未滿		二	二
三十歳以上—四十歳未滿	一	一	二
四七歳以上—五十歳未滿	三	一	四
五十歳以上—六十歳未滿	二	三	五
六十歳以上—七十歳未滿	七	一	八
七十歳以上—八十歳未滿	一	一	二
計	一四	九	二三
備考	男最高七十五才　最低三十一才 女最高十七七才　最低二十七才		

即ち右の表より六十歳以上のもの十人を除けば殘りの十三人は何れも六十歳未滿のもので何かの勞務に服することの出來る年齡なのである。殊に五十歳未滿の男四人女四人の如きはその本人自ら決して好んでこれをなし居るものでなく多くの苦痛を忍んで止むを得ずこれを爲して居るものである。更に正業にあるものゝ中でも仲仕、土方、建築手傳等は往々この遍路に假裝して辛くもその日の生活を得て居るものもある。この遍路の生活については尙多くの記すべきこともあるが茲にはこれを割愛せねばならない。唯これらは人間生活の極貧線から蹴落された憐れな人々で非常に痛ましい傷いた心の持主であることを記して置く。

二、調査の後に

今回の調査は當地方に於ける木賃宿の實狀を知らうとの企ての一端に過ぎないがこれによつてわれらは多くの注意すべき事實に直面することが出來た。左にその要点を列擧する。

1 宿泊者の約五分の三、一千五六百人は普通の借家人若くは間借人と等しく定住的に宿泊せるものである。

2 その定住期間は平均四•九年で中には十九年も住んで居るものもある。

3 これら常宿者は大抵一世帶一室を借り受けて自炊して居る。

三一

4 一室の疊數は三疊のものが最も多い。これに平均三・二人の人が住んで居る。極端な例をとれば親子七人三疊の一室に生活して居るものさへある。

5 疊はその上に上敷を用ひて居るものが多く建具も切張が多い。夜具に至つては可なり不潔である。

6 電燈は隣室と共用で欄間に當る高い壁穴から弱い力のない光を投げて居る。

7 炊事具、薪炭、野菜、漬物桶、下駄などは廊下に雜然とならべて居るところが多い。

8 宿泊料は三疊一室一夜金五拾錢となつて居る。別に追込みといつて獨身者の合宿する室では一人金參拾錢を要求する。

9 今回調査の世帯數は百十一、人員は三百五十八、男百七十七人、女百七十三人であるから一世帯平均人員は三・二人となる。

10 年齡の上から常宿者を觀ると靑壯年期の者が非常に少く、幼少年期及老年期のものが多い。

11 配偶關係の中、有配者は內緣關係にあるもの九十八。法律上正式の結婚をなせるもの九十であるから前者は五二・ ％後者は四七・九％となる。

12 夫婦の年齡には可なりの差を有するものがある。殊にそれが內緣關係にあるものに多い。

13 常宿者は子供を伴ひ居るもの七十四世帶、これを伴ひ居らないもの三十七世帶であるから前者は約三分の二、後者は約三分の一となる。子供は一人若くば二人を伴ひ居るものが最も多い。

14學齡兒童は五十四人、その中就學せるもの三十一人、不就學者二十三人であるから就學歩合は五七・四％となり、不就學者の割合は實に四二・六％となつて居る。

15就學兒童三十一人中、年齡相當の學年に入學することが出來ないで、一年二年若くば三年遲れて在學して居るものが十一人ある。これは就學兒童全体の三五・五％に當つて居る。

16されば學齡兒童五十四人中、正當に學校教育を受けて居るものは僅々二十人、三七・〇％で其他の三十四人六三・〇％は不就學か、就學して居つても遲學年のものである。これらの中には可なり不良性のものが多い。

17保育期にあるもの二十七人内男十五人、女十二人これらは全然顧られて居ないものである。しかし心ある父母はせめて子供だけでも何とかしてやりたいと切なる願をもつてゐるものが少くない。

18職業の有無をしらべると有業者百二十八人、三六・六％、無業者二百二十二人、六三・四％となつて居る。

19男の有業者百〇五人、無業者七十二人、女の有業者二十三人、無業者百五十人。これを內務省社會局の細民調査に比あると男の有業は稍多く、女の有業は非常に少い。

20有業者の一ヶ月平均勤勞日數は二十三日、日收の最高は參圓、最低は參拾錢、平均壹圓八拾壹錢となつて居る。

21職業細別中、人員數の最も多いのは日稼人で建築手傳、土方、仲仕、鍛冶職工、椿油賣、朝鮮飴行商及遊藝稼人などこれに次で居る。

22平均日數貳圓以上の職業は土方、建築手傳、八百屋行商、古物商、椿油賣、遊藝稼人、仲仕などである。

23正業ではないが遍路が二十三人ある。これは收入が可なり多く最高貳圓五拾錢、最低八拾錢、平均壹圓四拾七錢となつて居る。

24遍路の收入は右の通り豊かであるから仲仕、土方、建築手傳などの中には時々この遍路に化けて辛くも生活を維持して居るものすらある。

25要するにこれらの宿に長く滯在せる人々には唯悲しい過去と淋しい現在とがあるばかりで、輝かしい將來などは殆どないと言つてもよい。所謂幸福がこの人々の家を訪ふのは何時のことであらう。

乏しい經驗ながら以上の結果からして最も痛切に感ぜらるゝことは少くとも次の二つであらう。

一、現在の生活を改善向上せしむる事。

二、將來の生活を根本的に幸福ならしむること。

斯様な立場から先づ各人に貯金を奬勵したいと思ふ。斯る人々に貯金を奬勵することの可否に就ては純理の上からこれまで可なり論議されて居るやうであるが、實際問題として彼等の生活を改善向上せしむるには各人に若干の貯蓄を有たしむる事が何よりも緊要である。如何に零砕な貯金でも不斷に之を行ふならば必ずや相當の額に達し、堅實な生活に入り得る事は決して至難事でなく、其間に養はれた貯金の慣習は更に貴いものである。

これと同時に顧みられない子供を善良に發達させ、現在の境過より脱せしめるの必要がある。『たとひ自分達はこんな境過に在つてもせめて子供だけは何とか一人前に。』とは多くの親達から殆ど異口同音に聽く熱烈な願である。世の親としてのこれほど貴い立派な願があらうか。しかし如何に貴い美はしい願であつても、その親達の現在の境遇からすれば殆どこれを達し得る望みがない。望みの無いどころか足手まどひの子供のためにその日の稼ぎさへ出來ないものが極めて多い。子供を預かる事は子供自身のためにもその親達のためにも是非必要である。

吾等が摑みたるこの憂ふべき事實を聞き傳へた篤志の人々は『これは僅かですが、そんな人達の爲めに使つて下さい。』と謙遜な態度で寄附金を持つて來られた。其の額壹千壹百圓、此の尊い同情に刺戟せられて吾等の頭に浮んだのは露天保育所でも出來ればと云ふ事であつた。

尊い同情はそれに留らなかつた。豊崎町では所轄の中津警察署長加藤守氏豊崎第五尋常小學校長長谷川眞徹氏方面委員小野資弼氏幷に附近實業家篤志家達が豊崎保育會なるものを組織し、之等の子供を中心にした改善事業を起し、若し、市が此の方面に何かの計畫を實現するならばそれと相俟つて働かうと云ふ事である。この事に就ては追て同會から詳しく發表せられるであらう。

斯くて二月二十日の大阪市參事會は曩にのべた壹千壹百圓の寄附金を以て豊崎町本床九五一、二、番の合併地なる山口館裏に方面委員小野資弼氏から無償使用を申出られた空地を利用し、試驗的に露天保育を開始するの案を可決した。

――〔終〕――

附録。 豊崎町に於ける木賃宿常宿者調査原表

世帯番號	家族關係	年齡	職業	收入	一ヶ月勤勞日數	滯在期間其他	世帯番號	家族關係	年齡	職業	收入	一ヶ月勤勞日數	滯在期間其他
1	主	歳 25	木箱工	錢 200	日 25	8年10月	(3)	妻	歳 26	下駄鼻緒職	錢 30	日 20	
(3)	母	50						男	8				不就學
	妹	17	糸繰り	50	25			男	4				
	弟	14						女	2				
2	主	40	東西屋	200	20	4年 0月	7	主	60	遍路	180	24	8年 0月
(3)	妻（內緣）	29	糸繰り	40	25		(3)	妻（內緣）	56	遍路	100	24	
	妻の私生子女	3					8	主	38	朝鮮飴行商	150	25	9年 0月
3	主	43	朝鮮飴行商	150	27	6年 0月	(3)	妻	34				
(3)	妻	37						女	9				不就學
	男	10				尋二在		男	5				
	男	5						男	4				
4	主	60	辻占賣	150	20	4年 0月		男	2				
(3)	妻	40					9	主	35	提灯の骨削り職	200	26	10年 0月
	男	14	木箱工	60	24		(3)	妻（內緣）	60				
	男	9				不就學		男	6				
5	主	53	遍路	120	25	5年 0月	10	主	38	辻占賣	150	25	8年 0月
(3)	妻（內緣）	50	遍路	100	25		(3)	妻（內緣）	40				
6	主	38	土方	250	20	5年 0月	11 (2.5)	主	60	遍路	150	27	6年 6月

(1)

(2)

世帯番號	家族關係	年齢	職業	收入	一ヶ月勤勞日數	滞在期間其他	世帯番號	家族關係	年齢	職業	收入	一ヶ月勤勞日數	滞在期間其他
		歳		錢	日				歳		錢	日	
12	主	54	行者	220	20	8年 0月	(3)	妻	27				
(3)	妻（内縁）	50						女	8				不就學
	妻の私生子男	6					20	主	36	手傳	150	26	3年 0月
13	主	63	遍路	180	25	8年 6月	(3)	妻（内縁）	28				
(3)	妻（内縁）	58	遍路	100	25		21	主	36	仲仕	200	28	10年 1月
14	主	54	僧侶	150	25	7年 0月	(3)	妻	35				
(3)	女	15	紙函張り	60	27		22	主	48	手傳	200	24	5年 0月
	女	13	紙函張り	40	27	不就學	(3)	妻	42				
15	主	52	煙突掃除夫	170	20	7年10月		女	24				盲人 虚弱
(3)	妻（内縁）	30						女	8				不就學
	妻の私生子女	9				尋二在		女	5				
	妻の私生子女	2					23	主	40	漁夫	150	23	3年 3月
16	主	50	鑄掛屋	200	20	6年 0月	(4.5)	妻	37				
(3)	男	21	鑄掛屋	100	20			女	13				不就學病弱
	女	13				尋四在		女	10				尋三在
17	主	54	宿部屋守	100	30	8年 0月		男	8				尋一在
(3)	妻	53						男	5				
	男	13	硝子工	70	26	不就學	24	主	56	手傳	200	27	1年 6月
18	主	43	土方	200	20	10年 0月	(3)	妻	48				
(3)	妻（内縁）	62						男	9				尋二在
19	主	32	籠製造	200	27	10年 0月	25	主	48	手傳	200	24	1年 4月

世帯番號	家族關係	年齡	職業	收入	一ヶ月勤勞日數	滯在期間其他	世帯番號	家族關係	年齡	職業	收入	一ヶ月勤勞日數	滯在期間其他
		歳		錢	日				歳		錢	日	
(3	妻（内縁）	30						男	15				高一在
26	主	48	八百屋行商	300	27	1年 1月		女	9				尋一在
(3	妻（内縁）	26					33	主	32	土方	250	22	1年 9月
	妻の私生子女	6					(3)	妻（内縁）	27				
27	主	43	古物行商	120	24	5年 0月	34	主（寡婦）	37	夕刊賣	120	26	5年 6月
(3)	妻	36					(3)	男	6				
	女	3					35	主	28	研屋	200	25	1年 7月
28	主	56	仲仕	150	23	2年 0月	3)	妻（内縁）	31				
(3	女	29				肺病	36	主	39	仲仕	200	24	4年 7月
	女	19	糸繰り	65	25		(3)	妻	40				
	女	11				尋四在		男	8				不就學
	男	9				尋一在	37	主	47	土方	200	23	1年 7月
29	主	33	按摩	150	25	1年2月盲人	(3	妻	40				
(3	妻（内縁）	43						男	13				尋三在
30	主	49	夕刊賣	150	26	1年 2月		女	12				不就學啞者
(3	妻（内縁）	48					38	主	50	手傳	200	22	5年 1月
31	主	33	八百屋行商	300	25	1年10月	(3	妻（内縁）	30				
(3	妻（内縁）	30						妻の私生子女	3				
	妻の私生子男	3				入籍手續未濟	39	主	40	饅頭燒	300	26	14年 6月
32	主	41	手傳	200	24	5年 0月	(3	妻（内縁）	30				
(4.5	妻	40					40	主	48	屑物買	200	25	4年 3月

(3)

世帶番號	家族關係	年齢	職業	收入	一ヶ月勞働日數	滯在期間其他	世帶番號	家族關係	年齢	職業	收入	一ヶ月勞働日數	滯在期間其他
		歳		錢	日				歳		錢	日	
(3	妻	36					(3)	男	14				尋五在
	母	72						女	10				尋二在
	男	11				尋二在	47 (2.5)	主	63	遍路	150	25	1年10月
41	主	52	古物商	250	20	19年 0月	48	主	51	朝鮮飴行商	180	20	9年 1月
(3)	妻	48					(3)	妻	39	按摩	50	20	
	母	72						女	10				不就學
	女	10				不就學		女	5				
42 (3	主	43	勞働	150	20	1年 2月	49	主	41	手傳	200	18	4年 2月
43	主	44	仲仕	300	10	[illegible]年 0月	(3)	妻	35				
(3)	妻	42						男	9				不就學
	男	23	葬式人夫	80	25	低能		女	5				
	男	18				肺病		女	2				
	男	12				尋五在	50	主	53	金物細工	130	20	2年 3月
	女	9				尋一在	(3)	妻	48	日雇婦	50	10	
44	主	37	木箱職	150	28	1年 7月		男	8				不就學
(3)	妻（內縁）	29	日雇婦	50	10		51	主	57	玩具行商	180	10	1年 5月
	女	4					(3	妻（內縁）	53				夫婦共病弱
45	主	29	土方	210	24	1年 3月	52	主	36	手傳	200	15	1年 2月
(3)	妻	30				婦人病	(3	妻	36				婦人病
	女	6						女	8				不就學
46	主	49	土方	180	24	13年 6月		男	6				

世帶番號	家族關係	年齡	職業	收入	一ヶ月勤勞日數	滯在期間其他
53	主	41歳	屑拾ひ	50錢	20日	5年 0月
(3	妻	39	日雇婦	50	10	
	女	2				
54	主	43	掃除人夫	170	25	1年10月
(3	妻（内緣）	31	日雇婦	70	20	1年10月
55	主	75	遍路	150	25	2年 8月
(3)	妻（内緣）	77	遍路	80	25	
56	主	42	朝鮮飴行商	180	20	7年 0月
(3	妻（内緣）	33				病弱
	妻の私生子女	6				
	妻の私生子女	2				
57 (3)	主	65	遍路	120	25	3年 0月
58	主	55	手傳	200	24	5年 3月
(3	妻（内緣）	47	硝子玉切	30	20	
59	主	55	人力車夫	300	27	12年 3月
(3)	妻	56				心臟病
	男	16	鍛冶見習	50	28	
60	主	34	土方	230	24	6年 8月
(3)	妻（内緣）	36				
61	主	51	植木職	180	23	5年 4月
(3)	妻（内緣）	41	屑ひろい	100	25	

世帶番號	家族關係	年齡	職業	收入	一ヶ月勤勞日數	滯在期間其他
62	主	40歳	八百屋行商	300錢	23日	5年10月
(3	妻（内緣）	23				
63	主	48	空瓶買入	250	22	4年 9月
(3	男	14				尋三修 父の手助け
64	主	41	荷馬車挽	230	28	2年 7月
(3)	妻（内緣）	30				
65	主	42	友禪職工	220	27	5年 8月
(3	妻	36				
	女	9				尋二在
	女	3				
66	主	36	仲仕	250	20	1年 4月 時々遍路をなす
(3)	妻（内緣）	24				
	妻の私生子女	5				
	妻の私生子男	3				
67	主	36	土方	230	24	5年 3月
(3	妻（内緣）	46				
68	主（寡婦）	39	日雇婦	150	28	3年 9月
(3)	女	15	メリヤス女工	60	28	
	男	10				尋三在
	女	8				尋一在
69	主	46	手傳	230	20	1年 9月

（5）

世帯番號	家族關係	年齢	職業	收入	一ヶ月勤勞日數	滯在期間其他
		歳		錢	日	
(3)	妻	47				
	女	14	刷子職工	60	28	
	男	3				
70	主	31	遍路	200	25	4年 2月
(3)	妻	27	遍路	100	25	
	男	6				
71	主	56	手傳	200	20	5年 2月
(3	妻（內縁）	29	遍路	100	20	
72	主	37	仲仕	230	24	3年 6月
(3)	妻	35	遍路	100	25	
	男	10				尋二在
73	主	43	遍路	200	27	1年 8月
(3)	妻（內縁）	41	遍路	100	27	
74	主	45	椿油賣	200	20	1年 2月
(4)	妻	35	椿油賣	200	20	
	女	12				尋四在
	女	4				}二子
	女	4				
	男	1				
75 (2.5)	主	37	(病氣に付三ヶ月前宿主の救助を受く)			1年 3月
76	主	36	遊藝稼人	250	20	3年10月

世帯番號	家族關係	年齢	職業	收入	一ヶ月勤勞日數	滯在期間其他
		歳		錢	日	
(3	女	14				高一在
77	主	45	日稼	250	28	5年 8月
(3	妻	43				
	男	11				尋四在
78	主	37	土方	250	22	3年11月
(3)	妻（內縁）	40				
	妻の私生子女	12				不就學病弱
	妻の私生子女	7				
	妻の私生子男	3				
79	主	32	土方	250	22	5年 1月
(3	妻（內縁）	33				
	妻の連子男	9				不就學
	妻の連子女	7				
	妻の私生子男	3				
80	主	48	遍路	200	25	3年 9月
(3)	妻（內縁）	40				
	妻の連子男	16	鍛冶職見習	50	28	
81	主	29	日稼	200	25	3年 2月
(3)	妻	21				
	長男	4				
	長女	2				

世帶番號	家族關係	年齡	職業	收入	一ヶ月勤勞日數	滯在期間其他	世帶番號	家族關係	年齡	職業	收入	一ヶ月勤勞日數	滯在期間其他
		歳		錢	日				歳		錢	日	
82	主（寡婦）	57	日稼	150	26	2年 7月		女	12				不就學
(3	男	24	日稼	200	26			男	9				尋二在
	女	17	刷子職工	50	27			男	6				
	男	14				腺病質病弱 不就學		女	3				
83	主	60	遍路	200	25	3年 6月		男	1				
(3	妻	56					88	主	38	手傳	250	25	4年 7月
	男	17				肺病	(3	妻	36				
	女	10				不就學		男	10				不就學
84	主	40	日稼	200	22	7年11月	89	主	36	鍛冶工	250	28	3年 2月
(3	妻	45					(3)	妻（內緣）	26				
	男	15					90	主	49	手傳	250	25	2年11月
	女	6					3	妻	45				
85	主（寡婦）	39	日雇婦	180	20	2年 9月	91	主	55	日稼	230	20	3年 3月
(3)	男	20	日稼	200	22		(3	妻（內緣）	43				
	男	9				尋二在	92	主	40	うどん行商	300	22	2年 9月
86	主	40	手傳	250	26	1年10月	(3	妻（內緣）	41				
(3)	妻	35					93	主	32	屑拾ひ	250	24	3年 3月
	女	3					(3	妻	25				
	男	1						女	3				
87	主	48	椿油賣	300	25	3年 1月	94	主	45	仲仕	280	25	8年 5月
3	妻	40					(3	妻	43				

(7)

世帶番號	家族關係	年齡	職業	收入	一ケ月勤勞日數	滯在期間其他	世帶番號	家族關係	年齡	職業	收入	一ケ月勤勞日數	滯在期間其他
		歳		錢	日				歳		錢	日	
	女	12				不就學		女	15				
	男	4						妻の私生子女	2				
95	主	50	土方	280	23	7年 2月	101	主	33	遊藝稼人	200	20	2年 2月
(3	妻	48					(3	妻（內緣）	26				
	男	17	鍛冶職見習	50	28			妻の私生子女	2				
96	主	35	仲仕	230	22	5年 1月	102	主	46	日稼	230	27	8年 4月
(3)	妻	36					(3)	妻（內緣）	32				
	男	10				尋二在		父	68				
	女	2						女	15				
97	主	46	椿油賣	270	25	3年 4月		妻の私生子男	3				
(3	妻（內緣）	32	椿油賣	200	25		103	主	54	土方	230	20	2年 8月
	妻の私生子男	2					(3)	妻（內緣）	39				婦人病
98	主	41	手傳	250	22	5年 7月		男	22	鍛冶職工	200	28	
3	妻（內緣）	30					104	主	43	遍路	250	25	5年11月
	妻の私生子男	2					(3	妻（內緣）	31				
99	主	34	手傳	250	22	3年10月	105	主	31	椿油賣	300	26	1年 2月
3	妹	19				病弱	(3)	妻（內緣）	23				
	妹	5						妻の私生子女	3				入籍手續未濟
100	主	53	日稼	200	24	7年 2月	106	主	57	遍路	200	25	7年 3月
3)	妻（內緣）	32					(3)	妻	60	遍路	100	25	
	男	19	職工見習	60	28			男	16				低能

世帯番號	家族關係	年齢	職業	收入	一ケ月勤勞日數	滯在期間其他
107	主	歳 39	日稼	錢 250	日 23	8年 3月
(4)	妻（内縁）	38				
	妻の私生子男	15				
	妻の私生子女	9				不就學
	妻の私生子男	5				
	妻の私生子男	1				
108	主	50	遊藝稼人	300	22	1年 6月
(3)	妻	40	遊藝稼人	100	22	
	女	6				
109	主	52	日稼	250	20	8年 9月
(4.5)	妻	50				
	男	25	日稼	200	25	
	女	23				
	男	19	鍛冶職見習	50	28	
	男	16				
110	主	60	遍路	200	25	1年 5月
(3)	妻（内縁）	54				
111	主	56	日稼	250	24	3年 2月
(3)	妻	50				
	女	17				病弱

備考

1 世帶番號の下なる括孤内の數字は其世帶の使用疊數

2 家族關係欄の「主」は世帶主にして單に「主」とあるは男の世帶主。又單に「男」若くは「女」とあるは何れも世帶主の嫡出子

3 收入は日收

4 一ケ月勤勞日數は一年を通じての平均勤勞日數

5 滯在期間は其宿に滯在せる年月數

(9)

大正十四年二月二十五日印刷
大正十四年三月　一日發行

大阪市立市民館

大阪府東成郡生野村字林寺九三
印刷所　弘濟會授産部

◇労働調査報告第五十号　公園内に於ける無宿者調査

（大阪市社会部調査課・大正十五（一九二六）年十二月一日）

掲載資料の原本として大阪市立中央図書館所蔵資料を使用

勞働調査報告第五十號

公園内に於ける無宿者調査

大阪市社會部調査

目次

一　輿論と失業問題

かの世界大戰によつて一時空前の好景氣を僥倖したわが國經濟界の黃金時代は大戰の終了と共にまた元の凋落時代を迎へねばならなかつた。否それにも增した不況沈滯時代は大正九年末より漸次その暗影を深めつゝ依然今日に至るも未だ回復の曙光を認め得ざる狀態である。

かくて過去數年に亘る事業界の不振や國際貿易の衰頽は勢ひ勞働の過剩を生ぜざるを得なかつた而かもこの警戒すべき傾向は年每に繼起する工場鑛山の閉鎖縮小會社銀行の破綻休止に原因せられて更にその色彩を强調し惠まれぬ永い歲月を送り迎へた多くの勞働者や給料生活者はその妻子を抱へたまゝ或は工場あるひは會社銀行より寒空の街頭に追はれなければならなかつた。

何の貯へもなく明日の生命の保證さへも有たないこれら失業者があてどのない職と食を漁り求めてあちこち徘徊したのは各都市において見受けられた慘めな光景であつた。昨秋九月前後より年末にかけて本市中之島及天王寺公園に於いてもこれら全く生活に行きくれた多數の人々が夜ごと傘に川風をさけ蓆に暖をとりつゝほの暗い木立の間に或はベンチの上にはかない夢を結ばねばならなかつたことは極めて遺憾なことであつたと共に當時本市に於いて相當多くの失業者が路頭に迷ふてゐたことを有力に立證する。

ところがこの現象は獨りわが國のみに止らないで世界大戰に參加した各國においても失業者の續出に苦しみ斯くて失業問題はほとんど世界的共通問題となつた。一体失業といふことは今日新たに生じたものではないが所謂今日の失業は文明進步の暗黑面であり最近資本主義的生產の副產物であり且つ特徵である以上現代の產業組織に何等かの改善を加へない限り雇傭關係の下に立ち働くものは何人といへども到底失業の危險からまぬがれることは出來ない。

今日この失業がその人にとつて不幸であることは言ふまでもないがこの不幸は啻に失業者個人にとゞまらず往々その家族の糊口を斷つ例が少なくない。況んや酒場に走り或は浮浪の徒に投じて遂に犯罪を醸すものさへあるに至つては失業問題は單に社會的不安にあらずして生活に直面する眞劍の問題であり人生の福祉に關する人道問題であり且つ近時社會問題中最も切迫せる重大問題といへる。

昨大正十四年に於ける本市の失業狀況は他都市のそれに比し敢へて遜色あつたとは思はれないが實際においては當時各新聞紙の社會面を埋めつくした上記公園內に於ける失業者の悲慘なる生活の報導によつて刺戟せられ強調せられた輿論が事實以上にその深刻味を誇張したやうだ。

失業者は全市に滿ち野天にねむるもの每夜一千人とか街頭に聞ゆるものは失業者の呻きのみといふやうな形容澤山な當時の新聞記事は市民の同情と注意を呼戾すに十分であつたと共にその神經をいらだゝせるにも十分であつた。斯くて公園においては握飯やうどん餡パン金子などの施與がはじまり失業者救濟團が組織され謂ふところの失業者は惠みの園に集ひよるといふ風で本市に於ける失業問題はいやが上にも高調せられざるを得なかつた。

中之島又は天王寺公園の一角から點火された失業問題に對する與論の烽火を更に白熱せしめたものは去秋十月實施の失業統計調査の前觸れや前後數回にわたる府市當局の深夜調査であつた。かくて乞食浮浪者はおろかベンチに凉を追ふ凉客や寢苦しい木賃宿の殘暑をさけて芝生のこゝかしこに安眠をむさぼる鮟鱇の誰彼をも所謂失業者のお仲間入りさせたのは少しく笑止に失すると共にやゝ皮肉ではあるが本市における失業問題は與論によつて誇張せられ與論によつて眞劍化されたとさへ思はれる。眞の失業者は少なくとも勞働の意思とこれに耐へうるだけの体力を有し而かも職業を求めて與へられないものである以上乞食浮浪者の徒が失業者でないことはいふまでもないがさりとて本市公園内に於ける無宿者を目して悉く失業者とするは餘りに早計である。

具さに無宿者を觀察すると彼等のうちには有業者もあれば失業者もあり乞食もゐれば浮浪者もゐるといふ風で千差萬別みだりに憶測を許さぬ狀態である。從つて無宿者の正体を明かにすることは與論の力によつて多少誇大に吹聽されたと思はるゝ失業狀態の眞相を知ることでありこれが實際を審かにすることは失業問題解决の根本策であると共に重要なる諸問題への通路を開くことゝなる。

而して本市における失業狀態の實際は昨秋施行の失業統計調査によつて既にその詳細をつくし而か

もその結果は勞働調査報告第四十一號に於いて公にした以上いま改めて本稿を刊行するは六菖十菊の憾なき能はずであるが右報告書はたゞ單に一般失業者の失業狀況を記述するにとゞまり無宿者については何等言及するところがない。從つて無宿者と失業者又は浮浪者との關係はどうであるか無宿者は如何なる宿命の下に今日の生活を强ひられてゐるかを知るには結局無宿者を仔細に吟味してその眞相を捉へることが何より必要である。

要するに無宿者問題は病者不具者精神異常者などの無能力者を含む點においてこれ等に對する養育保護に關する救濟問題に關連し不良青少年や下層勞働階級の失業者及浮浪者を含む點に於いて不良青少年問題及浮浪者問題を總括する社會問題と見られる。從つて本問題を調査研究することは畢竟するにこれ等重要なる諸問題をも併せ攻究することであり本稿の使命も亦實にこゝに存する。

A　種別不良青少年少女調査

署名	第一種 男	第一種 女	第二種 男	第二種 女	第三種 男	第三種 女	第四種 男	第四種 女	第五種 男	第五種 女	第六種 男	第六種 女	第七種 男	第七種 女	計 男	計 女	合計
水上	—	—	二	—	—	—	—	—	—	—	—	—	—	—	二	—	二
船場	二	—	三一	一	三	—	一	—	二	—	—	—	三	—	四二	一	四三
玉造	五	—	五九	五	一〇	—	一	—	二	—	—	—	四	—	八一	五	八六
新町	五	—	四〇	—	五	—	二	—	二	—	—	—	一	—	五五	—	五五
川口	三	—	三二	一	九	—	四	—	三	—	—	—	二	—	五三	一	五四
九條	二四	—	一九	九	一二	一	三	—	二	—	—	—	六三	二	一二三	一二	一三五

5

朝日橋	四	|	一〇六	一五	一七	二	|	|	一三	二	|	|	二七	二	一七八	二二	一九九
築港	一六	二	七六	二	三	一	|	|	一	|	|	|	五	一	一〇一	六	一〇七
泉尾	三	|	五九	九	五	|	七	|	五	|	|	|	二九	|	一〇八	九	一一七
島之内	三	|	一四〇	七	七	|	|	|	一三	二	|	|	四	|	一六七	九	一七六
高津	三	|	三三	二	五	|	二	|	五	|	|	|	八	一	五五	三	五八
天王寺	五	|	四一	二	四	|	一	|	四	|	|	|	六	一	六一	三	六四
戎	一六	|	八二	七	一七	|	四	|	三	|	一	|	一五	一四	一七八	二二	一九九
難波	二	|	九五	二	七	|	六	一	七	|	|	|	一〇	|	一二七	三	一三〇
芦原	一六	|	六一	一	一六	|	七	三	一	|	|	|	一〇	|	一一一	四	一一五
天満	六	|	三九	二	二	|	三	|	三	|	|	|	六	二	五九	四	六三
曾根崎	三	|	六四	二	二	|	一四	|	二	|	|	|	三	三	九七	五	一〇二
福島	一九	|	六〇	五	一〇	|	一三	一	二	|	|	|	一五	三	一四八	九	一五七
網島	二	|	四七	二	五	|	四	三	五	一	|	|	二	一	六五	七	七三
今宮	三	|	一三七	四	五	|	四	二	七	|	|	|	二〇	六	一六六	一三	一七八
住吉	一	|	四二	二	二	|	|	|	五	|	|	|	二	|	五二	二	五四
鶴橋	三	|	一〇二	四	一四	二	四	|	八	|	|	|	四	一	一五四	七	一六一
平野	|	|	一一	|	一	|	六	|	|	|	一	|	|	一	一九	一	二〇
今福	一	|	六七	五	一	|	六	|	二	|	|	|	四	|	八一	五	八六
中津	一三	|	八四	六	九	|	八	|	一〇	|	|	|	六	四	一三〇	一〇	一四〇

署名	第一種 男	第一種 女	第二種 男	第二種 女	第三種 男	第三種 女	第四種 男	第四種 女	第五種 男	第五種 女	第六種 男	第六種 女	第七種 男	第七種 女	計 男	計 女	合計
十三橋	四	―	二六	二	五	―	三	―	一	―	―	―	一	―	四〇	二	四二
大和田	―	―	九	三	三	―	一	―	―	―	―	―	六	―	一九	三	二二
市内計	一八一	二	一六四四	一〇〇	一八九	六	一一三	一〇	一一八	五	二	―	三二四	四二	二五七二	一六五	二七三七
池田	八	―	二〇	―	―	―	一	―	―	―	―	―	一	一	三〇	一	三一
茨木	二	一	一三	一	二	―	―	―	一	―	―	―	二	一	一九	三	二二
堺	九	―	四六	二	四	―	四	―	六	―	―	―	三	―	七二	二	七四
鳳	四	―	二四	五	一	―	二	―	―	―	―	―	一	―	三二	五	三七
岸和田	一〇	―	五六	九	二	―	―	―	―	―	―	―	四	―	七二	九	八一
富田林	一	―	八	三	七	―	一	―	一	―	―	―	一	―	一九	三	二二
八尾	―	―	一九	二	一	―	一	―	二	―	―	―	―	―	二三	二	二五
枚方	二	―	一七	二	三	―	―	―	一	―	―	―	二	一	二四	三	二八
市外計	三六	一	二〇三	二四	二〇	―	九	―	二	―	―	―	一四	三	二九一	二八	三一九
合計	二一七	三	一八四六	一二四	二〇九	六	一二二	一〇	一二九	五	二	―	三三八	四五	二八六三	一九三	三〇五六

備考　不良少年少女とは年齢一八年未満のもの不良青年とは一八年以上二五年未満のものにして左の各號に該當するものを云ふ

第一種　犯罪の前科ありて改悛の情なく視察の必要ありと認むるもの

第二種　惡友と交り徒黨團結し又は單獨にて犯罪行爲をなし若くは之を爲すの虞ありと認むるもの

第三種　金錢財物を浪費し若くは浪費せしめ放蕩淫逸に耽るもの

第四種　平素一定の生業なく又は之あるも常に保護者の監督をはなれ浮浪徘徊し不良行爲をなすもの
第五種　粗暴過激又は淫猥なる文書を他人に送るの性癖あるもの
第六種　感化院より退院したるものにして特に視察の必要あるもの
第七種　其の他特に注意視察を必要と認むるもの

B　年齢別不良青少年調査

署名	一〇歳以下		一四歳以下		一八歳以下		二五歳以下		計		合計
	男	女	男	女	男	女	男	女	男	女	
水上	—	—	—	—	—	—	—	—	—	—	—
安治川	—	—	—	—	二	—	—	—	二	—	二
木津川	—	—	—	—	—	—	—	—	—	—	—
船場	—	—	四	—	二三	一	一五	—	四二	一	四三
玉造	一	—	六	一	二四	二	五〇	二	八一	五	八六
新町	一	—	二	—	二七	—	二六	—	五五	—	五五
川口	—	—	一	—	二	一	四一	—	五三	一	五四
九條	—	一	九	二	五八	五	一五六	四	二二三	一二	二三五
朝日橋	—	—	一四	五	四五	一〇	一一九	五	一七八	二〇	一九八
築港	一	—	六	一	二四	二	七〇	三	一〇一	六	一〇七
泉尾	五	—	九	四	二八	二	六六	三	一〇八	九	一一七
島之内	—	—	四	二	三二	五	一三一	二	一六七	九	一七六

署名	一〇歳以下 男	一〇歳以下 女	一四歳以下 男	一四歳以下 女	一八歳以下 男	一八歳以下 女	二五歳以下 男	二五歳以下 女	計 男	計 女	合計
高津	—	—	八	一	一四	二	三三	—	五五	三	五八
天王寺	—	—	—	—	二四	三	三七	—	六一	三	六四
戎	—	—	四	二	三三	一三	一四一	六	一七八	二一	一九九
難波	—	—	三	—	一八	二	一〇六	一	一二七	三	一三〇
芦原	三	—	七	—	二四	二	六七	二	一一一	四	一一五
天満	—	—	二	—	二六	一	三一	三	五九	四	六三
曾根崎	一	—	—	—	一三	三	八三	二	九七	五	一〇二
福島	四	—	一三	五	五五	三	七七	一	一四八	九	一五七
網島	一	—	九	二	二〇	三	三五	二	六五	七	七二
今宮	一	—	一〇	—	四二	一三	一〇三	—	一六六	一三	一七八
住吉	一	—	—	—	一九	一	三三	一	五二	二	五四
鶴橋	一	—	四	二	三三	一	一一六	四	一五四	七	一六一
平野	—	—	三	—	四	一	一二	—	一九	一	二〇
今福	—	—	二	—	二一	三	五八	二	八一	五	八六
中津	—	—	六	一	一七	七	五七	二	一三〇	一〇	一四〇
十三橋	—	—	—	—	三	一	二七	—	三〇	一	三一
柴島	—	—	—	—	二	—	八	一	一〇	一	一一

9

大和田	—	—	—	—	四	二	一五	一	一九	三	二二
池田	—	—	一	—	八	—	一〇	—	一九	—	一九
岡町	—	—	—	—	三	一	六	—	九	一	一〇
地黄	—	—	—	—	—	—	二	—	二	—	二
茨木	—	—	一	—	二	—	五	一	八	一	九
高槻	—	—	—	—	一	一	一	—	二	一	三
吹田	—	—	—	—	—	—	九	一	九	一	一〇
堺	二	—	九	—	二四	二	三七	—	七二	二	七四
鳳	—	—	一	—	二	一	七	一	一〇	二	一二
福田	—	—	—	—	二	—	二	—	四	—	四
三林	—	—	—	—	—	—	—	—	—	—	—
大津	—	—	一	—	二	—	一五	三	一八	三	二一
岸和田	—	—	五	—	一八	四	三九	一	六二	五	六七
佐野	—	—	—	—	—	—	三	一	三	二	五
尾崎	—	—	—	—	—	一	三	一	三	—	三
市場	—	—	一	—	二	一	一	一	四	二	六
富田林	—	—	—	—	三	—	四	—	七	—	七
長野	—	—	—	—	三	—	五	—	八	—	八

古市	—	—	—	—	—	—	—	—	—	—	一
黒山	—	—	—	—	—	—	三	—	三	一	四
柏原	—	—	—	—	—	—	一	一	一	一	二
八尾	—	—	三	—	四	—	三	—	一〇	—	一〇
三宅	—	—	一	—	—	—	一	—	二	—	二
御厨	—	—	—	一	一	一	六	—	七	二	九
額田	—	—	一	—	—	—	二	—	三	—	三
南高安	—	—	—	—	一	—	—	—	一	—	一
枚方	—	—	—	—	—	一	三	—	三	一	四
守口	—	—	—	—	二	—	七	一	九	一	一〇
四條畷	—	—	—	—	二	—	七	二	九	二	一一
津田	—	—	—	—	—	—	三	—	三	—	三
合計	三	一	一六八	二九	七二六	一〇二	一九四七	六一	二八六三	一九三	三〇五六

C　既往五年間に於ける不良青少年少女増減調査

年次	性別	年末現在	年齢内譯 一〇歳以下	一四歳以下	一八歳以下	二五歳以下	前年との増減 増	減	上掲外の住所不定者
大正一〇年	男	二六三	六	八五	一四〇	八三	五一〇	—	四五七
	女	一〇三	二	八	三七	五六	四九	—	一四

大正一一年	男	一五九六	一四	一五九	四八三	九四〇	四三三	―	七九四
	女	一一七	一	二七	六二	二七	一四	―	三〇
大正一二年	男	一九三三	一七	一四六	五二七	一二四三	三三七	―	九〇一
	女	一四〇	四	二六	七一	三九	二三	―	三九
大正一三年	男	二三八五	二〇	一六七	六〇六	一四九二	五八五	―	一一七一
	女	一六六	二	二七	八八	四九	九一	―	四三
大正一四年	男	二八六三	三三	一六八	七二六	一九四七	四五五	―	一一七六
	女	一九三	一	一九	一〇二	六一	一三	―	五七

D 不良青少年團體檢擧數調査（大正一四年中）

團體名	團體の目的	團員數	檢擧月日	檢擧警察署
十手組	某親分配下の無頼漢と對抗せんために組織、暴行闘爭の目的	一三	二、二八日	玉造署
住吉團	喧嘩口論、金錢强要	一四	二、二〇日	住吉署
骸骨團	喧嘩口論	四	四、一三日	福島署
骸骨團	同	三	五、一四日	船場署
立憲自由青年會	喧嘩口論、婦女誘惑	二〇	六、三日	今福署
義勇團	喧嘩口論	七	六、一九日	福島署
十人組	同、婦女誘惑、惡戯	三	六、二四日	天滿署
曙山會	喧嘩口論、金錢强要	五	六、二七日	芦原署
錦星會	恐喝	五	七、三日	芦原署

12

團體名	團體の目的	團員數	檢擧月日	檢擧警察署
鹿島組	表面飲食品販買、喧嘩口論	九	七、五日	九條署
勝美組	喧嘩口論	一七	七、二七日	天王寺署

上掲諸表は大正十四年末現在において本府警察部が調査した府下不良青少年少女數であるが右によるとA表に示す如くその總數三、〇五六名（内男二、八六三、女一九三名、市内男二、五七二女一六五名、市外男二九一　女二八名）の內第四種卽ち平素一定の生業なく又はこれあるも常に保護者の監督をはなれて浮浪徘徊し不良行爲をなすものが一三二名（内男一二二女一〇名、市内男一一三女一〇名、市外男九女〇名）に及んでゐる。更にC表を引用するとこれら不良青少年數は年々三六〇乃至六〇〇名の增加を示すと共に一方常に一定の住所を有せざる住所不定者も逐年激增の傾向を示してゐるから不良青少年と浮浪者は年毎にその關係を濃厚ならしめつゝあるものと言へる。

E　出身地別被檢束者調査

大阪	一〇〇名	福岡	一三名	沖繩	六名
兵庫	五〇	廣島	一二	長崎	五
京都	二九	富山	一二	大分	五
朝鮮	二五	和歌山	一一	長野	四
奈良	一九	福井	一一	島根	四
香川	一九	東京	一一	熊本	三

岡山	一八	神奈川	九	福島	三
徳島	一七	鹿児島	八	岐阜	三
愛媛	一七	鳥取	七	北海道	三
滋賀	一七	高知	七	群馬	二
三重	一五	愛知	七	埼玉	二
石川	一三	山口	七	佐賀	二
静岡	一二	宮城	一	不詳	一三
新潟	一	栃木	一	合計	五一四

F 現任所別被検束者調査

大阪市 六六名

此花区	三	北区	三
港区	二	浪速区	三
南区	一〇	西区	二
東成区	九	西淀川区	一
東淀川区	四	天王寺区	一
西成区	四	東区	三
住吉区	三	計	六六

堺市	一
府下	二

14

不定　四三名
不詳　一三
合計　五一四

G　職業別被檢束者調査

手傳	七六名	理髮職人	一一名	畫工	二名
鮟鱇	七八	商店雜役	一〇	下足番	二
職工	五〇	大工左官	一〇	東西屋	一
人夫	一八	屑拾	七	郵便配達	一
土方	二七	船員	六	木挽	一
行商	一三	辨當配達	五	煙突掃除	一
仲仕	一二	農業	四	乞食	一
店員	一九	三助	四	無職	八六
料理人	一八	車夫	二	不詳	一九

H　年齡別被檢束者調査

一五歳—二〇歳	六八名	四六歳—五〇歳	三三名
二一歳—二五歳	一〇七名	五一歳—六〇歳	二四名
二六歳—三〇歳	八八名	六一歳—七〇歳	七名
三一歳—三五歳	六六名	七一歳—八〇歳	一名
三六歳—四〇歳	五九名	不詳	二名

15

四一歳―四五歳	五九名	合計	五一四名

検擧理由別被検束者調査

浮浪	三三五名	窃盗現行	八名
擧動不審	一六四	喧嘩	一
泥酔	一六	合計	五一四

」警察署別被検束者調査

船場	一〇名	朝日	二名	曾根崎	無名
玉造	七	島之内	一五	戎	一四
新町	三	難波	八	泉尾	五
九條	一八	天滿	二九四	福島	五
川口	二	芦原	六	高津	一〇
築港	二	網島	四	鶴橋	九
平野	二	今福	四	今宮	三

右はある特別の目的の下に大正十四年十月三日の深更府警察部の手で行はれた非常警戒による本市被検束者の状況であるがこれによると總數五一四名の內出身地別では大阪の一〇〇名現住所別では不定不詳の四四五名職業別では無職不詳の一〇五名年齢別では二五歳以下の一七五名檢擧理由別では浮浪の三二五名警察署別では天滿署の二九四名が夫々第一位を占めてゐる。

16

こゝを以つて見ると被檢束者の多くは常に浮浪者であり浮浪者の多くはつねに不良青少年であり得るといふことが出來ると思ふが更に第一回及第二回の國勢調査當時において判明した本市の浮浪者について言ふと次に示す如く大正九年十月一日現在に於いては五四名昨秋十月一日においては一躍七七七名の多數に上つてゐる。

K　國勢調査當時の浮浪者調査

（一）大正九年十月一日　（五四名）

舊東區	一〇	舊南區	三
舊西區	無	舊北區	二

（二）大正十四年十月一日　（七七名）

北區	三二	天王寺區	一五三
西成區	九二	東淀川區	六九
東區	一九	此花區	一四
南區	一〇	浪速區	五
港區	三	西淀川區	無
東成區	無	住吉區	無
西區	無		

而してこれら多數の所謂浮浪者は嚴密な意味において眞の浮浪者なるや否やは多少の疑ひなき能はざるところであるが假令他の異分子を含むとしても其の大部分が無宿者であることは言ふまでもない

従つて不良青少年と浮浪者とが密接な關係を有する以上に浮浪者と無宿者とはより濃厚な交渉をもつものといへる。

L　東京大阪及神戸市の浮浪者數

年月日	東京	大阪	神戸	備考
大正九・一〇・一	—	五四人	—	第一回國勢調査
大正一一・二・二五	二五三人	—	—	東京市社會局調査
大正一三・一〇・一	二六一人	—	—	東京市統計課調査
大正一四・一〇・一	三六〇人	七七人	一三人	第二回國勢調査

備考　浮浪者の意義は各國一定せず我國に於いても往々その範圍を異にするを以つて參考のため左にその主なるものを掲ぐ

英　國　浮浪者とは夜起き晝眠りて習慣的に宿屋又は酒場に現はれて徘徊するもの

佛　國　一定の住居を有せず生計の手段を有せず且つ何等の常業に從事せざるもの

獨　逸　浮浪者とは勞働をなさず生活の手段を有せず且つ適當なる生計の目的なくして徘徊するもの

米　國　加州の刑法によれば無職徘徊者乞食住宅外寢臥者淫賣婦暴酒家の類を含む

日　本　わが國に於いても浮浪者の意義は一定してゐないが大体において警察犯處罰令第一條第三項浮浪罪の規定するところによると「一定の住居又は生業なくして諸方に徘徊するもの」となつてゐる

右は東京大阪及神戸市における浮浪者數であるが各市とも被調査者の範圍に多少の相違こそあれ大体において一定の調査實行時間内に於いて屋外その他人の居住にあらざる建物に寢臥するものを浮浪

者と看做して調査したのであるからこゝに謂ふところの浮浪者は俗に無宿者とよぶ極めて狹い範圍に限られ浮浪者即ち無宿者の關係を最も卒直に說明する。

こゝを以つてすれば所謂無宿者の調査研究は不良青少年浮浪者等の問題に對してある力強いヒントを與へることゝなり他面失業者或は無能力者の眞相を明かにすることゝなる。從つて本市の如く他都市に比し年々著しく失業者浮浪者又は不良青少年を增加することによつて緊要なる諸種の社會問題を釀成しつゝある都市においては本稿の如きは特に重要なる役目をつとむべきで誰か蛇足を加へるものと言ひ得やうぞ。

二　深夜の無宿者調査

本市における無宿者數は季節により或は天候その他の事情によつて必らずしも一定しないが大体から觀測して夏期に比し冬期に少なく晴天日に較べて雨天又は荒天の日に尠ないことは何人も容易に首肯し得るところで其の有樣は丁度日傭勞働者の集合狀態と同一である。

而かも夜店緣日その他の盛塲を目當に夜間あるひは市外より或は市內より流れ込み流れ去つたまゝそこに一夜の塒を作るを普通としてゐる樣は恰も紅い灯に群りよる不良青少年に似通つてゐるから假令一齊調査を行つたにしたところで到底適確な無宿者數を知ることは出來ない。たゞ常習的に市內

19

の公園空家あるひは橋下などの一定所に起伏してゐる謂はゞ常連的無宿者を推定するにすぎないのである。

しかし實際において謂ふところの無宿者が各都市とも年々増加しつゝあることは爭ふことの出來ない事實である。而かもこの共通的傾向は經濟界の沈滯事業界の不振など財界不況の原因が停止せぬ限り益々高めらるべきであり斯くて不良青少年浮浪者又は失業者などの無宿者が徘徊することゝなり押賣強請誘拐或は窃盜などの犯罪が隨所に醸さるゝことゝなつた。

從つて社會的不安は無宿者の增加に正比例して年毎にその程度を深むるに至り勢ひ失業問題の如きも事實以上にその深刻さが傳へられて無益に人々を脅かすことゝなつた。そこで假令無宿者の實數を捉へ得ないまでもその大体を探りその實相に通曉することは種々の意味に於いて極めて必要なことであつたから府市當局においては時々本市公園内に寢起きする無宿者について深夜實地踏査をこゝろみることゝした。

A 本市ニ公園内に於ける無宿者調査

月日	天王寺公園		中之島公園	
	後一一時—一二時	前一時—二時	前三時—四時	前一時—二時
八・一六	三五〇	一五〇	二六〇	四九
八・三〇	六二〇	一六〇	三三〇	四七一

月日	天王寺公園 后一一時—一二時	天王寺公園 前一時—二時	中之島公園 前三時—四時	中之島公園 前一時—二時
八・三一	二五〇	一八〇	三〇〇	三五一
九・一	三五〇	一七〇	二五〇	三九二
九・二	三〇〇	一六〇	四五〇	三七八
九・三	二〇〇	一六〇	二三〇	三四二

備考　本調査は本市公園課が大正一四年中に行つたもので同課員が之を擔當してゐる。

B　本市全公園内に於ける無宿者調査

公園名	人數	男	女	携帯品	職業 非	職業 労	備考
天王寺	四六三	四六一	二	五〇	一四七	三一六	携帯品五〇個は四七名の所持品であつた
中之島	五八二	五七二	一〇	不明	一八二	四〇〇	天満署の一齊調査によつたものである
大手前	—	—	—	—	—	—	
櫻宮	七	六	一	—	二	五	
木津	一	一	—	—	—	一	
築港	七	六	一	一	一	六	非一は女一名
西野田	二	二	—	—	—	二	
扇町	三一	三一	—	二	五	二六	

北野	二	二	｜	｜	非勞	二 ｜
九條	四三	四三	｜	三	非勞	三七 六
計	一三八	一三四	一四	五六	非勞	七九三 三四五

備考　本調査は大正一四年八月二九日の深更本市社會部員の手によつて行はれたもので表中の非とは勞働者にあらざるものを指し職業は服裝によつて想像することとし又携帶品の有無を調査したのは之によつて一時的の無宿者かどうかを知るためである。右の內中之島公園の無宿者數は偶然當部の調査と天滿署の調査とが同一時刻に行はれたので便宜同署の調査によることゝした。

旣に說明した如くA表は本市公園課B表は當社會部において調査したものであるが今後者についていふと十斑に分たれた各調査隊は八月二十九日の深更卽ち三十日午前二時を期して夫々定めの部署につき木立の間にベンチの上に或はあづまや或はアーチの下に無宿者の塒を探し求めたのである。

しかし晦日の暗がりを通し而かも彼等無宿者に「寢るまのみ人にかわらぬ起伏しを浮世にかへす曉の鐘」の嘆聲をおこさせまいとした調査隊員の眼で彼は浮浪者是は失業者と無宿者の一人一人についてその境遇を看取することは甚だ困難なことであつたから專ら觀察と想像とによつて各公園に於ける無宿者の概數を知ることゝした。

これによると中之島の五八二名が筆頭で無宿者の代表的集合地帶とも見られるから前表の如く無宿者をたゞ性別携帶品の有無等から觀たゞけでは滿足せぬ人々のために同夜所轄天滿署で行つた同公園

における調査についての大阪朝日新聞の記事を引用すると次の如くである。

不景氣のドン詰りから失業者續出し大阪中之島公園はこれ等失業者と浮浪者その他如何はしいものゝ集合所となつたかの觀があるので所轄の天滿署ではかねて專務巡査をおいて公園の風紀その他の取締を勵行し不良分子の一掃につとめてゐるが集合者の數は增す一方でそんな微溫的なことではとても追つかぬので二十九日午前一時から同五時まで警部補が主となつて巡査二十五名を以つて中之島公園一圓に亘つて大浮浪者狩を企て一面失業者の特別調査を行つた。

寢るに家なく公園を一夜の宿としてゐたもの其の他合計五百八十二名を一時天滿署へ連行し一々身元を調査したそのうち住居も生業もない純浮浪者が百二十三名。また失業して浮草のやうに轉々し職業紹介所の紹介で時には鮟鱇仲仕、日稼屑拾ひなどをした賃銀でやつと生き　公園のベンチを住家とせる哀れな失業者が二百四十八名、住居と生業はあると稱するも常に公園内に出入してゐるものが百二十九名、このうちには女が四人あつた、その他橫領竊盜犯人各一名、家出して懷中無一物となりベンチを一夜の宿としてゐたものが四名、泥醉者四名であつて、その數の多いのに係官も驚いた。この失業者のうちに憐れな親子三人つれがあつた、北區に本籍がある高山花五郎（四十一）とその妻京子で、夫婦の間には今年四歲になる淺次といふ男の子がある、もと花五郎はガラス職工として生活をしてゐたが例の上海事件のため硝子製造業者が大打擊を蒙つたので彼も職にはなれ親子三人づれで公園へ來て花五郎は土方になつたりして僅かの賃銀を得、三人が細々と暮しはして來たものゝ花五郎はガラス職工だつたので荒々しい勞働は出來ずそれで普通土方の半分ぐらゐの賃銀を貰うて着のみ着のまゝで夫婦は喰ふや喰はずでゐたが可愛いい子供にはすきな林檎を持たせてゐた。係官が公園へ出張したとき子供は無心に林檎をむさぼり喰つてゐたさうだ、從來の浮浪人は下宿にゐても南京虫が多くて寢られぬといつた風なものが多く所持金も皆相當にもつてゐたがこの日の五百余人は最高三圓のものが一人、その他は六錢、五錢五厘位しかもつてゐない、不景氣の深刻化さがわかると係員は語つてゐた」

右によると五百八十二名の無宿者中失業者は二百四十八名浮浪者は二百五十三名であるから前述した如く公園内に起伏する無宿者を目して悉く失業者とすることも亦ことごとく浮浪者と看做すことも共に大きな間違ひであることが知られる。

C　本市二公園内に於ける無宿者調査

月日	天王寺公園 前一時―同一時半	天王寺公園 午前四時	中之島公園 前零時―前一時	中之島公園 前一時―二時	前四時
五・二一	一九	三	―	―	―
五・二二	四二	一六	―	―	―
五・二三	一五	五	―	―	―
五・二四	一三	四	二	―	四
五・二五	二〇	三	―	―	―
五・二六	―	三	―	―	五
五・二七	八	―	―	―	八
五・二八	一三	―	―	―	―
五・二九	一七	―	六	―	―
五・三〇	五	―	―	七	―

上表は本市公園課が行つた大正十五年においての最初の調査であるが更に府刑事課では七月二十一日午前一時を期し北は船場天滿中津曾根崎網島の各署南は戎今宮阿倍野天王寺難波芦原の各署の刑事

をして中之島扇町及天王寺公園幷に釜ヶ崎飛田方面の浮浪者狩を行はしてゐる。

これによると中之島では約三百名天王寺では三百五十名扇町公園では百九名の無宿者を發見してゐるがそのうち窃盜現行犯四名擧動不審者として行政處分に付せられたものが二十名に及び尙彼等の殆んど全部は大抵無一文であつた。

D 本市三公園内に於ける無宿者調査

公園名	人數	男	女	携帯品		職業	備考
中之島	二三八	二三七	一	一	二	勞二〇一 非三七	音樂堂一〇五、難波橋下一八 天神橋下及劍崎七七名
扇町	三	三	—		一	勞三	アーチ型休憩室に睡眠中
天王寺	一四三	一四三	—	二	二	勞一〇四 非三九	音樂堂三六、博覽會々場正門 附近四九、運動場附近二一
計	三八四	三八三	一	三	五	勞三〇八 非七六	

右は九月二十六日午前一時現在において當部調査課が總がゝりで行つた實地踏査の結果であるが當夜は初秋に似ぬうすら寒い殊に雨降り擧句の加減か多少底冷ゐのする晩であつたにかゝはらず天王寺斑は音樂堂藤の棚及博覽會跡附近に百四十三名中之島斑は音樂堂難波橋下及劍崎附近に二百三十八名扇町斑はアーチ型休憩所内に三名計三百八十四名の無宿者を發見した

しかしこれを昨年九月前後に行つた上揭諸調査による三公園内の無宿者數に比べると餘程減少の傾

向を示してゐるが之は主として警察當局がその取締を嚴にしたのと一面日傭勞働者階級の失業の度合が幾分緩和されたゝめである。現に上記天王寺斑が調査當夜において五六人芝生の上に一團となつた勞働者が藤八拳に興じながら深夜の寂寞を破つてゐるのを見たことも亦無宿者中店員コツク風のものが比較的多數を占めてゐたことも共に有力にこのことを立證する。

ことしも亦失業のうそ寒さがひし／＼と身にしむ頃となつたが、大阪の極東聯盟協會は二十五日午後十時頃から翌日の午前四時ごろまでの間に市内の中之島公園、天王寺、扇町兩公園を中心にあらゆる空地から船の上まで會員二十數名を手わけして露宿の失業者を探し出して約八百人に辨當券を交附し、二十六日午後五時から天王寺公園公會堂でその券と引換に辨當を與へることゝした。何しろ隨分ひどい境涯の人たちばかりで中には犬の吠ゐる聲をたどつて行くと塵捨場のゴミの中に埋まつて寢てゐたやうな人もあつたと。斯くて二十六日午後になるとそれらの人々は續々天王寺公園に押かけ、物哀れな大集團をつくつて「早く下さい」とひしめき合つてゐたが、どうしたわけか一人で二枚も三枚も引換券を持つてゐて一枚十錢ぐらゐに賣つてゐたのもあり、また女の人で子を負つて多くの男の中に交つてゐたが、きまりが惡くなつたと見え、うつむいてすご／＼歸つて行つたのもあつた。
やがて古今堂會長から「粗末ながらもこの辨當の中にこもつてゐる我々の眞心を食べて下さい」との挨拶があつて、それ／＼配給ををはり、その人々を片つ端から公會堂の二階に入れて、そこで食事をさせたが、みながツ／＼と喰ひついてまたゝく間に平げ、まだとても足らぬと未練をこぼしてゐたが、中にはいたいけな子をつれた父親が一つの辨當を先づ子に腹一ぱいくはせ自分は傍にぢつとこらへて見てゐるやうな涙ぐましい光景が、そこゝに展開されてゐた。食事を終ると演説會となつて色々と失業者への忠告やら激勵の熱辯がくり返され、最後に極東聯盟は重松理事長、濱田理事の兩氏をして大阪府知事、大阪市長その他當局を訪問せしめて失業者を收容救濟する方法を講ずるといふ決議をした、なほ當日の辨當代はその八割を奈良市の中井勝次郎氏が出したものであると」

右は十月二十七日の大阪毎日新聞紙によるものでこれによるも本市内における無宿者數は漸次減少の傾向を示してゐるがその總てを失業者として取扱つてゐることは昨年と同樣である。言ふまでもなく失業者は少なくとも勞働の意思をもつてゐるものでなければならぬ以上これら公園における浮浪性無宿者を目して悉く失業者と呼ぶは甚だ穩當を欠く。

之を要するに無宿者數は季節により或は天候その他の事情によつて常に一定するものでないが大体から見て七月初旬より九月末にかけて最も多く十一月頃から三月までが最少であり雨や雪の夜はほとんどその影を見せない。而かも露宿の塲所は公園の音樂堂休憩所或はベンチなど〻常に一定のところに十人二十人と群つてゐるやうで決して市内の各所に散在するものでないから上掲諸表による無宿者數を以つて本市の常時無宿者數と見ることが出來る。

三　十月一日午前零時

前夜來の豪雨なほ降り休まず九月三十日から十月一日にうつる眞夜半の本市各公園は物凄いまでに暗く靜かであつたが十一時前後になると傘外套に雨と夜寒むをさけた公園調査斑の各一行は夫々定めの部署について靜かに十月一日午前零時の來るのを待ちうけた。

27

まづ中之島公園における實地調査の模樣について言ふと天滿署員靑年團員在鄕軍人分會員などによつて公園の各所から狩出された無宿者は一先づ難波橋下のトンネル內にあつめられ寢不足の顏を百燭光の電燈に照されながら寒さに身をちゞめて調査員の呼出しをまつた。

折柄小降りとなつた雨を幸ひトンネル前の空地に十脚ばかりの机をずらりとならべ机上の調査票を提灯の光に照しながら物々しく控へた各調査員は午前零時をきつかけに一列となつて押しかけてゐる無宿者の一人一人について氏名年齡などを問ひたゞし一々丹念に記入したものであるが中には「河村のカワは流れ川の川です」とかどの文字通を振り廻して調査員をへこましたものもあつた。

かくて調査をおへたものは北區某氏寄贈の汽車辨當と一心會からの溫いお茶に舌鼓をうつてそのまゝトンネル內に一夜をあかすこととなつたが當夜の無宿者數は辨當の振舞が人氣をよんで何日もより多かつたやうだ。尙天滿署長北區長市區吏員が公園を引上げたのは午前三時すぎであつたから本調査は正味三時間で二百九十六名の無宿者を調べたことになる。

天王寺公園について言ふと何分廣い同公園のことであつたから調査斑を上部下部受持の二斑に分ち前者は音樂堂に後者は交番所ちかくの小亭に夫々調査本部をおき園內のこゝかしこから狩りあつめた無宿者について調査を行つたのであるが尙うす暗い木かげや軒下に身をひそめてゐたものや市民博物館裏のテント張りに夜風をさけながら折重つてねてゐた梅毒患者天刑病者その他樣々の不具者などに

對しては調査員が自ら出向いてその調査にあたつた。

これを中之島の調査に較べると天王寺の方は面積も廣く無宿者の質も餘程低下して居りその上辨當などのお接待がなかつたゝめ調査の實際に當つては容易ならぬ困難を伴つたのであるが部調査課員などの應援があつて無事調査を完了したのは午前二時三十分頃であつた。

イ 其の夜の無宿者

A 三公園内に於ける無宿者數

公園名	無宿者	無宿者 有業者	無宿者 失業者	無宿者 無業者	計
中之島	二九六	三二	二四〇	二四	二九六
百分比	一〇〇	七	八一	一二	一〇〇
天王寺	二二五	三八	一四二	四五	二二五
百分比	一〇〇	一七	六三	二〇	一〇〇
扇町	三	—	三	—	一〇〇
百分比	一〇〇	—	一〇〇	—	一〇〇
計	五二四	七〇	三八五	六九	五二四
百分比	一〇〇	一三	七四	一三	一〇〇

右は十月一日午前零時現在における前記三公園内の無宿者數であるからこの五百二十四といふ數字は本市に於いて最も正確にして信頼するに足る無宿者數といへる。今その內譯を見ると失業者最も多くして七四%を占め無業者一五%有業者一一%といふ順序となつてゐるから普通無宿者を目して悉く失業者とするは强ち理由のないことではないが謂ふところの失業者中には浮浪者乃至無業者の多數を含んでゐるのみか日傭勞働者の失業についても多分の異議あることは後述する通りである。

ロ　無宿者と無業者

Ａ表に示す如く無宿者百名に對する無業者の割合は十五名となつて居り之を公園別に見る時は天王寺二十名中之島十二名となるがこれは新世界千日前道頓堀などの盛場や飛田難波新地などの遊廓或は四天王寺阿倍野火葬場などの人出多き場所を稼場とする不具者病者乞食その他の無能力者が足場の關係上好んで天王寺公園をかれらの理想境としてゐるからである。かく無業者の質が低下してゐることも中之島に比して一つの特色であるが鮮人老幼又は惡質だと思はるゝ無業者の多かつたことも亦場所がら當然である。

ハ　無宿者と失業者

無宿者に對する失業者の割合は中之島八割强扇町十割天王寺六割强となつてゐるがこれは北區方面

が大阪の玄關口にあたり工場も多く勞働市場への足場もよく仕事口も容易に見つかるがためで今彼等の年齢配偶の有無その他失業當時の職業及收入について仔細に觀察すると次の通りである。

B　年齢によりて分ちたる失業者數

年齢	中之島	天王寺	扇町	計
一六—二〇歳	二一	一五	—	三六
二一—二五	三八	二二	—	六〇
二六—三〇	三八	二二	一	六一
三一—三五	四七	一六	—	六三
三六—四〇	二五	一六	—	四一
四一—四五	二九	一六	一	四六
四六—五〇	二四	一六	—	四〇
五一—五五	八	八	一	一七
五六—六〇	八	六	—	一四
六一—六五	一	三	—	四
六六—七〇	一	二	—	三
計	二四〇	一四二	三	三八五

右によると失業者の年齢は最少十六歳最高七十歳でそのうち三十五歳以下といふ働き盛りのものが最も多數を占めてゐるのは仲仕土方手傳又は人夫といつたやうな荒仕事に從つてゐるものが調査前日

即ち九月三十日の大雨のために失業者として勘定されたからである。

言ふまでもなく日傭勞働者は人夫手傳といふやうな主として不熟練な屋外勞働者である關係上彼等の就業の機會が天候の如何によつて影響せらるゝことも極めて大であるべきに拘らず本調査のごとく調査前日の天候のためにやむなく仕事につき得なかつたものまで失業者として取扱つたことは大なる失敗である。從つて公園における無宿者の殆んど大半を占めてゐる失業者もその實は眞の失業者でなく或は有業者或は浮浪者と見られないことはない。

C　配偶の有無によりて分ちたる失業者數

公園名	失業者	有配偶	無配偶	計
中之島	二四〇	八	二三二	二四〇
天王寺	一四二	六	一三六	一四二
扇町	三	ー	三	三
計	三八五	二四	三六一	三八五

D　世帶主なるや否やによりて分ちたる失業者數

世帶員數	世帶者 一	二	三	四	五	計	世帶主に非らず	計
中之島	一二三	ー	二	六	一	一三二	一〇八	二四〇
天王寺	一三〇	二	ー	一	ー	一三三	九	一四二
扇町	二	ー	ー	ー	ー	二	一	三
計	二五五	二	二	七	一	二六七	一一八	三八五

配偶者の有無について見ると之を有するものは失業者總數の約六分强にすぎずその大半は配偶者をもつてゐないことになるがこの無配偶といふことが無宿の原因となり一面無宿といふことが無配偶の理由となるからこの兩者の間にははなるべからざる因果關係があるものと察せられる。

次に失業者自身が世帶主であるかどうかについて見ると總數の約七割が世帶主となつて居り而かも世帶員數一名といふものが二百五十五名の多數に上つてゐるから世帶主とは言ふものゝ一人者の氣樂さに無宿者の群に交つて浮草の生活を送つてゐるものが多いやうだ。

E　失業の原因によりて分ちたる失業者數

失業原因	中之島	天王寺	扇町	計
雨天のため	四四	一三	—	五七
自己の都合	二四	六	—	三二
事業不振	—	八	—	八
事業縮小	二〇	四四	—	六四
事業休止	一	一	—	二
事業廢止	三	七	—	一〇
工業閉鎖	—	一	—	一
閉店	—	一	—	一
會社解散	一	—	—	一

解雇	九	四	｜	一三
營業主變更	｜	一	｜	一
仕事なきため	一一二	四	｜	一一六
農閑のため	｜	一	三	四
病氣のため	三	六	｜	五一
負傷のため	一	｜	｜	一
雇主と意見不一致	一	｜	｜	一
不景氣のため	一	｜	｜	一
不明	｜	一	｜	一
計	二四〇	一四二	三	三八五

失業の原因別では仕事のないためといふのが百十六名で第一位を占め以下事業縮小雨天自己の都合といふ順位になつてゐるが之を公園別に見ると中之島では仕事のないためといふのが筆頭で以下雨天自己の都合といふ順序になつてゐるに反し天王寺では事業縮小自己の都合及病氣といふ順番になつてゐる。

これは中之島公園における無宿者中には多數の日傭勞働者がゐて雨のため或は當日手頃の仕事が見つからなかつたといふやうな事情で常習的に失業するに對し天王寺では長期に亘る失業になやみつゞけてゐる熟練工や半病人が多いからである。

しかし謂ふところの仕事なきため事業縮小のため或は病氣のためといふが如きは一種の口實でその實勞働意思を欠き或は勞働能力をもつてゐないものが少なくないことは調査の方法上容易に想像し得られるところで果して總數の幾割が眞の失業者であるかは頗る疑問である

F　失業の年月日によりて分ちたる失業者數

年月日	中之島	天王寺	扇町	計
大正一〇・六・—	—	一	—	一
同　一一・三・—	—	一	—	一
同　一一・一一・—	—	一	—	一
同　一二・四・—	一	一	—	二
同　一二・一二・—	一	一	—	二
同　一三・一・—	—	一	—	一
同　一三・八・—	—	一	—	一
同　一三・一〇・—	五	三	—	八
同　一三・一一・—	—	三	—	三
同　一四・一・一〇	—	四	—	四
同　一四・一・一三	—	一	—	一
同　一四・二・一	一	一	—	二
同　一四・二・一三	一	—	—	一

同　一四・二・一五	二	七	一	一〇
同　一四・三・一〇	｜	三	｜	三
同　一四・三・二〇	二	二	｜	四
同　一四・四・三	｜	三	｜	三
同　一四・四・二〇	四	｜	一	五
同　一四・五・一	｜	四	｜	四
同　一四・五・七	一	｜	｜	一
同　一四・五・一〇	一	四	｜	五
同　一四・五・二八	｜	三	｜	三
同　一四・六・二二	二	二	｜	四
同　一四・六・一〇	五	三	｜	八
同　一四・七・一四	四	四	｜	八
同　一四・七・一〇	四	七	｜	一一
同　一四・七・一七	六	三	｜	九
同　一四・八・一	四	六	｜	一〇
同　一四・八・一三	三	六	｜	九
同　一四・八・二〇	一〇	一三	｜	二三
同　一四・九・一	一	二	｜	三
同　一四・九・二	二	三	｜	五

年月日	中之島	天王寺	扇町	計
大正一四・九・三	一	|	|	一
同 一四・九・四	|	一	|	一
同 一四・九・五	|	四	|	四
同 一四・九・七	|	二	|	二
同 一四・九・一〇	六	二	|	八
同 一四・九・一一	一	|	一	二
同 一四・九・一三	二	|	|	二
同 一四・九・一四	一	一	|	二
同 一四・九・一五	八	七	|	一五
同 一四・九・一八	一	一	|	二
同 一四・九・一九	一	一	|	二
同 一四・九・二〇	四	三	|	七
同 一四・九・二一	一	|	|	一
同 一四・九・二二	一	一	|	二
同 一四・九・二三	三	|	|	三
同 一四・九・二三	三	|	|	三
同 一四・九・二四	三	|	|	三
同 一四・九・二五	九	二	|	一一
同 一四・九・二六	一二	三	|	一五

	中之島	天王寺	扇町	計
同 一四・九・二七	一五	四	—	一九
同 一四・九・二八	二八	四	—	三二
同 一四・九・二九	三二	五	—	三七
同 一四・九・三〇	五〇	六	—	五六
同 一四・九・一	一	二	—	三
合計	二四〇	一四二	三	三八五

G　九月中の失業日數

失業日數	中之島	天王寺	扇町	計
一日	一	—	—	一
二日	一	—	—	一
三日	一	—	—	一
四日	—	—	—	—
五日	五	—	—	五
六日	—	一	—	一
七日	八	一	—	九
八日	六	—	—	六
九日	一	—	—	一
一〇日	二四	二	—	二六
一一日	二	一	—	三
一二日	六	—	—	六

一三日	二	一	—	二
一四日	二	—	—	二
一五日	三五	七	—	四二
一六日	五	一	—	六
一七日	八	—	—	八
一八日	四	二	—	六
一九日	四	—	—	四
二〇日	二七	二	—	二九
二一日	二	—	—	二
二二日	二	—	—	二
二三日	五	—	—	五
二四日	—	—	—	—
二五日	二	一	—	三
二六日	—	—	—	—
二七日	一	—	—	一
二八日	三	一	—	四
二九日	—	—	—	—
三〇日	六	—	—	六
計	一六二	二〇	—	一八二

F表によると大正十年六月に失業したものを失業者の最古参として十二年十二月までに七名十三年

中十三名十四年中三百六十五名となつてゐるがそのうち一ヶ年未滿の失業者について見ると三百七十六名といふ多數に上つてゐるから失業の期間は一年以上の長期にわたることは甚だ稀れで夫れ以上の者はむしろ勞働の意思をもたないものといつて差支へあるまい。

次に九月中の失業日數についていふと十五日間以上失業したもの四十二名二十日間以上二十九名十日間以上二十六名といふ順位を示してゐるが一ヶ月のうち十日乃至二十日間も仕事のないことは當時の勞働市場の狀況からして容易に首肯し得ぬところで或は勞働能力や勞働意思の何れかを欠いでゐたゝめではあるまいか。

H　失業當時の職業

職業	中之島	天王寺	扇町	計
鮟鱇雜役	八	三	—	一一
鮟鱇仲仕	五三	二	—	五五
土方	二三	六	二	三一
手傳	五一	一六	—	六七
人夫	一五	二	—	一七
下足番	三	一	—	四
運搬人夫	三	—	—	三

40

職業	中之島	天王寺	扇町	計
生魚運搬夫	一	一	｜	二
青物仲仕	一	｜	｜	一
石炭仲仕	一	二	｜	三
車先曳	六	二	｜	八
荷車曳	三	三	｜	六
左官手傳	一	｜	｜	一
植木下職	一	｜	｜	一
煉瓦積	一	｜	｜	一
スレート葺	一	｜	｜	一
作男	一	一	｜	二
ピラ張	二	二	｜	四
材木人足	一	｜	｜	一
水車人夫	一	｜	｜	一
ヘルプ、コック	二	｜	｜	二
大工	｜	四	｜	四
左官	｜	一	｜	一
工夫	｜	一	｜	一
疊刺	｜	一	｜	一
ペンキ工	｜	一	｜	一

指物職	一	—	—	一
料理店雑役	—	一	—	一
建具職	—	一	—	一
養鶏業雑役	—	一	—	一
市場掃除人	—	一	—	一
三助	—	一	—	一
出前持	二	三	—	五
鳶職	—	一	—	一
硝子工	四	八	一	一三
賄夫	五	五	—	一〇
活版工	一	—	—	一
旋盤工	一	—	—	一
火夫	二	一	—	三
染色工	一	一	—	二
仕上工	三	一	—	四
醗酵職	一	—	—	一
機械工	一	一	—	二
印刷工	二	二	—	四
ゴム煉工	一	—	—	一
鉛筆工	一	—	—	一

職業	中之島	天王寺	扇町	計
菓子工	二	一	|	三
電工	一	三	|	四
インキ工	一	|	|	一
紡績工	一	|	|	一
友禅工	一	二	|	三
メリヤス工	一	二	|	三
ラムネ工	|	一	|	一
ウドン職	|	四	|	四
鍼力職	|	一	|	一
鋳物工	|	一	|	一
木版工	|	一	|	一
型押工	|	一	|	一
宜徳火鉢工	|	一	|	一
麻裏職	|	一	|	一
靴工	|	一	|	一
糸加工職	|	一	|	一
製材工	|	一	|	一
鍛冶工	|	三	|	三
鐵工	|	一	|	一

鍍金工	―	一	―	一
打綿工	―	一	―	一
帽子工	―	一	―	一
洋服職	一	―	―	一
鼻緒職	一	―	―	一
製茶職	―	一	―	一
紙箱職	一	二	―	三
ミシン掛	―	一	―	一
機織工	―	一	一	一
アイスクリム職	一	―	―	一
料理人	五	三	―	八
コークス製造工	一	―	―	一
刑務所雇人	一	―	―	一
炭坑夫	―	一	―	一
商店員	四	五	―	九
文具店員	―	一	―	一
印刷店員	一	―	―	一
賣薬店員	一	―	―	一
寫眞外交員	―	一	―	一
貝ボタン店員	一	―	―	一

職業	中之島	天王寺	扇町	計
小使寺男	一	二	—	三
丁稚	—	二	—	二
氷配達	一	一	—	二
メリヤス配達	—	一	—	一
ラムネ配達	—	一	—	一
牛乳配達	一	—	—	一
新聞配達	三	一	—	四
箱配達	—	三	—	三
現場監督	—	一	—	一
呉服店雑役	—	一	—	一
看護夫	—	一	—	一
郵便局員	一	—	—	一
元結職	—	一	—	一
船頭	—	一	—	一
車夫	一	—	—	一
曲藝師	—	一	—	一
洗張職	一	一	—	二
百姓	—	三	—	三
西洋洗濯職	一	一	—	二

計	二四〇	一四二	三	三八五

失業當時の職業別では矢張日傭勞働者が優勢で手傳の六十七名を第一位に鮟鱇仲仕五十五名土方二十九名人夫十七名といふ順序となつてゐるに對し熟練工は極めて少數で硝子工の十三名印刷工仕上工電工などの各四名が多い方である。

これを公園別に見ると中之島では鮟鱇仲仕五十三名手傳五十一名土方二十三名人夫十五名と云ふ風に日傭勞働者の多いのは主として勞働市場并に勞働現場に便利な地位を占めてゐるからで天王寺の方は手傳の十六名を筆頭に硝子工電工鍛冶工などの熟練工や商店員賄夫配達夫などが目立て多い。

一 失業當時の收入

日給	中之島	天王寺	扇町	計
五〇錢	一	—	—	一
六〇	二	一	—	三
七〇	一	—	—	一
八五	二	一	—	三
九〇	一	—	—	一
一〇〇	—	六	一	七
一一〇	—	一	—	一
一二〇	三	三	—	六

日給	中之島	天王寺	扇町	計
一三〇	一	三	—	四
一四二	—	一	—	一
一四七	一	—	—	一
一五〇	三	一〇	—	一三
一七〇	一	—	—	一
一八〇	三	五	—	八
一八五	一	一	—	二
一九〇	一	四	—	五
二〇〇	二	八	—	一〇
二三〇	—	二	—	二
二五〇	一	八	—	九
二七〇	—	二	—	二
三〇〇	一	五	—	六
三三〇	—	一	—	一
三七〇	一	—	—	一
不明	—	四	—	四
日額				
三〇銭	二	—	—	二
五〇	三	—	—	三

五五	一	｜	｜	一
六〇	四	｜	｜	四
七〇	三	一	｜	四
七五	二	一	｜	三
八〇	四	｜	｜	四
一〇〇	一〇	一	一	一三
一一〇	一	｜	｜	一
一二〇	一四	｜	｜	一四
一三〇	六	｜	｜	六
一三五	｜	一	｜	一
一四〇	四	｜	一	五
一四五	一	｜	｜	一
一五〇	一八	｜	｜	一八
一六〇	一	｜	｜	一
一六五	二	｜	｜	二
一七〇	八	二	｜	一〇
一八〇	二五	三	｜	一八
一九〇	五	｜	｜	五
二〇〇	二	四	｜	二五
二〇二	｜	一	｜	一

給	中之島	天王寺	扇町	計
日給				
一一〇	三	｜	｜	三
一一六	一	｜	｜	一
一二〇	六	二	｜	八
一三〇	三	一	｜	四
一三五	一	｜	｜	一
一四〇	一	｜	｜	一
一五〇	一〇	｜	｜	一〇
一六〇	一	｜	｜	一
一七〇	一	｜	｜	一
二〇〇	三	｜	｜	三
二二〇	｜	一	｜	一
二五〇	一	一	｜	二
不明	一	｜	｜	一
月給				
三円	｜	三	｜	三
五	｜	一	｜	一
六	｜	一	｜	一
一〇	一	二	｜	三
一二	一	｜	｜	一

一五	三	三	—	六
一六	一	—	—	一
一七	—	一	—	一
一八	一	二	—	三
二〇	四	二	—	六
二一	—	一	—	一
二三	—	一	—	一
二四	—	三	—	三
二五	三	四	—	七
三〇	二	六	—	八
三五	三	一	—	四
四〇	二	四	—	六
四三	—	一	—	一
四四	—	二	—	二
四五	三	一	—	四
五〇	二	四	—	六
五五	一	一	—	二
六〇	三	三	—	六
六五	一	—	—	一

50

月給	中之島	天王寺	扇町	計
七〇	一	｜	｜	一
七五	｜	一	｜	一
八〇	｜	一	｜	一
月額				
六	｜	二	｜	二
一五	二	｜	｜	二
二〇	｜	三	｜	三
二五	一	二	｜	三
三〇	一	｜	｜	一
四〇	一	｜	｜	一
四五	｜	一	｜	一
計	一四〇	一四二	三	二八五

失業當時の收入について見ると日給では一圓五十錢日額では一圓五十錢乃至一圓八十錢月給では三十圓前後月額では二十五圓といふところが最も普通であるが之は失業前の職業が日傭勞働者にあらずば賄夫或は配達夫といつた風な比較的賃銀の低廉な勞働に從事してゐた當然の結果と見られる。

これを要するに公園に於ける無宿者の約七割五分は失業者といふことが出來るがその大半が日傭勞働者であり而かも彼等の就職は天候のいかんによつて影響せらるゝこと極めて大であるにかゝはらず

調査前日の雨天のために就職し得なかつたものまで失業者として取扱つたのみか仕事口のないためといふものゝうちにも全然勞働の意思を欠き或はこれに耐へうるだけの体力を持合はさないものが少なくなかつたやうだ。

從つて統計上の數字如何にかゝはらず公園における無宿者の七割以上を目して悉く眞の失業者とするは少しく早計に失し彼等のうちには多分の浮浪性をもつた常習的失業者のゐることを知らねばならぬ。

千七百七十六年の頃メリーランドでは窃盜は右腕に Thief の頭字Tの字失業者は肩部に浮浪者卽ちの Rogue の頭字Rの字の烙印を押捺されたと或る學者は說いてゐるが失業者と浮浪者との區別は今もなほ太だ困難である。仍で公園における無宿者を指して悉く失業者とよび或は浮浪者のすべてを目して失業者とするは强ち無理からぬことではあるが失業問題解決の鍵は一にその眞相を捕捉することによつて與へられ他面與論によつて事實以上に喧傳された本市失業狀態の實際は具さに無宿者の正体を吟味することによつて明かにせらるゝ以上眞の失業者かそれとも似て非なるものかを達觀的に見究めることは極めて必要となつて來る。

二　無宿者と失業者

世に職業を有しながら無宿者の群に投じあちこち浮草の生活を送つてゐるもののあることは常人の想像に難しとするところであるが現に事實はA表に示す如く無宿者の約一割強が有業者となつてゐるのみか所謂失業者中にも有業者と看做さるべきもの多々これあることは既述した通りである。

J　年齢によりて分ちたる有業者數

年齢	中之島	天王寺	計
一六—二〇才	二	四	六
二一—二五	七	五	一二
二六—三〇	四	五	九
三一—三五	—	四	四
三六—四〇	二	三	五
四一—四五	三	三	六
四六—五〇	二	五	七
五一—五五	一	一	二
五六—六〇	—	四	四
六一—六五	一	三	四
六六—七〇	—	一	一
計	二二	三八	六〇

右によると有業者の年齢は二十一歳乃至三十歳といふ血氣ざかりの者が最も多數を占めてゐるが之は失業者の場合と同樣手傳仲仕人夫といつた風な熟練よりも寧ろ体力を要する職業に從事してゐる當然の結果と見られる。

K　配偶者の有無によりて分ちたる有業者數

公園名	有業者	有配偶	無配偶	計
中之島	二二	二	二〇	二二
天王寺	三八	一	三七	三八
計	六〇	三	五七	六〇

配偶者の有無について見ると有業者六十名中配偶を有する者は僅か三名にして總數の五分を占むるに過ぎないから之を失業者の場合に比するも尙有配率が低いことになるが之は無宿と無配偶との間に因緣關係が存するによる。

L　職業別によりて分ちたる有業者數

職業	中之島	天王寺	計
鮟鱇	二	—	二
仲仕	二	三	一四
荷車曳	一	二	三

職業	中之島	天王寺	計
人夫	二	四	六
車先曳	二	二	四
手傳	三	一三	一六
土方	一	三	四
大工	—	一	一
左官	—	一	一
大工左官手傳	—	一	一
魚仲仕	—	一	一
三助	—	一	一
疊配達	—	一	一
文具店員	—	一	一
金物外交員	—	一	一
屑撰夫	—	一	一
三味線囃方	—	一	一
旗持	—	一	一
計	二二	三八	六〇

有業者中最多を占むるものは手傳の十六名で以下仲仕の十四名人夫の六名土方車先曳の各四名とい

ふ順序になつてゐるが之を公園別に見ると中之島では仲仕の十一名を筆頭に手傳人夫といふ順位を示し天王寺では手傳の十三名を第一位として以下人夫仲仕といふ風になつてゐる。

更に兩公園における有業者數を比較すると中之島二十二名天王寺三十八名となつて居り無宿者百に對する有業者の割合は前者七後者十七となつてゐるが之は中之島における無宿者が主として日傭勞働者であつた關係上彼等の多くが調査前日の雨のために所謂失業者として取扱はれたに反し天王寺における多數者が店員であり賄夫であり或は配達夫であつたゝめ雨天に影響せらるゝこと比較的少なくその大部分が有業者として取扱はれたゝめと觀測せられる。

以下大正十三年十月以降大正十四年九月末日までの間に失業したことのある有業者の失業原因失業の年月日及失業當時の收入等について見ると夫々次の如くである。

M 失業の原因

原因	中之島	天王寺	計
仕事なきため	六	—	六
不況のため	一	—	一
業務廢止	二	—	二
自己の都合	二	—	二
雇主なきため	一	—	一

原因	中之島	天王寺	計
就職口なきため	九	―	九
雨天のため	一	―	一
業務縮小のため	―	五	五
病氣のため	―	一	一
計	一〇	六	一六

N　有業者の失業年月日

年月日	中之島	天王寺	計
大正一四・五・二	―	一	一
同　七・一	―	一	一
同　七・一五	一	―	一
同　七・二五	一	―	一
同　八・二七	―	―	―
同　九・二	一	―	一
同　九・四	一	―	一
同　九・五	一	一	二
同　九・一八	一	―	一
同　九・二〇	一	三	四

	同 九・二三	同 九・二四	同 九・二五	同 九・二六	同 九・二七	同 九・二八	同 九・二九	計
中之島	一	二	三	一	四	二	二	一五
天王寺	｜	｜	｜	｜	｜	｜	｜	六
計	一	二	三	一	四	二	二	二一

有業者の失業期間

失業期間	中之島	天王寺	計
一日	三	一	四
二日	五	｜	五
三日	二	｜	二
四日	三	｜	三
五日	一	｜	一
六日	二	｜	二
七日	一	｜	一
一〇日	｜	二	二
一二日	一	｜	一

	中之島	天王寺	計
二三日	一	｜	一
二五日	｜	一	一
二八日	一	｜	一
三〇日	一	一	二
四六日	一	｜	一
九〇日	｜	一	一
計	三	六	九

P　有業者の就業當時の收入

收入	中之島	天王寺	計
五〇―六〇銭	一	｜	一
六〇―七〇	一	｜	一
八〇―九〇	一	｜	一
一〇〇―一一〇	二	｜	二
一一〇―一二〇	四	｜	四
一二〇―一三〇	二	｜	二
一四〇―一五〇	四	四	八
一五〇―一六〇	一	｜	一
一七〇―一八〇	一	一	二

	中之島	天王寺	計
一八〇―一九〇	三	｜	三
一九〇―二〇〇	｜	一	一
二二〇―二三〇	一	｜	一
二三〇―二四〇	一	｜	一
計	五	六	六

Q　失業及就業當時に於ける收入の比較（△印は減少、○印は増加を示す）

金額	中之島	天王寺	計	
一〇円	一	｜	一	○
二〇	二	一	三	○
三〇	一	一	二	○
五〇	一	｜	一	○
六〇	四	｜	四	○
七〇	二	一	三	○
七〇	一	｜	一	△
八〇	｜	一	一	○
一一〇 一二〇	一	｜	一	○
一二〇 一三〇	一	｜	一	○
一四〇 一五〇	三	｜	三	○
増減無し	五	二	七	

60

計　三　六　六

上掲M表乃至Q表によると失業の原因では仕事なきため不況のため雇主なきため就職口なきため其の他業務廢止或は事業縮小のためといふのが二十四名に及んでゐるが之等は畢竟するに不景氣その他を原因とする勞働市塲の不振を意味するものであり失業の時期では五月二日に失業したものを筆頭に二十四名までは九月中に失業して居り且つ失業の期間では一日乃至五日といふのが十五名に及んでゐるが之は有業者の大半が日傭勞働者である當然の結果と見られる。

更に有業者の就業當時の收入について見ると一圓乃至一圓九十錢といふのが最も普通で二十二名に上り就業當時の收入と失業當時の收入を比較すると二十錢乃至七十錢の減收を來たしたもの十三名を第一位に增減なしと言ふもの七名之に亞ぎ十錢の增收あるものは僅かに一名である

大体において收入卽ち賃銀の低廉なるは有業者の大半が熟練を必要とせざる日傭勞働者であるからであり賃銀の低下は勞働市塲の不消化を物語るものであるがこの賃銀が低廉であるといふことは有業者でありながら無宿者の仲間に投ずる一つの原因と見られる。

以上有業者の大体について說明したと思ふが調査前々日までは淀川堤で蟹を捕へて自活してゐたものが小供のもてあそびものとして賣行が捗々しくなくなるにつれ調査前日より人夫に早替りしたものを有業者として取扱つたなど有業者の職業は常に變りがちであることを斷つておく。

四　結　語

本市公園における無宿者については既にその大体を盡したものゝことで更に無宿の原因換言すれば何故に彼等が露宿の生活を送つてゐるかに就いて見ることも亦極めて必要なことであると思ふが之を知る何物も持合さないから東京市統計課の調査になる浮浪者の浮浪原因を引用すると次の如くである

個人的關係	五四名	一八・一三%
社會的關係	一九一	六四・〇九
家庭的關係	一三	四・三六
自然的關係	一六	五・三七
不明	二四	八・〇五
計	二九八	一〇〇・〇〇

右のうち個人的關係では病弱又は飲酒放蕩のためといふのが最も多く社會的關係では仕事なきため上京後就職の機會を得ぬため或は失業後就職の機會を得ぬためといふのが第一位を占め家庭的關係では家族の死其の他の原因により生計困難となつたゝめ或は家庭不和のためといふのが優勢である。

以上は東京市における浮浪者の浮浪原因であるが之を本市全体或は公園内に於ける無宿者の無宿原因と見做すも達觀的に大なる差異はないやうである。しかし上掲の諸原因は決して單獨に浮浪又は無宿の原因をなすものでなくして數個の關係が相關連し相競合し初めて浮浪乃至無宿の現象を招來するものであることは特に注意を要する。

これを要するに無宿は個人の罪よりも社會的原因に負ふところのもの多く精神的缺陷よりも物質的經濟的缺乏に基因するものが多いといへるがそれは兎に角無宿生活の結果は遂に彼等をして救ふことの出來ない人間として人生の敗殘者又は人間の退化者として社會から葬り去られることになる。

歐米では罪なくして貧民窟の配所に泣くものや天災とか不運とか色々の不可抗力によつて奈落のドン底につきおとされ全力を揮ひ最善をつくし命がけにもがいても自力でどうすることも出來ないものを神の貧民「"God's Poor"」と呼んで居り反對に身から出た銹自業自得の貧に苦しむものを「惡魔の貧民"Devil's Poor"」とよんでゐるさうだ。いま之に倣つて假に「神の無宿者」と「惡魔の無宿者」とよぶ二種類の無宿者がありとするも社會的缺陷として見れば何れも同じ意義をもつてゐるから一は救濟すべく他は捨てゝよいといふわけには行かぬ。

從來無宿者に對する一般の見解はそれが自己の怠惰放蕩或は無能なる結果に屬し又は生得的に不遇なる環境に約束されたものであるとの意見において一致し敢へて社會の責任を顧慮するものがないやうであるが無宿の現象が斯く見られ無宿者が斯く取扱はれてゐる限りそこに無宿の現象はあつても無宿者問題はなく無宿者問題はあつてもそれが社會問題として成り立ち得ないであらう。

しかし斯くの如き盲目的見解は如上の數字を無視するものであると共に常にいたましき社會の落伍

63

者を發生し存續せしめる。そして落伍者として社會から葬り去られた無宿者はそれが宿命として諦めるとしても命脈のある限り寒氣と飢餓とは之を拒がねばならぬ。而かも一定の居住と生業とをもたぬ彼等が生存の道を自然犯罪へとたどるは容易に首肯し得るところで現に昨秋十月狂暴の限りをつくして滿都の人心を極度に脅威せしめた本市扇町公園における五人組强盜團の出現や失業者救濟の美名の下に寄附を强要し又は押賣りなどする不良漢の跋扈その他假仕立の小泥棒の增加橫行などがこのことを立證する。

すべての社會的害惡の發生と存續とは之をおどろくべき社會的盲目と無關心とに歸することが出來そして無宿者の問題も亦この類例をもれないであらうがおよそ社會の幸福は萬人の幸福であらねばならぬ以上かゞやかしい文化の半面に食ふに食なく住むに家なく飢餓と寒氣とにさいなまれながら人間以下の生活に甘んじてゐるこれら薄幸な無宿者を根絶せしむるをもつて社會共存共榮の最高理想に合致するものといへる。

現代文明國においては浮浪者乃至無宿者の社會的弊害の重大なることが一般に認められ其の禁遏及救濟の必要が痛切に感ぜられ而してその方法について諸國の立法者社會改良家などが盛んに考究してゐる。然るにわが國に於いては乞食及浮浪者等の無宿者に關する法律上の規定は甚だ不完全にして僅かに行政執行法第一條中に救護を要する者及公安を害するの虞ある者に對して一般に檢束の條件を定め又警察犯處罰令第一條第三號及第二條第三號に於いて簡單なる罰則を定め一定の住居又は生業なくして諸方を徘徊する者は三十日未滿の拘留に處し乞食をなし又なさしめたる者は同じく三十日未滿の拘留又は二十圓未滿の科料に處する規定があるばかりである。

そしてこれらの救濟についてはまだ法律上何等施設するところはないのであるが彼等もすべての犯罪と同じく單に法律上禁遏するだけでは到底これを根絶することが出來ないのみか之を減少することさへも出來ないことは既に歐米の諸國民が多年間實際上に經驗したことでありまた我國今日の狀態に徵するも疑ふことの出來ない事實である。されば歐米諸國に於いては今日では彼等無宿の徒を法律上處罰することにより禁遏せんとするよりは寧ろ種々なる社會政策的設備によつて彼等を救濟し改善して善良なる市民とならしむることによつて努めて彼等の數を減少する方針をとつてゐる。

わが國の今日の狀態では浮浪者乃至無宿者の社會的弊害が歐米諸國に於いて見るが如く爾かく甚しくないことが或はこの問題について我國の立法者や社會改良家の注意を惹くことの少ない所以であらうとも思はれるがしかし我國に於いても漸次個人主義が蔓延し又經濟組織が歐米諸國の夫れに類似して來るにつれて彼等の數も年々增加し且つその社會的弊害も愈著しくなるわけであるからこの無宿者問題が早晚重大なる社會問題となるべきは之を本市公園内における無宿者の現狀について見るも明かである。

されば世の識者社會改良家が今日よりして歐米各國がこの問題の解決について試みてゐる立法や社會的施設をよく考究して着々適當なる法律を制定し種々なる社會的事業を起すことが甚だ肝要であらうと信ずるが無宿者の眞相換言すれば彼等は眞に如何なる人間であるかを十分科學的に理解するにあらずば百の法律を制定し千の社會的施設を立てゝも到底效を奏することはむつかしい。

このため無宿者の科學的研究は本問題解決の上に重要なる地位を占むるもので世界中最も進歩した又勝れた法律及社會的施設をもつてゐると認められてゐる獨乙や白耳義などが兎角無宿者救濟の實際上あまり大した效果を擧げ得ないのも實にこの科學的研究によつて彼等の本質を理解するに缺けてゐるためだと言はれてゐる。

しかし無宿者に關して科學的研究が遂げられ將來よし立派な立法や社會的施設が出來るとしても拱手その實現をまつには餘りに現狀が逼迫してゐるから現在の救濟策としては從來大阪市勞働共濟會が行ひ來つた各種の共濟施設や本市が去秋から今春にかけて實施し又最近實施せんとしてゐる失業救濟土木事業などによつて無宿者中の眞の失業者を救濟するもその一方法であり又既存の社會施設を極度に利用せしむることによつて勞働又は定住の習性を養はしむることも亦一つの方法である

この外やゝ微溫的であり且つ消極的ではあるが警察當局の取締を嚴にすると共に公園その他における設備に改造を加へ或は巡視を置いて無宿者の來集を防ぐことが必要であり尙病者不具者及老幼者に

して到底自活し得ないものに對しては現在の救護又は救助施設によるしか他に適當な方法はないやうである。彼等に對しみだりに食物又は金子を施與することは却つて依頼心をつよめ怠惰心を増すことによつて彼等無宿者を損ふ結果ともなりがちであり眞に彼等を救濟する所以ではない。

以上甚だ姑息な方法ではあるが浮浪者乃至無宿者救濟のための特別の立法又は社會的施設の實現を見ない現時においてはかゝる消極的微温的手段によつて無宿者の増加を防ぎ社會的弊害を可及的に少なくするしか他にとるべき途はないのである。

（大正一五・一〇・二〇）

大正十五年十一月卅日印刷
大正十五年十二月一日發行

大阪市社會部調査課

大阪市此花區大開町一丁目一四〇
印刷者　中井藤藏
大阪市此花區大開町一丁目一四〇
印刷所　大阪進光堂
電話土佐堀一一一〇番

◇労働調査報告号外其二　本市に於ける失業者の分布状態

（大阪市社会部調査課・大正十五（一九二六）年十月一日）

掲載資料の原本として大阪市立大学学術情報総合センター所蔵資料を使用

勞働調査報告號外其二

本市に於ける失業者の分布狀態

大阪市社會部調査課

労働調査報告號外其二

本市に於ける失業者の分布狀態

大阪市社會部調査課

凡例

一　本書は主として大正十四年十月一日現在に於いて國勢調査と同時に施行せられた本市失業統計調査の各區要計表に基いて作成したものである

二　失業統計調査の各調査區に於ける調査世帶數は各區備付の準備調査表寫に依つたものであり調査人口は有業者數と失業者數との合計である

三　失業統計調査の世帶數及人口に國勢調査の世帶數及人口を倂記したのは兩調査の對照を容易ならしめんがためである

四　國勢調査の世帶數及人口は各區の照査表に依つて整理したものでこの中には失業統計調査の世帶數及人口が含まれてゐるのを普通とする

五　調査區別に失業統計調査の世帶數及人口を知るのみでは不便であるから各調査區に町名を冠して失業者の地理的分布狀態を明かにすることゝした

六　一調査區が二三町より成つてゐる塲合は其の町名を列記し一町が數個の調査

區に分れてゐる場合は其の調査區番號を順次記載することゝした

七　一調査區に於いて失業統計調査に該當する世帶及人口を欠ぐ場合は住吉區東淀川區等に於ける如く國勢調査の世帶數及人口のみを揭げることゝした

八　失業統計調査との對照上國勢調査の世帶數及人口中より水面調査による世帶數及人口を除去し便宜兩調査の調査地域を同一とした

九　一調査區に於ける普通世帶及準世帶の別一世帶に於ける性別有業者失業者數其の他有業者の職業別等を明かにするを得なかつたのは甚だ遺憾である

十　失業統計調査の詳細に就いては當課公刊の「大阪市に於ける失業統計調査」國勢調査に關しては本市刊行の「大阪市國勢調査報告書」につき本書と併せ參照せられたい、尙本書は內閣統計局發表の速報に比し內容において多少の差異あるも之は調査票の分類整理に於いて兩者其の取扱を異にせる點あるがためである

頁表

目次

大阪市

調査區名	國勢調査 世帯	國勢調査 人口	失業統計調査 世帯	失業統計調査 人口	有業者數 勞働者	有業者數 給料生活者	有業者數 日傭勞働者	有業者數 計	失業者數 勞働者	失業者數 給料生活者	失業者數 日傭勞働者	失業者數 計
東區	三一、五三六	一六七、三八四	二〇、八〇七	五四、五五〇	三一、二一〇	二一、六六三	一、〇八四	五三、九五七	三四三	一九四	五六	五九三
西區	二五、三一〇	一二八、九三三	一三、七五八	二七、四八七	一五、六三〇	一〇、五二七	八六七	二七、〇二四	二三六	一五〇	七七	四六三
南區	二四、七四〇	一二一、一三三	一〇、八四三	二三、六七七	一四、一九一	八、一三六	九一八	二三、二四五	二六七	一〇五	六〇	四三二
北區	四四、三〇一	一九九、七三三	二六、〇七三	五二、一一〇	三四、四二八	一四、〇七七	一、七一〇	五〇、二一五	九三六	三三五	六二四	一、八九五
天王寺區	二六、八九〇	一一六、四二七	一三、一八〇	三〇、八九八	一〇、九五五	七、四〇一	一、六四一	一九、九九七	四八五	二六七	一四九	九〇一
浪速區	三三、五三三	一四九、六九六	一六、〇九八	三〇、九九二	二二、七四一	五、一三七	二、〇〇二	二九、八八〇	六九六	一三三	二八四	一、一一三
此花區	三七、二九六	一五六、七二一	二五、四四二	四四、七〇三	三一、一一一	八、九六二	二、八七七	四二、九五〇	一、〇八二	三一五	三五六	一、七五三
港區	六七、七二三	二七四、六七九	四二、八四六	六六、九〇四	四三、二五五	一四、八七三	四、七二八	六二、八五六	二、一一六	七二五	一、二〇七	四、〇四八
東淀川區	三四、七七九	一四五、八二二	三一、四〇五	四一、〇三三	三〇、四六四	六、四六三	二、五三七	三九、四六四	九七一	二五三	三三四	一、五五八
西淀川區	二九、四二八	一三三、三三七	一九、八五八	三四、七三五	二五、九〇一	五、六三〇	二、〇〇八	三三、五三九	七一〇	二三三	二五四	一、一九六
東成區	五七、三三九	二三六、一〇六	三〇、五六六	四八、四六九	三二、四一二	八、八六一	四、九三七	四六、二一〇	一、五〇七	三六七	三八五	二、二五九
西成區	三三、二〇三	一三七、三九五	一七、九四〇	三〇、八三八	一九、九四九	六、七二八	二、九六六	二九、六四三	六〇四	二八一	三一〇	一、一九五
住吉區	三三、九四八	一四〇、八一九	一六、三一三	二四、八八五	一三、六二五	八、五〇〇	一、九七五	二四、一〇〇	三五七	二六一	一六七	七八五
總數	四八〇、〇一四	二〇九七、一五三	二七五、一五九	五〇一、二七〇	三二五、八七二	一二六、九五八	三〇、二五〇	四八三、〇八〇	一〇、三一〇	三、六一七	四、二六三	一八、一九〇

東區

調査區 町名	調査區 番號	國勢調査 世帶	國勢調査 人口	失業統計調査 世帶	失業統計調査 人口	有業者數 勞働者	有業者數 給料生活者	有業者數 日傭勞働者	有業者數 計	失業者數 勞働者	失業者數 給料生活者	失業者數 日傭勞働者	失業者數 計
廣小路町	一	九八	三七五	六五	九〇	五三	二八		八一	七	二	｜	九
同	二	八七	三七〇	五六	八三	四三	三六	三	八二	｜	一	｜	一
同	三	八六	三四五	五四	六七	三五	二九	｜	六四	二	一	｜	三
上本町一丁目	四	七五	三三九	三五	五一	三四	一三	二	四九	一	一	｜	二
同	五	七三	三二一	一三	四六	三八	七	｜	四五	一	｜	｜	一
同	六	六六	二九五	一三	四四	二九	一〇	五	四四	｜	｜	｜	｜
龍造寺町	七	五一	二一五	二七	五七	三一	二三	三	五七	｜	｜	｜	｜
同	八	五八	二四〇	二六	二九	二一	五	三	二九	｜	｜	｜	｜
同	九	五〇	一六九	一三	三九	二四	六	九	三九	｜	｜	｜	｜
同	一〇	五七	二七三	三〇	五一	三六	一五	｜	五一	｜	｜	｜	｜
同	一一	六七	二七八	三六	七七	六一	一四	二	七七	｜	｜	｜	｜
十二軒町	一二	五〇	二一九	一三	五〇	四二	六	二	五〇	｜	｜	｜	｜
同	一三	六三	三二一	一六	五〇	三一	一〇	九	五〇	｜	｜	｜	｜
同	一四	六六	二六三	三一	四三	二六	一五	一	四二	一	｜	｜	一
同	一五	六八	三一五	四四	九一	六八	二〇	一	八九	二	｜	｜	二
紛川町	一六	五一	一九九	三四	五三	三四	一七	一	五二	｜	一	｜	一
同	一七	八二	四三一	三九	九八	八六	五	三	九四	四	｜	｜	四
同	一八	八一	三三三	一三	五一	三二	一四	二	四八	二	｜	一	三
同	一九	四九	二〇八	三〇	六一	三四	二三	三	六〇	｜	一	｜	一

二

神崎町	二〇	六三	二六八	三九	六四	四九	一四	—	六三	一	—	—	一
同	二一	六五	二五一	三八	五八	三七	一八	二	五七	—	一	—	一
同	二二	七三	三六九	二八	七六	六七	七	一	七五	—	一	—	一
同	二三	四八	二三三	三一	六〇	五一	六	一	五八	二	—	—	二
内久寶寺町一丁目	二四	七三	三三三	四五	六七	四二	二	二	六五	二	—	—	二
同	二五	六三	三一四	三二	四八	二四	一三	—	四七	—	一	—	一
同	二六	六一	二四五	二九	四三	一九	一三	—	四二	—	一	—	一
内久寶寺町二丁目	二七	七七	二九五	三二	三六	一五	一二	—	三六	—	—	—	—
同	二八	六七	二四二	三七	四八	三五	一二	—	四七	—	一	—	一
同	二九	九九	二九〇	四〇	四九	三五	一〇	四	四九	—	—	—	—
同	三〇	八四	三五三	三八	六四	四三	一二	—	六四	—	—	—	—
同	三一	六六	二五九	三九	五二	三一	一六	二	四九	三	—	—	三
同	三二	五六	一九〇	二八	三九	二七	一二	—	三九	—	—	—	—
同三丁目	三三	七七	三六七	四〇	七〇	三六	一三	一	六九	—	一	—	一
同	三四	四九	二六五	三〇	八四	六二	一九	三	八四	—	—	—	—
同	三五	六三	三一二	三四	八一	六七	一一	—	七八	二	—	一	三
同四丁目	三六	七七	二八一	三三	四〇	一四	二五	—	三九	—	一	—	一
同	三七	五二	二五七	二六	六三	四七	一四	二	六三	—	—	—	—
同	三八	六四	三七四	二五	五六	三三	二〇	三	五六	—	—	—	—
谷町五丁目	三九	五六	二五四	一八	四六	三四	一二	—	四六	—	—	—	—
同	四〇	七〇	三三四	四〇	七一	五八	一二	—	七〇	—	一	—	一
同	四一	五六	二六八	二八	六〇	三三	二七	—	六〇	—	—	—	—
同	四二	五七	二四三	三一	四七	三〇	一六	一	四七	—	—	—	—
住吉町	四三	六〇	三一八	五〇	一三七	三九	九五	二	一三六	一	—	—	一

同	四四	六五	四三二	四八	一六七	五三	一一四	|	一六七	|	|	|	|
同	四五	五三	三三三	三〇	九三	四八	四五	|	九三	|	|	|	|
和泉町一丁目	四六	八六	三五二	四九	七七	六〇	九	八	七七	|	|	|	|
同	四七	五七	二九三	二〇	六二	四七	一四	一	六二	|	|	|	|
同	四八	四七	一九〇	二八	四五	三四	一〇	一	四五	|	|	|	|
同	四九	五七	二五二	二六	五三	三五	一七	一	五三	|	|	|	|
同二丁目	五〇	五七	二七六	二九	七八	六二	一六	|	七八	|	|	|	|
同	五一	八四	四四四	三〇	五七	三五	二〇	一	五六	|	一	|	|
南農人町一丁目	五二	五八	二九八	二八	五二	三九	一二	|	五一	一	|	|	一
同	五三	八二	四〇七	四六	一〇八	九三	一五	|	一〇八	|	|	|	|
同二丁目	五四	五六	三〇八	二三	六八	三九	二八	|	六七	|	一	|	一
同	五五	四七	二五四	二二	五七	四六	一二	|	五七	|	|	|	|
同	五六	四三	二三五	二三	四八	三一	一六	|	四七	一	|	|	一
同	五七	六二	三三九	二四	八四	六六	一七	|	八三	一	|	|	一
農人橋一丁目	五八	五八	二六〇	三一	四八	三四	一三	|	四七	|	一	|	一
同	五九	四五	二五〇	三二	六八	四一	二四	三	六八	|	|	|	|
同	六〇	二〇	一〇五	一三	三一	二五	六	|	三一	|	|	|	|
同	六一	四六	二四七	二八	七八	四七	二七	四	七八	|	|	|	|
同二丁目	六二	五五	二五二	三〇	六二	五五	六	一	六二	|	|	|	|
同	六三	四五	二四五	三二	七一	五一	二〇	|	七一	|	|	|	|
同	六四	五五	二五三	三一	五七	四六	九	一	五六	|	一	|	一
同	六五	七四	三七六	四〇	八五	五七	二八	|	八五	|	|	|	|
両替町一丁目	六六	四七	一六五	三一	四二	三〇	一〇	二	四二	|	|	|	|
同	六七	五〇	二一四	三一	五七	四五	九	三	五七	|	|	|	|

三

四

同	六八	五七	二六三	三五	七三	四七	三	四	七三	—	—	—	—
同二丁目	六九	五一	二三四	三〇	五〇	三八	一一	—	四九	一	—	—	一
同	七〇	五四	二八三	二七	六二	五〇	一一	一	六二	—	—	—	—
同	七一	三九	一七五	一九	二四	一七	六	一	二四	—	—	—	—
谷町四丁目	七二	八〇	四〇〇	六三	一四六	一三七	五	二	一四四	二	—	—	二
同	七三	七八	三一〇	五五	一〇一	七四	二〇	五	九九	二	—	—	二
同	七四	五三	二四三	二八	五四	四五	六	二	五三	一	—	—	一
同	七五	四六	一八二	二七	四四	四〇	四	—	四四	—	—	—	—
同	七六	五六	二一八	四三	六二	四〇	一九	三	六二	—	—	—	—
同	七七	六六	三一一	四八	九五	七四	一七	二	九三	二	—	—	二
同	七八	五九	二七八	四二	八二	六二	一九	—	八一	—	一	—	一
農人橋詰町	七九	五八	三三〇	二六	六九	四二	二七	—	六九	—	—	—	—
同	八〇	五〇	二七九	二八	八三	五七	二四	二	八三	—	—	—	—
材木町	八一	八三	五五一	四一	一三七	六五	六一	—	一二六	一	—	—	一
常盤町一丁目	八二	六〇	三〇三	三三	五五	三七	一六	—	五三	二	—	—	二
同	八三	五四	二七六	二六	五七	三三	二四	—	五七	—	—	—	—
同二丁目	八四	四五	二一五	二三	四四	一四	二六	三	四三	—	一	—	一
同	八五	五〇	二三三	二九	五七	三七	一八	—	五五	—	一	一	二
同	八六	五七	三一八	三三	一〇八	九六	一一	一	一〇八	—	—	—	—
鎗屋町一丁目	八七	七九	三六三	四一	九七	七四	二〇	三	九七	二	—	—	二
同	八八	七〇	三五八	四六	一〇八	六九	二三	一四	一〇六	—	—	—	—
同二丁目	八九	七三	三七四	三六	六一	二〇	三一	一〇	六一	—	—	—	—
同	九〇	六七	三二一	四〇	七七	三九	三四	四	七七	—	—	—	—
内本町一丁目	九一	四七	二四三	二〇	四一	二一	二〇	—	四一	—	—	—	—

同	九二	四一	一九二	一五	一九	一二	八	｜	一九	｜	｜	｜	｜
同	九三	四三	二五二	三五	八二	四六	三六	｜	八二	｜	｜	｜	｜
同	九四	五八	二九五	三九	一〇六	六〇	四六	｜	一〇六	｜	｜	｜	｜
同　二丁目	九五	四八	二五三	三三	五八	四七	二一	｜	五八	｜	｜	｜	｜
同	九六	四八	三一五	二二	七一	三三	三八	｜	七一	｜	｜	｜	｜
同	九七	四六	二三九	一六	四二	二二	二二	｜	四二	｜	｜	｜	｜
徳井町一丁目	九八	四八	一九四	二六	四四	一八	一六	一〇	四四	｜	｜	｜	｜
同	九九	六二	二三九	三八	五八	二六	二六	四	五六	｜	二	｜	二
同	一〇〇	五三	二四四	三三	六三	四二	二〇	一	六三	｜	｜	｜	｜
同　二丁目	一〇一	四五	一六二	一八	三五	二二	二三	二	三五	｜	｜	｜	｜
同	一〇二	四〇	一六九	一六	三四	九	三五	｜	三四	｜	｜	｜	｜
同	一〇三	五三	二四四	二七	四七	一九	二七	｜	四六	｜	一	｜	一
同	一〇四	四六	二〇九	二三	四三	二二	二二	｜	四三	｜	｜	｜	｜
谷町三丁目	一〇五	四四	三四八	三六	一五五	四六	一〇九	｜	一五五	｜	｜	｜	｜
同	一〇六	五六	三四四	四一	一一九	九七	一九	一	一一七	二	｜	｜	二
同	一〇七	五六	三五一	四一	一三九	五八	七一	｜	一三九	｜	｜	｜	｜
同	一〇八	四〇	一九五	三三	六四	三五	二〇	八	六三	｜	一	｜	一
同	一〇九	二七	二四六	二二	一二三	八五	三八	｜	一二三	｜	｜	｜	｜
内本町橋詰町	一一〇	七一	三二二	四七	一〇九	七八	二八	二	一〇八	一	｜	｜	一
同	一一一	七〇	三五一	四六	九二	四九	四二	｜	九一	一	｜	｜	一
同	一一二	四八	二九四	四二	一〇一	七六	二四	一	一〇一	｜	｜	｜	｜
同	一一三	五〇	二九三	三四	一一一	五一	五九	一	一一一	｜	｜	｜	｜
南新町一丁目	一一四	六二	三三三	三二	六一	二八	三三	｜	六一	｜	｜	｜	｜
同	一一五	五一	二七七	二六	五三	四一	一〇	二	五三	｜	｜	｜	｜

五

同　二丁目	一一六	六〇	二九九	三〇	五五	二八	二七	—	五五	—	—	—	—
同	一一七	七七	三三三	二九	四九	三三	一六	—	四九	—	—	—	—
北新町一丁目	一一八	三五	一九六	一七	六三	三三	四〇	—	六三	—	—	—	—
同	一一九	四三	二五三	二七	六五	四三	三三	—	六五	—	—	—	—
同　二丁目	一二〇	七二	二九五	三九	八七	四四	三九	七	八六	一	—	—	一
同	一二一	五四	二四四	二三	四七	二五	三三	—	四七	—	—	—	—
糸屋町一丁目	一二二	七三	三三二	三〇	三九	二四	一五	—	三九	—	—	—	—
同	一二三	五六	二八七	二五	二九	三三	六	一	二九	—	—	—	—
同　二丁目	一二四	八六	三八四	四四	八一	四七	三三	一	八一	—	—	—	—
同	一二五	九〇	四七〇	五八	一三三	七三	五七	三	一三三	—	—	—	—
大手通一丁目	一二六	七四	三七三	三三	六七	三三	三三	一	六六	一	—	—	一
同	一二七	六九	三一五	三七	八八	三四	五一	三	八八	—	—	—	—
同　二丁目	一二八	五七	二九二	三〇	六九	二七	四〇	二	六九	—	—	—	—
同	一二九	七〇	三五二	四六	九一	五六	三五	—	九一	—	—	—	—
同	一三〇	六〇	四〇三	五〇	一四七	四七	一〇〇	—	一四七	—	—	—	—
内淡路町一丁目	一三一	七五	三六四	五七	一三三	八一	四一	一〇	一三三	一	—	—	一
同	一三二	六一	四一八	四三	一三三	九二	二八	三	一三三	—	—	—	—
同　二丁目	一三三	六二	三三五	三三	六四	四六	一七	—	六三	—	一	—	一
同	一三四	六九	三六九	四五	九八	四六	五一	一	九八	—	—	—	—
同	一三五	五七	二六六	三二	五九	二三	三三	一	五七	—	一	一	二
内平野町一丁目	一三六	五二	二四八	一七	二八	一一	一〇	七	二八	—	—	—	—
同	一三七	七一	三六八	二四	六五	三七	二四	二	六三	一	一	—	二
同　二丁目	一三八	六三	三三七	四〇	八五	四二	三八	二	八二	—	三	—	三
同	一三九	六〇	二七六	一七	二五	七	一七	一	二五	—	—	—	—

六

同	一四〇	五五	三二九	三三	七三	四〇	二九	三	七二	一	｜	｜	一
谷町二丁目	一四一	五二	三〇四	三四	七一	一九	五二	｜	七一	｜	｜	｜	｜
同	一四二	五一	四〇一	三八	二一三	八七	一一三	三	二二三	｜	｜	｜	｜
同	一四三	四七	四六八	三三	一九五	三四	一六一	｜	一九五	｜	｜	｜	｜
馬場町，大手前之町 谷町二丁目	一四四	六八	三六〇	五六	一一五	六三	五一	｜	一一四	一	｜	｜	一
豊後町	一四五	五九	二八五	四一	九九	四九	四九	｜	九八	｜	一	｜	一
同	一四六	六一	三八二	四四	一四四	八八	五四	｜	一四二	｜	二	｜	二
船越町一丁目	一四七	六四	二八二	三一	五六	四一	一三	｜	五四	｜	二	｜	二
同	一四八	六一	三三三	一八	三八	二九	九	｜	三八	｜	｜	｜	｜
同二丁目	一四九	六二	三六九	二七	四三	二三	二〇	｜	四三	｜	｜	｜	｜
同	一五〇	六一	三一〇	二六	五四	二九	二四	一	五四	｜	｜	｜	｜
同	一五一	四五	二五六	一六	四九	二八	二二	｜	四九	｜	｜	｜	｜
釣鐘町一丁目	一五二	五八	二八九	三〇	五〇	三〇	一六	一	四七	三	｜	｜	三
同	一五三	七〇	三一六	四五	八一	六三	一六	二	八一	｜	｜	｜	｜
同	一五四	七〇	三〇四	五一	八六	七〇	一五	一	八六	｜	｜	｜	｜
同二丁目	一五五	六〇	二六二	三〇	四九	二八	一四	五	四七	｜	二	｜	二
同	一五六	五五	二五五	三三	六七	三七	三〇	｜	六七	｜	｜	｜	｜
釣鐘町二丁目	一五七	五七	三四一	三五	一一六	三六	七八	｜	一一四	一	一	｜	二
同	一五八	六八	二七九	四三	六八	四一	二五	二	六八	｜	｜	｜	｜
島町一丁目	一五九	三六	一七八	一八	二四	三一	二一	｜	二三	｜	一	｜	一
同	一六〇	三九	二〇一	二七	五九	三一	三三	｜	五四	｜	五	｜	五
同	一六一	五四	二五四	三五	六一	二八	二七	五	六〇	一	｜	｜	一
同二丁目	一六二	五一	二九三	三一	六六	二八	三八	｜	六六	｜	｜	｜	｜
同	一六三	六二	二八四	三四	五五	三一	二〇	一	五二	一	二	｜	三

七

八

同	一六四	五五	二五五	二〇	四五	二四	二〇	―	四四	―	一	―	一
石町一丁目	一六五	六一	三〇四	二六	七〇	三四	三三	―	六七	一	二	―	三
同	一六六	五五	二四二	三一	五二	三三	二八	―	五一	一	―	―	一
同二丁目	一六七	五四	二一四	二八	六二	二六	二四	一	六二	―	―	一	一
同	一六八	五七	二九六	三一	四九	二四	二一	三	四八	―	一	―	一
同	一六九	四八	三〇一	三一	一〇三	二九	六二	一	一〇三	―	一	―	一
京橋前之町、杉山町 京橋一丁目	一七〇	七〇	三三五	三五	六〇	三〇	三三	六	五八	一	―	一	二
同二丁目	一七一	四〇	三一三	三〇	九八	三五	六三	―	九八	―	―	―	―
同	一七二	六二	二五八	二七	七〇	二九	三三	八	六九	一	―	―	一
同三丁目	一七三	五八	三六四	四〇	一一三	六五	四五	―	一一〇	―	一	一	二
同	一七四	五四	三五八	三一	六三	二四	二八	―	六三	一	―	―	一
谷町一丁目	一七五	五六	三一四	三一	九二	七〇	二〇	一	九一	―	一	―	一
同	一七六	七〇	四四二	五一	一五二	四九	一〇〇	―	一四九	二	一	―	三
同	一七七	五〇	二四〇	三五	五三	二七	二四	―	五一	一	一	―	二
高麗橋詰町	一七八	四七	二九三	三五	一一二	五七	五二	二	一一一	一	―	―	一
同	一七九	四二	二三一	二三	五〇	二五	二五	―	五〇	―	―	―	―
北濱一丁目	一八〇	五四	三三七	四三	一七二	一〇三	六七	―	一七〇	一	一	―	二
同二丁目	一八一	八二	四四三	六六	二八六	一五一	一二九	一	二八一	一	二	二	五
同	一八二	五四	三二一	四三	一四七	六六	七九	二	一四七	―	―	―	―
今橋一丁目	一八三	四五	二四四	三六	一二四	九〇	三三	―	一二一	―	二	―	二
同二丁目	一八四	五〇	三三三	四六	一九〇	一三一	五九	―	一九〇	―	―	―	―
高麗橋一丁目	一八五	五四	三〇五	三八	一三三	八八	四五	―	一三三	―	―	―	―
同二丁目	一八六	七一	四四六	三二	一九八	一二四	七四	―	一九八	―	―	―	―
伏見町一丁目 伏見町二丁目	一八七	四七	三一六	三八	一三九	七三	六六	―	一三九	―	―	―	―

道修町一丁目	一八八	七〇	五一三	五五	一八二	三一	六〇	|	一八一	|	一	|	一
同二丁目	一八九	三四	四〇八	三一	二九五	一三〇	一七五	|	二九五	|	|	|	|
同	一九〇	四六	四一七	四三	二八七	一八三	一〇四	|	二八七	|	|	|	|
平野町一丁目	一九一	六九	四六六	五〇	二二〇	一四二	七八	|	二二〇	|	|	|	|
同二丁目	一九二	八五	七六一	七一	四六九	三一四	一五五	|	四六九	|	|	|	|
淡路町一丁目	一九三	八一	五一四	五八	二〇六	一〇五	一〇一	|	二〇六	|	|	|	|
同二丁目	一九四	五二	三八七	四一	一八六	一〇二	八四	|	一八六	|	|	|	|
同	一九五	四一	二二九	二八	九六	七一	二一	四	九六	|	|	|	|
瓦町一丁目	一九六	七六	五七六	四六	二三九	一四四	九五	|	二三九	|	|	|	|
同二丁目	一九七	六八	三八三	四三	一六五	一一〇	五五	|	一六五	|	|	|	|
同	一九八	五三	三三三	三五	一四六	八一	六五	|	一四六	|	|	|	|
備後町一丁目	一九九	八四	五二四	五七	三三三	一三三	八九	|	三三三	|	|	|	|
同二丁目	二〇〇	三八	二九二	三三	一六三	八六	七七	|	一六三	|	|	|	|
同	二〇一	二八	一七六	二	九七	五七	四〇	|	九七	|	|	|	|
安土町一丁目	二〇二	五四	四〇五	四〇	一七三	一二八	四五	|	一七三	|	|	|	|
同二丁目	二〇三	八一	七三五	七五	五〇三	二六〇	二四三	|	五〇三	|	|	|	|
本町一丁目	二〇四	六〇	四八五	四八	二九一	一六七	一二四	|	二九一	|	|	|	|
同二丁目	二〇五	三四	六八〇	三一	六一三	二四八	三五四	|	六〇二	四	七	|	二
南本町一丁目	二〇六	五三	三九四	四〇	一九四	三一	七三	|	一九四	|	|	|	|
同	二〇七	四六	三四三	三四	一七四	一〇八	六六	|	一七四	|	|	|	|
同二丁目	二〇八	五一	四六一	四八	三三三	一八九	一四四	|	三三三	|	|	|	|
南本町二丁目	二〇九	四六	五四〇	四二	三五一	一九二	一五九	|	三五一	|	|	|	|
唐物町一丁目	二一〇	五九	三八七	三九	一五一	一〇四	四五	二	一五一	|	|	|	|
同二丁目	二一一	四八	三三八	四三	一九八	九三	一〇五	|	一九八	|	|	|	|

九

一〇

北久太郎町一丁目	二二二	三二	二九一	二四	一七一	九〇	七五	六	一七一	―	―	―	―
同	二二三	六一	四五九	四四	二四三	五〇	一九三	―	二四三	―	―	―	―
同　二丁目	二二四	七五	六四九	六五	四〇二	二一五	一八七	―	四〇二	―	―	―	―
南久太郎町一丁目	二二五	五九	三五一	三五	一二八	八三	四五	―	一二八	―	―	―	―
同	二二六	六三	四三一	四四	一七〇	七七	九三	―	一七〇	―	―	―	―
同　二丁目	二二七	六八	四四五	五八	二七九	一六三	一一六	―	二七九	―	―	―	―
北久宝寺町一丁目	二二八	六八	三七五	四八	一四八	六四	八四	―	一四八	―	―	―	―
同	二二九	六三	三五一	四一	一三八	五九	七四	―	一三三	五	―	―	五
同	二三〇	四五	二八六	四一	一〇三	三〇	七三	―	一〇三	―	―	―	―
同　二丁目	二三一	五二	三七二	四四	一九一	四三	一四八	―	一九一	―	―	―	―
同	二三二	四九	三五三	四六	一〇三	八三	一二〇	―	一〇三	―	―	―	―
南久宝寺町一丁目	二三三	七四	五一〇	五九	二〇六	五二	一五二	二	二〇六	―	―	―	―
同	二三四	六〇	三七二	四六	一八九	六三	一三六	―	一八九	―	―	―	―
南久宝寺町一丁目	二三五	五五	四四二	四五	二一九	一二八	九一	―	二一九	―	―	―	―
同　二丁目	二三六	五一	五〇九	四七	三二八	六六	二七二	―	三二八	―	―	―	―
同	二三七	四八	四九六	四五	三一四	一一三	二〇二	―	三一四	―	―	―	―
博労町一丁目	二三八	五九	三六八	四四	一五三	一〇五	四八	―	一五三	―	―	―	―
同	二三九	八七	五一四	五三	一九六	九六	一〇〇	―	一九六	―	―	―	―
同	二四〇	六七	四三三	三七	一三七	五七	七九	一	一三七	―	―	―	―
同　二丁目	二四一	四三	三二三	三六	一六七	四四	一三三	―	一六七	―	―	―	―
同	二四二	六一	四七二	四八	二三四	三九	一九五	―	二三四	―	―	―	―
唐物町三丁目	二四三	四七	四一一	四六	二三三	一二〇	一〇三	―	二三三	―	―	―	―
同　四丁目	二四四	七七	五九四	六五	三一二	一八八	一三四	―	三一二	―	―	―	―
北久太郎町三丁目	二四五	六七	五〇〇	五三	二六八	一三六	一四二	―	二六八	―	―	―	―

同　四丁目	二三六	五五	五一九	五一	三二六	一七〇	一五六	二	三三五	―	一	―	一
同	二三七	七三	五四二	五九	二四八	一六二	八六	―	二四八	―	―	―	―
南久太郎町三丁目	二三八	六〇	三六九	三八	一三三	六八	六四	―	一三二	―	―	一	一
同	二三九	五三	三五七	三六	一五二	九五	五六	―	一五一	―	一	―	一
同　四丁目	二四〇	五五	三五〇	三三	一四五	七八	六七	―	一四五	―	―	―	―
同	二四一	六二	四四二	四四	二二五	一三九	七四	―	二二三	一	一	―	二
北久寶寺町三丁目	二四二	六五	四六六	五一	二三〇	一一八	九五	七	二三〇	―	―	―	―
同　四丁目	二四三	五二	三七五	四二	一八〇	一〇七	七二	一	一八〇	―	―	―	―
同	二四四	四三	四五九	三八	二六四	一二八	一三六	―	二六四	―	―	―	―
同　五丁目	二四五	六一	三六八	四〇	一三六	九五	四一	―	一三六	―	―	―	―
南久寶寺町三丁目	二四六	七九	八三九	七三	五〇五	二八八	二一七	―	五〇五	―	―	―	―
同　四丁目	二四七	四五	四〇七	四〇	二二四	一三三	八一	―	二二四	―	―	―	―
同	二四八	三六	二九二	二九	一五二	七三	七九	―	一五二	―	―	―	―
同　五丁目	二四九	七八	五一七	五一	一七五	一一三	六二	―	一七五	―	―	―	―
博勞町三丁目	二五〇	二九	二五三	二〇	一一九	八四	三五	―	一一九	―	―	―	―
同	二五一	五〇	三八〇	三五	一三八	九一	四七	―	一三八	―	―	―	―
同　四丁目	二五二	五〇	四三三	三七	二三五	一四一	八四	―	二三五	―	―	―	―
同	二五三	四八	三一〇	三三	一五二	七九	七三	―	一五二	―	―	―	―
同　五丁目	二五四	七三	四四一	五二	一七六	一一九	五七	―	一七六	―	―	―	―
南渡邊町	二五五	三六	二五八	二七	一一〇	四九	六一	―	一一〇	―	―	―	―
同	二五六	五八	三六三	四五	一三七	九二	四五	―	一三七	―	―	―	―
横堀五丁目	二五七	五七	四〇四	四四	一六七	一一三	五四	―	一六七	―	―	―	―
同　六丁目	二五八	六〇	四一四	四八	一七三	一一九	五三	一	一七三	―	―	―	―
淡路町三丁目	二五九	四九	三三二	三二	一一〇	六一	四九	―	一一〇	―	―	―	―

一一

同	二六〇	七三	四六三	四二	一五二	八四	六七	—	一五一	一	—	—	一
淡路町四丁目	二六一	八四	五七三	六二	二九九	一六六	一三八	五	二九九	—	—	—	—
同　五丁目	二六二	五一	二七〇	三三	七一	四〇	三〇	—	七〇	—	一	—	一
同	二六三	六三	三三三	三六	一〇五	六四	三八	三	一〇五	—	—	—	—
瓦町三丁目	二六四	五四	三六六	三五	一五三	九四	五八	一	一五三	—	—	—	—
同	二六五	七〇	四四八	五二	二一九	一〇四	一一五	—	二一九	—	—	—	—
瓦町四丁目	二六六	四四	三九九	三九	二三〇	一三三	八六	—	二一九	一	—	—	一
同	二六七	四五	三八九	三〇	二一〇	一二四	八六	—	二一〇	—	—	—	—
同　五丁目	二六八	六五	三六三	三九	一二四	七二	五一	一	一二四	—	—	—	—
同	二六九	五三	二一三	一九	五四	二九	三三	二	五四	—	—	—	—
同	二七〇	六五	四〇三	三六	一六五	九八	六七	—	一六五	—	—	—	—
備後町三丁目	二七一	六六	五一六	五四	二八六	一一九	一六六	—	二八五	—	一	—	一
同　四丁目	二七二	六一	五九二	四二	三七九	二〇八	一七一	—	三七九	—	—	—	—
同　五丁目	二七三	二七	二七八	二四	一六一	一〇六	五五	—	一六一	—	—	—	—
安土町三丁目	二七四	六二	五四八	五五	三三三	一八三	一三六	三	三三三	一	—	—	一
同　四丁目	二七五	六七	八九九	六〇	六七八	三三八	三四〇	—	六七八	—	—	—	—
本町三丁目	二七六	三五	六一七	三四	五三八	三〇〇	二三八	—	五三八	—	—	—	—
同　四丁目	二七七	六五	四七七	四五	三〇三	一五〇	一五〇	二	三〇二	一	—	—	一
同	二七八	四一	三七一	三六	二四〇	一五七	八三	—	二四〇	—	—	—	—
南本町三丁目	二七九	五三	五三一	四四	三六八	一九〇	一七一	七	三六八	—	—	—	—
同	二八〇	五一	五五六	四八	四〇三	一二七	一七六	—	四〇三	—	—	—	—
同　四丁目	二八一	六六	六〇八	六三	三九八	一三三	一六三	二	三九六	一	一	—	二
同	二八二	六七	四五四	四九	二四〇	一四八	九二	—	二四〇	—	—	—	—
北渡邊町	二八三	八八	五五一	五三	二四四	一三八	一〇六	—	二四四	—	—	—	—

一二

横堀三丁目	二八四	四九	二七九	二四	九九	四七	五〇	—	九七	一	一	—	二
同	二八五	六三	三三四	三七	八七	六四	三三	一	八七	—	—	—	—
同四丁目	二八六	七六	四八七	六二	二二五	一二五	九九	一	二二五	—	—	—	—
北濱三丁目	二八七	四八	三五九	二八	一二五	六二	六一	—	一二三	二	—	—	二
同	二八八	四一	三二一	三一	八八	四五	四三	—	八八	—	—	—	—
同四丁目	二八九	四五	二四〇	二八	一〇九	八七	三三	—	一〇九	—	—	—	—
同	二九〇	四九	三二三	二四	九一	四九	四二	—	九一	—	—	—	—
同五丁目	二九一	六〇	三九七	四五	一九二	一一六	七六	—	一九二	—	—	—	—
今橋三丁目	二九二	三〇	三〇八	二四	一一二	四二	六九	—	一一二	—	—	—	—
同四丁目	二九三	三六	二三八	二七	九七	七三	二四	—	九七	—	—	—	—
同五丁目	二九四	五九	四二五	四一	一七六	一一六	六〇	—	一七六	—	—	—	—
高麗橋三丁目	二九五	四五	三〇三	二四	一四三	八九	五四	—	一四三	—	—	—	—
同四丁目	二九六	四九	三六五	二八	二〇四	一五二	五二	—	二〇四	—	—	—	—
同五丁目	二九七	五三	三一九	四〇	一三三	九四	三九	—	一三三	—	—	—	—
同	二九八	五五	二六八	二四	九三	五七	二四	一	九二	一	—	—	一
伏見町三丁目	二九九	三五	二七六	三〇	一五一	八四	六七	—	一五一	—	—	—	—
同四丁目	三〇〇	四二	三三〇	二四	一四二	八五	五七	—	一四二	—	—	—	—
同五丁目	三〇一	八三	五〇三	五九	一八二	一二	六一	—	一八二	—	—	—	—
道修町三丁目	三〇二	六二	五三四	五二	三三九	三八	一二	—	三三九	—	—	—	—
同四丁目	三〇三	六〇	五一八	五一	三三九	一五六	八三	—	三三九	—	—	—	—
同五丁目	三〇四	四八	二五五	三〇	九七	七六	二一	—	九七	—	—	—	—
同	三〇五	四五	三一七	二四	一一六	八一	二四	—	一一五	一	—	—	一
平野町三丁目	三〇六	六五	三五八	二八	一一六	七二	四四	—	一一六	—	—	—	—
同	三〇七	四八	三一二	三七	一一三	七三	四〇	—	一一三	—	—	—	—

一三

一四

同四丁目	三〇八	四五	二九七	二五	一三五	四三	九二	—	一三五	—	—	—	—
同	三〇九	五九	三四五	四三	一三二	一〇二	四九	—	一五一	一	—	—	一
同五丁目	三一〇	六九	四〇八	四六	一五三	一〇五	四八	—	一五三	—	—	—	—
同	三一一	八二	四二一	五一	一四六	八八	五八	—	一四六	—	—	—	—
大川町	三一二	四八	三四七	三六	一四五	一一〇	三三	—	一四三	一	一	—	二
大川町	三一三	七三	三三〇	四七	一一〇	六四	四六	—	一一〇	—	—	—	—
横堀一丁目 横堀二丁目	三一四	七一	四二五	五一	一九三	一一六	七七	—	一九三	—	—	—	—
同二丁目	三一五	七四	三七六	五九	一四三	七七	五八	六	一四一	一	—	—	一
同	三一六	六二	三〇一	二四	一一一	五八	四一	一三	一一一	—	—	—	—
東雲町一丁目	三一七	五〇	二四六	二三	五六	二三	一九	三	五五	一	—	—	一
同	三一八	五一	二三九	二四	八一	五五	三三	二	八〇	一	—	—	一
同	三一九	五一	二五八	二〇	四九	二五	三三	一	四八	一	—	—	一
同	三二〇	五六	二七六	三一	五六	二九	二〇	六	五五	一	—	—	一
同	三二一	六五	三〇一	二九	三八	一九	一八	一	三八	—	—	—	—
同二丁目	三二二	七五	三一六	四〇	五三	三三	三三	七	五三	—	一	—	一
同	三二三	六五	三三五	四〇	六七	二四	二八	三	六五	一	一	—	二
同	三二四	五七	二三六	三五	四九	三三	二	六	四九	—	—	—	—
同	三二五	六六	二九二	一八	三二	九	二二	二	三二	—	—	—	—
同	三二六	六五	二四四	二八	四四	二七	一四	二	四三	—	—	一	一
同	三二七	五一	二二九	二三	五七	二四	三一	—	五五	一	一	—	二
同	三二八	五一	二三七	一三九	四四	二七	三	三	四二	—	—	二	二
同三丁目	三二九	八四	四一三	一三〇	九四	六九	二三	一	九三	—	一	—	一
同	三三〇	五六	二六七	三五	六六	三九	二五	—	六四	一	一	—	二

同	三三一	五三	一八九	二九	四一	二〇	一六	三	三九	一	｜	一	二
仁右衛門町	三三二	五三	二四三	三三	五六	三八	一八	｜	五六	｜	｜	｜	｜
同	三三三	四八	二二七	二四	三三	一七	一三	｜	三〇	｜	二	｜	二
同	三三四	四三	一八一	三一	四七	二三	二〇	｜	四三	二	二	｜	四
同	三三五	四四	一五四	三三	三三	二三	五	三	三一	｜	一	｜	一
同	三三六	四九	一六六	三三	四二	三二	四	｜	三六	三	｜	三	六
同	三三七	五八	二七三	四五	六四	二六	三六	二	六四	｜	｜	｜	｜
同	三三八	七四	二六一	四九	六七	三三	三三	二	六六	｜	一	｜	一
仁右衛門町	三三九	五九	一八〇	四一	四九	二三	一八	八	四九	｜	｜	｜	｜
同	三四〇	五八	二一三	三九	五一	二四	二七	｜	五一	｜	｜	｜	｜
岡山町	三四一	六一	二六二	四三	七〇	四五	二〇	三	六八	一	一	｜	二
同	三四二	七六	三一三	三七	五七	三三	二一	三	五七	｜	｜	｜	｜
同	三四三	七一	二九五	三六	五六	四二	一四	｜	五六	｜	｜	｜	｜
同	三四四	六七	二六三	四四	五六	四三	六	三	五三	四	｜	｜	四
同	三四五	七三	三一七	四二	五六	二八	二五	二	五五	一	｜	｜	一
玉造町	三四六	六三	二六五	三六	六五	四四	一三	六	六三	一	｜	一	二
同	三四七	四二	一四一	二七	三一	一九	五	六	三〇	｜	一	｜	一
同	三四八	四三	二〇八	三三	三八	二六	七	二	三五	｜	二	一	三
同	三四九	五八	二四六	四二	六八	四七	一三	三	六三	三	一	一	五
同	三五〇	五〇	二一二	三〇	三五	一三	一八	三	三四	｜	一	｜	一
同	三五一	四五	一八五	二九	四七	二四	二一	一	四六	｜	一	｜	一
東阪町	三五二	五七	二四三	三七	六二	四七	二一	二	六〇	二	｜	｜	二
同	三五三	七三	二九一	四七	六三	三八	三一	｜	五九	四	｜	｜	四
同	三五四	七五	三一二	四六	六四	四一	二〇	二	六三	一	｜	｜	一

一五

											一六			
同	三五五	五三	三二〇	二九	三八	二五	一〇	一	三六	一	一	—	二
同	三五六	七四	二五八	四七	五〇	三二	五	五	四一	八	—	一	九
同	三五七	五六	三一四	二七	三三	一八	九	四	三一	一	—	—	一
同	三五八	六七	二四二	四五	五〇	三八	一一	—	四九	—	一	—	一
玉堀町	三五九	五九	二五三	三二	四七	二九	一一	二	四二	四	—	一	五
同	三六〇	八六	三一七	五五	八一	五三	一三	三	七八	二	一	—	三
同	三六一	六四	二六六	四八	七〇	五五	一四	一	七〇	—	—	—	—
同	三六二	七八	三一五	四五	九三	五九	一七	四	九〇	二	一	—	三
同	三六三	九三	三一八	六一	七一	四七	一二	一	七〇	一	—	—	一
同	三六四	五一	二一六	三〇	五三	三九	八	四	五一	一	一	—	二
同	三六五	六四	二四八	三九	五四	三二	一九	二	五三	一	—	—	一
同	三六六	六六	三一三	四〇	五四	三三	一六	一	五〇	一	三	—	四
北國分町	三六七	六三	三二〇	四一	五四	三九	一四	一	五四	—	—	—	—
同	三六八	五六	二〇〇	三〇	五〇	三八	八	一	四七	三	—	—	三
同	三六九	六六	二九二	四三	九〇	七二	一三	一	八六	三	一	—	四
同	三七〇	七六	二四〇	五九	七三	三九	一六	五	七〇	—	三	—	三
八尾町	三七一	六六	二四一	四八	五九	三六	一九	—	五五	一	三	—	四
同	三七二	五五	二六三	三一	七八	五七	一二	四	七三	五	—	—	五
同	三七三	七三	三〇七	三七	四九	一四	一九	一六	四九	—	—	—	—
同	三七四	六八	二四三	四三	五三	二八	一一	二	五一	二	—	—	二
半入町	三七五	五〇	三一八	三〇	五二	四二	三	五	五〇	二	—	—	二
同	三七六	六七	二九七	四九	七六	四〇	三二	一	七三	—	二	一	三
同	三七七	五九	二八四	三九	九一	六四	二三	三	九〇	一	—	—	一
元伊勢町	三七八	六八	二七六	四一	五九	二七	三〇	一	五八	—	—	一	一

同	三七九	六七	二五五	四二	六三	三四	二〇	七	六一	一	｜	｜	一
左官町	三八〇	七四	二九二	四六	八三	四七	一四	二〇	八一	二	｜	｜	二
同	三八一	五七	二四四	三六	五九	三三	一八	六	五七	一	｜	一	二
同	三八二	四七	二一九	二七	四五	二九	一五	｜	四四	一	｜	｜	一
同	三八三	四八	一七七	二一	一四	一〇	一三	｜	一三	｜	一	｜	一
同	三八四	五五	二一九	二七	五九	一六	一八	一〇	五六	二	一	｜	三
同	三八五	五六	二三六	三八	五三	一七	二〇	一〇	四七	五	｜	｜	五
越中町	三八六	七四	三〇九	五〇	六八	四八	七	八	六三	四	｜	一	五
同	三八七	五七	二四八	三五	六〇	四〇	一五	四	五九	一	｜	｜	一
同	三八八	五六	二六〇	三九	六三	三〇	二九	二	六一	二	｜	｜	二
紀伊國町	三八九	七四	二九八	三八	五六	三四	二一	｜	五五	｜	一	｜	一
同	三九〇	六三	二六七	四九	八四	四二	三九	一	八二	一	一	｜	二
同	三九一	七六	三〇〇	四六	八一	五一	一七	五	七三	八	｜	｜	八
同	三九二	八〇	二八二	四一	六一	三三	一二	七	六〇	｜	一	｜	一
南玉造町	三九三	六一	二七八	三四	六〇	三三	二六	六	六〇	｜	｜	｜	｜
同	三九四	六九	三三六	四五	七九	五二	二一	五	七九	｜	｜	｜	｜
同	三九五	八九	三五九	五六	七三	三四	三一	四	六九	一	二	一	四
同	三九六	七三	四〇三	四四	一三	七五	四一	三	一一九	三	｜	｜	三
同	三九七	五五	一九六	三〇	三四	二一	九	二	三三	｜	一	｜	一
同	三九八	六七	二三七	三三	四三	三一	五	七	四三	｜	｜	｜	｜
同	三九九	七〇	三四七	三五	五七	三六	二〇	一	五七	｜	｜	｜	｜
森之宮東之町	四〇〇	一一九	四一五	八八	一四四	九四	二四	一五	一三三	七	三	一	二
同	四〇一	七〇	二九七	三九	四七	二〇	二六	一	四七	｜	｜	｜	｜
同	四〇二	五四	一九八	四一	五六	三二	三三	一	五六	｜	｜	｜	｜

一七

一八

同	四〇三	七三	二四一	五七	九〇	六三	三三	二	八八	二	｜	｜	二
同	四〇四	六三	二四五	三六	四八	二七	一六	二	四五	一	二	｜	三
同	四〇五	八五	三四七	五四	七三	二八	三九	三	七〇	一	一	｜	二
同	四〇六	五四	二一九	二七	四〇	三三	一三	二	三八	二	｜	｜	二
同	四〇七	六一	二〇六	三九	四〇	三三	三	一	三六	三	一	｜	四
同	四〇八	八〇	三五一	六三	一〇八	七一	一六	二	九九	九	｜	｜	九
同	四〇九	六二	二四八	三八	六一	三五	一八	四	五七	二	一	一	四
森之宮西之町	四一〇	八七	三五八	六六	一三三	五四	三三	四一	一二八	一	三	｜	四
同	四一一	五六	二五八	四五	七二	三四	三六	｜	七〇	｜	二	｜	二
同	四一二	八三	三九二	五三	八九	四五	四二	二	八九	｜	｜	｜	｜
同	四一三	八四	三五七	五八	一三二	九一	一四	八	一一三	三	三	二	八
同	四一四	六〇	二五〇	三九	五五	三〇	一八	六	五四	一	｜	｜	一
同	四一五	六八	二九五	四四	五九	三九	二〇	｜	五九	｜	｜	｜	｜
中道唐居町	四一六	八五	三二八	五四	八〇	三九	三三	七	七八	｜	二	｜	二
同	四一七	八二	三五六	五七	一〇〇	五八	三六	二	九六	三	一	｜	四
中道黒門町	四一八	六九	二九四	三六	八二	四七	三	｜	七八	四	｜	｜	四
同	四一九	六八	二五八	二六	四一	三〇	二	｜	四一	｜	｜	｜	｜
同	四二〇	八二	三一八	三五	五〇	二五	三三	一	四八	一	一	｜	二
同	四二一	七九	二九一	四一	五八	三一	二四	｜	五五	三	｜	｜	三
同	四二二	四六	二〇五	二〇	三九	一七	一八	二	三七	二	｜	｜	二
中道川西町	四二三	六〇	一九五	二八	三〇	一六	八	六	三〇	｜	｜	｜	｜
同	四二四	七三	三〇四	四〇	六七	四五	一三	九	六七	｜	｜	｜	｜
同	四二五	一〇五	四〇八	七二	一〇五	五七	三九	八	一〇四	｜	一	｜	一
同	四二六	七二	二五〇	五三	七〇	三六	二四	六	六六	三	一	｜	四

同	四二七	五七	二三六	三四	四九	三三	一五	一	四九	—	—	—	—
宮林町	四二八	七三	三三七	五四	一三五	一〇一	三	—	一三二	二	一	—	三
上本町四丁目	四二九	九四	三二八	五六	六五	二〇	二七	一八	六五	—	—	—	—
中寺町八丁目	四三〇	九三	三一〇	四七	六二	三一	二九	四	五五	一	五	一	七
八丁目東寺町	四三一	九六	三二七	五八	七二	一四	四八	八	七〇	—	一	一	二
小橋寺町 山小橋町	四三二	一一八	四七一	六九	一一三	六三	三五	一〇	一〇七	三	二	—	五
宰相山町	四三三	六七	二六二	三七	五六	四五	六	四	五五	—	一	—	一
同	四三四	五五	二四一	三四	五二	三九	九	二	五〇	二	—	—	二
同	四三五	七〇	二八三	四〇	六三	三五	三三	五	六三	—	—	—	—
同	四三六	九〇	三一六	六〇	九三	六一	二〇	六	八七	四	一	一	六
同	四三七	五四	四八六	三六	二八九	六七	三〇	二	二六九	—	—	—	—
山ノ下町	四三八	六三	二三五	二六	四一	二七	三	一	四〇	一	—	—	一
同	四三九	五五	二五五	二七	四二	三八	二	二	四二	—	—	—	—
同	四四〇	五三	二五七	三一	六〇	四九	九	—	五八	一	—	一	二
同	四四一	六〇	二七〇	三六	九〇	五二	二七	三	八二	六	—	二	八
清堀町	四四二	七一	二七三	二七	三七	二五	九	二	三六	一	—	—	一
同	四四三	四七	一八六	二九	三六	三三	五	七	三五	一	—	—	一
同	四四四	六五	二四七	四三	六二	三二	三	九	六二	—	—	—	—
同	四四五	五五	一九五	二三	二八	一三	五	一〇	二八	—	—	—	—
同	四四六	三五	一七七	一七	六五	五九	二	四	六五	—	—	—	—
同	四四七	六五	二三七	三三	四三	二六	三	三	四二	—	—	—	—
同	四四八	六七	二五八	三八	五〇	二四	二五	一	五〇	—	—	—	—
同	四四九	五一	二三五	二四	四六	二八	一五	三	四六	—	—	—	—
空堀通一丁目	四五〇	五八	二四〇	三七	六四	三八	一三	一〇	六一	一	二	—	三

一九

二〇

同	四五一	五四	二五〇	二四	五八	三四	一七	—	五一	一	一	五	七
同	四五二	六八	二六一	四五	六九	五四	一〇	三	六七	一	—	一	二
同	四五三	四三	一七三	二七	四二	二〇	一五	五	四〇	二	—	—	二
同	四五四	八八	四一五	五〇	九〇	四〇	四五	二	八七	二	一	—	三
同二丁目	四五五	八三	三〇三	四二	五五	一八	二八	九	五五	—	—	—	—
同	四五六	六六	二七四	三四	五五	四四	五	四	五三	二	—	—	二
同	四五七	八九	三六七	五六	九一	六四	一四	一〇	八八	二	—	一	三
同	四五八	六〇	二七六	三一	五九	四七	六	—	五三	四	二	—	六
同	四五九	七九	三〇八	三七	五二	三九	一三	—	五二	—	—	—	—
同	四六〇	五五	三一三	二九	四四	三七	二	二	四一	二	一	—	三
同	四六一	六三	三一八	三三	八九	八〇	八	—	八八	一	—	—	一
同	四六二	八三	三五五	二六	四六	四一	二	二	四五	一	—	—	一
同三丁目	四六三	五八	二六二	三一	四六	二二	一三	二	四五	—	—	一	一
同	四六四	六五	二六二	二六	三六	三〇	四	二	三六	—	—	—	—
同	四六五	四六	一九六	一九	二八	一六	一〇	二	二八	—	—	—	—
同	四六六	五一	二一九	二七	四四	二六	一七	一	四四	—	—	—	—
同	四六七	七七	三三一	四三	六七	五三	一四	—	六七	—	—	—	—
同	四六八	六三	二六二	三三	五七	三五	三	—	五七	—	—	—	—
空堀通三丁目	四六九	五〇	三三三	二四	三六	二七	九	—	三六	—	—	—	—
清水谷東之町	四七〇	四二	一八七	二六	五一	二二	二八	一	五〇	—	—	一	一
同	四七一	四四	二〇四	三一	六四	二五	三六	二	六三	—	一	—	一
同	四七二	五九	二七〇	三四	六九	四二	二三	—	六五	二	二	—	四
同	四七三	八二	二九七	五四	七〇	三八	二九	一	六八	—	二	—	二
清水谷西之町	四七四	六三	三三六	四九	一一六	一〇〇	一四	二	一一六	—	—	—	—

同	四七五	五九	二三八	三二	四一	三二	九	｜	四一	｜	｜	｜	｜
同	四七六	七一	三四七	三一	六五	四七	一五	一	六三	二	｜	｜	二
同	四七七	五五	二三〇	三三	四八	三三	一五	｜	四八	｜	｜	｜	｜
同	四七八	四一	一八二	二六	三九	二六	八	五	三九	｜	｜	｜	｜
同	四七九	五九	二一九	三九	四七	三三	九	三	四五	｜	｜	二	二
同	四八〇	四二	二一三	二〇	三七	二五	一二	｜	三七	｜	｜	｜	｜
同	四八一	四七	一八一	三一	四九	二九	一四	六	四九	｜	｜	｜	｜
同	四八二	四四	一六五	三三	二七	一六	五	三	二四	三	｜	｜	三
同	四八三	四六	一八三	一四	四一	二八	九	二	三九	一	一	｜	二
同	四八四	六二	二五四	二六	三六	二九	六	｜	三五	一	｜	｜	一
同	四八五	五八	二六一	三六	七五	三二	四二	｜	七四	｜	一	｜	一
同	四八六	六〇	二九三	四二	八〇	四九	二九	二	八〇	｜	｜	｜	｜
同	四八七	五四	一九三	三三	五四	三三	一八	四	五四	｜	｜	｜	｜
寺山町	四八八	七九	三七八	六〇	一〇五	四六	五七	一	一〇四	｜	一	｜	一
同	四八九	八六	三七三	六二	一一〇	九一	一五	二	一〇八	｜	一	一	二
同	四九〇	五六	二七三	三九	七一	二六	四〇	三	六九	｜	二	｜	二
同	四九一	九四	三七一	六二	八二	三〇	四九	二	八一	｜	一	｜	一
同	四九二	七八	三一三	四九	八二	四五	二九	五	七九	二	一	｜	三
小橋元町	四九三	五〇	二一五	三〇	五二	三〇	一七	三	五〇	一	一	｜	二
同	四九四	四七	一八三	二九	三三	一九	一三	一	三二	一	｜	｜	一
同	四九五	六三	二三三	三三	四三	二九	一一	三	四三	｜	｜	｜	｜
同	四九六	四六	一八九	一八	二二	一〇	一一	｜	二一	｜	｜	｜	｜
同	四九七	五三	二三八	三三	五五	三五	一九	｜	五四	｜	一	｜	一
同	四九八	六二	二九八	三五	五九	四〇	一七	｜	五七	二	｜	｜	二

二一

小橋西之町	四九九	五三	二四七	三三	五九	三五	三	—	五七	—	二	—	二
小橋東之町	五〇〇	五一	一八九	三〇	五六	四五	八	—	五三	二	一	—	三
同	五〇一	七一	一六一	四一	五七	三五	一七	—	五二	四	一	—	五
味原町	五〇二	七二	三〇二	四一	七〇	六三	五	一	六九	一	—	—	一
同	五〇三	五四	二四五	三九	六九	四三	二六	—	六九	—	—	—	—
同	五〇四	七一	三五八	四〇	六九	二七	一八	三	六七	二	—	—	二
同	五〇五	三八	一九九	二一	四三	三八	五	—	四三	—	—	—	—
同	五〇六	五九	二七七	一八	四三	二八	一五	—	四三	—	—	—	—
同	五〇七	八三	三七三	四〇	七〇	五二	一七	—	六九	一	—	—	一
下味原町	五〇八	八八	三五五	四七	六七	四八	一七	—	六五	一	一	—	二
同	五〇九	六四	三〇二	三九	五五	二九	一三	—	五二	—	三	—	三
同	五一〇	四一	二二二	二〇	四四	二九	一五	—	四四	—	—	—	—
同	五一一	五七	二三六	三一	五六	四六	二	一	四九	五	—	二	七
同	五一二	五九	二三九	三〇	四〇	三三	三	二	三七	一	一	一	三
同	五一三	六五	二五九	三〇	四四	三三	八	二	四三	一	—	—	一
木野町	五一四	六八	二四六	四三	五九	三九	一五	二	五六	二	—	一	三
同	五一五	四二	二四六	二二	四二	二四	一七	一	四二	—	—	—	—
同	五一六	六一	二八一	三三	七九	六九	八	二	七九	—	—	—	—
同	五一七	七一	二四九	四〇	四九	三三	三	一一	四六	一	一	一	三
同	五一八	四一	一七五	二六	三四	二二	一一	二	三四	—	—	—	—
同	五一九	四六	一七六	三三	三一	一九	六	四	二九	二	—	—	二
同	五二〇	四七	一六九	二〇	二三	一三	一〇	一	二三	—	—	—	—
木野町	五二一	六三	二七一	三二	四二	二〇	九	八	三七	二	一	二	五
同	五二二	五三	二五〇	二九	六〇	三六	二〇	四	六〇	—	—	—	—

二二

同	五二三	七八	二八三	五九	七五	四四	二四	七	七五	―	―	―	―
舟橋町	五二四	五一	二〇〇	二〇	五一	二七	二四	―	五一	―	―	―	―
同	五二五	五一	一五八	三三	三三	一二	九	二	三三	―	―	―	―
同	五二六	七一	二六四	三四	五七	四八	六	―	五四	二	一	―	三
同	五二七	六四	二七六	三八	六四	四四	一七	―	六一	二	一	―	三
同	五二八	七六	三〇八	五〇	七五	五三	二二	―	七四	―	一	―	一
同	五二九	五五	二四六	三〇	五五	三三	二二	―	五三	一	一	―	二
同	五三〇	七三	二七七	四八	七一	四八	一四	六	六八	三	―	―	三
同	五三一	七二	二八六	四一	六二	四七	一三	三	六二	―	―	―	―
餌差町	五三二	四〇	一七八	二四	五六	二九	一四	二	五五	一	―	―	一
同	五三三	四七	三一二	三三	一七三	一四	一五五	二	一七一	一	一	―	二
同	五三四	四四	一六七	三二	四二	九	三〇	―	三九	一	二	―	三
同	五三五	四二	二〇一	三〇	五六	三三	二三	一〇	五五	一	―	―	一
同	五三六	六八	二三三	三七	四六	三三	一〇	四	四六	―	―	―	―
同	五三七	三三	一五〇	一六	二五	一七	七	一	二五	―	―	―	―
同	五三八	六四	二四一	四〇	六九	五九	七	二	六八	一	―	―	一
同	五三九	五七	二〇二	三三	五七	三〇	一一	一三	五四	三	―	―	三
総計		三二、五三六	一六七、三八四	二〇、八〇七	五四、五五〇	三一、二一〇	二一、六六三	一、〇八四	五三、九五七	三四三	一九四	五六	五九三

二一三

西区

調査區 町名	調査區 番號	國勢調査 世帯	國勢調査 人口	失業統計調査 世帯	失業統計調査 人口	有業者數 勞働者	有業者數 給料生活者	有業者數 日傭勞働者	有業者數 計	失業者數 勞働者	失業者數 給料生活者	失業者數 日傭勞働者	失業者數 計
土佐堀通一丁目	一	二九	一六二	二六	九〇	五一	三九	—	九〇	—	—	—	—
土佐堀裏町	二	五九	三五二	四一	一五〇	六九	八〇	—	一四九	—	一	—	一
土佐堀通二丁目	三	九三	四七六	七六	二二四	一〇七	一〇五	—	二一二	二	—	—	二
江戸堀通一丁目	四	八二	三八七	三七	八七	五一	二四	—	八五	二	—	—	二
同	五	八八	三八〇	四四	七二	四一	三〇	—	七一	—	一	—	一
同　二丁目	六	六三	二九一	三七	八〇	三三	四六	—	七九	—	一	—	一
同	七	九二	四八三	四七	一〇八	五九	四二	三	一〇四	三	一	—	四
江戸堀北通一丁目	八	四六	二二〇	三一	八二	五一	三〇	一	八二	—	—	—	—
同	九	三一	一八〇	二一	二四	二二	三	—	二四	—	—	—	—
同　二丁目	一〇	九八	四四七	六四	一三八	八七	五〇	—	一三七	一	—	—	一
同	一一	九四	四四七	五五	一〇九	五一	五五	一	一〇七	一	一	—	二
同	一二	九六	三九四	五〇	一一五	七九	三六	—	一一五	—	—	—	—
江戸堀南通一丁目	一三	九七	五四五	四八	九三	四三	五〇	—	九三	—	—	—	—
同　二丁目	一四	五六	三二八	四二	一一三	五六	六四	二	一一三	—	—	—	—
同　一丁目 二丁目	一五	九七	四一四	五一	九〇	四二	四三	—	八五	四	一	—	五
江戸堀下通一丁目	一六	五六	二八〇	二三	五〇	一七	二六	七	五〇	—	—	—	—
同	一七	六三	三二〇	三四	七六	四六	三〇	—	七六	—	—	—	—
同　二丁目	一八	七二	三三一	四七	八八	二一	五四	三	八八	—	—	—	—
同	一九	七七	三七九	四〇	八六	四二	三九	二	八三	一	一	一	三

二四

京町堀上通一丁目	二〇	四一	三三七	二五	六三	一九	四二	一	六二	｜	一	｜	一
同	二一	四〇	二一四	二〇	四五	三七	八	｜	四五	｜	｜	｜	｜
同　二丁目	二二	八三	三七二	四六	六二	二九	三一	一	六一	｜	一	｜	一
同	二三	七三	三三三	二六	五八	一七	三七	四	五八	｜	｜	｜	｜
同　一丁目二丁目	二四	八〇	三七三	四四	一〇五	五八	四六	｜	一〇四	｜	一	｜	一
同	二五	七六	四八三	三九	一〇一	五一	五〇	｜	一〇二	｜	｜	｜	｜
京町堀通二丁目	二六	八八	四八八	五三	一五二	七〇	八〇	一	一五一	一	｜	｜	一
土佐堀通三丁目	二七	六〇	三一四	四〇	一〇九	四四	六四	｜	一〇八	｜	一	｜	一
同　四丁目	二八	五三	二四八	三九	七五	三四	四〇	｜	七四	一	｜	｜	一
同　五丁目	二九	七〇	三三七	四三	八五	三七	四七	一	八五	｜	｜	｜	｜
江戸堀北通三丁目	三〇	一〇九	五三九	五三	一五一	一〇一	三五	三	一四八	一	｜	｜	三
同	三一	九六	四九九	六三	一三九	七七	五九	一	一三七	一	｜	一	二
江戸堀北通四丁目	三二	八九	四三七	四六	七七	二七	四三	五	七五	｜	｜	二	二
江戸堀北通五丁目	三三	五九	三一八	三四	七九	四七	三二	｜	七九	｜	｜	｜	｜
同	三四	七六	三五九	四七	七五	四〇	三三	一	七四	｜	一	｜	一
江戸堀南通三丁目	三五	七三	三八二	五二	一四九	一〇五	四二	一	一四八	｜	一	｜	一
同	三六	八一	三六四	三六	五〇	二二	一七	一〇	四八	｜	一	一	二
同　四丁目	三七	七三	二四七	三七	八〇	三二	四七	｜	七九	｜	一	｜	一
同　五丁目	三八	六七	二五二	三〇	四一	二五	一五	｜	四〇	｜	一	｜	一
同	三九	六六	三六六	三四	六七	四〇	二六	｜	六六	｜	一	｜	一
江戸堀下通三丁目	四〇	七七	三九七	三六	六一	三三	三六	一	六〇	一	｜	｜	一
同	四一	六三	二六七	三六	五六	二五	一四	二	四一	｜	｜	｜	一五
同	四二	六七	二六三	七	七	五	一	一	七	｜	｜	｜	｜
同　四丁目	四三	五三	二六三	一七	三九	三四	三	｜	三七	二	｜	｜	二

二五

二六

同	四四	七六	三三〇	三二	四八	三四	一〇	三	四七	一	―	―	一
同	四五	七二	三二七	三七	五四	三四	一四	四	五二	一	―	一	二
同五丁目	四六	一〇四	四四九	五二	九五	七二	二三	―	九四	一	―	―	一
同	四七	九四	六三九	四六	一四〇	八二	五七	一	一四〇	―	―	―	―
京町堀上通三丁目	四八	一〇四	五一九	四五	八〇	五一	二三	四	七七	一	―	二	三
同	四九	一一八	五二六	五八	八八	六四	一三	五	八二	一	一	四	六
同四丁目	五〇	七七	三四一	三四	四八	二七	一七	―	四四	四	―	―	四
同	五一	九八	四一四	三一	三五	一	二三	―	三三	―	二	―	二
同	五二	六一	二七七	三五	六二	三一	三〇	―	六一	一	―	―	一
京町堀上通五丁目	五三	六五	四〇一	四〇	一二〇	六九	五〇	―	一一九	一	―	―	一
京町堀通三丁目	五四	九〇	四六七	五一	九三	三七	五五	一	九三	―	―	―	―
同	五五	八四	四三六	三五	六〇	三〇	二八	―	五八	―	二	―	二
同四丁目	五六	九三	四〇一	三一	五八	三三	二五	―	五八	―	―	―	―
同	五七	一〇九	五六四	五五	九八	五二	四三	二	九七	一	―	―	一
京町堀通五丁目	五八	九九	六四七	五二	一六二	一〇六	五五	―	一六一	一	―	―	一
靱北通一丁目	五九	五〇	二八一	三一	八一	五二	二九	―	八一	―	―	―	―
靱北通二丁目 靱上通二丁目	六〇	八三	四八三	四六	一〇六	六六	三五	三	一〇四	一	一	―	二
靱北通二丁目	六一	一〇四	五六四	四二	六三	三九	三三	―	六一	―	一	一	二
同三丁目	六二	九七	五七四	三三	六八	四七	一九	二	六八	―	―	―	―
同四丁目	六三	五〇	二七七	二八	八一	五二	二九	―	八一	―	―	―	―
靱上通一丁目	六四	八二	四六五	三三	一一一	六六	四三	一	一一〇	―	一	―	一
同一丁目 二丁目	六五	七一	三四三	二六	四二	二八	一三	一	四二	―	―	―	―
同二丁目	六六	八四	五一七	三一	一一九	六六	五三	―	一一九	―	―	―	―

靱中通一丁目	六七	七〇	四五六	三九	一三九	八九	四〇	｜	一三九	｜	｜	｜	｜
靱中通二丁目	六八	五六	二九二	三〇	三九	三〇	七	二	三九	｜	｜	｜	｜
同	六九	五〇	三四四	一七	三四	二六	八	｜	三四	｜	｜	｜	｜
同　三丁目	七〇	一〇一	六四二	四三	七九	五八	二一	｜	七九	｜	｜	｜	｜
靱下通一丁目	七一	八〇	四四〇	三七	一一一	八二	三八	｜	一二〇	｜	一	｜	一
同　二丁目	七二	八六	四二一	四六	一〇一	五〇	五一	｜	一〇一	｜	｜	｜	｜
靱南通一丁目	七三	九二	四八一	二七	五三	二七	三五	｜	五三	｜	｜	｜	｜
同　二丁目	七四	八五	五〇六	五五	一五六	六七	七八	｜	一五六	｜	｜	｜	｜
同　四丁目	七五	九六	五七三	四八	一一一	六九	四八	三	一二〇	｜	一	｜	一
同　五丁目	七六	一一一	五九七	四二	五七	四二	一四	一	五七	｜	｜	｜	｜
阿波堀通一丁目	七七	六五	三五八	三〇	五九	一二	三三	四	五九	｜	｜	｜	｜
同　一丁目 二丁目	七八	七九	四四四	二九	九三	六〇	三三	一	九三	｜	｜	｜	｜
阿波堀通二丁目	七九	七二	三五九	四五	八一	六六	一一	四	八一	｜	｜	｜	｜
阿波堀通三丁目	八〇	七五	三五九	二五	六〇	三一	二六	二	五九	一	｜	｜	一
同	八一	八一	三八二	三八	七七	五一	一六	九	七六	一	｜	｜	一
同	八二	六二	二八五	三三	五九	四八	一〇	一	五九	｜	｜	｜	｜
阿波堀裏町	八三	六九	三三三	三一	六一	四八	三三	｜	六一	｜	｜	｜	｜
同	八四	九一	四四〇	三五	八六	六九	九	六	八四	二	｜	｜	二
阿波座上通一丁目	八五	六三	三七三	四一	一一八	三五	八三	｜	一一八	｜	｜	｜	｜
同	八六	六四	三一一	三二	八〇	四三	三七	｜	八〇	｜	｜	｜	｜
同	八七	五四	二六二	一三	三二	二八	三	｜	三一	｜	｜	一	一
同	八八	七七	三一一	一四	一七	五	五	七	一七	｜	｜	｜	｜
同　二丁目	八九	一〇五	四七七	四五	七二	五三	一六	三	七二	｜	｜	｜	｜
同	九〇	七二	二九三	一〇	一二	一九	一	｜	一〇	｜	二	｜	二

二七

二八

同　二丁目　三丁目	九一	七五	三五一	三六	五六	三四	一九	三	五六	｜	｜	｜	｜
同　三丁目	九二	一一四	四七五	五三	八五	三一	四六	八	八五	｜	｜	｜	｜
同	九三	五九	二七七	三八	七〇	五〇	三	五	六七	三	｜	｜	三
同	九四	九六	三八二	六六	一〇八	五七	二八	三	一〇七	｜	｜	一	一
同	九五	六八	二三〇	一六	三二	二六	二	二	三〇	｜	二	｜	二
阿波座　三番町	九六	四九	二三二	九	一九	一八	｜	一	一九	｜	｜	｜	｜
同	九七	七三	三一〇	三四	四六	一四	八	三	四四	一	｜	一	二
同　一番町	九八	六八	三六六	四〇	六一	四二	一四	四	六〇	｜	｜	一	一
阿波座中通一丁目	九九	五八	二九二	三六	一二二	五〇	五一	八	一〇九	一	二	｜	三
同	一〇〇	七四	四一三	二八	七五	二九	四三	三	七五	｜	｜	｜	｜
同	一〇一	六八	三七三	二七	六一	三九	三二	一	六一	｜	｜	｜	｜
同　二丁目	一〇二	九七	四〇八	三四	五三	二七	九	一五	五一	一	一	｜	二
同	一〇三	五九	二六九	二四	三七	二九	七	一	三七	｜	｜	｜	｜
同	一〇四	七八	三四七	四二	五四	五〇	四	｜	五四	｜	｜	｜	｜
阿波座下通一丁目 立賣堀北通一丁目	一〇五	九一	五〇八	四四	一一八	六八	五〇	｜	一一八	｜	｜	｜	｜
阿波座下通一丁目	一〇六	七〇	二七七	二八	四二	二九	九	四	四二	｜	｜	｜	｜
同　一丁目	一〇七	七一	三九四	三三	八八	六四	二四	｜	八八	｜	｜	｜	｜
同　一丁目　二丁目	一〇八	四五	二六九	六	一九	一八	一	｜	一九	｜	｜	｜	｜
同　二丁目	一〇九	六六	三三〇	四四	七〇	四八	二〇	二	七〇	｜	｜	｜	｜
同	一一〇	九一	四〇四	四七	六三	四五	一六	｜	六一	一	一	｜	二
同　一丁目　二丁目	一一一	五八	二五九	二六	四一	二五	一一	五	四一	｜	｜	｜	｜
立賣堀北通一丁目	一一二	九三	四七二	五七	一六一	九六	六五	｜	一六一	｜	｜	｜	｜
同　二丁目	一一三	八六	四四七	四五	一一三	二九	七九	四	一一三	｜	一	｜	一

同	一一四	六四	四三〇	四三	一五九	五五	九九	｜	一五四	三	二	｜	五
阿波堀通四丁目	一一五	八五	五〇四	五八	一九九	七四	一一三	三	一九九	｜	｜	｜	｜
阿波堀通五丁目	一一六	四四	二九〇	二	八六	六八	一八	｜	八六	｜	｜	｜	｜
同	一一七	四八	二六三	三四	一〇〇	六八	三一	一	一〇〇	｜	｜	｜	｜
阿波座三番町	一一八	七六	三〇九	四三	七五	四九	二	二	七三	二	一	｜	三
同三番町四番町	一一九	六七	三二六	三八	八一	五六	三三	一	七九	二	｜	｜	二
同三番町	一二〇	七五	二八〇	五〇	七六	四六	一九	一〇	七五	一	｜	｜	一
同	一二一	六九	二七六	四二	七一	五一	一八	二	七一	｜	｜	｜	｜
同四番町	一二二	六〇	二三三	三三	五一	二八	九	一四	五一	｜	｜	｜	｜
同	一二三	四七	二三一	三四	七七	四二	二四	一〇	七六	一	｜	｜	一
同	一二四	八四	三三五	六〇	八四	四一	三	二	八四	｜	｜	｜	｜
同三番町四番町	一二五	九五	三六六	五七	八〇	四六	二	三	八〇	｜	｜	｜	｜
立賣堀北通四丁目	一二六	五三	四一九	四〇	一九八	六一	一三七	｜	一九八	｜	｜	｜	｜
同五丁目	一二七	八六	四五五	六七	一八八	一一七	七〇	一	一八八	｜	｜	｜	｜
同六丁目	一二八	一〇三	六二四	八八	三二四	一三九	一七四	｜	三一三	一	｜	｜	一
立賣堀裏町	一二九	六七	二八一	三八	七六	四六	二	八	七五	一	｜	｜	一
同	一三〇	七二	三三九	五五	一〇二	八二	一九	｜	一〇二	｜	一	｜	一
阿波堀通四番町	一三一	五六	二九九	四二	一一五	五一	六四	｜	一一五	｜	｜	｜	｜
薩摩堀南ノ町	一三二	六六	三七七	二四	四六	二六	一八	一	四五	｜	｜	一	一
同裏町	一三三	七三	三七五	七一	一三〇	七一	五七	一	一二九	一	｜	｜	一
薩摩堀裏町	一三四	八七	四二一	四七	七八	二九	三〇	一七	七六	｜	一	一	二
阿波堀通五丁目・薩摩堀北ノ町	一三五	五六	二七六	二五	六四	三六	六	｜	六四	｜	｜	｜	｜
薩摩堀北町	一三六	九九	四三一	六七	一一五	四七	六五	二	一二四	一	｜	｜	一
江ノ子島上ノ町	一三七	八四	三八六	五三	一一三	七一	四〇	一	一一三	一	｜	｜	一

二九

三〇

江ノ子島東ノ町	一三八	六二	二八三	四七	八七	二五	六〇	二	八七	｜	｜	｜	｜
江ノ子島西ノ町	一三九	六五	三四二	四一	九五	五二	二九	一四	九五	｜	｜	｜	｜
立賣堀南通一丁目	一四〇	七二	四八六	二五	四〇	一八	一〇	二	四〇	｜	｜	｜	｜
立賣堀南通二丁目	一四一	七一	三九〇	四一	九七	三三	五九	三	九五	｜	｜	二	二
同	一四二	九二	四三四	四八	八七	四〇	四四	三	八七	｜	｜	｜	｜
同　三丁目	一四三	八六	三九七	四一	六〇	二四	二四	｜	五八	一	一	｜	二
同　四丁目	一四四	七二	六四四	四三	一九九	八二	一二七	｜	一九九	｜	｜	｜	｜
同　五丁目	一四五	六二	二九〇	二六	四四	一三	二四	四	四一	一	一	一	三
同	一四六	五五	三一七	四四	一三五	六二	五七	四	一三五	一	｜	一	二
新町北通一丁目	一四七	七九	三五三	三一	五五	二七	三三	五	五五	｜	｜	｜	｜
同	一四八	六四	三三〇	二四	四七	三五	九	二	四六	｜	一	｜	一
同	一四九	五二	一九八	三一	三〇	一六	一三	一	三〇	｜	｜	｜	｜
同	一五〇	七六	二五四	二四	四四	二三	一七	一	四一	｜	三	｜	三
同	一五一	七二	三一八	一七	二九	二六	三	｜	二九	｜	｜	｜	｜
同　二丁目	一五二	一三五	五七九	三一	六三	三六	二六	｜	六三	一	｜	｜	一
新町通一丁目	一五三	八三	四三六	三九	六九	四五	一四	｜	六九	｜	｜	｜	｜
同	一五四	一〇七	四〇三	三八	五四	四六	七	一	五四	｜	｜	｜	｜
同　二丁目	一五五	五九	三一四	一八	五〇	一四	二四	｜	四八	一	一	｜	二
同	一五六	七三	四〇九	三三	九八	六九	二九	｜	九八	｜	｜	｜	｜
同	一五七	九五	四三八	三三	五六	二三	三〇	三	五六	｜	｜	｜	｜
同	一五八	九一	四三三	三三	五三	二四	一九	｜	五三	｜	｜	｜	｜
同　三丁目	一五九	一三五	七六四	六三	七八	五三	二〇	二	七五	二	一	｜	三
同　四丁目、五丁目	一六〇	八二	四三八	二〇	六〇	二三	三七	｜	六〇	｜	｜	｜	｜
同　五丁目	一六一	九六	四五三	五二	八二	四六	三五	一	八二	｜	｜	｜	｜

新町南通一丁目	一六二	八五	四七六	三六	九六	五四	四二	｜	九六	｜	｜	｜	｜
同	一六三	一〇五	五九〇	一八	五七	四五	一二	｜	五七	｜	｜	｜	｜
同一丁目、二丁目	一六四	四二	三二七	二一	五〇	四七	三	｜	五〇	｜	｜	｜	｜
同	一六五	六八	四〇六	二七	八二	七〇	一一	｜	八一	一	｜	｜	一
同二丁目	一六六	一〇八	五〇八	二七	七四	四八	二三	三	七四	｜	｜	｜	｜
同二丁目、三丁目	一六七	一〇八	四八四	三八	七七	五五	二〇	二	七七	｜	｜	｜	｜
同三丁目	一六八	一一六	六九九	六八	一四四	九一	五〇	二	一四三	一	｜	｜	一
同四丁目	一六九	六四	三一七	二七	三六	二四	一三	｜	三六	｜	｜	｜	｜
同	一七〇	一一三	五五九	四六	六六	三三	二六	七	六五	一	｜	｜	一
同五丁目	一七一	八二	三三三	四三	六五	四一	二〇	三	六四	｜	一	｜	一
同	一七二	九一	四六七	三九	一〇四	三八	六三	二	一〇三	一	｜	｜	一
裏新町	一七三	八九	六三七	三八	五一	三一	一八	一	五〇	一	｜	｜	一
同	一七四	九四	五四〇	三四	五六	四三	一〇	｜	五三	一	二	｜	三
同	一七五	七一	三一一	九	一一	九	二	｜	一一	｜	｜	｜	｜
西長堀北通一丁目	一七六	四八	三三九	一八	一六六	一〇七	五九	｜	一六六	｜	｜	｜	｜
同二丁目	一七七	四八	二四九	二七	九八	四四	五三	｜	九七	一	｜	｜	一
同三丁目	一七八	五二	三一九	三三	八九	四七	三八	｜	八五	｜	四	｜	四
同四丁目	一七九	五〇	二七九	三九	八七	五五	三一	一	八七	｜	｜	｜	｜
同五丁目	一八〇	四三	二七九	三三	九七	五三	四三	一	九七	｜	｜	｜	｜
西長堀南通一丁目・二丁目	一八一	六六	四二〇	四五	一二二	六六	五一	三	一二〇	｜	一	｜	一
同二丁目	一八二	四四	二六五	三五	五五	三二	一八	五	五五	｜	｜	｜	｜
西長堀南通三丁目	一八三	五〇	二七六	三〇	六六	四三	二〇	｜	六三	二	一	｜	三
同三丁目、四丁目・北堀江御池通四丁目	一八四	一〇四	五四七	五八	一五九	六九	八三	七	一五九	｜	｜	｜	｜
北堀江上通四丁目・西長堀南通四丁目	一八五	八六	四九九	五三	一六一	八八	七〇	｜	一五八	｜	三	｜	三

三一

西長堀南通五丁目 北堀江上通五丁目 北堀江御池通六丁目	一八六	七六	三五五	四九	七七	四〇	三四	—	七四	二	一	—	三
北堀江上通一丁目	一八七	四〇	二〇三	二四	五九	四〇	一八	一	五九	—	—	—	—
同	一八八	七七	三四〇	四三	八一	五〇	二四	七	八一	—	—	—	—
西長堀南通、北堀江上通、北堀江御池通、北堀江通、一丁目	一八九	七四	四四七	五一	一七〇	七五	九四	—	一六九	—	一	—	一
北堀江上通二丁目	一九〇	七一	三三九	三三	五一	三六	三	一	四九	一	一	—	二
同	一九一	五六	二七一	一〇	一八	九	九	—	一八	—	—	—	—
北堀江上通 北堀江御池通二丁目	一九二	六二	二五〇	三〇	四三	三二	九	—	四一	—	二	—	二
北堀江上通二丁目 三丁目	一九三	八〇	四一八	二八	七五	六九	五	—	七四	—	—	一	一
同	一九四	七三	四〇七	三七	七九	七四	五	—	七九	—	—	—	—
同　三丁目	一九五	四八	二一二	二四	四六	三八	七	—	四五	—	一	—	一
北堀江上通 北堀江御池通三丁目	一九六	六八	三〇三	二六	四六	四〇	六	—	四六	—	—	—	—
北堀江御池通一丁目	一九七	一一七	四七四	四五	八三	三九	三七	二	七八	二	三	—	五
同　二丁目	一九八	七〇	三三一	三三	五〇	一九	二九	—	四八	—	二	—	二
北堀江上通 北堀江御池通三丁目	一九九	九三	四三四	三四	七四	五三	二一	—	七四	—	—	—	—
北堀江御池通三丁目	二〇〇	六五	二七三	一九	三三	一九	一三	一	三三	—	—	—	—
北堀江御池通二丁目	二〇一	七七	四四八	二六	五四	四〇	一三	一	五四	—	—	—	—
同　三丁目	二〇二	八八	四二〇	二五	四九	四〇	九	—	四九	—	—	—	—
同	二〇三	八二	三七〇	三〇	六四	三六	二七	一	六四	—	—	—	—
同　四丁目	二〇四	一〇二	五一三	五一	八三	四一	三一	八	八〇	二	一	—	三
北堀江上通四丁目 北堀江御池通五丁目	二〇五	五四	二七二	三一	六一	二九	二七	四	六〇	—	一	—	一
西長堀南通五丁目 北堀江一番町 北堀江上通五丁目 北堀江御池通六丁目	二〇六	一〇〇	四五一	五三	一三〇	五二	五〇	三	一〇五	一四	一	—	一五

三一

北堀江御池通五丁目	二〇七	五六	二六三	三〇	五八	三九	一六	一	五六	二			二
北堀江通 北堀江御池通六丁目	二〇八	七三	三六〇	三五	八八	四一	四五	一	八七	一			一
同	二〇九	八六	四〇一	六三	一〇八	七一	三三	二	一〇六	一		一	二
北堀江通一丁目 同 二丁目	二一〇	九六	六〇二	四五	一七六	一三四	四二			一七六					
北堀江通二丁目	二一一	六六	三〇三	二四	三八	一五	二	二	三八					
同	二一二	七六	三四六	三六	六四	三三	二九	一	六三	一			一
同 三丁目	二一三	七五	三四一	三八	八〇	四五	三五			八〇					
同	二一四	九一	四九六	五八	一六二	七一	八九	二	一六二					
北堀江御池通五丁目	二一五	八四	四九二	五九	一七三	八五	八五	三	一七三					
北堀江通 北堀江御池通六丁目	二一六	六七	三七八	四三	九四	六三	三			九四					
北堀江一番町	二一七	四九	二三五	二三	五五	二九	二六			五五					
同 一丁目、二丁目	二一八	一〇三	三九四	二一	六四	四六	一七			六三			一			一
同 二丁目	二一九	一一六	四四一	八八	三一	八九	二五	三	一一七	二	二			四
同	二二〇	六九	三三一	三五	六三	二二	三六	三	六一	一			一	二
同 一丁目 二丁目 三丁目	二二一	八一	三六六	五六	一〇一	五九	四二			一〇一								
同 二丁目	二二二	八七	四一八	六八	一七九	一〇九	五三	一八	一七九								
南堀江通 南堀江上通一丁目	二二三	九一	六七二	五一	一二七	一二四	九八	五	一二七								
同 同	二二四	七七	四〇四	三九	一二九	三〇	九八			一二八			一			一
同 同	二二五	八〇	三九九	四九	一〇〇	四六	五三	二	一〇〇								
同 二丁目	二二六	一一一	五〇四	三四	八八	六八	一七	一	八六	一	一			二
同 同	二二七	一一七	五四九	六六	一四二	八〇	五七	四	一四一					一	一
同 同	二二八	九九	四七三	三六	七〇	四八	一七	五	七〇								
同 三丁目	二二九	一〇三	五〇〇	六三	一一六	七〇	四一	四	一一五	一					一

三三

三四

同同	二三〇	一〇二	四七二	三六	六二	三〇	三	｜	六二	｜	｜	｜	｜
同同	二三一	六五	四〇九	四〇	一一一	六九	三五	七	一一一	｜	｜	｜	｜
同四丁目	二三二	七四	三六四	四〇	七七	四〇	三三	四	七七	｜	｜	｜	｜
同同	二三三	四三	二九八	三〇	九三	二六	六六	一	九三	｜	｜	｜	｜
南堀江上通一丁目	二三四	八八	四二六	四六	九三	三四	五八	一	九三	｜	｜	｜	｜
南堀江北通一丁目、二丁目	二三五	四二	二三三	二四	五一	二三	二七	一	五一	｜	｜	｜	｜
南堀江上通二丁目、南堀江下通一丁目	二三六	九一	四五〇	五〇	九四	四五	四五	｜	九〇	一	二	一	四
同同	二三七	九一	三九四	四六	七三	二九	三五	七	七一	一	｜	一	二
同三丁目、二丁目	二三八	一〇六	四八〇	五四	九二	六七	二〇	四	九一	｜	一	｜	一
同同	二三九	六五	三四五	二六	六二	一六	四五	一	六二	｜	｜	｜	｜
南堀江上通三丁目四丁目、南堀江下通二丁目三丁目、西道頓堀通三丁目、四丁目	二四〇	一一三	六〇五	四〇	九六	五六	三八	二	九六	｜	｜	｜	｜
南堀江上通四丁目、同下通三丁目、西道頓堀通四丁目	二四一	八四	四〇八	五一	一〇一	八〇	一八	三	一〇一	｜	｜	｜	｜
南堀江下通一丁目	二四二	七七	三三六	四四	八三	四八	二九	三	八〇	一	｜	二	三
西道頓堀通二丁目、三丁目	二四三	七九	四二七	五〇	一三七	六二	六六	八	一三六	｜	一	｜	一
幸町通一丁目	二四四	九七	五七五	六七	一七六	八八	八六	二	一七六	｜	｜	｜	｜
同二丁目	二四五	一一一	五六六	三八	一一六	四五	七一	｜	一一六	｜	｜	｜	｜
同三丁目	二四六	七五	四四〇	五五	一三一	六一	六七	三	一三一	｜	｜	｜	｜
南堀江通五丁目	二四七	一一三	五一〇	七〇	一三〇	五八	七一	｜	一二九	一	｜	｜	一
同六丁目	二四八	八五	五二〇	四一	一一三	四三	六四	三	一一〇	｜	一	二	三
南堀江上通五丁目	二四九	六九	二九七	二〇	二八	一三	一四	｜	二六	｜	二	｜	二
同	二五〇	七〇	二六六	三〇	三六	一六	一四	四	二四	｜	二	｜	二

三五

同	二五一	五九	二八九	三四	五五	二四	二九	二	五五	|	|	|	|
南堀江一番町	二五二	八五	四九四	三七	九七	四一	五五	一	九七	|	|	|	|
同　二番町	二五三	九五	三七〇	五一	六八	三六	一八	六	六〇	三	|	五	八
同	二五四	九九	三九五	四三	五七	二〇	一六	一八	五四	|	|	三	三
南堀江通六丁目	二五五	五八	二三四	三〇	四八	一七	二六	三	四六	二	|	|	二
南堀江三番町	二五六	一三四	六一九	六二	一四七	九二	五三	|	一四五	二	|	|	二
南堀江下通四丁目	二五七	六六	二四六	三一	三六	一二	一一	一三	三六	|	|	|	|
同	二五八	八一	三三五	四〇	四七	一九	二二	五	四六	|	|	一	一
南堀江二番町	二五九	九九	四一二	五九	九四	四七	三四	七	八八	四	二	|	六
南堀江下通四丁目	二六〇	一三八	五三三	七一	八八	五二	二四	二	八七	|	一	|	一
西道頓堀通五丁目	二六一	六六	三五八	四二	一一〇	四八	六〇	|	一〇八	|	二	|	二
南堀江下通四丁目 南堀江一番町 西道頓堀通六丁目	二六二	九七	四二六	六〇	一〇三	四〇	五四	七	一〇一	|	二	|	二
南堀江一番町 西道頓堀通六丁目	二六三	五〇	二八二	一五	四七	一三	三一	一	四五	二	|	|	二
幸町通四丁目	二六四	九一	四五〇	六〇	一三三	五〇	七〇	|	一二〇	二	一	|	三
同	二六五	六〇	三五〇	二八	八六	二六	五七	三	八六	|	|	|	|
同　五丁目	二六六	六四	三五〇	四四	九三	二八	四九	一六	九三	|	|	|	|
同	二六七	一四五	六七七	五八	一一一	五八	五三	|	一一一	|	|	|	|
高砂町一丁目	二六八	七三	八二四	三九	七五	六三	一二	|	七五	|	|	|	|
同　二丁目	二六九	七一	九一五	四〇	七二	五一	二〇	一	七二	|	|	|	|
十返町	二七〇	五七	二六一	三三	四二	三七	四	|	四一	|	一	|	一
仲之町一丁目	二七一	五〇	五〇九	二七	五四	三一	二三	|	五四	|	|	|	|
同	二七二	七三	九二一	四七	九五	六五	三〇	|	九五	|	|	|	|
同　二丁目	二七三	六八	一、〇二三	四三	一一三	八四	二九	|	一一三	|	|	|	|

松島町二丁目	二七四	一〇一	一、〇一〇	三六	七四	六一	一三	—	七四	—	—	—	—
花園町、岩崎町	二七五	一一三	九九〇	六六	一二五	八六	三五	四	一二五	—	—	—	—
松島町一丁目	二七六	五八	二九九	二一	六五	四九	一五	一	六五	—	—	—	—
同	二七七	九九	四八七	六二	一八一	一三七	四〇	一	一七八	—	—	三	三
同二丁目	二七八	七四	三九九	四一	一一一	七二	三七	一	一一〇	一	—	—	一
同三丁目	二七九	七五	八二九	四六	五七五	五三三	三八	—	五七一	一	一	二	四
川口町、本田二番町、三番町	二八〇	一三四	七六七	七八	一六四	九五	六一	五	一六一	三	—	—	三
川口町、本田一番町、二番町、三番町	二八一	一四〇	九四八	五七	一〇七	五六	四九	二	一〇七	—	—	—	—
本田二番町、三番町	二八二	七一	四九八	四〇	六〇	二三	三五	一	五九	一	—	—	一
本田三番町	二八三	八〇	三三六	五四	八六	五五	二四	一	八〇	四	一	一	六
同	二八四	七一	三一〇	四一	七三	五九	一〇	二	七一	二	—	—	二
本田三番町、本田町通一丁目、二丁目	二八五	九六	四七三	四四	七五	五七	一四	—	七一	四	—	—	四
本田通一丁目	二八六	一〇六	四三四	六二	一一〇	五七	二九	一九	一〇五	三	二	—	五
本田町通一丁目	二八七	八六	三四二	五〇	八一	四二	三三	三	七七	三	—	一	四
同	二八八	八九	四〇八	五七	一一三	六九	四三	一	一一三	—	—	—	—
同	二八九	四八	二〇五	一六	四〇	三〇	九	—	三九	—	一	—	一
同二丁目	二九〇	九六	三七三	五〇	七九	三〇	四一	四	七五	三	一	—	四
本田町通一丁目、同二丁目、梅本町	二九一	九一	五四六	一七	七三	四二	八	二	五二	二	—	—	二
川口町、梅本町、本田一番町、本田二番町、本田三番町、	二九二	一三一	六五四	八三	一五九	六六	八五	八	一五九	—	—	—	—
本田通一丁目、梅本町	二九三	一三〇	六四八	一〇	九〇	七五	一五	—	九〇	—	—	—	—

三六

三七

梅本町	二九四	八九	四三〇	三〇	六〇	一九	三七	三	五九	｜	｜	一	一
同	二九五	八四	三九三	二四	四三	二五	一七	｜	四二	｜	一	｜	一
同	二九六	五四	二八〇	一八	五九	四〇	一八	｜	五八	一	｜	｜	一
本田町通二丁目	二九七	六八	三一九	三三	四五	三六	七	一	四四	一	｜	｜	一
同	二九八	六六	二七〇	三六	五七	四一	五	四	五〇	七	｜	｜	七
同	二九九	六二	三二七	二四	八五	四〇	一六	一七	七三	一	三	八	一三
同	三〇〇	五六	二三六	三五	五三	二七	一七	三	四七	四	二	｜	六
同	三〇一	七二	三〇四	三一	五四	二八	一五	｜	五三	｜	一	｜	一
同	三〇二	八六	三八六	二五	四七	三一	一五	｜	四六	｜	一	｜	一
同	三〇三	一〇〇	四二三	六六	一一七	七二	三三	一三	一一七	｜	｜	｜	｜
同	三〇四	六七	二五三	三九	五五	四二	一〇	一	五三	一	一	｜	二
同	三〇五	五九	二七七	三一	七四	五〇	一一	｜	六一	一三	｜	一	一三
同	三〇六	七七	三三五	四三	七六	五〇	一三	一	七四	一	｜	一	二
同	三〇七	六〇	二三四	二七	三四	一六	一六	｜	三三	二	｜	｜	二
同	三〇八	八九	三三〇	四六	六九	三九	九	一六	六四	三	二	｜	五
同	三〇九	七六	三二一	二六	四三	一七	一五	八	四〇	一	二	｜	三
同	三一〇	七一	二四〇	四三	四四	二三	一〇	六	三九	四	一	｜	五
同	三一一	九五	三五一	六四	六七	三八	一九	一	五八	三	六	｜	九
本田町通二丁目・同三丁目	三一二	九七	四〇〇	四七	七六	二九	三三	四	六五	｜	一二	｜	一二
本田町通二丁目	三一三	七七	二六五	五二	七一	四二	一四	七	六三	四	二	二	八
同　三丁目	三一四	九八	三七〇	七二	九二	六九	一六	二	八七	三	二	｜	五
同	三一五	七四	二六〇	五四	六八	四九	九	八	六六	二	｜	｜	二
同	三一六	五六	二一一	三九	六二	三九	一三	三	五五	四	二	一	七
同	三一七	八四	三一一	五八	七五	五四	一一	二	六七	七	一	｜	八

町名	番號	國勢調査 世帶	國勢調査 人口	失業統計調査 世帶	失業統計調査 人口	有業者數 勞働者	有業者數 給料生活者	有業者數 日傭勞働者	有業者數 計	失業者數 勞働者	失業者數 給料生活者	失業者數 日傭勞働者	失業者數 計
同	三一八	八七	三一八	五二	七四	五六	八	六	七〇	一	二	一	四
同	三一九	七一	三五一	三七	六五	四五	一九	—	六四	—	一	—	一
同	三二〇	五一	二二二	一六	一八	一二	三	—	一五	—	三	—	三
同	三二一	七八	三八五	二五	三二	一三	一七	二	三二	—	—	—	—
同	三二二	七一	二九七	三六	六三	三七	一八	八	六三	—	—	—	—
總計		二三、三一〇	一二八、九三二	一三、七五八	二七、四八七	一五、六三〇	一〇、五三七	八六七	二七、〇三四	二三七	一五〇	七七	四六三

南區

調査區 町名	調査區 番號	國勢調査 世帶	國勢調査 人口	失業統計調査 世帶	失業統計調査 人口	有業者數 勞働者	有業者數 給料生活者	有業者數 日傭勞働者	有業者數 計	失業者數 勞働者	失業者數 給料生活者	失業者數 日傭勞働者	失業者數 計
内安堂寺町通一丁目	一	七一	三一六	三三	六六	四一	一八	四	六三	三	—	—	三
同	二	五七	二五四	二四	五〇	二四	二二	二	四八	一	—	一	二
同	三	五五	二四一	三三	四六	三四	六	四	四四	二	—	—	二
同	四	五六	二五五	二五	四六	二三	一七	六	四六	—	—	—	—
同	五	六八	二八八	三〇	四三	一七	一八	一	三六	七	—	—	七
同	六	八九	四四〇	三〇	四四	二三	一八	二	四三	—	—	一	一
同	七	四五	二三三	二六	四一	二六	一三	二	四一	—	—	—	—
同　二丁目	八	七〇	三五二	二六	三九	一八	一七	二	三七	一	一	—	二
同	九	七〇	四〇七	二三	二九	一九	九	一	二九	—	—	—	—
同	一〇	八三	四三七	二四	四四	二八	一六	—	四四	—	—	—	—
同　三丁目	一一	八三	四四四	四二	七〇	四三	二七	—	七〇	—	—	—	—
同	一二	六九	三九七	三一	六二	三三	二九	—	六二	—	—	—	—

上本町筋二丁目	一三	六八	三五六	二三	七四	四二	三三	―	七四	―	―	―	―
同	一四	七二	三三三	二五	八八	七五	七	一	八三	五	―	―	五
同三丁目	一五	六五	二五九	二八	五一	一三	五	一八	四五	四	一	一	六
同	一六	五八	二八五	二	三九	一九	一九	―	三八	―	一	―	一
同	一七	四九	二〇三	二	三七	一三	一三	一	三七	―	―	―	―
同	一八	五〇	一九七	二六	三一	二四	四	二	三〇	―	一	―	一
同	一九	八三	三七四	四三	一〇三	三六	四八	一二	九六	一	―	六	七
南桃谷町	二〇	七〇	三一八	二四	二九	一五	一二	二	二八	一	―	―	一
同	二一	九二	三九五	四三	六四	四〇	一五	七	六二	二	―	―	二
同	二二	七一	三三〇	一三	三八	二七	七	二	三六	二	―	―	二
同	二三	六八	二八二	三五	四七	二七	一五	四	四六	一	―	―	一
同	二四	九六	三七〇	五一	九七	六五	四	一三	九二	二	一	二	五
同	二五	四九	一七三	三一	四八	二九	一〇	八	四七	―	一	―	一
同	二六	五三	二四二	二四	三五	一三	一〇	二	三五	―	―	―	―
北桃谷町	二七	八一	四一四	二四	七〇	二八	二八	一	六七	一	二	―	三
同	二八	五四	二四〇	二八	四八	二四	一三	二	四八	―	―	―	―
同	二九	四〇	一八九	一九	四一	三六	一四	―	四〇	―	一	―	一
同	三〇	六二	三〇三	三二	七五	五三	一三	一	七五	―	―	―	―
同	三一	六五	二七一	一九	三二	三	一七	―	二九	一	二	―	三
同	三二	七五	三三二	二七	二〇	七	九	二	一八	一	一	―	二
同	三三	九七	三九五	五〇	七〇	一三	二一	一〇	六三	一	二	四	七
同	三四	五四	二六六	二	四三	二	六	一〇	三七	四	―	二	六
同	三五	一一四	五〇九	五一	六四	三五	二六	一	六二	―	二	―	二
同	三六	八〇	三三四	二九	五二	一三	一一	一七	五一	一	―	―	一

三九

四〇

同	三七	七六	三三六	三〇	四一	二六	九	四	二九	一	一	｜	二
谷町六丁目	三八	七三	三八三	一九	三二	二四	八	｜	三二	｜	｜	｜	｜
同	三九	六〇	二八五	一七	三二	三	一〇	｜	三一	一	｜	｜	一
同	四〇	四三	三〇七	一三	六〇	二〇	一三	八	六〇	｜	｜	｜	｜
同七丁目	四一	七八	二八五	三	三四	一四	四	五	三三	一	｜	｜	一
同	四二	六九	三一二	一九	三三	一八	一二	三	三三	｜	｜	｜	｜
同	四三	八四	三三一	二七	五五	三九	三	一三	五五	｜	｜	｜	｜
同	四四	七三	二九〇	八	二七	二五	二	｜	二七	｜	｜	｜	｜
空堀町	四五	六九	三七九	一九	五〇	三三	一八	｜	五〇	｜	｜	｜	｜
同	四六	三八	一三五	二〇	二七	一四	八	四	二六	｜	一	｜	一
同	四七	六三	二九二	三	五九	四八	一〇	一	五九	｜	｜	｜	｜
同	四八	六三	三三二	三	五〇	四一	二	七	五〇	｜	｜	｜	｜
同	四九	五三	二三九	一四	一六	九	四	三	一六	｜	｜	｜	｜
田島町	五〇	七四	二七四	三七	四三	二五	四	一四	四三	｜	｜	｜	｜
同	五一	六三	二六五	二六	四〇	二八	五	六	三九	｜	一	｜	一
同	五二	八五	二六七	五一	六六	三八	一〇	五	六三	三	｜	｜	三
同	五三	七八	三二九	四八	八九	七一	六	一二	八九	｜	｜	｜	｜
同	五四	九〇	三一七	三五	三九	三	一二	五	三八	一	｜	｜	一
同	五五	九四	三四九	四一	八三	六八	四	五	七七	五	一	｜	六
同	五六	七九	三〇〇	三五	四四	三	一八	三	四三	一	｜	｜	一
同	五七	七七	二四二	二四	三四	一四	八	三	三四	｜	｜	｜	｜
東賑町	五八	五一	二九三	一九	三〇	三三	五	一	二九	｜	一	｜	一
同	五九	五一	二五四	三〇	五三	四二	八	二	五二	一	｜	｜	一
同	六〇	八八	四一〇	三六	七一	四七	五	二	六三	七	一	｜	八

同	六一	八二	三二六	三五	五二	三四	九	六	四九	二	一	｜	三
同	六二	五五	一九四	二四	四八	四一	三	三	四七	一	｜	｜	一
同	六三	五〇	二三三	一八	二九	一七	三	五	二五	二	｜	二	四
同	六四	八〇	三四一	二六	三九	二七	三	四	三四	三	一	一	五
同	六五	三一	一五二	一四	一九	一五	三	一	一九	｜	｜	｜	｜
同	六六	七七	三五二	二七	五三	三八	一三	｜	五一	二	｜	｜	二
西販町	六七	七四	三一八	三五	四四	三三	七	三	四三	一	｜	｜	一
同	六八	六二	三四八	三	六五	三八	二七	｜	六五	｜	｜	｜	｜
同	六九	七〇	二八二	二四	四一	二八	一〇	二	四〇	｜	一	｜	一
同	七〇	七六	二六〇	四四	四九	三三	一二	三	四七	｜	二	｜	二
同	七一	六二	二六〇	二五	四四	二四	六	四	四四	｜	｜	｜	｜
同	七二	三七	一四五	二九	四〇	二〇	一八	二	四〇	｜	｜	｜	｜
同	七三	五二	一七二	一八	三三	一八	四	一	三三	｜	｜	｜	｜
同	七四	一〇一	三七二	四九	七四	四九	一三	二	七三	一	｜	｜	一
同	七五	六二	二一六	二四	四五	三三	一〇	二	四四	｜	一	｜	一
松屋町	七六	五六	三三七	三	八一	四〇	四〇	一	八一	｜	｜	｜	｜
同	七七	四四	三一三	三三	一二三	一一四	九	｜	一二三	｜	｜	｜	｜
同	七八	六二	三五二	三〇	六〇	三〇	三〇	｜	六〇	｜	｜	｜	｜
同	七九	七〇	四三二	四三	一〇九	五八	四九	二	一〇九	｜	｜	｜	｜
同	八〇	五二	三五四	三六	一三五	一三三	二	｜	一三五	｜	｜	｜	｜
瓦屋町一丁目	八一	五四	二〇二	二四	二七	一八	六	三	二七	｜	｜	｜	｜
同	八二	四三	一八五	二〇	四四	三九	二	｜	四一	一	一	一	三
同	八三	七三	三〇一	二六	三六	二八	七	一	三六	｜	｜	｜	｜
同	八四	七一	三〇七	二四	六四	三七	一八	二	五七	七	｜	｜	七

四一

同		八五	九二	四七四	四五	七五	五七	一〇	七	七四		一		一
同		八六	六四	二九七	三五	八八	六八	三二		八〇	六	一	一	八
同		八七	六七	四五三	四六	一六六	一三七	二七	一	一六五		一		一
同	二丁目	八八	六七	二九一	二三	三六	二〇	三二	三	三五		一		一
同		八九	五〇	二三〇	二三	四五	二六	一五	三	四四			一	一
同		九〇	八五	三九一	三九	八三	四八	一三	一五	七六	七			七
同		九一	一〇二	四九六	三一	一〇五	八七	一七		一〇四	一			一
同		九二	三八	二一四	九	一三	一〇	三		一三				
同		九三	七一	四二三	四四	一〇三	七七	三二	四	一〇三				
同	三丁目	九四	六八	二九二	三四	五三	四二	三	六	五一	二			二
同		九五	七六	四〇六	三五	七〇	五二	九	六	六七	三			三
同		九六	四六	一九〇	一七	二二	一五	六		二二				
同		九七	八八	四〇四	一七	三三	三〇	三		三三				
同		九八	三五	一六二	一五	三二	二〇	九	二	三二				
同		九九	八六	三三四	五五	六九	四一	二一	五	六七	二			二
同		一〇〇	八七	四一七	四〇	九四	四七	四〇	六	九三	一			一
同		一〇一	六三	四〇八	三六	一〇八	五〇	五六	一	一〇七	一			一
同	四丁目	一〇二	五七	二七六	一四	三七	三三	四		三七				
同		一〇三	四六	一八七	八	二二	一八	三		二二				
同		一〇四	五四	二一三	一九	一六	一三	二	三	一六				
同		一〇五	七一	二九二	二二	三三	一六	一六		三三				
同		一〇六	六一	三三九	二六	六九	三九	二五	五	六九				
同		一〇七	五二	三〇〇	三七	一二五	八一	三四		一二五				
同	五丁目	一〇八	八五	三六五	三六	五五	二八	二六	一	五五				

四二

同	一〇九	七五	四〇八	二九	六七	四〇	二四	二	六六	一	|	|	一
同	一一〇	六四	三三三	三三	五五	二五	三〇	|	五五	|	|	|	|
順慶町通一丁目	一一一	一一五	五八九	四八	一二五	七七	四六	|	一二三	|	二	|	二
同	一一二	八五	五〇七	一七	四一	二五	一五	|	四〇	一	|	|	一
順慶町通	一一三	七三	四九七	四一	一一九	四四	七三	二	一一九	|	|	|	|
同	一一四	五四	四二四	三九	一二七	七五	五二	|	一二七	|	|	|	|
安堂寺橋通一丁目	一一五	七九	五二八	四三	七七	五七	一八	二	七七	|	|	|	|
同	一一六	四七	四〇四	四二	一六四	六六	九六	二	一六四	|	|	|	|
同　二丁目	一一七	一〇七	八〇〇	三四	一四四	六二	八二	|	一四四	|	|	|	|
鹽町通一丁目	一一八	七五	四四三	四二	一二二	六四	五六	一	一二二	|	|	|	|
同	一一九	五四	三三二	三三	八三	四八	三三	|	八一	二	|	|	二
同　二丁目	一二〇	一〇六	六〇七	七一	二三四	一三三	一〇〇	|	二三三	|	一	|	一
末吉橋通一丁目	一二一	八〇	四八一	四五	一三三	五五	六六	二	一二三	|	|	|	|
同　二丁目	一二二	四二	三四五	三四	一七八	六二	一一五	|	一七七	|	一	|	一
順慶町通三丁目	一二三	七七	四五〇	二七	四六	三四	一一	一	四六	|	|	|	|
同	一二四	七一	五八一	四五	一三九	七四	六五	|	一三九	|	|	|	|
同　四丁目	一二五	七四	五一五	四八	一四八	五〇	九七	|	一四七	一	|	|	一
同	一二六	八三	五九五	三三	八七	五八	二九	|	八七	|	|	|	|
安堂寺橋通三丁目	一二七	四七	三六六	三四	一六〇	四五	一二五	|	一六〇	|	|	|	|
同	一二八	八六	五九三	五六	二四五	八〇	一六五	|	二四五	|	|	|	|
同　四丁目	一二九	八二	五四二	二〇	七〇	三五	三五	|	七〇	|	|	|	|
同	一三〇	六八	四三一	三〇	六三	四三	一九	|	六三	|	|	|	|
鹽町通三丁目	一三一	九八	六三八	六七	二八八	一九〇	九七	一	二八八	|	|	|	|
同　四丁目	一三二	八一	四八五	三五	九一	五〇	四一	|	九一	|	|	|	|

四三

四四

同	一三三	九九	五〇六	四五	九五	四九	四四	二	九五	｜	｜	｜	｜
末吉橋通三丁目	一三四	一〇九	五四五	五五	一四三	六三	八〇	｜	一四三	｜	｜	｜	｜
同四丁目	一三五	八四	五〇五	五九	一六七	九五	六四	八	一六七	｜	｜	｜	｜
横堀七丁目	一三六	八四	五四六	四三	一八九	六七	一三三	｜	一八九	｜	｜	｜	｜
心齋橋筋一丁目	一三七	六三	四九〇	五二	一九三	七七	一一六	｜	一九三	｜	｜	｜	｜
同	一三八	六一	五五三	四四	二四八	六五	一八三	｜	二四八	｜	｜	｜	｜
鰻谷西之町	一三九	九二	四四二	三四	四七	三六	一一	｜	四七	｜	｜	｜	｜
同	一四〇	七八	三九五	四〇	九四	六五	二九	｜	九四	｜	｜	｜	｜
同	一四一	六六	二九一	三四	六九	四三	二五	一	六九	｜	｜	｜	｜
大寶寺町西之町	一四二	七三	四〇二	三五	九三	三〇	六二	｜	九二	｜	一	｜	一
同	一四三	八七	五〇〇	五四	一三九	六五	六四	｜	一三九	｜	｜	｜	｜
西清水町	一四四	七一	三九七	四三	九三	六四	二七	二	九三	｜	｜	｜	｜
同	一四五	七六	三九九	二八	七四	三三	四〇	二	七四	｜	｜	｜	｜
北炭屋町	一四六	六九	三六四	三一	六〇	二五	三四	｜	五九	｜	一	｜	一
同	一四七	六四	三一八	二八	六八	四一	二五	一	六七	｜	一	｜	一
同	一四八	七九	四三三	三六	七四	五一	三三	｜	七三	｜	一	｜	一
心齋橋筋二丁目	一四九	八三	七八四	五五	三〇九	一四一	一六六	｜	三〇七	｜	｜	二	二
同	一五〇	六〇	四五四	四一	一四九	八七	六二	｜	一四九	｜	｜	｜	｜
周防町	一五一	九〇	四七一	三五	六二	三五	二六	｜	六一	一	｜	｜	一
同	一五二	八二	三三三	三六	五二	二六	二五	｜	五一	一	｜	｜	一
同	一五三	六一	二八〇	三七	七四	三三	三八	三	七四	｜	｜	｜	｜
八幡町	一五四	九三	四三三	四四	八七	三四	五一	｜	八五	｜	二	｜	二
同	一五五	九一	四六四	四九	九二	五二	三八	一	九一	｜	一	｜	一
三ッ寺町	一五六	八五	四〇八	三八	六五	三七	二七	｜	六四	｜	一	｜	一

同	一五七	九四	四二三	三九	五二	三五	一六	—	五一	—	一	—	一
久左衛門町	一五八	九六	四二七	三三	六〇	三九	一八	三	六〇	—	—	—	—
同	一五九	八五	五四〇	四四	二〇一	一七九	二二	—	二〇一	—	—	—	—
同	一六〇	六八	三四三	二六	五七	四一	一六	—	五七	—	—	—	—
南炭屋町	一六一	一〇六	四九一	四六	八三	三九	二六	—	六五	六	—	—	六
同	一六二	八三	三七五	三七	一〇〇	六一	三九	—	一〇〇	—	—	—	—
同	一六三	一〇二	五二三	五二	一一一	七七	三三	二	一一一	—	—	—	—
長堀橋筋二丁目	一六四	一一八	六一一	五〇	一一七	六一	五四	一	一一六	一	—	—	一
同	一六五	九八	五二二	六〇	一四三	五九	八四	—	一四三	—	—	—	—
千年町	一六六	八三	三五四	二六	三一	一二	一七	—	二九	一	一	—	二
同	一六七	九一	三三三	三八	四六	三三	一一	—	四四	一	一	—	二
同	一六八	一一八	五〇五	四八	七〇	四〇	二九	—	六九	—	一	—	一
玉屋町	一六九	一〇四	四四二	三九	五九	三八	一九	一	五八	—	一	—	一
同	一七〇	九七	三八八	四〇	五一	三四	一五	二	五一	—	—	—	—
同	一七一	九七	四七三	二八	六〇	三四	二六	—	六〇	—	—	—	—
笠屋町	一七二	七九	三七四	三四	六一	四五	一六	—	六一	—	—	—	—
同	一七三	八〇	四四九	三六	七七	五二	二四	一	七七	—	—	—	—
同	一七四	八四	三八三	四〇	六三	四九	一四	—	六三	—	—	—	—
疊屋町	一七五	一二〇	四五七	四八	七八	四四	二五	四	七三	—	—	五	五
同	一七六	七九	三三七	四一	五一	三七	一一	二	五〇	—	—	一	一
同	一七七	一〇六	四六〇	三三	五〇	三四	一六	—	五〇	—	—	—	—
宗右衛門町	一七八	七三	五四二	四五	一七四	一二四	四九	—	一七三	一	—	—	一
同	一七九	九八	八三四	七四	三〇四	二五一	四五	八	三〇四	—	—	—	—
長堀橋筋一丁目	一八〇	六六	四二三	二〇	四五	四一	四	—	四五	—	—	—	—

四五

四六

長堀橋南詰	一八一	五七	三五四	一〇	三三	二五	八	|	三三	|	|	|	|
饅谷仲之町	一八二	六六	三三三	四四	一〇六	五五	五〇	一	一〇六	|	|	|	|
同	一八三	七六	三八九	二七	三九	二〇	一七	一	三八	|	一	|	一
同	一八四	七六	四〇〇	三五	八五	五四	三一	|	八五	|	|	|	|
同	一八五	六九	四二一	三三	七三	三一	三五	七	七三	|	二	|	二
大寶寺町仲之町	一八六	七二	三五〇	三一	七四	二五	四九	|	七四	|	|	|	|
同	一八七	九〇	四一三	二四	七九	三三	四七	|	七九	|	|	|	|
同	一八八	八〇	三七四	三三	六二	四三	一八	|	六一	|	一	|	一
同	一八九	七六	三八七	三六	七九	三七	四二	|	七九	|	|	|	|
東清水町	一九〇	五二	二九〇	一七	四二	一九	三一	一	四二	|	|	|	|
同	一九一	五七	三一八	三〇	七二	四八	二四	|	七二	|	|	|	|
同	一九二	五八	三二三	一九	二九	三	七	|	二九	|	|	|	|
同	一九三	八六	四〇九	三八	九一	四八	三〇	一	七九	九	三	|	三
饅谷東之町	一九四	五二	三三六	一七	九五	二七	六八	|	九五	|	|	|	|
同	一九五	八五	四三五	四四	一〇〇	五六	四二	一	九九	|	一	|	一
大寶寺町東之町	一九六	一〇八	五二一	四五	一二〇	六一	四六	|	一〇七	三	|	|	三
同	一九七	九一	四五八	三七	八三	五九	二四	|	八三	|	|	|	|
同	一九八	八八	四四三	三六	七一	二七	三三	|	七〇	|	一	|	一
鍛冶屋町	一九九	一〇二	四八四	五二	一〇八	七六	三一	|	一〇八	|	|	|	|
同	二〇〇	八〇	四五一	二九	七二	五二	二〇	|	七二	|	|	|	|
同	二〇一	五五	二六六	二七	六三	二八	三一	三	六三	|	|	|	|
同	二〇二	八八	三三三	二八	四五	三一	一四	|	四五	|	|	|	|
南綿屋町	二〇三	八四	三五五	二七	四七	三三	一三	一	四七	|	|	|	|
同	二〇四	七三	三四四	三三	五七	二八	二八	|	五七	|	|	|	|

同	二〇五	九七	四四六	三〇	四六	二九	九	五	四三	一	｜	二	三
同	二〇六	九三	三五一	二九	四一	二三	一七	一	四一	｜	｜	｜	｜
竹屋町	二〇七	七〇	三一七	二七	三一	一六	一三	二	三一	｜	｜	｜	｜
同	二〇八	一〇八	四八〇	四五	一〇二	六七	三三	一	一〇二	一	｜	｜	一
同	二〇九	七三	三三七	三〇	六三	二七	二五	｜	六二	｜	｜	｜	｜
同	二一〇	六七	三三二	三九	一〇一	六七	二九	五	一〇一	｜	｜	｜	｜
間屋町	二一一	八一	四二〇	四三	九九	六四	三〇	二	九六	一	二	｜	三
同	二一二	八七	四七四	三七	八一	四四	三五	二	八一	｜	｜	｜	｜
同	二一三	八六	四一五	三八	七九	四三	二四	｜	七七	｜	一	一	二
大和町	二一四	七四	四〇八	三三	七七	三八	二七	一	七六	｜	一	｜	一
同	二一五	七〇	四九七	二〇	四九	二七	二	｜	四八	｜	一	｜	一
二ッ井戸町	二一六	八二	四〇二	二	四四	二八	一三	四	四四	｜	｜	｜	｜
同	二一七	六九	三五〇	一八	六四	三五	二九	｜	六四	｜	｜	｜	｜
高津町一番丁	二一八	七六	二九五	四三	七〇	二九	一四	二	六四	三	二	一	六
同	二一九	八一	二九七	四二	五二	一八	九	三	四八	二	一	一	四
同	二二〇	六一	二九九	三二	六二	三三	二六	二	六一	｜	一	｜	一
同	二二一	六三	二三〇	四三	六四	四四	一〇	九	六三	一	｜	｜	一
同	二二二	五〇	二二四	三二	六七	四四	一八	五	六七	｜	｜	｜	｜
同	二二三	六七	二九五	三七	四六	二八	一四	三	四五	｜	一	｜	一
二番丁	二二四	一一〇	四四九	五二	八一	五〇	二〇	一〇	八〇	一	｜	｜	一
同	二二五	八七	四三八	四三	九七	七〇	二六	一	九七	｜	｜	｜	｜
同	二二六	五二	二二五	二四	三二	二	九	二	三二	｜	｜	｜	｜
同	二二七	七五	三五九	三三	五四	三五	一八	｜	五三	｜	一	｜	一
三番丁	二二八	六七	二七五	一七	二七	一七	四	六	二七	｜	｜	｜	｜

四七

同		二二九	六七	三一九	一九	四二	三一	一〇	|	四一	|	一	|	一
同		二三〇	五九	二九四	一八	三九	二三	一一	四	三八	|	一	|	一
同		二三一	六七	二三五	二四	二七	一九	七	一	二七	|	|	|	|
同	四番丁	二三二	五六	二四一	一六	二七	二〇	六	|	二六	|	一	|	一
同		二三三	八二	三六一	三二	七一	三九	一一	七	五七	一四	|	|	一四
同		二三四	八二	三一一	四三	五四	二四	二五	五	五四	|	|	|	|
同		二三五	八八	三九一	五四	一〇七	六五	三九	二	一〇六	|	一	|	一
同		二三六	六二	二八九	二一	一三	九	四	|	一三	|	|	|	|
同		二三七	七二	二六七	三二	三〇	一五	八	七	三〇	|	|	|	|
同		二三八	七一	三三九	三五	六四	四一	一七	五	六三	|	|	一	一
同		二三九	六五	二八九	二七	八三	五一	三〇	二	八三	|	|	|	|
同	五番丁	二四〇	七〇	二七三	三二	五四	三六	一七	一	五四	|	|	|	|
同		二四一	八六	二九九	二八	四三	二五	一一	七	四三	|	|	|	|
同		二四二	八一	二四七	三六	五八	四三	一二	三	五八	|	|	|	|
同		二四三	四三	一六八	二	二五	一七	二	六	二五	|	|	|	|
同		二四四	八二	三一一	五〇	七一	三五	一八	一四	六七	|	二	二	四
同		二四五	五〇	一九一	三三	五七	三〇	四	一二	五六	一	|	|	一
同		二四六	六二	二四二	二九	四九	二八	一三	六	四七	|	一	一	二
同		二四七	六四	二八八	二六	五〇	二八	一九	二	四九	一	|	|	一
同		二四八	六八	三一一	三三	五三	一九	八	三	三〇	一三	|	|	一三
同		二四九	六七	二八〇	三〇	五七	四一	一二	二	五五	一	一	|	二
同	六番丁	二五〇	七六	三一四	四二	六六	四六	一一	八	六五	一	|	|	一
同		二五一	七八	三〇二	三九	六二	三五	二〇	六	六一	|	一	|	一
同		二五二	八四	三三六	三一	五二	二八	四	八	五〇	一	一	|	二

四八

同七番丁	二五三	八二	三四一	二五	四八	二五	三	一	四八	|	|	|	|
同	二五四	六二	二五六	二七	四九	三五	一三	|	四八	|	一	|	一
同	二五五	九八	三四五	四四	六六	一三	一〇	一七	五九	三	|	四	七
同	二五六	五九	二三二	二三	二四	二〇	八	五	三三	一	|	|	一
同八番丁	二五七	一〇七	四〇四	四二	五六	二四	一三	一三	五〇	五	一	|	六
同	二五八	五九	二三七	一〇	三四	一七	一五	二	三四	|	|	|	|
同	二五九	八六	三三一	二九	五八	三三	三	一	五五	三	|	|	三
同九番丁	二六〇	一〇二	四三七	五六	九二	四七	四二	二	九二	一	|	|	一
同	二六一	七六	三八三	二四	五六	四八	七	一	五六	|	|	|	|
同	二六二	九八	四七六	一八	四一	三三	八	|	四一	|	|	|	|
御蔵跡町	二六三	七五	二七五	四六	六〇	二四	八	一四	五六	三	一	|	四
同	二六四	四七	二五八	一七	五一	二八	一三	|	五一	|	|	|	|
同	二六五	七二	二九八	三六	五四	三三	二〇	|	五三	|	一	|	一
同	二六六	五四	二六一	一五	三二	二五	五	一	三一	|	|	|	|
同	二六七	九七	四二一	三〇	五三	三一	九	二	五二	一	一	|	二
同	二六八	五九	二五八	一四	三三	二	一〇	一	三三	|	|	|	|
同	二六九	一〇二	四三三	三九	六三	四六	一五	二	六三	|	|	|	|
同	二七〇	九〇	三三六	三六	四二	三三	六	一	四〇	二	|	|	二
同	二七一	九二	三六九	四〇	五七	三三	二〇	四	五七	|	|	|	|
同	二七二	一〇〇	三八五	三六	五一	三〇	一〇	一〇	五〇	一	|	|	一
同	二七三	九九	四三三	四九	六八	四五	一五	五	六五	三	|	|	三
日本橋筋二丁目	二七四	五六	二九一	二九	四八	三一	二	二	四四	二	|	二	四
同	二七五	六二	三三〇	三〇	六七	二五	二八	一	六四	一	二	|	三
同	二七六	八四	三四六	四五	一〇一	七八	一三	九	一〇〇	一	|	|	一

四九

五〇

同	二七七	七八	三八〇	三一	六六	二七	二九	｜	六六	｜	｜	｜	｜
同	二七八	九三	三七八	三五	六六	三三	三	二〇	六五	一	｜	｜	一
同	二七九	七二	二七四	三四	五〇	一九	一五	一四	四八	二	｜	｜	二
同 三丁目	二八〇	九〇	三五五	三六	六七	五八	六	｜	六四	三	｜	｜	三
同	二八一	九四	三七六	五〇	七〇	三八	二〇	一〇	六八	一	一	｜	二
同	二八二	五四	二五四	三五	六二	四七	二	三	六一	一	｜	｜	一
同	二八三	五四	二〇八	二六	四二	一三	二八	｜	四一	｜	一	｜	一
同	二八四	三一	一六二	一五	三八	三八	｜	｜	三八	｜	｜	｜	｜
同	二八五	四三	二二二	一八	四〇	三五	五	｜	四〇	｜	｜	｜	｜
同	二八六	六三	二六三	二五	五四	四六	七	｜	五三	｜	一	｜	一
同 四丁目	二八七	九三	三七九	五〇	八二	三五	三三	三	七〇	二	一	九	三
同	二八八	一〇六	四四四	三七	五一	三七	八	六	五一	｜	｜	｜	｜
同	二八九	五五	一三七	三三	四七	二六	一九	｜	四五	二	｜	｜	二
同	二九〇	一〇四	四三三	四七	七八	四二	三〇	五	七七	一	｜	｜	一
同	二九一	六八	三三三	二九	四〇	二七	九	四	四〇	｜	｜	｜	｜
同	二九二	九七	三八七	二八	三一	一六	八	三	二七	三	｜	一	四
同	二九三	七二	三一五	二七	四八	三〇	一八	｜	四八	｜	｜	｜	｜
同 五丁目	二九四	四一	一六七	一五	二七	三	三	二	二七	｜	｜	｜	｜
同	二九五	四七	三一八	二四	四五	三三	六	四	四三	一	一	｜	二
同	二九六	六〇	二八五	二〇	三四	二一	一二	一	三四	｜	｜	｜	｜
同	二九七	四四	一九八	一九	三三	一三	六	一三	三三	｜	｜	｜	｜
同	二九八	六六	二七三	二七	七三	五三	一三	四	七〇	三	｜	｜	三
同	二九九	四九	二〇〇	二二	三七	三三	一二	二	三六	｜	｜	一	一
高津町十番丁	三〇〇	五七	二七二	三二	七四	一七	五四	｜	七一	一	二	｜	三

同	三〇一	七七	三八八	二三	一〇三	四六	五四	一	一〇一	一	一	｜	二
同	三〇二	六七	二七七	一四	三九	三三	一三	｜	三五	｜	｜	｜	｜
同	三〇三	七八	三三一	三三	四五	三三	三	｜	四五	｜	｜	｜	｜
日本橋筋一丁目	三〇四	一〇四	四六三	四四	九七	四七	四六	二	九五	一	｜	一	二
同	三〇五	七〇	四四五	三一	九五	二五	七〇	｜	九五	｜	｜	｜	｜
東櫓町	三〇六	八三	六〇二	三三	一六二	一二八	二四	｜	一六二	｜	｜	｜	｜
阪町	三〇七	七二	三三〇	三三	四八	二九	一六	｜	四五	一	二	｜	三
同	三〇八	七六	四三〇	三一	六四	六一	三	｜	六四	｜	｜	｜	｜
同	三〇九	六三	二八〇	二四	七〇	四四	二〇	三	六七	｜	三	｜	三
同	三一〇	六五	二三九	二六	四三	三一	二	｜	四三	一	｜	｜	一
同	三一一	七七	五一二	四二	一三三	一〇三	一〇	｜	一三三	｜	一	｜	一
同	三一二	七六	三七八	二七	七四	六四	一〇	｜	七四	｜	｜	｜	｜
西櫓町	三一三	八九	八八九	六四	四二一	三三七	八四	｜	四二一	｜	｜	｜	｜
九郎右衛門町	三一四	四五	三〇五	一七	六一	五八	三	｜	六一	｜	｜	｜	｜
同	三一五	八五	五二八	三六	一三八	一〇九	一九	｜	一三八	｜	｜	｜	｜
同	三一六	九一	五六七	二	五四	三三	三	｜	五四	｜	｜	｜	｜
湊町	三一七	六	四七	六	二九	一九	一〇	｜	二九	｜	｜	｜	｜
難波新地一番丁	三一八	六七	三八七	一〇	三三	三二	｜	｜	三三	｜	｜	｜	｜
同	三一九	六〇	四四二	五	七	五	二	｜	七	｜	｜	｜	｜
同	三二〇	五七	三一四	七	九	九	｜	｜	九	｜	｜	｜	｜
同二番丁	三二一	五三	三五九	三	六〇	四五	一五	｜	六〇	｜	｜	｜	｜
同	三二二	六二	四七六	一八	三三	二一	二	｜	三三	｜	｜	｜	｜
同	三二三	六三	三八五	九	二〇	一九	一	｜	二〇	｜	｜	｜	｜
同三番丁	三二四	四五	三七〇	三三	一三三	九〇	四三	｜	一三三	｜	｜	｜	｜

五一

町名	番号	國勢調査 世帯	國勢調査 人口	失業統計調査 世帯	失業統計調査 人口	有業者數 勞働者	有業者數 給料生活者	有業者數 日傭勞働者	有業者數 計	失業者數 勞働者	失業者數 給料生活者	失業者數 日傭勞働者	失業者數 計
同	三一五	七〇	四一七	二七	九二	五三	三九	—	九二	—	—	—	—
同	三一六	六三	三一九	二一	三七	二八	七	—	三五	一	一	—	二
同 四番丁	三一七	八六	四四四	三三	一一三	五九	三四	—	一一三	—	—	—	—
同	三一八	九一	四五七	四七	九六	六六	三〇	—	九六	—	—	—	—
同	三一九	六九	三五八	二九	四一	一六	二〇	二	三八	一	一	一	三
同	三二〇	六〇	二四〇	一二	二〇	一二	四	四	二〇	—	—	—	—
同 五番丁	三二一	四五	三二〇	二〇	三四	二一	一三	—	三四	—	—	—	—
同	三二二	六七	三四七	二五	六九	五〇	一六	—	六六	二	一	—	三
同	三二三	六五	三七〇	三五	一三〇	六七	六三	—	一三〇	—	—	—	—
同	三二四	三六	一七五	二五	四七	二八	一九	—	四七	—	—	—	—
同	三二五	六三	二七三	一九	三五	一七	一七	一	三五	—	—	—	—
同	三二六	七六	三六〇	二四	六三	三七	二六	—	六三	—	—	—	—
同	三二七	八七	三一九	一八	二五	一四	九	一	二四	一	—	—	一
同 六番丁	三二八	八四	四三一	三六	七一	三八	三二	—	七〇	—	—	一	一
同	三二九	四五	二七一	二五	六二	五〇	八	一	五九	二	一	—	三
總計		二四、七四〇	一二一、二三二	一〇、八四三	二三、六七七	一四、一九一	八、一三六	九一八	二三、二四五	二六七	一〇五	六〇	四三二

五二

北區

調査區 町名	調査區 番號	國勢調査 世帯	國勢調査 人口	失業統計調査 世帯	失業統計調査 人口	有業者數 勞働者	有業者數 給料生活者	有業者數 日傭勞働者	有業者數 計	失業者數 勞働者	失業者數 給料生活者	失業者數 日傭勞働者	失業者數 計
新喜多町	一	八六	三六七	五一	六三	三八	二三	二	六三	一	—	—	一

五三

同	二	五五	二五三	二〇	二四	一八	一三	三	三三	一	｜	｜	一
同	三	六八	二九五	四六	六七	五一	一二	三	六五	二	｜	｜	二
野田町	四	八〇	三四九	四〇	六一	二九	三一	一	六一	｜	｜	｜	｜
同	五	九〇	四〇五	五五	一三四	七二	三六	二四	一三三	一	一	｜	二
同	六	七二	三四〇	四三	九〇	六六	二一	三	九〇	｜	｜	｜	｜
相生町	七	九四	三九二	五一	七六	四九	二一	五	七五	一	｜	｜	一
同	八	八五	四七四	六一	一五六	九一	五七	六	一五四	二	｜	｜	二
同	九	一〇二	四六〇	六五	九四	五八	三五	｜	九五	一	｜	｜	一
同	一〇	一一〇	四九九	六八	一三三	六五	五七	｜	一三三	八	一	二	二
同	一一	一〇二	四五一	五八	一三九	九六	二六	三	一三五	三	一	｜	四
東野田町二丁目	一二	八七	四五二	六一	一四〇	八八	四四	四	一三六	一	一	二	四
同　八丁目	一三	五四	二五五	四〇	六五	四二	二〇	一	六五	｜	｜	二	二
同	一四	九〇	四一四	六二	一二八	一〇五	二一	｜	一二六	二	｜	｜	二
同	一五	八四	三六八	七二	一三七	一〇四	三二	｜	一三六	一	｜	｜	一
同　七丁目	一六	七〇	二七七	四六	七二	四二	二八	一	七一	｜	二	｜	二
同	一七	七五	二六七	五二	六四	四三	一六	三	六三	二	｜	｜	二
同	一八	六〇	二七九	三七	七四	五九	一五	｜	七四	｜	｜	｜	｜
同	一九	四四	一九四	二九	三六	二四	二一	｜	三五	一	｜	｜	一
同　六丁目	二〇	一一一	五〇六	六〇	六六	四〇	一九	四	六三	三	｜	｜	三
同	二一	一〇五	四七二	八二	一一七	三七	一七	｜	一二四	｜	三	｜	三
同	二二	七七	三一二	五〇	八一	六九	八	二	七九	二	｜	｜	二
同　五丁目	二三	一一九	四三三	一〇〇	一四二	九三	四〇	六	一三九	二	一	｜	三
同	二四	一二九	四七九	九五	一二〇	六四	五四	｜	一一八	｜	二	｜	二
同	二五	五四	一九八	四四	五四	三六	一三	三	五一	二	一	｜	三

同	二六	九一	四二一	五一	八七	四五	三六	一	八二	三	一	一	五
同	二七	一一六	四五五	八五	一一〇	七二	二四	｜	一〇六	四	｜	｜	四
同	二八	八一	三〇七	五九	七九	四九	二二	七	七二	｜	二	｜	二
同三丁目	二九	六九	二八五	四七	六一	三三	一九	五	五七	一	三	｜	四
同	三〇	六八	三〇一	四八	六四	三五	二七	一	六三	｜	一	｜	一
同	三一	八七	三五二	六七	九八	五四	三五	五	九四	二	二	｜	四
同	三二	一一五	三八七	八九	一一六	六三	四二	二	一〇七	七	二	｜	九
同	三三	一〇二	三七七	七六	一〇〇	五五	三九	五	九九	｜	一	｜	一
同	三四	八七	三四〇	六六	九六	六九	四	一八	九一	三	二	｜	五
同	三五	一一四	五一三	七〇	一三一	七八	四三	五	一二六	四	｜	一	五
同九丁目	三六	八九	三四二	五六	九五	六八	二三	五	九五	｜	｜	｜	｜
同	三七	一〇三	五〇二	七五	一三〇	一七九	三六	二	一三六	一	三	｜	四
同	三八	九五	四一四	四一	六七	二一	四一	｜	六三	三	二	｜	五
同	三九	五〇	二六〇	二五	六三	一五	四四	二	六一	一	｜	一	二
同四丁目	四〇	六三	二九四	一九	三〇	二一	九	｜	三〇	｜	｜	｜	｜
同	四一	五八	二八〇	五	五	三	二	｜	五	｜	｜	｜	｜
同二丁目	四二	一〇五	四三〇	六五	九八	五九	二六	八	九三	一	四	｜	五
同	四三	一三四	四七〇	八八	一三五	七四	二八	七	一一九	三	二	一	六
同一丁目	四四	九五	四〇二	五七	一〇八	八六	一九	一	一〇六	一	一	｜	二
同	四五	八六	三七五	五九	九一	六三	二四	三	九七	一	｜	｜	一
同	四六	一一四	四六七	八八	一五六	一二七	二九	｜	一五六	｜	｜	｜	｜
同	四七	一〇三	四一五	四七	七一	四〇	二九	｜	六九	二	｜	｜	二
同	四八	七五	三〇一	五二	六九	四七	一九	二	六八	一	｜	｜	一
新川崎町	四九	三〇八	一、一九八	三〇五	四二八	二八四	一三八	｜	四二二	五	三	｜	六

五四

同	五〇	七〇	三五六	五〇	一三二	三六	九三	三	一三三	｜	｜	｜	｜
川崎町	五一	一〇七	四〇六	八二	一三一	九七	一五	一二	一二三	八	｜	｜	八
同	五二	八五	三七三	五五	七六	五一	一〇	一	七二	一	一	二	四
同	五三	六五	二六三	三五	四八	三一	一五	二	四八	｜	｜	｜	｜
臼屋町	五四	九四	四〇一	五二	八一	四四	三三	五	八一	｜	｜	｜	｜
同	五五	七四	三四〇	三八	五六	二七	二七	一	五五	一	｜	｜	一
今井町	五六	七七	三三六	四四	六九	四五	一九	｜	六四	五	｜	｜	五
同	五七	七五	三四三	四四	八三	六〇	一九	｜	七九	一	一	二	四
天満橋筋一丁目	五八	七九	三五八	五一	九三	五二	三二	五	八九	一	三	｜	四
同	五九	七〇	三二七	二三	五〇	二九	二一	｜	五〇	｜	｜	｜	｜
空心町一丁目	六〇	八二	三五二	四二	六七	五一	一三	二	六六	一	｜	｜	一
同	六一	八四	四三八	二八	五九	三二	一三	四	五九	｜	｜	｜	｜
金屋町一丁目	六二	七九	三八三	一七	三九	一〇	一七	｜	二七	｜	二	｜	二
同	六三	六七	三〇三	一七	三三	一六	一七	｜	三三	｜	｜	｜	｜
同	六四	七〇	二九八	三八	五五	二五	二五	五	五五	｜	｜	｜	｜
朝日町	六五	九四	三一一	四三	五〇	三〇	九	一〇	四九	[illegible]	｜	｜	一
同	六六	五八	三三六	三二	七六	五六	一〇	｜	七六	｜	｜	｜	｜
信保町一丁目	六七	九四	五〇一	三七	一一一	三九	五七	九	一〇五	一	二	三	六
同	六八	一〇二	五六一	五九	一五七	八三	六一	五	一四九	一	一	六	八
岩井町一丁目	六九	一〇九	四九四	四三	八二	五一	二九	二	八二	｜	｜	｜	｜
同	七〇	九七	四四五	四八	七八	四三	三一	二	七六	一	｜	一	二
同	七一	七四	四〇九	四四	八八	三二	五一	二	八五	｜	三	｜	三
龍田町	七二	八〇	四一三	五四	一〇七	七九	二四	四	一〇七	｜	｜	｜	｜
同	七三	八八	四二六	二九	六六	四六	一七	二	六五	｜	一	｜	一

五九

五六

同	七四	七七	四五七	四一	八二	三八	三九	五	八二	｜	｜	｜	｜
臺屋町一丁目	七五	九〇	四一三	四三	七六	五〇	二二	五	七六	｜	｜	｜	｜
同	七六	八七	三七〇	二六	六〇	三五	二二	四	六〇	｜	｜	｜	｜
同	七七	四六	二三七	四	六	四	二	｜	六	｜	｜	｜	｜
河内町一丁目	七八	八七	四一三	三三	四一	二七	一一	二	四〇	一	｜	｜	一
同	七九	一〇四	五六五	三九	七三	三六	三三	三	七二	｜	一	｜	一
瀧川町一丁目	八〇	五八	三三〇	二六	四三	二五	一四	四	四三	｜	｜	｜	｜
同	八一	八五	四九〇	五三	一四三	七四	六七	｜	一四一	一	｜	｜	一
同	八二	一一七	六一三	八三	一二一	八五	一二五	｜	一二〇	一	｜	｜	一
天満橋筋二丁目	八三	一〇八	四四一	六五	一〇四	七八	三六	｜	一〇四	｜	｜	｜	｜
同 三丁目	八四	八六	二九八	五〇	六二	三四	三五	一	六〇	二	｜	｜	二
同 四丁目	八五	七六	三五九	四九	八九	六三	二〇	二	八四	四	一	｜	五
同	八六	七六	三七一	四九	一〇八	八六	二二	｜	一〇七	｜	一	｜	一
同	八七	八六	三三七	六三	七四	六五	七	｜	七二	二	｜	｜	二
同	八八	八八	三九一	四八	七五	六三	一〇	二	七五	｜	｜	｜	｜
同 三丁目	八九	八二	三〇四	五九	九一	七三	一六	｜	八九	一	｜	一	二
同	九〇	六四	三〇六	三六	六五	五五	一〇	｜	六五	｜	｜	｜	｜
同 二丁目	九一	八一	三三四	四〇	六八	五三	一四	｜	六七	｜	一	｜	一
同	九二	五七	二五四	二九	四七	三八	三	｜	四一	六	｜	｜	六
空心町二丁目	九三	六九	二九一	三三	四〇	一八	二〇	二	四〇	｜	｜	｜	｜
同	九四	九八	四三三	三八	七二	四七	二四	｜	七一	一	｜	｜	一
同	九五	一一六	五〇六	四八	七〇	四九	一七	四	七〇	｜	｜	｜	｜
同	九六	六八	三〇〇	三六	五四	二三	一七	二	四二	一〇	二	｜	三
同	九七	八五	三三四	四八	六九	五三	一二	三	六八	｜	一	｜	一

金屋町二丁目	九八	八六	三七五	四一	六九	五六	一〇	｜	六六	二	一	｜	三
同	九九	七四	三一七	三五	四四	三一	一三	｜	四三	一	｜	｜	一
信保町二丁目	一〇〇	八九	三四三	三一	四〇	一八	一〇	｜	三八	二	｜	｜	二
同	一〇一	五七	二六四	一四	四三	二六	七	｜	四三	｜	｜	｜	｜
岩井町二丁目	一〇二	八〇	三五二	三〇	四八	三五	一一	｜	四六	二	｜	｜	二
同	一〇三	七五	三三六	三七	六四	二九	三三	｜	六二	一	一	｜	二
同	一〇四	七二	二五一	四三	五七	二一	二六	｜	五七	｜	｜	｜	｜
壷屋町二丁目	一〇五	六三	二八二	四一	七〇	三三	三五	｜	六八	｜	二	｜	二
同	一〇六	一〇四	四四三	二六	三七	二四	一三	｜	三七	｜	｜	｜	｜
河内町二丁目	一〇七	五三	一九二	二一	三三	二一	一一	｜	三三	｜	｜	｜	｜
同	一〇八	六九	二九四	二七	四九	二四	二四	｜	四八	｜	一	｜	一
同	一〇九	八五	三七一	二四	二九	一五	一四	｜	二九	｜	｜	｜	｜
松ヶ枝町	一一〇	三三	一三二	一六	二〇	一五	三	｜	一八	二	｜	｜	二
同	一一一	一一一	四二六	六四	一〇二	八八	七	三	九八	二	二	｜	四
同	一一二	九三	三五三	四九	七五	四九	三三	｜	七一	三	｜	一	四
同	一一三	七五	三二三	二四	三一	一七	一四	｜	三一	｜	｜	｜	｜
同	一一四	五八	一九四	三三	四一	六八	七	三	三八	三	｜	｜	三
同	一一五	七六	三五八	四二	七〇	四八	三三	｜	七〇	｜	｜	｜	｜
同	一一六	九七	三五七	五八	八三	五五	二五	｜	八〇	三	｜	｜	三
同	一一七	九二	四〇四	三一	四九	三〇	一八	｜	四八	一	｜	｜	一
此花町一丁目	一一八	七六	四二七	四四	一三四	一二九	一	四	一三四	｜	｜	｜	｜
同	一一九	八六	四二六	三八	五三	二九	一〇	三	五三	｜	｜	一	一
市之町	一二〇	八五	五一二	六一	一八一	一二五	四六	｜	一八一	｜	｜	｜	｜
天神筋町	一二一	七五	四四七	四三	一二〇	八九	三〇	一	一二〇	｜	｜	｜	｜

五七

同	一二二	七六	五五六	三八	一四〇	六九	七一	｜	一四〇	｜	｜	｜	｜
天神橋筋一丁目	一二三	一〇八	七〇二	六四	二五六	二二一	四三	｜	二五四	二	｜	｜	二
同	一二四	八九	六一八	六〇	二四四	一四八	九六	｜	二四四	｜	｜	｜	｜
菅原町	一二五	八一	四九七	六二	二二一	一三八	七三	｜	二二一	｜	｜	｜	｜
同	一二六	八四	三五九	四四	七七	五一	二六	｜	七七	｜	｜	｜	｜
鳴尾町	一二七	八一	三四五	四五	九五	六六	二九	｜	九五	｜	｜	｜	｜
櫓屋町	一二八	六五	三五一	三一	八六	五八	二八	｜	八六	｜	｜	｜	｜
地下町	一二九	七八	四一〇	四三	一二二	一〇四	五	二	一二一	｜	一	｜	一
此花町二丁目	一三〇	九三	四〇三	五七	九六	四九	四一	四	九四	二	｜	｜	二
同	一三一	七六	三六二	三七	七〇	二八	四〇	｜	六八	一	｜	一	二
同	一三二	六三	三〇〇	三九	六九	三四	三四	｜	六八	一	｜	｜	一
大工町	一三三	五八	四〇〇	三五	一三六	七一	五五	｜	一三六	｜	｜	｜	｜
同	一三四	八八	四四八	四五	一二二	五一	五八	｜	一〇九	一	｜	二	三
紅梅町	一三五	七六	三六一	二五	一三〇	一〇	一三	二	一二五	四	一	｜	五
同	一三六	九一	三六二	三六	七三	四七	三	｜	五九	二	｜	二	三
同	一三七	八一	三四二	三三	六〇	三五	一五	六	五六	一	｜	三	四
同	一三八	七三	三〇五	二七	三三	三三	八	一	三一	｜	一	｜	一
同	一三九	九六	三七二	四八	九一	二九	二八	三	六〇	二	｜	二九	三一
同	一四〇	九四	三九三	四六	七三	四三	一九	五	六五	四	三	｜	七
同	一四一	九九	三七一	四六	七五	三〇	二八	二	六九	四	二	｜	六
天神橋筋二丁目	一四二	一〇一	五五六	五七	一三三	七二	六一	｜	一三三	｜	｜	｜	｜
同	一四三	七三	四〇七	四一	一三〇	五三	七六	一	一三〇	｜	｜	｜	｜
同三丁目	一四四	五七	三〇七	三五	一〇二	二三	七八	｜	一〇一	｜	一	｜	一
同	一四五	六四	二八三	三六	七一	二五	四一	三	六九	一	｜	一	二

五八

一四六	同	八三	四〇二	四六	七六	四三	二六	二	七二	三	一	一	五
一四七	同	八六	四〇六	四四	七五	四七	二六	一	七四	一	|	|	一
一四八	同	七三	三〇二	四四	八〇	五一	二六	|	七七	二	一	|	三
一四九	同	七一	二七九	二三	三二	一九	一〇	|	二九	|	|	三	三
一五〇	同四丁目	八五	四〇九	五一	一〇四	七四	二七	二	一〇三	|	|	一	一
一五一	同	八三	三九三	五〇	一〇六	五四	四六	四	一〇四	一	一	|	二
一五二	同	七八	三四四	四〇	一〇四	八四	一五	三	一〇二	一	|	一	二
一五三	同	七八	三六二	二四	四五	二九	一二	四	四四	一	|	|	一
一五四	南森町	八〇	四四二	三三	一〇五	六〇	四五	|	一〇五	|	|	|	|
一五五	北森町	七九	三四三	三八	七三	四三	二七	一	七一	二	|	|	二
一五六	旅籠町	六六	三一三	三三	七六	四五	三〇	|	七五	|	一	|	一
一五七	同	六一	二四九	三一	五七	三三	二四	|	五七	|	|	|	|
一五八	東堀川町	五九	四五一	四〇	二三四	九九	一二五	|	二三四	|	|	|	|
一五九	北森町一部 綿屋町一部	五八	三二四	三二	四九	二六	三三	|	四九	|	|	|	|
一六〇	綿屋町	八一	三七三	五一	七七	五二	二四	一	七七	|	|	|	|
一六一	同	八四	三八二	四九	九一	六〇	三〇	|	九〇	一	|	|	一
一六二	末廣町	七五	二九二	四七	六四	二八	二〇	一五	六三	一	|	|	一
一六三	同	五六	二九四	二一	五五	四六	九	|	五五	|	|	|	|
一六四	同	八八	三七八	四二	六七	三九	二八	|	六七	|	|	|	|
一六五	樋上町	九四	四五二	四四	一〇八	三四	七四	|	一〇八	|	|	|	|
一六六	同	九九	四七七	四七	七七	四七	二五	五	七七	|	|	|	|
一六七	同	八九	四三三	四三	七七	五三	二	二	七六	一	|	|	一
一六八	同	五二	二三八	三〇	五五	二七	二八	|	五五	|	|	|	|
一六九	若松町	一一三	四七一	七〇	一三六	五三	六九	一	一三三	二	一	|	三

五九

老松町一丁目	一七〇	七二	三六七	四一	六九	三二	三六	―	六八	―	―	一	一
同	一七一	五三	二三六	二四	四八	二五	三三	―	四七	―	一	―	一
源蔵町	一七二	八八	四四七	五〇	九一	五四	三六	一	九一	―	―	―	―
西堀川町	一七三	八三	四二四	四三	一二〇	三五	七八	四	一二七	一	―	二	三
同	一七四	一〇一	三九八	七一	一〇三	四九	四四	六	九九	一	一	一	三
伊勢町	一七五	六九	三二四	二九	四三	二一	一八	―	三九	三	―	―	三
眞砂町	一七六	七三	三五〇	三三	六〇	三四	二六	―	六〇	―	―	―	―
同	一七七	九五	四二八	四三	八〇	四七	三三	―	八〇	―	―	―	―
絹笠町	一七八	六七	三六四	二七	七八	四七	二八	―	七五	二	一	―	三
伊勢町	一七九	七四	三五八	三八	七三	三七	三三	―	六九	二	一	―	三
同	一八〇	八九	四〇五	五一	七八	三一	四四	―	七五	―	三	―	三
同	一八一	七四	三一六	三六	六三	三九	一九	四	六二	―	―	―	―
富田町	一八二	九〇	四一三	四七	九三	四九	三二	八	八九	―	二	二	四
老松町三丁目	一八三	八七	四二九	四二	八〇	三三	四七	―	七九	―	一	―	一
同	一八四	八三	三五四	四七	七七	三七	四〇	―	七七	―	―	―	―
同	一八五	七六	三二〇	二二	三〇	一五	一四	―	二九	―	一	―	一
同二丁目	一八六	六五	三一八	四三	九八	三二	六五	―	九七	―	一	―	一
同	一八七	六二	三二六	四〇	一〇一	四七	五一	二	一〇〇	―	一	―	一
若松町	一八八	四九	二七一	四〇	一〇五	四三	四三	一	八七	二	四	三	一八
絹笠町	一八九	一	三二〇	一	一一一	一一	六三	三六	一一〇	一	―	―	一
木幡町	一九〇	一一八	五六五	六九	一四七	七五	七二	―	一四七	―	―	―	―
富田町	一九一	一〇八	五一五	四七	七八	三七	三八	―	七五	二	一	―	三
同	一九二	一二七	五一二	四六	五一	二三	二三	三	四八	二	一	―	三
木幡町	一九三	六九	三四〇	四三	一三〇	五三	六七	―	一三〇	―	―	―	―

六〇

同	一九四	六三	二八九	三三	五一	四一	一〇	—	五一	—	—	—	—
同	一九五	七二	三三五	二八	三六	三	三	三	三六	—	—	—	—
曾根崎新地一丁目	一九六	一〇〇	六〇四	二五	六二	二九	二三	—	六二	—	—	—	—
元樋ノ筋	一九七	七五	四八九	三三	七六	六八	八	—	七六	—	—	—	—
曾根崎新地二丁目	一九八	八〇	五三七	二四	八五	七三	一三	—	八五	—	—	—	—
同 三丁目	一九九	九一	四三七	二六	六九	二六	四二	—	六八	一	—	—	一
同	二〇〇	八四	四〇四	四〇	一〇一	六〇	四一	—	一〇一	—	—	—	—
堂島上一丁目	二〇一	九三	四八五	五四	一〇三	七三	三〇	—	一〇三	—	—	—	—
同 二丁目	二〇二	一〇二	四八五	四四	六六	五五	二	—	六六	—	—	—	—
同	二〇三	七三	三六八	二八	七五	五三	二〇	一	七四	—	一	—	一
同 三丁目	二〇四	七七	三二八	三三	六三	四〇	三	—	六三	—	—	—	—
同	二〇五	五七	三八〇	三一	一一四	七〇	四四	—	一一四	—	—	—	—
堂島船大工町	二〇六	六五	四〇八	三五	九二	七九	三	—	九一	—	一	—	一
同	二〇七	六九	三四六	三八	八七	六八	一九	—	八七	—	—	—	—
堂島北通	二〇八	一一〇	五八四	七五	二〇三	一四六	五五	—	二〇一	—	二	—	三
堂島中一丁目	二〇九	八六	三九六	四〇	七八	五五	一九	—	七四	一	三	—	四
同	二一〇	九二	三五六	四一	五三	一七	三五	一	五三	—	—	—	—
同	二一一	八二	四二四	四二	八九	四五	四四	—	八九	—	—	—	—
同	二一二	六五	二九三	三三	七一	四〇	二八	三	七一	—	—	—	—
同 二丁目	二一三	一一五	五四七	四三	八六	四五	四〇	—	八五	—	一	—	一
堂島濱通一丁目	二一四	六九	四一五	五七	一七六	一一四	六二	—	一七六	—	—	—	—
同	二一五	九六	四三四	六一	一三五	六二	七二	—	一三四	—	一	—	一
同	二一六	七四	三七七	六二	一九一	五一	一三六	—	一八七	一	三	—	四
二丁目三丁目四丁目	二一七	七一	六一三	五六	二五〇	六六	九〇	九〇	二四六	四	—	—	四

六一

同　三丁目	二一八	四	一、六一九	四	五七九	一二四	一三三	二〇七	五七四	—	三	二	五
中之島一、二丁目	二一九	三八七	六五二	三三六	四三〇	一三三	四五	二二	一八八	六八	九	一六五	二四二
同　三丁目、宗是町	二二〇	九二	四七〇	七六	二〇七	一三五	六三	一〇	一九八	一	三	五	九
同　四丁目	二二一	一〇二	三九一	七九	一五五	九八	四七	四	一四九	一	—	五	六
常安町	二二二	九四	四一八	六八	一一六	六九	三一	三	一〇三	四	一	八	一三
中之島五丁目	二二三	六〇	三三二	五一	一一三	六四	五五	三	一三三	—	—	—	—
玉江町一丁目	二二四	一〇二	四三三	六六	一一五	七九	二一	二	一〇二	一	—	一三	一三
同　二丁目 / 中之島六丁目	二二五	五五	三三三	四五	一八四	九四	八一	二	一七七	五	一	一	七
中之島六、七丁目	二二六	七六	三五四	五〇	九五	五六	三四	一	九一	二	—	二	四
中野町一丁目	二二七	一一〇	四一四	一〇三	一四一	八〇	五五	—	一三五	五	一	—	六
同	二二八	八六	三三二	七二	一〇七	五七	四七	—	一〇四	一	一	一	三
同	二二九	三八	一七七	三九	五五	一八	三一	六	五五	—	—	—	—
同　二丁目	二三〇	一〇四	四五二	七一	一四六	八四	五四	六	一四四	—	二	—	二
同	二三一	九七	三七七	六九	一〇三	五〇	二五	二	九六	三	二	二	七
同	二三二	一三〇	五一八	六六	八三	三六	四三	三	八二	一	—	—	一
同	二三三	九六	四八三	五一	一三一	九二	三八	—	一三〇	一	—	—	一
同	二三四	八五	三七五	六五	一〇〇	六五	二九	三	九七	一	—	二	三
同　三丁目	二三五	九八	四〇九	五四	七三	五四	一四	—	六八	四	—	一	五
同	二三六	一〇三	四三三	三三	四二	二四	一四	—	三八	三	一	—	四
同	二三七	七一	三〇九	四六	九八	四八	四八	—	八六	二	—	—	二
同　四丁目	二三八	一〇〇	四一四	五七	九八	六二	三五	—	九七	一	—	—	一
同	二三九	一〇七	四二七	六五	一〇四	五七	三八	二	九七	六	一	—	七
同　五丁目	二四〇	八五	三四六	五二	八	四八	二四	—	七二	八	—	—	八
同	二四一	一一五	六七七	六五	一三七	九三	三七	三	一三三	四	—	—	四

六二

六三

同	二四二	九四	四〇八	五〇	一〇三	五三	三〇	—	八三	一五	二	二	一九
同	二四三	一五三	五八七	八八	一五九	一〇八	四一	—	一四九	七	一	二	一〇
同	二四四	一三八	五三一	六三	九五	五七	三四	—	九一	三	一	—	四
澤上江町 一丁目	二四五	八七	三七三	六四	一一四	八七	一八	一	一〇六	二	—	六	八
同	二四六	八四	三五三	五三	七二	五三	一〇	一	六四	六	一	一	八
同	二四七	八九	三三三	六二	一〇九	八三	一六	五	一〇四	三	—	二	五
同	二四八	八七	三六五	六〇	八六	六四	一七	三	八四	一	一	—	二
同	二四九	六八	二八七	三一	四一	三一	六	二	三九	一	一	—	二
同	二五〇	九七	三七三	七七	一一〇	八〇	二〇	一	一〇一	七	—	二	九
同	二五一	八五	三二三	六八	九八	七七	一七	—	九四	三	—	一	四
同 二丁目	二五二	一一三	四三八	七一	一〇六	七九	二七	—	一〇六	—	—	—	—
同	二五三	七五	二九二	六三	一〇五	六九	三一	三	一〇四	—	一	—	一
同 三丁目	二五四	七七	二六一	五五	九〇	七〇	二〇	—	九〇	—	—	—	—
同	二五五	一〇四	四二三	八八	一一四	七五	三六	—	一一一	二	一	—	三
同 四丁目	二五六	七二	二六二	四二	五五	二七	一八	三	四八	四	三	—	七
同	二五七	一四三	四三八	一〇一	一三六	七八	五三	—	一三一	一	四	—	五
同	二五八	一〇三	四三八	六三	一一八	七三	三一	七	一一一	四	三	—	七
同	二五九	一〇〇	三九五	五七	九八	八二	一六	—	九八	—	—	—	—
同	二六〇	八二	三四四	五五	一〇四	六三	二〇	一七	一〇〇	三	一	—	四
同	二六一	六九	二四五	三七	五五	三六	一四	四	五四	—	一	—	一
同	二六二	一二四	四六二	八八	一四三	七五	五六	二	一三三	三	二	五	一〇
同	二六三	一二五	四七三	七八	一〇一	四一	五三	五	九九	一	一	—	二
同	二六四	八八	二八五	五六	八五	四二	四〇	—	八二	一	二	—	三
同 五、六、七丁目	二六五	八四	三二二	六〇	九九	五三	三八	三	九四	二	三	—	五

六四

同七丁目	二六六	五三	一九〇	五二	五八	五四	三	―	五七	一	―	―	一
同九丁目十丁目一部	二六七	一一七	五二一	七八	一四九	一〇九	三一	六	一四六	―	―	三	三
同十丁目	二六八	一三九	四九九	一〇〇	一五三	一一七	二〇	―	一三七	七	―	九	一六
同	二六九	九〇	三八二	七四	一〇八	七六	二二	四	一〇一	六	―	一	七
同八丁目十丁目一部	二七〇	一二四	五九一	八九	一六六	二〇三	五三	―	二五六	五	五	―	一〇
善源寺町一丁目	二七一	八二	三二七	四七	七六	六四	一〇	―	七四	一	一	―	二
同	二七二	八四	三三三	六六	一一六	一〇四	六	―	一一〇	五	一	―	六
同	二七三	九七	三六三	七九	一三五	九六	二二	二	一一九	三	一	―	四
同	二七四	九六	三七二	八一	一三三	一二五	二二	―	一二七	五	―	―	五
同二丁目	二七五	一四九	六〇八	一二〇	一三七	一八二	二四	一四	一三〇	五	―	二	七
同三丁目	二七六	一〇七	四二〇	六八	一三三	九九	二四	―	一一九	三	―	―	三
同	二七七	八八	二九九	七五	一一〇	八〇	二八	―	一〇八	一	一	―	二
同	二七八	八五	三七六	五二	一一〇	七〇	三一	五	一〇六	三	一	―	四
同四丁目	二七九	七九	三八二	七八	一七四	一三一	四一	二	一七四	―	―	―	―
同五、六、七丁目	二八〇	六二	二一三	三一	五三	四〇	一〇	三	五三	―	―	―	―
同八丁目	二八一	一〇四	三八四	七二	一〇五	六三	一九	一五	九七	二	一	三	六
同九丁目	二八二	一〇五	四三六	七三	八九	六五	一八	一	八四	四	一	―	五
同	二八三	一三三	四九七	一〇〇	一五六	一二三	三七	二	一五一	三	一	一	五
同十丁目	二八四	四五	一九七	二〇	三八	一八	一〇	一〇	三八	―	―	―	―
鶴野町	二八五	九五	四六六	五六	一四一	七九	五四	四	一三七	四	―	―	四
濱崎町	二八六	七四	三〇三	四六	七七	五二	一八	三	七三	一	二	一	四
鶴野町一部・濱崎町一部	二八七	九三	四五七	六〇	一五六	一一九	二九	―	一四八	一	三	五	八
濱崎町	二八八	七三	三三〇	三五	六〇	四四	一四	一	五九	一	―	―	一
茶屋町	二八九	一〇七	四〇〇	七七	一三四	八八	三〇	一	一一九	三	一	一	五

同	二九〇	八九	三九二	五八	八六	四三	三七	二	八二	三	一	｜	四
同	二九一	八一	三五一	四六	八八	三一	五七	｜	八八	｜	｜	｜	｜
同	二九二	九七	四四一	四九	九三	五五	三八	｜	九三	｜	｜	｜	｜
小深町	二九三	六四	二二四	二六	四一	二六	一〇	三	三九	二	｜	｜	二
同	二九四	九八	四一〇	六三	一〇九	七二	一四	五	九一	三	二	三	一八
同	二九五	九一	三二三	六九	一〇八	八三	二二	｜	一〇四	四	｜	｜	四
同	二九六	八六	三一二	五九	八七	四三	三八	｜	八一	四	一	一	六
同	二九七	九一	三五〇	五七	七四	四九	一五	六	七〇	二	｜	二	四
同	二九八	六九	二六七	五二	六九	二八	三七	二	六七	一	一	｜	二
大深町	二九九	八六	三五五	八五	一〇九	一〇三	五	｜	一〇八	｜	一	｜	一
同	三〇〇	八六	五四六	八四	三〇二	二五九	四二	｜	三〇一	一	｜	｜	一
芝田町	三〇一	五三	二六二	二〇	三〇	二〇	七	三	三〇	｜	｜	｜	｜
同	三〇二	八五	四〇五	四七	六四	三八	三三	｜	六〇	｜	一	三	四
同	三〇三	七九	三五五	四二	六二	四〇	一九	二	六一	一	｜	｜	一
同	三〇四	八六	三四五	六〇	七八	四七	二四	六	七七	一	｜	｜	一
同	三〇五	六〇	二五三	三九	六二	四〇	一五	｜	五五	五	二	｜	七
同	三〇六	八〇	四一七	五六	一三五	一一三	一七	｜	一三〇	三	二	｜	五
同	三〇七	七三	三〇〇	五三	七七	四七	二五	二	七四	二	｜	一	三
同	三〇八	六五	二六八	四一	七五	四六	二四	一	七一	三	｜	一	四
同	三〇九	八二	二九三	五三	六八	三一	三四	｜	六五	三	｜	｜	三
同	三一〇	一〇八	三六一	七七	一〇四	五一	四六	四	一〇一	一	｜	二	三
同	三一一	一〇七	三九六	七一	一〇八	六五	四〇	一	一〇六	一	一	｜	二
牛丸町	三一二	八二	三六〇	四五	八三	四九	二四	｜	七三	二	三	五	一〇
同	三一三	一一三	三八三	七五	一〇一	六二	三九	｜	一〇一	｜	｜	｜	｜

六五

同	三一四	九三	三三三	六二	八二	四三	三二	四	七九	一	二	|	三	六六
佐藤町	三一五	七一	三五八	二八	七六	一八	一五	|	三三	一	|	四二	四三	
同	三一六	七七	三〇三	四七	七五	二九	三七	八	七四	|	一	|	一	
東寺町 南同心町一丁目	三一七	七三	四三三	四九	一三四	一二四	七	一	一三三	一	一	|	二	
東寺町 南同心寺一丁目	三一八	七五	三一一	五二	八七	六七	六	一四	八七	|	|	|	|	
同南同心町二丁目	三一九	七九	三二一	四九	九一	六四	三	二	八八	三	|	|	三	
南同心町二丁目	三二〇	八四	三三三	五七	九五	四八	二八	七	九三	|	二	|	二	
南同心町一丁目	三二一	七七	三五六	五〇	一一九	九二	三	三	一〇七	七	二	三	三	
南同心町一丁目	三二二	六一	三一八	三〇	七八	七三	三	|	七六	一	一	|	二	
南同心町二丁目	三二三	八五	三七四	五三	一〇一	七八	二〇	三	一〇一	|	|	|	|	
與力町一丁目	三二四	九七	四四一	六六	一六〇	一四三	一	七	一五一	三	一	五	九	
同二丁目一部	三二五	七四	三二八	五〇	一三六	一一三	一六	四	一三三	一	二	|	三	
與力町二丁目	三二六	七九	四五一	五四	二一〇	一九四	六	三	二〇三	七	|	|	七	
同	三二七	六三	二九二	五〇	一〇八	八四	一六	五	一〇五	二	一	|	三	
同一丁目	三二八	八二	三九三	四九	七三	五一	一四	三	六八	四	一	|	五	
同	三二九	一二五	五四六	八一	二〇三	一八五	三	三	二〇〇	三	|	|	三	
同二丁目	三三〇	八四	三八七	五七	一一六	九七	一五	二	一一四	二	|	|	二	
同	三三一	七八	三五七	五七	一三〇	一一四	二	|	一二五	四	一	|	五	
北同心町一丁目	三三二	七九	三四五	四九	九七	七七	一三	四	九三	四	|	|	四	
同二丁目	三三三	一〇四	三九七	六三	九二	六九	八	一〇	八七	五	|	|	五	
同	三三四	七九	五六一	五二	二〇八	一八八	一〇	六	二〇四	二	|	二	四	
同一丁目	三三五	七〇	二七七	三八	五四	四〇	一一	一	五三	一	|	一	二	
同	三三六	八八	三五七	五六	九七	七七	一〇	四	九一	五	|	一	六	
同二丁目	三三七	八六	六五四	六八	三五二	三二一	二八	一	三五〇	二	|	|	二	

同	三三八	九一	四四四	七五	一八五	一七三	四	六	一八三	二	｜	｜	二
南錦町	三三九	九一	三四六	六四	九三	四九	三一	一	八一	五	二	五	一三
同	三四〇	九四	四〇〇	五六	八九	七三	九	五	八七	二	｜	｜	二
東扇町	三四一	四二	二二四	一八	六八	五一	一三	｜	六四	三	一	｜	四
梅ケ枝町	三四二	八八	三九五	三一	四五	二七	一八	｜	四五	｜	｜	｜	｜
同	三四三	八二	三九六	四六	九〇	七〇	二〇	｜	九〇	｜	｜	｜	｜
同	三四四	六一	二六八	三二	六七	四四	一三	｜	六六	一	｜	｜	一
同	三四五	七九	二九九	三六	四一	二六	一四	｜	四〇	｜	一	｜	一
同	三四六	七三	三七六	三七	一二三	九五	二七	｜	一二二	一	｜	｜	一
同	三四七	五二	二二三	二一	三九	二八	二	｜	三九	｜	｜	｜	｜
同	三四八	六七	三五四	三五	一三九	一三八	八	｜	一三六	一	｜	二	三
同	三四九	七七	二四八	四〇	四八	三七	九	｜	四六	一	｜	一	二
同	三五〇	七〇	二三八	三三	四〇	二一	一八	一	四〇	｜	｜	｜	｜
同	三五一	六一	二六五	二九	二四	二三	九	｜	三二	｜	二	｜	二
西寺町一丁目・同二丁目	三五二	九三	三八一	五五	七八	五三	二	七	七一	三	二	二	七
野崎町	三五三	九四	五六七	五七	二六一	九九	一九	二七	一四五	二〇	六	九〇	一六
同	三五四	七五	二五六	五二	七二	五九	六	三	六八	一	二	一	四
同	三五五	九五	三〇一	六九	一〇九	四五	四一	一〇	九六	三	一	｜	三
同	三五六	四四	一五〇	二六	三六	二一	九	四	三四	一	一	｜	二
同	三五七	七五	三〇六	二九	四五	二四	一六	四	四四	｜	一	｜	一
同	三五八	六二	二三八	二五	三〇	二三	八	｜	三〇	｜	｜	｜	｜
同	三五九	九六	三四九	四七	六二	四五	一三	一	五八	一	二	一	四
兎我野町	三六〇	八二	三三六	四四	七五	五三	一五	四	七二	三	｜	｜	三
同	三六一	九九	四〇四	四〇	六七	四六	二	八	六五	二	｜	｜	二

六七

六八

同	三六二	六九	二八五	三〇	四三	三八	三	—	四一	一	一	—	二
同	三六三	七一	二七三	四〇	五九	三七	三	—	五九	—	—	—	—
同	三六四	六三	二五八	四二	六三	四七	一四	—	六一	—	一	一	二
同	三六五	八〇	三一四	四一	七一	四三	二	三	六七	—	一	三	四
同	三六六	九八	三九四	六七	九一	六一	三	—	八二	三	三	三	九
同	三六七	四九	二二三	二九	六一	四九	二	—	六〇	一	—	—	一
同	三六八	九三	三二四	五〇	七七	五四	三	—	七五	一	一	—	二
神山町	三六九	六一	二七二	二三	二八	一五	七	一	二三	一	二	二	五
同	三七〇	九四	三七一	四八	七四	五五	一九	—	七四	—	—	—	—
同	三七一	一一〇	四七二	六二	九四	六六	二〇	五	九一	一	—	二	三
同	三七二	一一一	四三三	七三	一〇二	七三	三	一	九五	三	一	三	七
同	三七三	七〇	二五四	三四	五〇	三四	一三	一	四八	一	—	一	二
太融寺町	三七四	一〇三	四二三	六五	九九	七二	三	三	九七	—	一	一	二
同	三七五	七七	三五六	四一	五三	二九	三	—	五一	一	—	—	一
同	三七六	八四	三六九	四四	七二	四三	三六	—	六九	二	一	—	三
同	三七七	一〇四	三六六	六五	九九	七二	一九	三	九四	三	—	二	五
同	三七八	九五	三八九	四七	六四	四七	二	—	五八	—	一	五	六
同	三七九	八〇	三三九	三九	七〇	五三	三	四	六九	—	—	一	一
堂山町	三八〇	九六	三六七	五三	七八	六〇	一四	一	七五	二	—	一	三
同	三八一	九一	三三九	六四	一〇一	六八	三一	一	一〇〇	—	一	—	一
同	三八二	八〇	三四六	三六	四六	三二	二	—	四二	三	—	一	四
同	三八三	七五	三六〇	三二	七五	三八	三六	一	七五	—	—	—	—
同	三八四	七〇	二七〇	四四	六八	四三	二〇	—	六三	五	—	—	五
同	三八五	八七	三〇三	四三	五八	五〇	七	—	五七	一	—	—	一

同	三八六	七二	二七八	四四	六四	四九	二	二	六二	一	一	｜	二
同	三八七	六三	二九〇	三五	五〇	三八	二	｜	四九	一	｜	｜	一
高垣町	三八八	六七	二八四	四六	六一	三八	一六	｜	五四	三	一	三	七
同	三八九	五九	二六一	三四	四七	二六	一八	二	四六	一	｜	｜	一
同	三九〇	七八	三〇六	三七	六一	三五	二	一	五七	三	｜	一	四
同	三九一	一〇七	四一七	六〇	九八	七一	二	｜	九二	六	｜	｜	六
小松原町	三九二	七六	三一三	三六	五八	二三	三	三	五六	｜	一	一	二
同	三九三	六〇	二五一	二八	四五	三〇	一三	一	四四	一	｜	｜	一
同	三九四	八二	三〇九	五二	八三	四八	三三	｜	八一	｜	二	｜	二
角田町	三九五	七八	三五一	五三	九一	六〇	二七	｜	八〇	三	｜	一	四
同	三九六	九四	三一八	四三	六二	二三	二	｜	五三	四	五	｜	九
同	三九七	八三	三三三	四八	六九	五〇	一七	一	六八	｜	一	｜	一
北扇町	三九八	八六	四〇九	四二	一〇五	五〇	四七	｜	九七	七	一	｜	八
同	三九九	九七	四九二	七五	一二九	五二	七四	｜	一二六	｜	三	｜	三
同	四〇〇	七五	五五一	六三	二八〇	八一	一九四	｜	二七五	｜	五	｜	五
山崎町	四〇一	七九	二七二	五八	九一	七五	九	一	八五	三	一	二	六
同	四〇二	一〇一	五七〇	七一	一八一	一六〇	一九	一	一八〇	一	｜	｜	一
同	四〇三	七六	三二〇	三四	四〇	二三	一二	｜	三五	三	｜	二	五
同	四〇四	七六	三〇四	五八	一〇三	七〇	二四	九	一〇三	｜	｜	｜	｜
同	四〇五	七五	二九九	五一	九一	五七	二九	｜	八六	二	一	二	五
天神橋筋六丁目	四〇六	七六	三三九	二二	二七	一九	四	三	二六	一	｜	｜	一
同	四〇七	七七	三〇七	二九	五五	三九	一三	三	五五	｜	｜	｜	｜
同	四〇八	六四	二九二	七	一一	九	二	｜	一	｜	｜	｜	｜
同	四〇九	七八	二九四	二一	四四	二八	五	｜	四三	一	｜	｜	一

六九

七〇

浪花町	四一〇	七〇	二五三	六三	一一二	九七	八	—	一〇五	七	—	—	七
同	四一一	七四	二九三	三五	四七	二二	四	三	四六	一	—	—	一
同	四一二	八四	三八六	二九	四四	四〇	四	—	四四	—	—	—	—
同	四一三	七五	二七二	五三	八〇	六〇	一六	—	七六	四	—	—	四
同	四一四	七三	二八三	三九	五八	三七	一三	三	五三	三	二	—	五
同	四一五	六九	二六九	四四	五七	三三	一八	四	五四	二	—	一	三
同	四一六	七五	二八九	四八	六四	三七	二〇	三	六〇	一	—	三	四
同	四一七	六四	二九八	三五	七三	五八	一〇	三	七一	二	—	—	二
同	四一八	六一	三一九	四七	九六	八一	一〇	一	九二	三	—	一	四
同	四一九	六三	三〇六	四一	六七	四三	一八	四	六五	二	—	—	二
同	四二〇	六七	三一九	三七	八七	五九	二一	—	八〇	五	一	一	七
黒崎町	四二一	八七	三七三	六四	一二五	一〇三	一五	七	一二五	—	—	—	—
同	四二二	六四	二九八	三六	六九	五一	一八	—	六九	—	—	—	—
同	四二三	八三	三一一	六一	一〇〇	五五	二七	一五	九七	二	一	—	三
同	四二四	八二	三六〇	五四	八四	五一	二〇	七	七八	三	二	一	六
同	四二五	八五	三五七	五二	八六	五七	三	六	八五	一	—	—	一
同	四二六	六九	二七三	三二	五〇	三五	九	四	四八	一	一	—	二
同	四二七	六八	三〇八	四〇	六六	四一	一三	八	六二	二	一	一	四
同	四二八	七四	三〇六	五三	七八	四七	三	八	七六	一	一	—	二
浮田町	四二九	七三	三五〇	四八	六八	三七	三	九	六七	一	—	—	一
同	四三〇	五一	二一二	二八	四六	三一	二	二	四四	二	—	—	二
同	四三一	六七	二六六	四九	六七	三九	二四	二	六五	二	—	—	二
同	四三二	七四	三〇〇	三七	五〇	三一	一四	二	四七	一	一	一	三
同	四三三	一〇六	六五七	七四	三〇二	二四四	三八	二	二九三	七	二	—	九

中崎町	四三四	九六	四一四	四四	六七	四〇	二五	一	六六	―	一	―	一
同	四三五	一一三	四八〇	五六	九四	七〇	二三	―	九三	―	一	―	一
同	四三六	一〇二	三九二	五四	七二	三八	二四	三	六五	四	―	三	七
同	四三七	一一三	四四六	六九	七〇	三八	八	一三	六九	―	一	―	一
同	四三八	八六	三六〇	五六	九二	五三	三一	五	八九	一	二	―	三
同	四三九	一一九	四六六	七三	一二三	七二	四三	―	一一五	六	―	一	七
同	四四〇	九五	五五七	六五	一三八	一〇〇	三五	―	一三五	一	―	二	三
同	四四一	六九	三二八	四二	六七	三九	二四	三	六六	―	―	一	一
葉村町	四四二	八一	三一五	四九	六九	四三	八	―	六一	二	―	六	八
同	四四三	九三	四六三	三二	七七	六六	八	二	七六	一	―	―	一
同	四四四	七四	二七一	四六	六一	三三	二四	―	五七	一	三	―	四
同	四四五	一一一	四四三	六五	一〇三	六三	二六	一〇	九九	一	二	一	四
同	四四六	九四	三七九	五六	七五	四七	二五	三	七五	―	―	―	―
同	四四七	八三	四三八	四七	八四	四九	二九	五	八三	一	―	―	一
萬歳町	四四八	九三	四七三	二八	六四	二八	三六	―	六四	―	―	―	―
同	四四九	九九	三九五	三七	四八	三三	九	四	四六	二	―	―	二
同	四五〇	九二	五一一	四八	一〇九	五九	五〇	―	一〇九	―	―	―	―
道本町	四五一	八四	三二〇	五二	九五	五五	二七	三	九五	―	―	―	―
同	四五二	一〇三	四三一	五七	一〇三	三九	二九	四	九二	三	四	四	二
同	四五三	九六	三八三	五四	七二	三四	三三	四	七〇	二	―	―	二
同	四五四	八八	三九二	五〇	七六	五〇	二五	―	六五	―	一	―	一
同	四五五	一〇二	四五三	三九	六〇	三八	二〇	―	五八	―	―	二	二
舟場町	四五六	一〇〇	四三七	四六	五八	四四	八	―	五二	四	―	二	六
同	四五七	八四	三二四	四六	五四	三九	六	八	五三	―	―	一	一

七一

七二

天満橋筋五丁目	四五八	七七	三一七	六二	一一六	九二	一五	三	一一〇	四	一	一	六
同	四五九	七四	三四八	五〇	一三六	一〇六	四	二〇	一三〇	五	｜	一	六
同	四六〇	九八	六〇一	九一	三一八	二七一	四四	一	三一六	二	｜	｜	二
同	四六一	一	九四三	一	九四一	九三一	一〇	｜	九四一	｜	｜	｜	｜
北錦町	四六二	七六	二六一	五五	八二	六三	一二	｜	七四	六	一	一	八
同天満橋筋六丁目一部	四六三	七六	三〇〇	五八	一一五	九三	八	四	一〇五	七	一	二	一〇
池田町	四六四	九七	三六九	五九	八三	五〇	二七	五	八二	｜	一	｜	一
天神橋筋五丁目	四六五	七六	三六〇	四七	八五	五八	二二	二	八一	三	｜	一	四
同	四六六	一〇六	四四四	六五	一一五	七四	一四	二	一〇九	四	｜	二	六
同	四六七	七七	三八六	四〇	九二	四六	四一	四	九一	一	｜	｜	一
吉山町	四六八	一〇三	三八〇	六三	一〇五	五八	六	三四	九八	五	｜	二	七
同	四六九	一〇六	三九五	七一	一一五	八二	七	一五	一〇四	七	｜	四	二
同	四七〇	一一三	五五三	七〇	一四九	九五	二七	八	一四〇	五	一	三	九
吉岡町	四七一	九〇	三七四	五二	九五	五六	四	二六	八六	七	｜	二	九
國分寺町	四七二	九〇	三六五	四四	七四	四四	五	三	七一	二	｜	一	三
同	四七三	一二三	四九四	九〇	一四四	一〇五	一三	二	一三九	五	｜	｜	五
同	四七四	八七	三三六	五五	八六	六五	二	七	八六	三	｜	｜	三
同	四七五	九五	三五七	七一	一二九	九七	一六	一四	一二七	二	｜	｜	二
同	四七六	八四	三一〇	六二	九一	六七	一八	五	九〇	一	｜	｜	一
同	四七七	七四	三一二	六五	一二九	一〇一	二	二七	一二九	｜	｜	｜	｜
同	四七八	八〇	三五七	五七	一二四	七〇	四四	四	一一八	三	一	二	六
天満橋筋六丁目	四七九	一〇三	四〇二	六六	九〇	五九	二七	一	八七	二	｜	一	三
同	四八〇	六三	二三〇	五四	八二	六六	一五	｜	八一	｜	｜	一	一
同	四八一	五九	二七四	四一	一三九	一一九	一〇	一	一三〇	九	｜	｜	九

同	四八二	七五	三一二	六八	一三〇	一二五	八	四	一二七	一	二	｜	三
同	四八三	八九	三二五	八一	一五六	一三五	一五	二	一五二	三	一	｜	四
同	四八四	六七	二七五	六七	一四九	一三九	一六	｜	一四五	四	｜	｜	四
國分寺町	四八五	一一三	四五四	一一三	一三九	二二七	一五	三	二三五	四	｜	｜	四
同	四八六	三	一、八六八	三	一八五〇	一、八三〇	一三	｜	一、八四三	七	｜	｜	七
天滿橋筋六丁目	四八七	一一六	四六二	一〇八	二四二	二〇三	一〇	三	二三五	五	二	｜	七
樋ノ口町	四八八	七七	三六一	五〇	一〇七	八六	一六	四	一〇六	一	｜	｜	一
同	四八九	四七	二二二	四一	九二	七七	三	四	八四	七	｜	一	八
同	四九〇	九〇	三一八	八九	一九五	一七七	一五	二	一九四	一	｜	｜	一
曾根崎永樂町	四九一	八四	四七二	六	二八	二六	二	｜	二八	｜	｜	｜	｜
曾根崎上一丁目	四九二	九一	四三八	四五	一〇三	六四	三九	｜	一〇三	｜	｜	｜	｜
同	四九三	九八	三六二	四三	五八	三六	二〇	｜	五六	｜	一	一	二
同	四九四	九八	四四一	四一	六〇	二九	二八	一	五八	｜	二	｜	二
同	四九五	八二	三三一	二八	三五	二〇	一四	｜	三四	一	｜	｜	一
同	四九六	九四	四五〇	三〇	四一	二二	二〇	｜	四一	｜	｜	｜	｜
曾根崎上二丁目	四九七	四四	二一四	七	一四	二三	二	｜	一四	｜	｜	｜	｜
同	四九八	七五	三一八	二一	二六	一二	一三	｜	二四	二	｜	｜	二
同	四九九	八五	三五一	二八	三六	一五	三一	｜	三六	｜	｜	｜	｜
同上三丁目	五〇〇	八一	三九六	二一	四五	二六	一九	｜	四五	｜	｜	｜	｜
同	五〇一	六三	三〇九	二一	四八	四〇	八	｜	四八	｜	｜	｜	｜
同	五〇二	七四	二八七	一九	三三	一三	二〇	｜	三三	｜	一	｜	一
同上四丁目	五〇三	七〇	三六八	二七	七一	五三	一八	｜	七一	｜	｜	｜	｜
同	五〇四	九九	四〇六	三二	五七	三六	一九	｜	五五	｜	二	｜	二
同	五〇五	五八	二四五	一七	二九	二〇	六	｜	二六	｜	三	｜	三

七三

七四

同	五〇六	八六	四二七	四三	九九	五三	四五	—	九八	—	一	—	一
曾根崎中一丁目	五〇七	八六	三七七	四八	七四	五一	二一	—	七二	一	一	—	二
同	五〇八	七三	二九二	二四	三七	一八	一八	—	三六	—	一	—	一
同	五〇九	五九	二七二	三三	四四	三六	七	—	四三	—	一	—	一
同	五一〇	六六	三〇五	二八	五五	三〇	二五	—	五五	—	—	—	—
同中二丁目	五一一	八九	四二四	五〇	九二	六七	二四	一	九二	—	—	—	—
同	五一二	六六	二九八	四三	六六	五一	一五	—	六六	—	—	—	—
同	五一三	九八	四四八	二八	五四	三六	一七	一	五四	—	—	—	—
同	五一四	七三	三六一	四一	九六	五五	三一	—	八七	七	一	一	九
東梅田町	五一五	六六	五二三	三四	二二〇	一八一	二六	—	一〇七	二	一	—	三
同	五一六	一〇三	五三七	六一	三三四	一五三	六七	二	一三一	二	一	—	三
同	五一七	九三	四八八	四六	一三一	一一六	一五	—	一三一	—	—	—	—
同	五一八	七七	五〇二	二三	九三	六〇	三三	—	九三	—	—	—	—
梅田町	五一九	八七	三八八	五八	一三五	七四	四九	—	一三三	一	一	—	二
同	五二〇	七三	三三三	四二	九〇	四二	四七	—	八九	—	一	—	一
同	五二一	六五	三一〇	四六	五七	一九	三七	—	五六	[illegible]	—	—	一
同	五二二	八一	二五二	四三	一一一	四一	五八	—	九九	二	一	—	三
西梅田町	五二三	四六	二一〇	一三	一八	一〇	八	—	一八	—	—	—	—
同	五二四	五一	二二六	三四	六一	四七	一〇	—	五七	二	一	一	四
北梅田町	五二五	八二	三三五	五〇	六八	四六	一九	一	六六	—	二	—	二
同	五二六	九九	四三六	六四	一三三	九〇	三三	—	一一三	—	一	—	一
同	五二七	六九	三〇二	四一	六五	三〇	三五	—	六五	—	—	—	—
總計		四四、三〇一	一九九、七三三	二六、〇七三	三二、一一〇	三四、四二八	一四、〇七七	一、七一〇	五〇、二一五	九三六	三三五	六二四	一、八九五

天王寺區

調査區 町名	調査區 番號	國勢調査 世帯	國勢調査 人口	失業統計調査 世帯	失業統計調査 人口	有業者數 勞働者	有業者數 給料生活者	有業者數 日傭勞働者	有業者數 計	失業者數 勞働者	失業者數 給料生活者	失業者數 日傭勞働者	失業者數 計
東高津北ノ町	一	五〇	一七六	二一	二七	一〇	一五	一	二六	—	一	—	一
同	二	五九	二二三	三八	四九	二二	二六	—	四八	—	一	—	一
同	三	七三	二七一	三九	五六	一九	二九	三	五一	一	四	—	五
同	四	六六	二八七	四〇	七五	四七	二〇	—	六七	一	二	五	八
同	五	四一	二〇三	一三	四三	二七	九	一	三七	五	—	一	六
東高津南ノ町	六	九七	三九二	四五	六三	三一	二七	一	五九	三	一	—	四
同	七	八五	三九九	四八	六八	二四	四四	—	六八	—	—	—	—
同	八	八二	三三一	四二	五六	二一	三三	—	五四	二	—	—	二
上本町五丁目	九	一〇一	四五四	五三	七一	三四	三三	二	六九	二	—	—	二
同	一〇	七一	二八九	四一	七三	三八	三三	—	七一	一	一	—	二
上本町六丁目	一一	五四	二六〇	二六	六三	四八	一三	二	六三	—	一	—	一
上本町八丁目	一二	五七	二三四	二四	三〇	一九	八	二	二九	—	一	—	一
同	一三	六七	二六〇	二三	四三	二九	七	五	四一	一	一	—	二
同	一四	四二	二〇六	一三	一八	一三	五	—	一八	—	—	—	—
同	一五	七五	四二二	四七	一一六	八七	二九	—	一一六	—	—	—	—
上本町九丁目	一六	五三	二七四	二八	四二	二八	一一	三	四二	—	—	—	—
同	一七	六四	二八六	四一	六六	三一	三一	三	六五	一	—	—	一
同	一八	六七	二六一	一三	二一	八	一二	一	二一	—	—	—	—
同	一九	六四	二四九	八	一〇	五	二	三	一〇	—	—	—	—

七五

七六

上本町十丁目	二〇	七一	三四二	三〇	五七	三八	一六	三	五七	—	—	—	—
同	二一	一〇五	四〇六	五四	八一	六一	一一	六	七八	二	一	—	三
東平野町一丁目	二二	三九	一七一	一七	二三	一三	三	六	二三	—	—	—	—
同	二三	四七	一九八	二三	三六	三一	—	三	二四	二	—	—	二
同	二四	五五	三二八	二三	二八	一六	五	六	二七	一	—	—	一
同	二五	六二	二三八	二一	二八	二五	七	六	二八	—	—	—	—
同	二六	三九	一四九	一三	二三	二一	五	四	二二	—	一	—	一
同	二七	七二	三〇六	一九	三九	二六	八	五	三九	—	—	—	—
同	二八	五一	一八七	一九	二五	一四	七	三	二四	—	—	一	一
同	二九	四九	一七八	一三	二五	一五	四	五	二四	—	—	—	一
東平野町二丁目	三〇	七〇	三二二	二八	三六	一一	一四	九	二四	—	—	一	二
同	三一	七二	二九一	三四	四三	二四	八	九	四一	—	一	—	二
同	三二	一四	一四二	一一	二四	一四	七	二	二三	—	—	—	一
同	三三	四七	一九〇	二四	三〇	二〇	二	五	二七	—	—	—	三
同	三四	五二	二〇六	一六	一六	一一	三	一	一五	三	—	—	一
同	三五	五一	一九八	二三	四七	三〇	九	七	四六	一	—	—	一
同	三六	五六	二五〇	二三	四七	二三	六	七	四六	一	—	—	一
東平野町三丁目	三七	五七	二四九	二三	四七	三六	九	二	四七	—	—	—	—
同	三八	五九	二〇九	二九	三八	二〇	一一	五	三六	二	—	—	二
同	三九	五七	二三三	一七	一七	四	七	五	一六	一	—	—	一
同	四〇	五〇	二三三	一七	二〇	一〇	二	六	一八	二	—	—	二
同	四一	四一	一六六	二〇	三二	一六	一三	一	三〇	二	—	—	二
同	四二	三〇	一一九	一七	二四	一七	四	二	二三	—	一	—	一
東平野町四丁目	四三	一〇七	四二一	四〇	五二	三四	一四	四	五二	—	—	—	—

同	四四	五八	二七三	二七	五六	二	二八	六	五五	一	｜	｜	一
同	四五	五四	二一五	二〇	二七	三	四	一	二七	｜	｜	｜	｜
同	四六	四九	一九七	二一	三四	二〇	一二	二	三四	｜	｜	｜	｜
同	四七	四八	一九四	二一	二四	一三	八	一	二二	三	｜	｜	三
同	四八	五七	二二〇	二五	二六	二	七	七	二五	一	｜	｜	一
東平野町五丁目	四九	七〇	二九六	一八	二七	一七	九	｜	二六	一	｜	｜	一
同	五〇	六二	二四六	一六	一九	一三	三	二	一八	｜	｜	一	一
同	五一	六一	二四一	三一	五七	一八	二七	二	五七	｜	｜	｜	｜
同	五二	七一	二七六	三〇	四四	一九	二〇	三	四二	二	｜	｜	二
東平野町六丁目	五三	七一	三三二	四一	六一	二三	一七	九	五九	｜	二	｜	二
同	五四	五七	二二六	三三	四二	二九	八	四	四一	｜	一	｜	一
同	五五	五三	二九一	一八	九六	五八	三〇	七	九五	一	｜	｜	一
同	五六	六〇	二三九	二七	三七	二一	五	一	三七	｜	｜	｜	｜
同	五七	五七	二一三	二九	四〇	一八	一七	三	三八	｜	二	｜	二
東平野町七丁目	五八	五五	二二四	二四	二九	二一	四	四	二九	｜	｜	｜	｜
同	五九	六五	二三〇	三一	三七	二一	一二	三	三五	｜	一	一	二
同	六〇	六五	二七六	二四	二九	九	七	八	二四	五	｜	｜	五
同	六一	五七	二一七	三	一四	八	四	二	一四	｜	｜	｜	｜
同	六二	六一	二三九	三〇	三七	二三	一〇	二	三五	二	｜	｜	二
同	六三	五四	二〇九	二七	三八	二六	一〇	二	三八	｜	｜	｜	｜
同	六四	七〇	二五〇	三七	四六	三〇	八	六	四四	一	｜	一	二
同	六五	五六	二九四	三三	四〇	二九	一〇	一	四〇	｜	｜	｜	｜
同	六六	五八	二二四	二八	三二	二〇	六	六	三二	｜	｜	｜	｜
同	六七	五五	二五六	三三	三二	二三	三	六	三二	｜	｜	｜	｜

七七

七八

東平野町八丁目	六八	七三	二九七	二二	四〇	二四	七	四	三五	—	三	二	五
同	六九	六五	二七六	二一	三〇	二三	七	—	三〇	—	—	—	—
同	七〇	六五	二七二	二八	四三	二四	一五	三	四二	一	—	—	一
同	七一	六五	二三五	一五	一九	九	五	四	一八	一	—	—	一
同	七二	七五	三〇四	二八	三三	一九	五	八	二一	一	—	—	一
同	七三	七一	二七二	三五	四一	三	四	三	三九	二	—	—	二
同	七四	七六	二八九	一九	二四	一六	六	一	二三	—	一	—	一
東平野町九丁目	七五	四七	二〇三	二四	四四	二九	七	七	四三	—	一	—	一
同	七六	八四	三一七	四〇	五三	二八	七	五	五〇	三	—	—	三
同	七七	六九	二七〇	二七	四九	二八	一九	—	四七	一	一	—	二
同	七八	五三	二一一	三	三一	二	九	七	二七	二	一	一	四
同	七九	六〇	二三三	二一	三二	一七	五	六	二八	一	—	三	四
同	八〇	六二	二九七	三	二七	三	二	二	二六	一	—	—	一
東平野町十丁目	八一	四九	一九九	三五	三〇	一〇	一八	一	二九	—	一	—	一
同	八二	四八	一九五	二〇	二九	一三	一六	—	二九	—	—	—	—
同	八三	三九	一六一	一三	二〇	一三	二	五	二〇	—	—	—	—
同	八四	六四	二五八	三	二七	二	一〇	四	二五	二	—	—	二
同	八五	五八	二五五	二八	四〇	二三	一一	六	四〇	—	—	—	—
同	八六	四六	二〇〇	二〇	二三	六	一六	一	二三	—	—	—	—
上綿屋町	八七	七九	二九一	四四	六七	二四	二八	三	六五	一	一	—	二
同	八八	四六	一七八	二〇	二五	一三	九	一	二三	一	—	一	二
谷町八丁目	八九	五八	二六八	二〇	二五	八	一六	一	二五	—	—	—	—
谷町九丁目	九〇	九九	三九四	二五	四七	二二	一四	一	四七	—	—	—	—
同	九一	六〇	二五六	二八	四〇	一六	一六	六	三八	一	—	一	二

七九

同	九二	七三	二七八	三五	四二	二四	八	九	四一	｜	一	｜	一
同	九三	五五	二四七	一七	四一	二一	一四	六	四一	｜	｜	｜	｜
同	九四	三七	二一九	一五	二九	一五	一三	｜	二八	一	｜	｜	一
同	九五	一〇〇	三六七	五七	六六	三五	一八	三	六五	｜	一	｜	一
西高津中寺町	九六	一〇五	四九一	五一	五九	一九	二七	｜	五六	二	一	｜	三
下寺町一丁目	九七	一四	六六	三	三	一	一	｜	二	｜	一	｜	一
生玉町	九八	六二	二五七	三三	七四	五四	三	四	七一	一	二	｜	三
同	九九	四一	一八〇	二六	三一	一五	一五	一	三一	｜	｜	｜	｜
同	一〇〇	四四	一四三	一三	二三	二	七	三	一三	｜	一	｜	一
同	一〇一	四八	一八二	一八	三二	一〇	四	八	二一	｜	｜	｜	｜
同	一〇二	六〇	二七八	一二	三三	一九	一三	｜	三一	｜	｜	｜	｜
同	一〇三	九五	三二五	四〇	五七	一八	二五	二	五五	二	｜	｜	二
同	一〇四	五一	一七九	二三	二四	六	一五	二	二三	一	｜	｜	一
同	一〇五	三九	一五七	三	二四	一四	七	二	二三	｜	一	｜	一
同	一〇六	五九	二七〇	一九	三五	一九	六	｜	三五	｜	｜	｜	｜
同	一〇七	八三	三七九	三〇	四七	二四	三	一	四七	｜	｜	｜	｜
上本町七丁目	一〇八	八一	三九七	二四	四四	三	二一	一	四四	｜	｜	｜	｜
同	一〇九	一一八	四八〇	六二	八七	四四	三八	二	八四	三	｜	｜	三
同	一一〇	七八	三九三	四四	九七	五三	三六	六	九五	二	｜	｜	二
同	一一一	二八	一一五	九	二三	三	｜	｜	三	一	｜	｜	一
同	一一二	六九	二九一	三〇	五九	二三	三	一	五五	二	二	｜	四
同	一一三	五七	二六四	三六	五八	二七	一六	一	五四	二	一	一	四
下寺町二丁目	一一四	六二	二六七	一八	四一	二七	九	五	四一	｜	｜	｜	｜
同	一一五	六五	二四四	三六	四七	一六	二五	三	四四	二	一	｜	三

同	一一六	五七	二三九	二四	四七	三三	六	七	四六	｜	一	｜	一
同	一一七	六三	二六八	二四	五五	三八	一五	一	五四	｜	一	｜	一
下寺町三丁目	一一八	六四	二九四	二三	六二	四七	三	｜	六〇	二	｜	｜	二
同	一一九	六六	二三三	三八	四七	四一	四	｜	四五	一	一	｜	二
同	一二〇	五五	二三三	二八	三八	二八	八	一	三七	｜	｜	一	一
同	一二一	七五	二六二	四三	六四	四三	九	九	六〇	四	｜	｜	四
同	一二二	五八	二二一	二五	五二	三三	一八	一	五一	一	｜	｜	一
同	一二三	六四	二三〇	三〇	三九	二四	一一	四	三九	｜	｜	｜	｜
同	一二四	六六	二七三	三五	五五	四〇	四	六	五〇	三	｜	二	五
同	一二五	六三	二三七	三三	四七	三二	｜	一五	四七	｜	｜	｜	｜
同	一二六	七四	二七九	五〇	七五	五七	五	一三	七五	｜	｜	｜	｜
同	一二七	五〇	一八五	二五	三五	二六	三	五	三四	一	｜	｜	一
同	一二八	七二	二五一	二〇	三三	二〇	五	七	三三	｜	｜	｜	｜
同	一二九	三九	一七七	一六	二六	一九	五	二	二六	｜	｜	｜	｜
同	一三〇	六〇	二三五	三一	四二	二五	一〇	三	三八	四	｜	｜	四
下寺町四丁目	一三一	六三	二三三	二九	三四	一九	五	四	二八	三	｜	三	六
同	一三二	七一	二四九	三二	三七	二三	八	二	三三	三	｜	一	四
同	一三三	六四	二六〇	二九	四〇	二七	一〇	二	三九	一	｜	｜	一
同	一三四	八四	三三〇	三七	八三	五九	一三	｜	八一	一	一	｜	二
同	一三五	三七	一三七	一八	二三	一二	一〇	｜	二一	｜	二	｜	二
同	一三六	七三	二七九	二九	三六	三二	六	六	三三	二	｜	一	三
同	一三七	六五	二〇〇	三三	四〇	二〇	八	七	三五	三	｜	二	五
同	一三八	四一	一八九	一九	二七	一六	六	四	二六	｜	｜	一	一
同	一三九	七一	三三〇	三三	五〇	三七	八	三	四八	一	一	｜	二

八〇

同	一四〇	八三	三三二	四〇	五九	四六	四	六	五六	三			三
同	一四一	六一	二五三	三二	四五	三一	一	一二	四四		一		一
同	一四二	八五	三三八	三六	五一	三六	七	一	四四	五	一	一	七
同	一四三	五八	三三三	二七	四〇	三三	四	一	三八	一		一	二
同	一四四	九三	三六一	四七	六一	四六	八	三	五七	三		一	四
同	一四五	八九	三八二	三四	五六	三〇	一七	八	五五		一		一
北日東町	一四六	四四	二三四	二三	八〇	六五	一三	二	八〇				
同	一四七	七四	三〇五	四〇	五七	五一	二	三	五六	一			一
同	一四八	六九	二八九	三三	五二	四三	七	二	五二				
同	一四九	八〇	二九一	四六	六三	四九	六	六	六一	一	一		二
同	一五〇	七九	三三〇	三二	四九	三三	一一	三	四七		二		二
同	一五一	一二三	四六六	一三	二一	一八		二	二〇		一		一
同	一五二	五九	二〇七	三三	五三	三四	一二	三	五〇			三	三
同	一五三	八〇	三三三	三四	五四	二八	一一	三	五一	二			二
同	一五四	七三	三一四	四八	六七	二九	一九	八	六六	一			一
同	一五五	七二	二九二	二八	四三	三〇	一〇	二	四二	一			一
同	一五六	七九	二七六	四五	六一	五〇	五	五	六〇	一			一
同	一五七	六九	二七三	三三	四〇	二八	八	三	三九	一			一
同	一五八	六四	二六六	二七	五一	四〇	二	七	四九	二			二
同	一五九	九〇	三四五	三五	四〇	二六	四	一〇	四〇				
同	一六〇	七二	二七四	二五	三六	二六	一	六	三三	一		二	三
同	一六一	五七	二四一	二〇	二〇	一一	二	六	一九			一	一
同	一六二	四九	二八九	三一	五七	四〇	一七		五七				
同	一六三	七七	二九八	一七	二八	二一	五		二六	一	一		二

八一

同	一六四	四七	二五五	三〇	四七	三五	五	七	四七	｜	｜	｜	｜
同	一六五	四三	一九六	三	三二	一九	九	三	三一	一	｜	｜	一
同	一六六	七五	三五三	三四	四五	三〇	六	六	四二	二	｜	一	三
同	一六七	五四	三三三	二一	二九	二四	四	｜	二八	｜	一	｜	一
同	一六八	七五	三一五	三五	六五	四四	一四	六	六四	一	｜	｜	一
南日東町	一六九	七四	三五六	四七	八八	六七	八	三	八七	一	｜	｜	一
同	一七〇	五七	二三二	三三	五三	三〇	四	三	四六	五	一	一	七
同	一七一	九一	三四四	五二	八八	五三	一	二六	八〇	三	｜	五	八
同	一七二	八〇	三七五	三三	六九	五七	四	六	六七	二	｜	｜	二
同	一七三	六八	三〇九	三一	三一	二四	四	三	三一	｜	｜	｜	｜
同	一七四	五七	二〇四	二七	三三	一八	八	二	二八	四	｜	｜	四
同	一七五	四三	一八二	二六	四六	二八	一	一四	四三	三	｜	｜	三
同	一七六	四四	一六三	二〇	三	八	三	一〇	二一	｜	｜	｜	｜
同	一七七	四七	一六一	二〇	三六	一六	三	四	三三	｜	三	｜	三
同	一七八	六九	二六三	三五	四四	二八	一〇	二	四〇	三	｜	一	
同	一七九	一一五	五三二	六五	一三二	一〇三	一三	四	一一九	一	一	｜	二
同	一八〇	七三	三〇七	七	三三	二四	八	｜	三三	一	｜	｜	一
同	一八一	七四	二九九	三九	六一	五三	｜	七	六〇	｜	一	｜	一
同	一八二	五六	二二六	七	一九	一三	｜	六	一八	一	｜	｜	一
同	一八三	六三	二七〇	三三	二四	一三	三	八	三三	｜	一	｜	一
同	一八四	九九	四〇二	四五	六八	五四	八	二	六四	二	二	｜	四
同	一八五	五〇	三〇四	三三	一〇〇	四八	二六	五	七九	一七	三	一	三
同	一八六	八二	三四五	六	四一	三一	五	五	四一	｜	｜	｜	｜
同	一八七	五五	二六九	二六	五四	四一	一〇	二	五三	｜	一	｜	一

八二

八三

同	一八八	六五	二六六	三六	五三	二三	二六	一	五〇	二	｜	二
逢阪上ノ町	一八九	五四	二三五	二六	五二	三六	二二	二	五〇	二	｜	二
同	一九〇	七二	三〇二	三九	七四	四〇	三三	｜	七三	｜	一	一
同	一九一	四	一五二	四	二八	九	一九	｜	二八	｜	｜	｜
同	一九二	四九	二五〇	三二	八二	二〇	五〇	一	八一	｜	一	一
同	一九三	五九	二五五	二八	三九	一六	三	｜	三八	｜	一	一
同	一九四	六九	二八五	三一	三八	一九	一五	三	三七	｜	一	一
同	一九五	六八	二八八	四三	八〇	三三	四〇	三	七六	｜	四	四
同	一九六	四七	一九六	二〇	二三	六	一四	一	二一	｜	二	二
同	一九七	二	二六	二	三三	九	一四	｜	二三	｜	｜	｜
逢阪下ノ町	一九八	六四	二五九	一七	二四	三	一二	｜	二四	｜	｜	｜
同	一九九	一二九	四九〇	五一	七二	五四	九	五	六八	三	一	四
同	二〇〇	八二	三六四	二四	五四	四〇	五	四	四九	四	一	五
同	二〇一	三八	一八五	一四	三四	二八	三	三	三四	｜	｜	｜
同	二〇二	四四	二四七	二九	六五	三五	三九	一	六五	｜	｜	｜
生玉前町	二〇三	五一	二四四	一六	二九	一四	一五	｜	二九	｜	｜	｜
同	二〇四	五三	二一五	三五	五三	三三	二二	七	五一	｜	一	二
同	二〇五	九一	三一六	四〇	五二	二五	一八	六	四九	二	｜	三
同	二〇六	四五	一七六	一五	二四	二〇	一	三	二四	｜	｜	｜
同	二〇七	七〇	二六三	二九	三六	一四	一五	四	三三	三	｜	三
同	二〇八	六七	二七〇	三三	五一	二八	四	九	五一	｜	｜	｜
同	二〇九	七六	二八六	四三	五七	三六	二	一〇	五七	｜	｜	｜
同	二一〇	八五	三一九	二九	五〇	一五	二〇	一五	五〇	｜	｜	｜
同	二一一	五二	二〇一	一八	一八	六	六	六	一八	｜	｜	｜

八四

同	二二二	六五	二六七	二八	二八	一六	一六	六	二八	—	—	—	—
同	二二三	七二	二八〇	三四	二九	二一	四	一三	二八	一	—	—	一
同	二二四	三四	一三八	一八	三二	二四	六	二	三二	—	—	—	—
同	二二五	二一	八〇	九	一〇	七	三	—	一〇	—	—	—	—
同	二二六	五七	二三五	三三	三五	三	一七	四	三三	二	—	—	二
同	二二七	四六	一八二	二〇	三五	三	三	二	一七	一五	三	—	一八
六萬體町	二二八	五七	二四六	一七	四二	一〇	三	—	三三	五	一	四	一〇
同	二二九	五七	二六〇	二九	四一	二六	一三	二	四一	—	—	—	—
同	二三〇	五三	一九四	三三	三三	一九	八	五	三三	—	—	—	—
同	二三一	六九	二七五	二九	四四	二〇	二四	—	四四	—	—	—	—
同	二三二	四三	一七二	一七	二〇	九	九	二	二〇	—	—	—	—
同	二三三	四九	二〇六	二一	二九	二〇	八	一	二九	—	—	—	—
同	二三四	一九	九二	三	三	一	一	—	二	一	—	—	一
同	二三五	四〇	一五七	一九	二三	二	七	五	二三	—	—	—	—
同	二三六	七八	三〇三	四三	六三	二七	二五	一〇	六二	一	—	—	一
椎寺町	二三七	五五	二六六	一八	三一	一九	八	三	四〇	—	—	—	—
同	二三八	六五	三一九	二四	三六	三	一三	—	三五	—	一	—	一
同	二三九	六六	三〇〇	二五	四〇	一八	一九	—	二七	一	一	—	一
同	二四〇	五九	二九三	二九	七〇	三〇	三六	一	六七	—	二	—	三
同	二四一	六七	二九二	三	二六	二四	一〇	—	二四	一	三	—	三
元町	二四二	六一	一九九	四五	六八	二四	三〇	三	六七	一	一	—	二
生玉寺町	二四三	七九	二七六	四四	五一	二九	一一	九	四九	二	—	—	一
同	二四四	七二	六二七	五〇	四三一	二四	三九一	五	四三〇	一	—	—	二
夕陽丘町	二四五	九三	三五七	四八	六四	二三	三六	—	五九	—	五	—	五

伶人町	二三六	九七	四〇三	五三	六八	二八	二四	三	六五	｜	三	｜	三
同	二三七	七八	三一八	三一	四二	一九	二〇	｜	三九	二	一	｜	三
同	二三八	九一	四〇四	四四	五九	三	三	一	五四	一	三	一	五
同	二三九	一〇一	三六八	四二	五三	三	一五	六	五二	一	｜	｜	一
同	二四〇	一〇三	四一六	四九	六八	四〇	三	三	六四	二	一	一	四
玉水町	二四一	六三	八三	三七	三九	五	一	二	八	三	一	七	三
大道一丁目	二四二	五三	二四五	一〇	一九	七	二	一	一九	｜	｜	｜	｜
同	二四三	五三	三三四	二六	四二	一九	三	｜	四〇	二	｜	｜	二
同	二四四	五六	二七九	一九	四六	三	三	一	四四	二	｜	｜	二
同	二四五	五一	二〇八	二二	三三	一六	二	二	二九	一	一	一	三
同	二四六	六七	二六五	二四	四二	二	三	八	四〇	｜	二	｜	二
同	二四七	三八	一六三	一六	一六	一〇	一	五	一六	｜	｜	｜	｜
同	二四八	四六	一九八	一五	二五	一八	五	｜	三三	一	一	｜	二
同	二四九	五六	二一八	二八	三七	一六	二	九	三六	一	｜	｜	一
同	二五〇	八五	三七三	四四	五六	二五	六	二	五五	｜	一	｜	一
同	二五一	四三	一九四	一六	二七	九	一七	一	二七	｜	｜	｜	｜
同	二五二	五八	二五二	二六	二八	五	一九	四	二八	｜	｜	｜	｜
同	二五三	五三	二〇〇	三〇	四四	一九	三	｜	四二	一	一	｜	二
大道二丁目	二五四	七三	三〇五	三三	四三	二五	八	八	四一	｜	｜	二	二
同	二五五	｜	｜	｜	｜	｜	｜	｜	｜	｜	｜	｜	｜
同	二五六	五二	二四五	一七	三三	一七	三	二	三三	｜	｜	｜	｜
同	二五七	五四	二〇〇	二九	四七	二六	一四	七	四七	｜	｜	｜	｜
同	二五八	七二	三三九	二六	四四	三〇	三	｜	四三	一	｜	｜	一
同	二五九	六一	二九九	二七	五三	三三	一六	二	五一	一	一	｜	二

八五

同	二六〇	八六	三八四	四七	六五	三五	二六	四	六五	—	—	—	—
同	二六一	八一	三三九	四五	七五	三九	三一	五	七五	—	—	—	—
同	二六二	五七	二四四	二八	三四	一九	三	一	三三	一	一	—	二
大道三丁目	二六三	九八	三七九	四二	五六	二五	二〇	七	五二	—	—	四	四
同	二六四	六四	三一八	二四	二七	一	二一	五	二七	—	—	—	—
同	二六五	三一	一四〇	一一	一三	五	四	四	一三	—	—	—	—
同	二六六	四〇	一四〇	一六	二三	一六	七	—	一三	—	—	—	—
同	二六七	四七	二〇六	二〇	三一	一八	四	六	二八	二	—	一	三
同	二六八	九〇	三七六	二四	三一	一三	七	一	三一	—	—	—	—
同	二六九	八四	二四一	四五	五六	二〇	二五	一〇	五五	—	—	一	一
同	二七〇	八四	二四六	三六	四七	二四	一四	七	四五	一	一	—	二
同	二七一	三一	一三三	二一	三七	二五	九	一	三五	一	—	一	二
大道四丁目	二七二	六三	二五一	三二	四〇	一〇	一三	六	三九	—	一	—	一
同	二七三	五四	二二四	三三	五二	三	二七	—	四九	—	二	一	三
同	二七四	一三六	五九一	五五	九九	六一	二四	一三	九八	一	—	—	一
同	二七五	七九	三七一	三七	六五	二八	二九	七	六四	—	一	—	一
同	二七六	五二	二〇〇	二一	二一	一三	三	五	二一	—	—	—	—
同	二七七	六三	二六三	三一	三九	三	一五	—	三七	—	二	—	二
大道五丁目	二七八	五六	一四四	三一	四三	二四	一四	二	四〇	二	一	—	三
同	二七九	七一	三一六	四六	六四	三	二四	六	六一	一	一	一	三
同	二八〇	六七	二八三	四九	七〇	三〇	三六	二	六八	一	一	—	二
同	二八一	四六	一八九	二五	三一	一〇	一三	六	二九	一	—	一	二
同	二八二	七四	三〇〇	四一	五〇	二六	一五	四	四五	二	三	—	五
同	二八三	四八	二一三	二〇	二一	三	六	三	二一	—	—	—	—

八六

堀越町	二八四	七〇	二五三	三八	四一	二〇	一四	六	四〇	一	|	|	一
同	二八五	五七	二五五	二三	三三	一九	一二	|	三〇	|	二	|	二
同	二八六	六六	三〇六	二三	三八	六	三	九	二七	|	一	|	一
同	二八七	六六	二九六	二六	三五	一五	一四	五	三四	一	|	|	一
同	二八八	九三	四一五	三六	四三	一三	二五	三	四一	一	|	一	二
同	二八九	五〇	二一三	二五	四八	二三	一五	|	四七	|	一	|	一
茶臼山町	二九〇	六三	二八三	一〇	一〇	|	八	|	八	二	|	|	二
同	二九一	二五二	五七五	一九一	二〇二	二三	三六	二九	八八	七八	八	二八	一二四
同	二九二	七〇	三〇〇	三二	三四	二	二九	二	二三	|	一	|	一
悲田院町	二九三	八一	三九〇	三〇	三一	二	二六	|	二八	一	二	|	三
北河堀町	二九四	六七	二六四	四〇	五三	三〇	三	|	五二	一	|	|	一
同	二九五	八五	三七六	四二	七〇	五二	一三	三	六七	一	一	一	三
同	二九六	四三	一九三	二一	四六	三八	五	一	四四	一	一	|	二
同	二九七	四七	一六五	二九	三六	二三	二	二	三六	|	一	|	|
同	二九八	四六	二二〇	三〇	五〇	三三	三	五	四九	|	一	|	一
同	二九九	四九	一九八	三一	四七	三八	七	一	四六	一	|	|	一
同	三〇〇	六九	二四四	四八	五五	二五	一五	一三	五三	二	|	|	二
同	三〇一	五二	二四六	三五	四二	四	二七	一	四二	|	|	|	|
同	三〇二	六一	二八四	四〇	六四	三	三六	二	六〇	一	三	|	四
南河堀町	三〇三	八四	四四二	六三	一二五	六一	五四	|	一二五	|	|	|	|
同	三〇四	八	二〇二	七	一七	一四	二	|	六	一	|	|	一
同	三〇五	一一一	五三六	五九	九九	四六	四六	|	九二	二	二	三	七
寺田町	三〇六	一一三	四七二	五五	六七	一八	四〇	八	六六	一	|	|	一
同	三〇七	八四	三四六	五四	六一	二三	三三	五	六一	|	|	|	|

八七

八八

同	三〇八	五七	二五〇	二三	二七	一五	八	三	二六	一	｜	｜	一
同	三〇九	六七	二六三	三一	三五	九	三三	一	三三	｜	一	｜	一
同	三一〇	一三五	五六二	五三	六五	二九	二七	五	六一	｜	三	一	四
勝山通一丁目	三一一	六七	二六六	二九	四一	一六	二三	｜	三九	二	｜	｜	二
同	三一二	一〇六	四一八	六九	九〇	三〇	三六	｜	八六	｜	四	｜	四
同	三一三	五三	二三〇	二四	五〇	二五	二三	二	五〇	｜	｜	｜	｜
同	三一四	四九	一九〇	二〇	三二	二四	八	｜	二三	｜	｜	｜	｜
同	三一五	四三	一八二	二三	三一	一八	一〇	一	二九	一	一	｜	二
同	三一六	五三	二一三	三〇	三三	一四	二五	一	二〇	三	｜	｜	三
同	三一七	四四	一九六	二八	二六	三	二	｜	二四	一	一	｜	二
同	三一八	四三	一八六	三一	二八	一七	一八	｜	二五	｜	三	｜	三
同	三一九	一二〇	四九三	六一	八五	五四	二五	｜	七九	五	｜	一	六
同	三二〇	七八	三三一	四六	六四	三五	二八	｜	六三	｜	一	｜	一
同	三二一	八五	四六八	五七	八〇	五八	一七	五	八〇	｜	｜	｜	｜
勝山通二丁目	三二二	六四	二七七	三三	四一	六	三三	一	三九	一	一	｜	二
同	三二三	六〇	二七〇	三二	四一	三	一五	四	四〇	一	一	｜	二
同	三二四	六六	三四四	二四	四四	二三	二〇	｜	四二	｜	二	｜	二
同	三二五	三四	一五三	二〇	二六	六	三	五	二四	一	｜	一	二
同	三二六	五四	二三六	三七	四七	一八	二七	一	四六	一	｜	｜	一
同	三二七	七〇	二九九	四〇	五六	一六	三七	｜	五三	｜	三	｜	三
同	三二八	七五	三一七	五一	五九	二一	三三	四	五八	一	｜	｜	一
同	三二九	五四	二三二	二五	三二	六	二〇	六	三二	｜	｜	｜	｜
勝山通三丁目	三三〇	四六	二七九	一七	八二	四五	三七	｜	八二	｜	｜	｜	｜
同	三三一	八一	三六七	四〇	五〇	二八	一七	五	五〇	｜	｜	｜	｜

八九

同	三三二	五一	二四一	二四	四一	二五	一五	—	四〇	—	一	—	一
同	三三三	一〇三	三九〇	五六	七一	二八	二四	一三	六五	五	一	—	六
同	三三四	七四	三〇五	四三	六九	四六	一六	五	六七	二	—	—	二
同	三三五	七一	三一七	三二	六五	三一	三〇	四	六五	—	—	—	—
同	三三六	四六	一六八	二五	三〇	一〇	一三	一	二四	三	三	—	六
勝山通四丁目	三三七	九七	三五四	六五	七六	三四	三五	七	七六	—	—	—	—
同	三三八	八八	三五五	五〇	七三	三九	二九	三	七一	一	一	—	二
同	三三九	七五	三一三	三八	五四	三〇	一六	五	五一	—	—	三	三
同	三四〇	七二	二九六	三六	五三	二六	一九	一	四六	二	四	—	六
同	三四一	七三	二九一	四一	七二	四九	一三	一〇	七二	—	—	—	—
眞法院町	三四二	八六	三七八	六〇	九一	三六	四七	三	八六	一	三	一	五
同	三四三	七一	三四三	四〇	六五	三〇	三三	—	六三	一	一	—	二
同	三四四	五六	二二七	三四	四二	四	三七	—	四一	—	一	—	一
同	三四五	四二	三三三	二九	四九	二八	二〇	一	四九	—	—	—	—
同	三四六	七一	三〇七	四〇	五八	二五	三〇	一	五六	—	二	—	二
同	三四七	五二	二三九	二三	三七	二六	一一	—	三七	—	—	—	—
同	三四八	七〇	三七八	四六	七二	三八	三四	—	七二	—	—	—	—
鳥ヶ辻町	三四九	六五	三七四	五九	一一七	八九	三三	三	一二五	一	一	—	二
同	三五〇	六七	三五一	四五	八〇	四二	三七	—	七九	—	一	—	一
同	三五一	二四	一五四	一五	二六	二三	二	—	二五	—	一	—	一
小宮町	三五二	四三	二〇七	二四	四一	二二	一八	—	四〇	—	一	—	一
同	三五三	七六	三三四	三五	四六	一八	二七	一	四六	—	—	—	—
同	三五四	二五	九四	一七	一九	四	一四	—	一八	—	一	—	一
同	三五五	七〇	二四八	三九	五一	二〇	三〇	一	五一	—	—	—	—

九〇

同	三五六	四八	二三三	三二	四四	二一	三三	―	四三	―	一	―	一
同	三五七	七〇	三六五	五六	一二五	五〇	六四	―	一一四	―	一	―	一
上之宮町	三五八	八五	四五六	五六	一四〇	八〇	三一	二九	一四〇	―	―	―	―
同	三五九	九二	四〇三	五一	六七	三六	三九	―	六五	―	二	―	二
同	三六〇	八一	三四六	五六	七八	四〇	三六	二	七八	―	―	―	―
同	三六一	五九	二八八	三五	五三	二三	三〇	―	五三	―	―	―	―
北山町	三六二	八二	三八一	四五	六三	二六	三四	―	六〇	―	三	―	三
同	三六三	六三	二六七	四〇	六二	二七	三四	―	六一	―	一	―	一
同	三六四	五八	二八七	二七	三六	二三	一三	―	三六	―	―	―	―
同	三六五	四六	二六八	三七	六六	四九	一六	一	六六	―	―	―	―
同	三六六	一	六〇	一	九	七	二	―	九	―	―	―	―
石ヶ辻町	三六七	六三	二九〇	三九	六七	二六	三九	―	六五	一	一	―	二
同	三六八	四五	一八六	二三	三五	一八	一三	三	三四	―	一	―	一
同	三六九	二九	一三三	一八	二三	一三	九	一	二三	―	―	―	―
同	三七〇	六〇	二五二	三三	五〇	二九	一九	―	四八	二	―	―	二
同	三七一	五九	二七〇	三三	六四	二九	三〇	三	六二	一	―	一	二
同	三七二	六四	二八一	三七	五六	二七	一七	―	五四	―	二	―	二
同	三七三	六一	二三四	二六	二九	二	一五	二	二六	―	一	―	一
同	三七四	一〇〇	四三六	四三	六一	三六	一七	―	五三	三	三	二	八
同	三七五	四六	二〇三	二六	三八	二五	三	―	二七	―	―	一	一
同	三七六	四六	二一三	二五	三六	一〇	三	―	三二	―	三	一	四
同	三七七	六八	三〇六	三七	七四	二八	三二	三	六三	―	二	九	二
同	三七八	六〇	二六九	三七	七一	三七	三三	―	七〇	―	一	―	一
同	三七九	三三	一七三	一五	二九	一四	一四	―	二八	―	一	―	一

同	三八〇	四七	二五三	二三	四七	二五	一九	三	四七	｜	｜	｜	｜
筆ヶ崎町	三八一	一	一、二八四	一	二九四	四五	一五四	八七	二六六	三	四	一	八
同	三八二	一	六三	一	一六	二	一〇	四	一六	｜	｜	｜	｜
同	三八三	五八	二五七	三二	五三	三〇	二〇	｜	五〇	一	二	｜	三
同	三八四	四六	一七三	二四	二九	一〇	七	｜	二七	一	｜	一	二
同	三八五	五三	二三五	三一	四八	三〇	一四	三	四七	｜	一	｜	一
同	三八六	七〇	二七八	四四	六六	三一	二六	二	五九	二	三	二	七
同	三八七	六三	二二〇	三九	五五	二三	一九	三	四五	三	四	三	一〇
同	三八八	二	一、一一三	二	四三三	九九	一四六	一六一	四〇六	一四	三	一〇	一七
同	三八九	五九	二三五	四〇	五一	一六	三〇	三	四九	二	｜	｜	二
同	三九〇	八二	四一四	五〇	八六	三一	五三	｜	八四	｜	二	｜	二
同	三九一	七五	三六〇	四一	一一六	九五	一八	｜	一一三	二	一	｜	三
細工谷町	三九二	四九	二一五	一三	三一	一三	一二	五	二〇	｜	一	｜	一
同	三九三	四二	一八五	三二	三二	九	二〇	一	二〇	二	｜	｜	二
同	三九四	八七	三六三	三三	四六	二三	一七	四	四三	一	二	｜	三
同	三九五	六五	二五三	三〇	三四	一四	一五	三	三三	一	一	｜	二
同	三九六	九四	三八八	四八	六四	二五	三五	｜	六〇	｜	四	｜	四
同	三九七	七六	三〇五	三一	三六	六	二八	｜	三四	｜	二	｜	二
同	三九八	五五	二三二	二五	三二	九	一九	一	二九	｜	三	｜	三
同	三九九	三七	一七〇	一七	三九	一六	二三	｜	三九	｜	｜	｜	｜
同	四〇〇	四一	一五五	二五	三〇	九	一二	｜	二〇	｜	｜	｜	｜
松ヶ鼻町	四〇一	六六	三四八	四二	六六	四二	二四	｜	六六	｜	｜	｜	｜
同	四〇二	五八	三二一	四〇	八六	五八	二七	｜	八五	｜	一	｜	一
同	四〇三	五五	二五七	四〇	六三	二九	三一	二	六三	｜	一	｜	一

九一

調査區 町名	番號	國勢調査 世帶	國勢調査 人口	失業統計調査 世帶	失業統計調査 人口	有業者數 勞働者	有業者數 給料生活者	有業者數 日傭勞働者	有業者數 計	失業者數 勞働者	失業者數 給料生活者	失業者數 日傭勞働者	失業者數 計
堂ヶ芝町	四〇四	五七	三九四	五四	一三三	八五	四七	—	一三三	—	一	—	一
同	四〇五	一〇四	四六七	六二	九五	四〇	四六	三	八九	二	四	—	六
同	四〇六	一八六	八三三	八五	一二九	八七	三六	—	一二三	六	—	—	六
同	四〇七	八二	四六五	六三	一四〇	八七	五二	一	一四〇	—	—	—	—
東上町	四〇八	六四	二七五	三三	五〇	三七	九	一	四七	三	—	—	三
同	四〇九	七七	三〇三	三五	五五	二一	三〇	三	五四	一	—	—	一
同	四一〇	八〇	三一七	四四	五三	一三	四〇	—	五三	—	—	—	—
同	四一一	六六	二六二	一九	二三	八	一三	—	二〇	二	一	—	三
同	四一二	四二	一九六	三二	三四	三三	一一	一	三四	—	—	—	—
國分町	四一三	一〇六	四四三	四七	六八	一八	四四	三	六五	一	二	—	三
同	四一四	六四	二五五	二一	三〇	一九	七	一	二七	三	—	—	三
同	四一五	六七	二八七	二七	三三	一三	八	三	三三	—	—	—	—
同	四一六	九一	四二三	三三	三六	一八	一一	六	三五	—	—	一	一
同	四一七	六四	二一九	三五	四六	二六	一〇	八	四四	一	一	—	二
同	四一八	五〇	二四〇	二八	五三	三二	一九	—	五〇	二	一	—	三
同	四一九	六七	三四三	三六	六四	三五	一三	六	六四	—	—	—	—
同	四二〇	八七	三五四	五三	七五	五〇	一〇	三	七二	三	—	—	三
總計		二六、八九〇	一一六、四二七	一三、一八〇	二〇、八九八	一〇、九五五	七、四〇一	一、六四一	一九、九九七	四八五	二六七	一四九	九〇一

浪速區

調査區 町名	番號	國勢調査 世帶	國勢調査 人口	失業統計調査 世帶	失業統計調査 人口	有業者數 勞働者	有業者數 給料生活者	有業者數 日傭勞働者	有業者數 計	失業者數 勞働者	失業者數 給料生活者	失業者數 日傭勞働者	失業者數 計
元町一丁目	一	六六	二四〇	二四	六六	二七	三九	—	六六	—	—	—	—

同	二	四七	二一五	三三	四〇	二六	一三	一	四〇	｜	｜	｜	｜
同	三	八七	二九三	四〇	五六	三三	二二	一	五四	二	｜	｜	二
同	四	七八	二九三	三一	四四	二二	一九	｜	四〇	四	｜	｜	四
同	五	五一	二三一	二四	四七	二八	一六	二	四六	一	｜	｜	一
同	六	八二	三一八	四〇	五七	三八	一七	一	五六	一	｜	｜	一
同	七	七四	三〇六	三六	五〇	二九	一七	四	五〇	｜	｜	｜	｜
同	八	六一	二八六	二八	五七	二四	三三	一	五七	｜	｜	｜	｜
同	九	七〇	三五九	二七	八五	五七	二六	二	八五	｜	｜	｜	｜
同	一〇	七三	三三〇	三一	五四	三〇	三三	一	五三	｜	一	｜	一
元町二丁目	一一	五七	二〇五	三二	四六	二七	一四	五	四六	｜	｜	｜	｜
同	一二	四九	二三七	二五	四九	二六	二〇	一	四七	一	一	｜	二
同	一三	六六	二四一	三三	五一	二九	一八	二	四九	一	｜	一	二
同	一四	八七	三三三	四四	六九	三七	二二	一〇	六八	｜	｜	一	一
同	一五	七四	三三五	三九	六八	四八	一六	三	六七	｜	一	｜	一
同	一六	九八	四三九	四八	一〇三	六五	三四	三	一〇二	｜	一	｜	一
同	一七	六一	二四二	三九	五四	三六	一六	一	五三	一	｜	｜	一
元町三丁目	一八	五一	二一七	二五	四六	三五	八	二	四五	一	｜	｜	一
同	一九	六七	二八二	四一	五九	三九	一五	四	五八	｜	一	｜	一
同	二〇	五七	二八三	四一	七五	四〇	三二	三	七五	｜	｜	｜	｜
同	二一	五一	二一六	二三	二七	一八	五	三	二六	一	｜	｜	一
元町四丁目	二二	六三	二六一	五一	五三	三七	一四	｜	五一	一	一	｜	二
同	二三	八二	三七九	四三	四三	二六	一七	｜	四三	｜	｜	｜	｜
同	二四	七一	四一〇	三五	九八	三一	五九	八	九八	｜	｜	｜	｜
同	二五	六八	二九七	三〇	四六	一二	三三	一	四五	｜	一	｜	一

九三

同	二六	三九	二四一	一五	五一	二一	一七	—	四八	三	—	—	三
同	二七	六七	三〇六	三〇	五〇	三六	一四	—	五〇	—	—	—	—
元町五丁目	二八	五四	二八二	三三	六五	三三	三一	一	六五	—	—	—	—
同	二九	五七	二九七	二七	七二	六八	三	一	七二	—	—	—	—
同	三〇	七二	三四七	二二	三九	二二	一七	一	三九	—	—	—	—
同	三一	六五	三〇八	三一	五五	四一	一四	—	五五	—	—	—	—
同	三二	七〇	三一六	二九	五二	三三	一三	六	五二	一	—	—	一
同	三三	六四	三八二	四〇	一二一	五七	五四	—	一二一	—	—	—	—
同	三四	六二	三三七	一二	一四	六	八	—	一四	—	—	—	—
同	三五	六八	三一七	一四	四一	二一	二〇	—	四一	—	—	—	—
同	三六	六〇	二八九	二九	五九	四五	一三	一	五九	—	—	—	—
同	三七	五三	二七二	二五	六三	四一	一三	—	六三	—	—	—	—
同	三八	一〇五	三七六	四六	五九	四三	一三	二	五八	一	—	—	一
同	三九	三四	一〇六	二四	二九	二五	三	一	二九	—	—	—	—
新川町一丁目	四〇	一〇〇	四三二	七〇	一三二	八八	三八	六	一三二	—	—	—	—
同	四一	九六	三九五	四二	一〇五	六八	三〇	一	九九	—	三	一	四
同	四二	六〇	二一九	一九	三一	一七	三	—	二九	二	—	—	二
同	四三	四八	一八八	二七	四四	三四	五	三	四二	—	二	—	二
新川町二丁目	四四	九〇	三三九	三六	五〇	三五	一四	二	四九	—	一	—	一
同	四五	五七	三三四	三〇	四九	三五	五	二	四九	—	—	—	—
同	四六	五五	一九四	二三	三五	二二	五	七	三四	一	—	—	一
同	四七	八八	三四一	四九	八七	五〇	二九	六	八五	一	—	一	二
同	四八	八八	三九九	一四	三五	二〇	一三	三	三五	—	—	—	—
同	四九	八六	三七四	三	三九	二九	四	四	三七	一	—	一	二

九四

同	五〇	九二	三五五	五三	八五	六四	一九	二	八五	—	—	—	—
新川町三丁目	五一	七〇	二七七	一八	三五	二六	二	六	三四	—	—	一	一
同	五二	七四	二八三	三六	四六	三七	七	一	四五	一	—	—	一
同	五三	六〇	二三六	三三	四四	三〇	一〇	三	四三	一	—	—	一
同	五四	八四	三〇二	一四	一九	一〇	五	四	一九	—	—	—	—
同	五五	六五	二七三	二	三九	二四	三	一	三八	一	—	—	一
同	五六	六九	二八六	二七	五〇	三三	一三	二	四七	二	一	—	三
同	五七	六九	二九八	四二	五三	三三	一三	一六	五〇	二	—	一	三
同	五八	六六	二五〇	三五	四四	二八	四	一三	四四	—	—	—	—
同	五九	五五	二五七	三〇	六〇	四一	一三	三	五六	四	—	—	四
同	六〇	六六	二五七	二五	三二	二七	二	二	三一	一	—	—	一
同	六一	七五	三一六	二六	三四	一三	一六	五	三四	—	—	—	—
同	六二	六六	二四二	三〇	四五	三三	九	一	四三	二	—	—	二
同	六三	七四	二六一	三一	四六	三三	六	七	四六	—	—	—	—
同	六四	三七	一三二	一〇	一五	八	七	—	一五	—	—	—	—
同	六五	七一	二五一	三八	四五	三一	一〇	三	四四	一	—	—	一
同	六六	六八	二七〇	二七	四五	三〇	一三	二	四五	—	—	—	—
同	六七	五四	二七九	二	五七	四七	九	—	五六	—	一	—	一
東圓手町	六八	七七	二九一	二九	三九	二七	九	三	三九	—	—	—	—
同	六九	一〇一	四三二	六二	一一七	六四	四九	二	一一五	—	二	—	二
同	七〇	一	八八	一	八八	七三	一五	—	八八	—	—	—	—
西圓手町	七一	四七	二四二	三六	七七	三一	一二	二五	七七	—	—	—	—
同	七二	四三	二〇八	三	五七	二九	一七	一	五七	—	—	—	—
同	七三	三九	一九六	三三	四〇	三〇	四	二	三六	三	—	一	四

九五

九六

同	七四	六二	三六四	二七	一〇三	八八	八	一	九七	四	二	—	六
同	七五	五六	二三四	二六	二七	一九	六	一	二六	一	—	—	一
同	七六	六五	二八一	三三	五八	四五	一	一〇	五六	一	—	一	二
同	七七	七三	三〇六	三九	七〇	六〇	四	五	六九	—	一	—	一
同	七八	三九	二三〇	三三	一〇四	八六	一七	—	一〇三	一	—	—	一
同	七九	七三	三三一	四六	九〇	七〇	一六	四	九〇	—	—	—	—
東神田町	八〇	五七	二四三	四〇	六七	四五	一三	一〇	六七	—	—	—	—
同	八一	六四	二七五	二二	二四	二二	一	—	二三	一	—	一	二
同	八二	一〇五	四八七	四七	一二一	九九	一七	一	一二七	二	一	一	四
同	八三	八三	三五六	三四	四九	三八	六	四	四八	—	一	—	一
同	八四	五三	二四八	三三	五一	三六	九	四	四九	二	—	—	二
同	八五	五六	二三六	三三	三三	一九	九	四	三三	—	—	—	—
同	八六	六四	二六八	一五	三五	七	七	二〇	二四	—	一	—	一
同	八七	八九	四〇四	五一	七七	六〇	一三	二	七四	二	一	—	三
同	八八	七三	三五八	四〇	六二	三九	一二	二	六三	—	—	—	—
同	八九	一〇二	四三三	四八	七七	五六	一五	一	七三	五	—	—	五
同	九〇	六七	二七一	三三	四四	三一	八	二	四一	三	—	—	三
同	九一	六五	二七六	三六	五六	四三	一三	八	五四	二	—	—	二
西神田町	九二	六九	二五八	三六	五一	三九	五	七	五一	—	—	—	—
同	九三	四五	一九四	三〇	四九	二九	三	七	四八	—	一	—	一
同	九四	四七	一五七	二六	三五	三〇	三	一	二四	一	—	—	一
同	九五	四六	一八四	一八	四六	二四	七	四	四五	一	—	—	一
同	九六	五九	二二三	三四	四〇	二三	一三	四	三九	一	—	—	一
同	九七	五九	二五七	三五	四七	三九	一〇	一	四六	—	一	—	一

同	九八	五三	二二九	三三	五四	四九	五	—	五四	—	—	—	—
同	九九	六一	二七〇	四一	六〇	四一	一二	四	五七	三	—	—	三
同	一〇〇	六六	二九四	三九	六一	四七	一一	一	五九	—	一	一	二
鹽草町	一〇一	七四	三四四	四四	七一	六二	六	二	七〇	一	—	—	一
同	一〇二	六六	二七七	三一	六二	三七	七	一五	五九	三	—	—	三
同	一〇三	五一	二〇九	四〇	五九	四一	九	三	五三	五	一	—	六
同	一〇四	五六	二一一	三〇	五五	四六	五	一	五二	三	—	—	三
同	一〇五	六三	三三三	三三	四六	三三	七	五	四九	—	一	—	一
同	一〇六	八〇	三六一	四二	八二	六五	七	四	七六	四	二	—	六
同	一〇七	五四	二一九	三四	四八	四〇	七	一	四八	—	—	—	—
同	一〇八	六二	二三〇	三七	五五	四四	七	二	五三	二	—	—	二
同	一〇九	三七	一五六	一九	二四	一六	五	—	二一	二	一	—	三
同	一一〇	五五	一九二	三八	六六	五四	八	四	六六	—	—	—	—
同	一一一	四八	三三八	二九	八九	三九	三	四三	八五	一	—	三	四
同	一一二	五五	二五三	三三	七一	三九	四	二四	六七	二	—	二	四
同	一一三	七一	二四二	四二	七四	三六	一三	一五	七四	—	—	—	—
同	一一四	六六	三三三	三七	五四	三五	四	一三	五二	一	—	一	二
同	一一五	五三	三三九	三三	六三	五〇	七	四	六一	—	—	二	二
同	一一六	八七	三四九	四二	七〇	五一	一六	二	六九	—	一	—	一
小田町	一一七	七四	二七八	四〇	七二	四七	一三	四	六四	五	一	二	八
同	一一八	六六	二三九	二五	三四	二三	一	八	三二	二	—	—	二
同	一一九	四四	一九八	一九	二八	二七	—	—	二七	一	—	—	一
同	一二〇	九二	四〇九	五八	九七	七九	一一	二	九二	五	—	—	五
芳原町	一二一	五六	二六九	三〇	六一	五一	九	一	六一	—	—	—	—

九七

九八

同	一二二	五二	一九八	二四	四三	四一	｜	一	四二	一	｜	｜	一
同	一二三	五三	二四八	二三	四八	二九	一六	二	四七	｜	一	｜	一
同	一二四	四六	一九六	三一	五六	三七	八	八	五三	一	｜	二	三
同	一二五	三〇	一二九	二六	三九	三一	三	三	三七	一	｜	一	二
同	一二六	七〇	二五〇	三六	四四	二四	一一	三	三八	三	一	二	六
同	一二七	五六	二二三	二七	五三	三五	一五	三	五三	｜	｜	｜	｜
同	一二八	七〇	二八六	四五	七一	四七	一四	八	六九	一	｜	一	二
同	一二九	五〇	二八五	二九	四三	八	三五	｜	四三	｜	｜	｜	｜
同	一三〇	四六	二四四	二三	六一	四一	一七	一	五九	二	｜	｜	二
同	一三一	五六	二二八	三八	四八	三八	一〇	｜	四八	｜	｜	｜	｜
同	一三二	八四	四二五	六四	一二四	一〇三	一一	一	一二四	｜	｜	｜	｜
同	一三三	四七	一七二	三〇	三六	二六	六	三	三五	｜	｜	一	一
同	一三四	四一	一五七	二九	三六	三一	五	｜	三六	｜	｜	｜	｜
同	一三五	七三	二二一	四八	五九	三八	一六	三	五七	二	｜	｜	二
同	一三六	九〇	三二七	四九	六七	四六	一四	四	六四	一	二	｜	三
同	一三七	六八	三〇八	四二	九一	六八	一八	四	九〇	｜	｜	一	一
同	一三八	五三	二二五	五三	七九	七二	七	｜	七九	｜	｜	｜	｜
同	一三九	九三	三〇四	五九	九二	七一	一三	七	九〇	二	｜	｜	二
同	一四〇	七二	三〇一	四七	九七	六四	七	二四	九五	二	｜	｜	二
同	一四一	一六	五七	九	一五	二	｜	四	一五	｜	｜	｜	｜
同	一四二	七〇	二九〇	四一	五四	三六	六	一〇	五二	｜	｜	二	二
同	一四三	四三	一八八	三〇	五一	三九	一一	｜	五〇	一	｜	｜	一
同	一四四	五八	二二一	五〇	六三	三六	一三	一四	六三	｜	｜	｜	｜
同	一四五	二	二二九	二	二三九	二三九	｜	｜	二二九	｜	｜	｜	｜

立葉町	一四六	三三	一六八	一五	二四	一七	七	—	二四	—	—	—	—
同	一四七	四四	一八四	一八	一九	一四	一	—	一五	三	一	—	四
同	一四八	七四	三〇一	四三	五六	四三	一〇	一	五四	一	一	—	二
同	一四九	六四	二五〇	三九	五五	四四	六	三	五二	二	—	—	二
同	一五〇	九四	三九五	六二	九九	七九	一八	一	九八	一	—	—	一
同	一五一	六七	二五八	二九	四二	二八	五	四	三七	—	一	四	五
同	一五二	六三	二五〇	四五	五九	三八	八	八	五四	一	—	四	五
同	一五三	五三	三二九	二七	六〇	四二	四	一〇	五六	三	—	一	四
同	一五四	六三	二一五	二四	五一	三〇	一	一一	四二	六	—	三	九
同	一五五	五五	二三〇	二五	三五	二九	三	二	三四	一	—	—	一
同	一五六	三八	一九三	一九	三七	二九	七	—	三六	一	—	—	一
同	一五七	五七	二一九	二九	四七	三七	七	二	四六	一	—	—	一
同	一五八	一〇〇	三六二	六五	一〇三	八〇	一一	六	九七	五	一	—	六
同	一五九	六六	二七五	二四	五九	三八	一四	四	五六	二	一	—	三
同	一六〇	六二	一六二	二三	七七	六三	一〇	二	七四	二	一	—	三
同	一六一	五八	二四九	二七	八八	七三	九	四	八五	三	—	—	三
同	一六二	六三	二八三	二七	五七	四〇	一四	三	五七	—	—	—	—
同	一六三	六八	二四四	四五	六七	五七	七	二	六六	—	—	一	一
同	一六四	七九	三一五	三五	四八	三六	四	七	四七	一	—	—	一
同	一六五	六五	二八七	二〇	三七	二七	一	七	三五	—	—	二	二
反物町	一六六	七五	三六七	三〇	八〇	五七	一三	八	七八	—	二	—	二
同	一六七	五九	二〇九	三五	四五	四一	一	一五	四五	—	—	—	—
同	一六八	五六	二三三	二六	三五	一六	一〇	七	三三	一	一	—	二
同	一六九	五五	二五三	二九	四二	二四	九	八	四一	一	—	—	一

九九

一〇〇

同	一七〇	五七	二一五	二〇	二七	一一	一三	|	二四	二	一	|	三
同	一七一	七七	三一八	四二	六三	四八	一〇	三	六一	二	|	|	二
同	一七二	五八	二七八	二八	四二	三一	八	一	四〇	二	|	|	二
同	一七三	七九	二九六	三八	六四	五三	五	一	六二	三	|	|	三
同	一七四	七六	三〇九	四七	八五	六八	六	七	八一	一	三	|	四
同	一七五	五六	二〇五	三九	五六	四八	二	三	五三	一	一	一	三
同	一七六	五四	二六六	三〇	五〇	二三	二五	一	四九	一	|	|	一
同	一七七	三五	一六九	一九	二六	三三	一	二	二五	|	一	|	一
稲荷町一丁目	一七八	八一	三七八	六五	一一八	九九	一四	一	一一四	四	|	|	四
同	一七九	六一	二五八	三五	六六	五六	九	|	六五	一	|	|	一
同	一八〇	七八	三四四	五一	七二	六一	九	一	七一	一	|	|	一
同	一八一	八三	三三九	四八	七七	七二	一	二	七五	二	|	|	二
同	一八二	七五	三〇五	四九	七八	三九	一七	三	七七	一	|	|	一
同	一八三	六九	二七六	三一	四一	三四	七	|	四一	|	|	|	|
同	一八四	五八	二四六	二九	五二	四八	四	|	五二	|	|	|	|
同	一八五	五二	二六五	三一	六一	五八	一	二	六一	|	|	|	|
同	一八六	四四	一九五	三〇	五二	四一	七	一	四九	三	|	|	三
同	一八七	五三	二三五	二八	六四	五七	五	一	六三	|	一	|	一
同 二丁目	一八八	五四	一五八	二七	七七	六九	五	三	七七	|	|	|	|
同	一八九	七七	三五六	三八	七七	六八	七	|	七五	二	|	|	二
同	一九〇	七六	三三三	四一	七九	五七	九	九	七五	四	|	|	四
同	一九一	六五	三二〇	四八	九〇	七〇	二〇	|	九〇	|	|	|	|
同	一九二	七二	三〇九	四三	七三	五〇	三	一	七二	一	|	|	一
同	一九三	三三	二一一	一九	四六	三九	六	一	四六	|	|	|	|

三丁目

同	一九四	五四	二一六	三〇	五〇	三〇	二	七	四八	一	—	一	二
同	一九五	四七	一九七	二九	三九	三五	三	—	三八	—	一	—	一
同	一九六	五九	二三八	四三	六二	四九	八	三	六〇	二	—	—	二
同	一九七	五七	二三六	二七	三八	二八	八	一	三七	一	—	—	一
同	一九八	六七	二四五	四二	六三	五〇	四	八	六二	—	一	—	一
同	一九九	六八	二七五	三五	五五	四六	三	四	五三	二	—	—	二
同	二〇〇	六五	二七六	三九	七七	五六	六	五	六七	三	—	—	三
同	二〇一	六九	二九九	四三	一〇四	九二	六	四	一〇二	一	—	一	二
同	二〇二	五四	二三九	二九	四五	三八	五	一	四四	一	—	—	一
同	二〇三	六八	三〇一	三五	八二	四七	五	二八	八	一	—	一	二
同	二〇四	四一	一六八	三三	三六	一八	二	一六	三六	—	—	—	—
同	二〇五	六五	二七九	二八	四一	三三	五	二	三九	二	—	—	二
同	二〇六	五三	二四九	二四	三九	二八	七	四	三九	—	—	—	—
同	二〇七	六九	三一二	三五	七六	六四	三	八	七五	—	—	一	一
同	二〇八	六四	二三三	二八	二八	一八	六	四	一八	—	—	—	—
同	二〇九	五六	二〇八	二六	三五	二四	八	三	三五	—	—	—	—
同	二一〇	七七	二八〇	四三	五七	三八	七	一〇	五五	二	—	—	二
同	二一一	六八	二六六	三三	四一	三八	一	二	四一	—	—	—	—
同	二一二	四七	一九一	一七	二三	一七	六	—	二三	—	—	—	—
同	二一三	七五	三四九	三一	四七	三八	二	七	四七	—	—	—	—
同	二一四	六四	二七七	二〇	二三	一七	二	四	二三	—	—	—	—
同	二一五	六〇	二六八	二四	二四	一六	二	五	二三	一	—	—	一
同	二一六	八七	三〇三	四九	六五	五一	八	六	六五	—	—	—	—
同	二一七	七六	三〇五	三九	四六	三八	五	三	四六	—	—	—	—

一〇一

同	二一八	七六	三三三	三〇	四七	三六	二	四	四七	|	|	|	|
櫻川一丁目	二一九	七三	三六三	五一	一〇四	五一	三五	一七	一〇三	一	|	|	一
同	二二〇	七二	四一〇	五〇	一四三	一〇八	三〇	三	一四一	一	|	一	二
同	二二一	五八	三一〇	一四	七六	六〇	一六	|	七六	|	|	|	|
同	二二二	五七	二三八	三三	三五	一七	六	八	三二	二	|	一	四
同	二二三	七二	二三一	二九	五七	四五	九	三	五七	|	|	|	|
同二丁目	二二四	六二	二七一	三一	五六	三一	三五	|	五六	|	|	|	|
同	二二五	五二	二一九	二〇	三八	三	六	|	三七	一	|	|	一
同	二二六	七五	二九八	三〇	五四	二六	七	一九	五二	一	|	一	二
同	二二七	六六	二八三	三六	五六	四四	七	四	五五	一	|	|	一
同	二二八	六四	三一三	二〇	二六	一七	六	三	二六	|	|	|	|
同	二二九	五七	二六八	三三	四五	二七	一五	二	四四	|	一	|	一
同三丁目	二三〇	五七	三〇〇	三五	九三	六〇	三三	|	九三	|	|	|	|
同	二三一	七二	三一四	二八	五七	四八	九	|	五七	|	|	|	|
同	二三二	七三	三一二	三五	五六	三三	一九	五	五六	|	|	|	|
同	二三三	五七	二一八	三五	五〇	三三	一一	五	四九	一	|	|	一
同	二三四	六三	二九二	二八	八八	四九	二九	一〇	八八	|	|	|	|
同	二三五	五四	二三三	三三	五六	三八	五	七	五〇	四	|	二	六
同四丁目	二三六	四五	一九二	一四	三二	二四	二	三	二九	|	一	一	二
同	二三七	四五	二七三	三三	一〇五	二〇	一七	五四	一〇一	|	|	四	四
同	二三八	五三	二六九	三五	六六	五五	七	|	六二	二	|	二	四
同	二三九	六三	二五六	三〇	四九	四六	三	|	四九	|	|	|	|
同	二四〇	五六	二三三	三八	六四	五五	五	二	六二	二	|	|	二
同	二四一	四九	一八二	二四	五二	二七	九	二	四七	二	|	三	五

一〇二

同	二四二	五三	二一八	六八	三八	三三	五	―	三七	一	―	―	一
同	二四三	四九	二三五	三九	三九	二二	九	八	三八	一	―	―	一
同	二四四	七六	二三五	二	三二	三二	八	―	三〇	二	―	―	二
同	二四五	四三	一九一	一三	四三	二八	五	一	三四	七	―	二	九
同	二四六	四四	一七	三五	四三	二九	一四	―	四三	―	―	―	―
同	二四七	七〇	二四九	五三	七三	五四	九	五	六八	二	―	二	四
同	二四八	五五	二五七	四三	六九	五七	九	二	六八	一	―	―	一
同	二四九	七五	二九五	五三	七〇	五二	七	六	六五	五	―	―	五
同	二五〇	五〇	二一六	二七	三九	一八	一八	二	三八	―	―	一	一
久保吉町	二五一	八九	三五一	六七	八三	五八	一六	六	八〇	二	―	一	三
同	二五二	五二	二三三	三八	五七	四四	五	七	五六	一	―	―	一
同	二五三	九九	四三六	八五	一六二	一四二	二	五	一五八	四	―	―	四
同	二五四	五三	二二一	四六	九〇	七五	一五	―	九〇	―	―	―	―
同	二五五	六六	二九三	三九	五三	五三	―	―	五三	―	―	―	―
同	二五六	七一	二四一	五二	七八	五〇	一五	八	七三	五	―	―	五
同	二五七	七四	二七五	四三	七〇	六〇	六	二	六八	―	一	一	二
同	二五八	二	一八二	二	一六九	一六九	―	―	一六九	―	―	―	―
同	二五九	四	四八六	四	四八五	四七八	七	―	四八五	―	―	―	―
同	二六〇	三	四六五	三	四六五	四六五	―	―	四六五	―	―	―	―
同	二六一	二	三六八	二	三四〇	三三六	一四	―	三四〇	―	―	―	―
同	二六二	二	二五九	二	二五九	二五九	―	―	二五九	―	―	―	―
蔵前町	二六三	四四	二一七	二六	五三	三一	九	二	五二	一	一	―	二
河原町一丁目	二六四	九九	四四九	三九	七五	四八	一二	―	六九	六	―	―	六
同	二六五	五六	二九九	二四	三九	二六	一三	―	三九	―	―	―	―

一〇三

同		二六六	七五	三三三	一四	二〇	一三	七	｜	二〇	｜	｜	｜	｜
同		二六七	四九	三一八	一三	一七	五	一〇	｜	一五	二	｜	｜	二
同		二六八	五二	三二五	一七	三一	一五	五	｜	二〇	｜	一	｜	一
同		二六九	六七	三一三	一五	三三	一三	一七	二	三三	一	｜	｜	一
同		二七〇	五九	三七二	二七	六五	五二	二	｜	六三	二	｜	｜	二
同		二七一	七〇	四五〇	四四	一九三	一二六	五七	｜	一九三	｜	｜	｜	｜
同		二七二	七〇	三七二	一六	四一	三〇	九	一	四〇	一	｜	｜	一
同	二丁目	二七三	五一	二三五	七四	三七	二〇	五	一	三六	｜	一	｜	一
同		二七四	五一	二二二	一四	三五	一八	六	一	三五	｜	｜	｜	｜
同		二七五	五五	二二〇	一五	二〇	一五	五	｜	二〇	｜	｜	｜	｜
同		二七六	四七	一九六	一五	一七	一一	五	｜	一六	｜	｜	一	一
同		二七七	五四	二五七	三五	五四	四五	八	｜	五三	一	｜	｜	一
同		二七八	六九	二七六	三	二八	一五	二	｜	二六	一	｜	一	二
同		二七九	五五	二九四	二七	四四	二五	一四	四	四三	一	｜	｜	一
同		二八〇	四八	二八八	一五	三〇	二五	五	｜	二〇	｜	｜	｜	｜
同		二八一	四六	一九七	三一	五五	四三	三	｜	五五	｜	｜	｜	｜
同		二八二	六六	二六四	一八	二九	一五	一〇	一	二六	三	｜	｜	三
同		二八三	四六	一七〇	二一	一五	一〇	一	｜	二	二	｜	二	四
同		二八四	五四	一九〇	二四	二四	二二	七	六	二四	｜	｜	｜	｜
同		二八五	七六	四二七	二七	八二	二五	一九	八	六二	三	二	六	一〇
同		二八六	五七	二四二	二六	四〇	三一	三	一	三五	四	｜	一	五
同		二八七	八八	二九九	一八	三六	二七	七	一	三五	一	｜	｜	一
同		二八八	七一	二三九	三六	五五	二七	一〇	一	四八	二	｜	五	七
同		二八九	七八	二九七	二九	三九	三二	四	一	三七	一	一	｜	二

一〇四

同	二九〇	五五	三三	一四	一四	一四	二五	六	二三	｜	一	｜	一
同	二九一	四七	一八八	三	四五	三一	五	一	三七	七	一	｜	八
同	二九二	四八	二四一	二一	六六	四四	一九	｜	六三	一	一	一	三
南阪町	二九三	五〇	二六四	二八	九七	五九	二八	｜	九七	｜	｜	｜	｜
同	二九四	七〇	二八三	一七	四四	三一	二	一	四四	｜	｜	｜	｜
木津川一丁目	二九五	九五	四五四	四六	一二〇	四二	五四	三	一一八	｜	｜	二	二
同	二九六	九三	四五二	五八	一四〇	九四	二六	五	一三五	三	｜	二	五
木津川二丁目	二九七	三五	一四七	三〇	六二	四七	一三	一	六一	一	｜	｜	一
木津川三丁目	二九八	五一	二五五	二八	六六	五七	五	四	六六	｜	｜	｜	｜
同	二九九	八四	三八二	六五	八八	七一	九	八	八八	｜	｜	｜	｜
同	三〇〇	四六	二〇七	二七	四四	三二	四	八	四四	｜	｜	｜	｜
同	三〇一	四四	一六九	三〇	四七	三七	八	一	四六	｜	一	｜	一
三島町	三〇二	四八	二二〇	三〇	五二	四六	六	｜	五二	｜	｜	｜	｜
勘助町一丁目	三〇三	六四	三一五	三〇	五九	四七	八	三	五八	一	｜	｜	一
同	三〇四	三七	一五九	一四	一六	二一	五	｜	一六	｜	｜	｜	｜
同	三〇五	五七	二一九	一八	二七	一九	七	｜	二六	一	｜	｜	一
同	三〇六	三三	一八〇	一三	二九	二七	一	｜	二八	一	｜	｜	一
同二丁目	三〇七	六四	三〇二	一四	二一	一七	三	一	二一	｜	｜	｜	｜
同	三〇八	六二	二九八	二六	五二	四五	七	｜	五三	｜	｜	｜	｜
同	三〇九	三三	一七三	一八	三三	三〇	二	｜	三三	｜	｜	｜	｜
同	三一〇	一四	一三〇	六	六	四	一	一	六	｜	｜	｜	｜
同	三一一	六〇	二四六	三三	四五	三三	四	七	四四	一	｜	｜	一
同三丁目	三一二	七五	三四八	三三	五二	四六	四	一	五一	一	｜	｜	一
同	三一三	四九	二六三	二八	四八	三六	四	四	四四	四	｜	｜	四

一〇五

同	三一四	三九	一七八	二一	二九	二二	二	|	二三	五	|	一	六
同	三一五	七三	三七七	二〇	四一	三三	二	|	三五	一	|	五	六
同	三一六	七七	三七四	三三	三一	二五	三	|	二八	二	|	一	三
鷗町一丁目	三一七	六五	三四〇	二七	七〇	六九	|	|	六九	|	|	一	一
同	三一八	七七	四五〇	一六	二五	一五	一〇	|	二五	|	|	|	|
同	三一九	七三	三五一	三三	六四	五四	八	一	六七	一	|	|	一
同　二丁目	三二〇	六四	二七一	二一	二七	一二	三	三	二七	|	|	|	|
同	三二一	二八	一二八	二〇	二四	二六	三	二	三一	二	|	一	三
同	三二二	九二	三六四	三三	四八	三七	五	|	四二	六	|	|	六
同	三二三	四三	二〇一	一七	三二	三三	|	|	三二	|	|	|	|
同　三丁目	三二四	九九	四二一	二四	五九	四四	三	一	五七	二	|	|	二
同	三二五	六七	二八二	一七	二六	一五	八	一	二四	二	|	|	二
同	三二六	八四	三五六	三三	五一	四五	四	二	五一	|	|	|	|
同	三二七	八七	三四七	六一	八九	七〇	一〇	|	八〇	三	|	六	九
同　四丁目	三二八	七二	三二九	二三	三七	二九	五	二	三六	一	|	|	一
同	三二九	九八	四二二	二四	五〇	三七	八	三	四八	一	|	一	二
同	三三〇	七七	三一三	四七	七二	五八	三	四	六五	三	|	四	七
同	三三一	六五	三一〇	三六	四八	三一	|	一三	四四	四	|	|	四
大國町一丁目	三三二	五七	三四五	四	一二	一二	|	|	三	|	|	|	|
同	三三三	六六	三九四	一〇	一五	一四	一	|	一五	|	|	|	|
同	三三四	四五	二〇八	一〇	二〇	六	一四	|	二〇	|	|	|	|
同　二丁目	三三五	四三	二〇六	一一	一七	一五	二	|	一七	|	|	|	|
同	三三六	八一	三一四	三五	四六	三一	三	|	四三	一	一	一	三
同	三三七	五一	二四四	一五	三	一八	四	|	三	|	|	|	|

一〇六

同	三三八	六三	一九八	一〇	一七	一一	一三	三	二七	—	—	—	—
同	三三九	五一	二〇三	一三	三一	二九	二	—	三一	一	—	—	一
同三丁目	三四〇	五四	二一〇	三	四九	二九	一二	一	四一	五	—	二	七
同	三四一	八〇	三九八	四九	一七	七七	九	—	六六	—	—	一	一
同	三四二	六九	二九四	三一	四八	四〇	四	三	四七	一	—	—	一
同四丁目	三四三	四八	一八四	二五	二五	二三	三	二	一六	一	一	五	七
同	三四四	四五	一八〇	一五	二九	二九	五	四	二六	一	—	—	一
同	三四五	三九	一五八	八	二四	二六	五	一	二四	—	—	—	—
同	三四六	四七	一八二	一三	二	二	九	—	二	—	—	—	—
同	三四七	五四	一四二	二三	三九	二五	九	—	二四	一	—	—	一
同	三四八	四一	一八八	一三	二三	二六	七	—	三三	—	—	—	—
同	三四九	六七	三三四	一三	七〇	四八	三	六	六九	一	—	—	一
同	三五〇	七七	一六〇	二	四二	二四	七	一	四二	—	—	—	—
同五丁目	三五一	七一	二八九	二六	二七	四〇	一二	一	二三	二	一	一	四
同	三五二	五一	二一三	二三	二九	三九	一三	—	二八	一	—	—	一
同	三五三	一〇〇	四八四	五四	一〇八	八八	二	五	一〇四	三	一	—	四
同	三五四	七三	二五九	五一	七八	六〇	五	七	七二	四	一	一	六
同	三五五	五一	二二〇	一八	四〇	三五	四	—	三九	—	—	一	一
同	三五六	五三	一九五	二〇	四二	三五	五	一	四一	一	—	—	一
敷津町一丁目	三五七	七八	四四四	六	二	一四	七	—	二	—	—	—	—
同	三五八	六四	三五八	一三	一九	一九	—	—	一九	—	—	—	—
同	三五九	五九	二四四	一八	四三	三三	八	—	四一	—	二	—	二
同	三六〇	九三	三七九	四七	一〇一	八九	一〇	一	一〇〇	一	—	—	一
同	三六一	九四	四一〇	三一	六八	五七	九	一	六七	—	—	一	一

一〇七

一〇八

同 二丁目	三六二	八二	三一三	三〇	四四	二七	一四	三	四四	｜	｜	｜	｜
同	三六三	五二	二一七	二三	三四	三〇	四	｜	三四	｜	｜	｜	｜
同	三六四	八七	四六五	二六	一八一	一七〇	一〇	一	一八一	｜	｜	｜	｜
同	三六五	五九	二二三	二九	三八	一九	八	八	三五	三	｜	｜	三
同	三六六	八〇	三一一	四二	六三	五五	三	三	六一	｜	二	｜	二
同	三六七	八一	三二六	四〇	六四	五四	五	四	六三	一	｜	｜	一
同 三丁目	三六八	七四	三七七	三五	七五	六〇	一三	｜	七三	一	一	｜	二
同	三六九	六三	二七六	二二	二八	一八	一〇	｜	二八	｜	｜	｜	｜
同	三七〇	七七	三七九	二一	一八	一六	｜	｜	一六	｜	二	｜	二
恵美須町 一丁目	三七一	七二	四一四	二三	八二	五五	二七	｜	八二	｜	｜	｜	｜
同	三七二	一一九	六五一	二五	六九	六三	六	｜	六九	｜	｜	｜	｜
同	三七三	一〇六	四三四	一七	三四	二九	四	｜	三三	｜	一	｜	一
同	三七四	八九	五六三	三二	一八七	一五九	二七	｜	一八六	｜	一	｜	一
同	三七五	一三一	六五五	四九	一九七	八四	一二三	｜	一九七	｜	｜	｜	｜
同	三七六	九九	三五六	九	一〇	三	七	｜	一〇	｜	｜	｜	｜
同 二丁目	三七七	六〇	三〇一	三〇	五七	三三	一四	八	五五	一	一	｜	二
同	三七八	六三	二四三	三五	五四	四〇	九	二	五一	一	｜	二	三
同	三七九	五一	二五七	二一	七二	五〇	一四	五	六九	二	｜	一	三
同	三八〇	五四	二〇五	三一	五四	三八	一二	四	五四	｜	｜	｜	｜
同	三八一	五二	二二五	二五	三六	二三	一三	｜	三六	｜	｜	｜	｜
同	三八二	五九	三三九	三〇	三九	二六	一〇	二	三八	｜	｜	一	一
同	三八三	六四	二三三	三〇	四六	二五	一五	六	四六	｜	｜	｜	｜
同	三八四	八	二三二	七	一八六	三三	一八	一七	一一七	四七	六	一六	六九
同 三丁目	三八五	五六	二四九	一八	二八	一六	一〇	一	二七	｜	一	｜	一

同	三八六	五七	二六五	一六	三〇	一五	一四	|	二九	一	|	|	一
同	三八七	六二	二九二	二九	八五	四六	三一	七	八四	|	一	|	一
同	三八八	四五	二〇七	一四	三〇	一五	一三	|	二八	二	|	|	二
同	三八九	五七	二三四	一八	三九	一二	七	一五	三四	|	一	四	五
同	三九〇	七〇	三五七	三六	六八	五七	八	二	六七	一	|	|	一
同	三九一	五四	二四九	三〇	四〇	一八	一五	六	三九	一	|	|	一
同	三九二	七六	三三八	五二	八二	五一	一四	一四	七九	二	一	|	三
同四丁目	三九三	六八	二八一	三三	四七	二八	九	|	四七	|	|	|	|
同	三九四	一〇一	四八三	一二	三二	一九	一〇	二	三二	|	|	|	|
同	三九五	八五	三八一	四八	八五	六四	一三	六	八三	二	|	|	二
同	三九六	八六	三五九	三二	六二	四四	一六	|	六〇	一	一	|	二
廣田町	三九七	六〇	二六六	三四	五四	二九	二	一三	五四	|	|	|	|
同	三九八	五〇	一九三	二〇	二四	一四	八	一	三三	一	|	|	一
同	三九九	九四	四六一	五〇	一四三	二六	二五	七八	一三九	三	|	|	三
同	四〇〇	七一	三六五	二五	六七	二四	八	一三	六五	一	|	一	二
同	四〇一	三四	一五八	一三	一八	一七	|	一	一八	|	|	|	|
同	四〇二	四二	二〇〇	一二	二二	一九	|	一	二〇	一	|	|	一
同	四〇三	六六	二〇六	一四	二九	一三	一	三	二七	二	|	|	二
同	四〇四	七二	三一五	一三	二八	二六	一	一	二八	|	|	|	|
同	四〇五	七一	三一三	一二	四一	二三	一四	三	四〇	|	一	|	一
東關谷町	四〇六	七一	三〇八	一三	一九	一三	四	二	一九	|	|	|	|
同	四〇七	五〇	二一三	一三	三三	一八	二	一三	三三	|	|	|	|
同	四〇八	六八	二七六	二五	五七	二四	一三	七	五四	三	|	|	三
同	四〇九	四九	二〇一	二六	二九	二六	一	二	二九	|	|	|	|

一一〇

同	四一〇	六二	一八五	一〇	一二	八	一	二	二	—	—	—	—
同	四一一	八三	二八一	二二	一五	二	二	—	一三	二	—	—	二
同	四一二	八七	三〇五	三三	二八	二五	三	—	二八	—	—	—	—
同	四一三	六六	二五四	二八	五三	二四	三	三	四九	四	—	—	四
同	四一四	七一	二三一	二六	四〇	二〇	一〇	九	三九	一	—	—	一
同	四一五	五一	二〇六	三一	三五	一九	八	二	二九	五	一	—	六
同	四一六	四九	二三〇	一〇	一三	二	一	—	三	一	—	—	一
同	四一七	四五	一九六	一八	二五	一九	一	五	二五	—	—	—	—
同	四一八	五四	二六七	一三	二三	二〇	三	—	二三	—	—	—	—
同	四一九	四〇	一九四	一八	二一	一六	—	四	二〇	—	一	—	一
同	四二〇	六三	二六九	三一	四七	三〇	九	七	四六	—	—	一	一
西関谷町	四二一	七三	二六〇	二四	四八	三六	六	六	四八	—	—	—	—
同	四二二	四一	一八三	三三	五五	二七	七	二	五五	—	—	—	—
同	四二三	五九	二五四	二〇	三五	一九	六	六	三一	三	—	一	四
同	四二四	五八	三〇一	二〇	六五	三五	五	四	四四	二〇	一	—	二
同	四二五	六〇	二七三	二五	五二	二七	一七	五	四九	三	—	—	三
同	四二六	七一	二八五	一八	五三	四八	五	—	五三	—	—	—	—
同	四二七	八三	二七二	三一	三三	三一	八	一	三二	一	—	—	一
同	四二八	六七	二七〇	三二	四一	三二	八	一	四〇	一	—	—	一
同	四二九	五七	二三三	三三	四九	四〇	七	一	四八	一	—	—	一
同	四三〇	六四	二三〇	四二	六〇	四四	二	四	五九	一	—	—	一
同	四三一	七五	三一三	一四	一五	三二	三	—	一五	—	—	—	—
同	四三二	四一	一八三	二八	五四	三九	六	八	五三	—	一	—	一
同	四三三	六九	二五二	四二	六四	五一	五	二	五八	六	—	—	六

同	四三四	六八	二七三	四四	七三	六七	一	二	七〇	三	｜	｜	三
船出町	四三五	四七	二〇三	二三	四四	二七	二	四	四二	二	｜	｜	二
同	四三六	五二	二三五	二一	三八	二三	三	一〇	三六	一	一	｜	二
同	四三七	七四	三一八	四三	六六	五〇	一三	三	六六	｜	｜	｜	｜
同	四三八	六七	三〇九	四四	一〇二	九六	四	一	一〇一	一	｜	｜	一
同	四三九	七八	三五六	四五	一〇五	九五	九	｜	一〇四	一	｜	｜	一
同	四四〇	六八	三八四	四六	一五九	一四四	一〇	四	一五八	｜	一	｜	一
同	四四一	六七	二七二	四五	八六	七四	一〇	二	八六	｜	｜	｜	｜
北高岸町	四四二	七二	二九三	四六	六〇	三〇	九	二〇	五九	一	｜	｜	一
同	四四三	四七	一八〇	二四	四〇	三三	三	二	三七	三	｜	｜	三
同	四四四	八四	三三一	七五	一〇〇	一七三	一九	四	一九六	四	｜	｜	四
同	四四五	四〇	一五二	三九	七一	六一	｜	四	六五	五	｜	一	六
同	四四六	三三	一二五	三一	六三	五〇	一	七	五八	三	｜	一	四
同	四四七	三	二六一	三	一五九	一五四	五	｜	一五九	｜	｜	｜	｜
南高岸町	四四八	七二	三一〇	三九	八〇	六三	一四	四	八〇	｜	｜	｜	｜
同	四四九	五二	二一四	三一	六三	五〇	四	九	六三	｜	｜	｜	｜
同	四五〇	六七	三一四	三二	五七	四五	四	七	五六	一	｜	｜	一
同	四五一	七五	二六五	三四	四五	三三	一〇	｜	四三	二	｜	一	三
同	四五二	九三	二八七	七八	一二四	一〇六	三	七	一一六	五	一	二	八
宮津町	四五三	八一	三〇一	四〇	五五	三四	九	八	五一	二	二	｜	四
同	四五四	七一	二七三	三五	五四	二六	四	二三	五一	一	二	｜	三
同	四五五	六三	二八四	二五	五〇	三一	一三	六	五〇	｜	｜	｜	｜
同	四五六	六七	二三五	三七	四〇	二三	七	六	三六	二	｜	二	四
同	四五七	七二	三一二	三三	四六	二五	二〇	一	四六	｜	｜	｜	｜

一一一

同	四五八	六三	二六五	三一	四〇	二七	一三	｜	四〇	｜	｜	｜	｜
同	四五九	八三	二四四	二七	五二	三五	三	二	四九	一	二	｜	三
同	四六〇	六一	二一七	三六	七〇	六四	四	｜	六八	二	｜	｜	二
同	四六一	四	三〇九	四	二四五	八七	一四	三	一三	五	五	一〇三	一三
同	四六二	五四	二二二	三四	四三	三四	九	｜	四三	｜	｜	｜	｜
同	四六三	八六	二八四	四七	五八	四五	三	一	五八	｜	｜	｜	｜
貝柄町	四六四	六六	二六七	二九	四六	三〇	三	四	四六	｜	｜	｜	｜
同	四六五	六四	二八八	三一	六九	五九	一〇	｜	六九	｜	｜	｜	｜
同	四六六	六四	二五九	三三	五二	三二	一九	｜	五〇	一	一	｜	二
同	四六七	五三	三〇〇	二五	三六	二四	一一	一	三六	｜	｜	｜	｜
同	四六八	七〇	二九五	四七	六四	三七	二三	二	六二	一	一	｜	二
馬越町	四六九	八三	三〇三	五九	八二	五六	二三	三	八二	｜	｜	｜	｜
同	四七〇	七五	二九六	四九	一〇五	八三	一九	二	一〇四	一	｜	｜	一
同	四七一	九〇	三三四	五五	九七	六六	一〇	三	八八	七	一	一	九
水崎町	四七二	五三	二六五	二四	六二	三一	二七	四	六二	｜	｜	｜	｜
同	四七三	七三	二九八	四二	六五	四九	七	七	六三	一	一	｜	二
北霞町	四七四	七一	二八二	一五	七一	六	六五	｜	七一	｜	｜	｜	｜
同	四七五	八五	四〇〇	四三	九九	六六	三一	｜	九七	一	一	｜	二
同	四七六	六一	二七三	一一	二一	一五	六	｜	二一	｜	｜	｜	｜
同	四七七	七七	四〇五	二四	五五	五一	四	｜	五五	｜	｜	｜	｜
同	四七八	八九	四七八	四五	一六七	一五〇	二三	二	一六四	二	一	｜	三
南霞町	四七九	八〇	三二〇	三六	七〇	五五	一三	｜	六七	三	｜	｜	三
西濱南通一丁目	四八〇	四九	二九七	二一	三五	二三	一〇	二	三五	｜	｜	｜	｜
同	四八一	三四	一五五	一二	一五	一一	二	一	一四	一	｜	｜	一

一一二

同二丁目	四八二	五八	三〇二	一七	三六	二五	一〇	一	三六	—	—	—	—
同	四八三	四九	二三三	一五	三三	三〇	二	一	三三	—	—	—	—
同三丁目	四八四	五五	二六五	一八	二八	二六	二	—	二八	—	—	—	—
同	四八五	五九	二七三	三五	四七	四一	二	二	四五	一	一	—	二
同中通一丁目	四八六	八二	三九五	二七	三三	二九	二	—	三一	一	—	—	一
同	四八七	六八	三七八	二七	四五	二八	四	一	四三	二	—	—	二
同	四八八	六五	三〇一	二〇	三五	二八	四	—	三三	三	—	—	三
同二丁目	四八九	六三	二七九	一二	二三	二三	—	—	二三	—	—	—	—
同	四九〇	三七	二一八	一一	二一	一八	三	—	二一	—	—	—	—
同三丁目	四九一	四八	二六二	一五	二七	二四	一	二	二七	—	—	—	—
同	四九二	五五	二五九	一八	二〇	一三	三	—	一六	三	一	—	四
同北通一丁目	四九三	三四	一六八	五	一〇	八	一	—	九	一	—	—	一
同	四九四	七四	二九一	二四	五六	二九	九	—	四八	六	二	—	八
同二丁目	四九五	七一	三四六	二三	六六	四三	一七	四	六四	一	—	一	二
同三丁目	四九六	五〇	二七一	一九	三八	二七	二	九	三八	—	—	—	—
同	四九七	四九	二八五	一八	二七	二七	—	—	二七	—	—	—	—
同四丁目	四九八	四九	二〇二	一七	二三	二一	一	—	三三	—	—	—	—
同	四九九	五八	二三九	二五	三八	三〇	五	一	三八	二	—	—	二
同	五〇〇	四三	二三六	一四	二三	二三	—	—	二三	—	—	—	—
榮町一丁目	五〇一	六九	四一九	二三	一二三	九四	一五	二	一二一	一	—	—	一
同	五〇二	七〇	三三八	二一	二四	二三	三	—	二六	三	三	二	八
同	五〇三	八五	四〇九	三八	五六	五三	二	一	五六	—	—	—	—
同	五〇四	四二	二三八	二四	三三	二九	一	一	三一	二	—	—	二
同	五〇五	七一	三三七	三〇	五〇	二八	五	—	四三	七	—	—	七

一一三

同		五〇六	六二	二六五	一九	二一	一六	|	五	二一	|	|	|	|
同		五〇七	五八	二九四	一五	二四	二四	|	|	二四	|	|	|	|
同		五〇八	六〇	二五五	一五	一九	三	一	三	一六	|	|	三	三
同	二丁目	五〇九	四九	二六七	四	四	三	|	|	三	一	|	|	一
同		五一〇	七〇	三三八	五	五	二	|	|	二	三	|	|	三
同		五一一	四九	三三三	一〇	一三	三	|	|	三	|	|	一	一
同		五一二	七四	三四六	二六	二五	四四	四	|	四八	六	|	一	七
同		五一三	八六	四二一	五七	一一三	九七	一三	一	一二	一	一	|	二
同		五一四	一九	一一六	三	四	一	三	|	四	|	|	|	|
同	三丁目	五一五	二四	一一一	四	六	二	|	四	六	|	|	|	|
同		五一六	四八	二六六	五	三	一六	三	三	三	|	|	|	|
同		五一七	三八	一四二	一四	一六	一三	|	二	一五	一	|	|	一
同		五一八	三四	一五〇	一三	一七	一五	|	一	一六	一	|	|	一
同		五一九	三三	一三七	八	三	一〇	|	|	一〇	二	|	|	二
同		五二〇	三二	一三八	一三	一六	一六	|	|	一六	|	|	|	|
同		五二一	二七	一三一	一七	一〇	一七	|	三	二〇	|	|	|	|
同		五二二	三〇	一五五	一二	一五	三	|	|	二	三	|	|	三
同		五二三	三八	一一三	三	一四	九	三	二	一四	|	|	|	|
同		五二四	五八	三二〇	一四	二三	三	一	一	三	|	|	|	|
同		五二五	四三	二二九	一四	二八	二五	二	一	三八	|	|	|	|
同	四丁目	五二六	五三	一七八	二五	五八	五〇	|	一	五一	四	三	|	七
同		五二七	五八	三三一	一七	二〇	一四	二	|	一六	四	|	|	四
同		五二八	五一	二五六	三	四四	三一	|	四	二五	九	|	|	九
同		五二九	六九	三三九	一六	二三	三二	|	|	二三	一	|	|	一

一一四

同	五三〇	一二三	一〇八	一六	一六	一五	一	—	一六	—	—	—	—
同	五三一	七五	三七七	二六	三八	一八	三	一	二二	六	—	—	六
同	五三二	四三	一九八	一四	一九	一五	二	一	一八	一	—	—	一
同	五三三	六六	三〇三	一九	二〇	一五	一	一	一七	三	—	—	三
同	五三四	六七	三〇〇	二六	二九	一四	—	—	一四	一三	—	二	一五
同	五三五	三八	一六五	二〇	四八	四三	二	一	四六	一	—	一	二
同五丁目	五三六	四一	一六八	一三	二六	二三	一	—	二四	二	—	—	二
同	五三七	七五	四〇五	四六	一一八	九四	—	九	一〇三	九	—	六	一五
同	五三八	五五	二六七	四一	六三	五四	—	一	五五	七	—	一	八
同	五三九	四四	二〇四	一四	三一	二四	二	五	三一	—	—	—	—
同	五四〇	四七	二三三	二四	三六	一七	五	二	二四	二	—	—	二
同	五四一	六一	二九一	一三	二八	一八	—	—	一八	—	—	—	—
同	五四二	五三	二五〇	一三	二八	二二	二	一	二五	三	—	—	三
同	五四三	七八	三七三	四一	六九	五五	二	八	六五	三	一	—	四
総計		三三、五二二	一四九、六九六	一六、〇九八	三〇、九九二	二二、七四一	五、一三七	二、〇〇二	二九、八八〇	六九六	一三二	二八四	一、一一二

此花區

調査區 町名	番號	國勢調査 世帶	國勢調査 人口	失業統計調査 世帶	失業統計調査 人口	有業者數 勞働者	有業者數 給料生活者	有業者數 日傭勞働者	有業者數 計	失業者數 勞働者	失業者數 給料生活者	失業者數 日傭勞働者	失業者數 計
上福島南一丁目	一	一二三	五三六	五五	一一八	七五	四二	一	一一八	—	—	—	—
同	二	一一八	四九九	七〇	一六六	四七	一一五	二	一六四	一	一	—	二
同	三	七三	三七八	三四	六一	三一	二九	—	六〇	—	一	—	一

一一五

一一六

同	四	八四	三〇八	五一	五九	三〇	二五	一	三六	二	一	｜	三
同	五	六八	二四一	四五	七七	三八	三五	二	七五	｜	二	｜	二
同	六	九九	三八五	五七	九五	五四	三九	一	九四	｜	一	｜	一
同	七	五八	二七三	二六	四五	二五	二〇	｜	四五	｜	｜	｜	｜
上福島南二丁目	八	六三	二八九	三一	五二	三九	一三	｜	五三	｜	｜	｜	｜
同	九	七三	三一四	四〇	六二	二七	二三	｜	六〇	一	一	｜	二
同	一〇	六三	二六一	三三	四九	三一	一七	｜	四八	一	｜	｜	一
同	一一	一一八	四四一	六〇	六八	三四	三二	一	六六	｜	一	一	二
同	一二	九一	三六八	三二	五四	三〇	三一	二	五四	｜	｜	｜	｜
同	一三	八〇	二八六	三三	五〇	三三	一七	｜	五〇	｜	｜	｜	｜
同	一四	七八	三四七	四三	七五	三五	二三	五	七二	一	二	｜	三
同	一五	八九	四〇二	三八	六三	四七	一六	｜	六三	｜	｜	｜	｜
同	一六	八七	三三二	四四	六七	三八	二五	｜	六三	一	二	一	四
同	一七	六二	三二四	二八	三九	二五	二二	二	三九	｜	｜	｜	｜
上福島南三丁目	一八	九五	三二一	五八	七九	四一	三七	｜	七八	一	｜	｜	一
同	一九	一三〇	四九四	七六	一二二	九五	三三	｜	一二七	二	｜	三	五
同	二〇	一〇二	三九四	七一	一一九	一〇二	一五	一	一一八	一	｜	｜	一
同	二一	一〇六	四二三	六四	一一一	八八	一六	五	一〇九	一	一	｜	二
同	二二	九六	三七一	五四	六一	四三	一八	｜	六一	｜	｜	｜	｜
同	二三	一〇〇	三九七	五六	七七	三八	三八	｜	七六	一	｜	｜	一
同	二四	一一三	四九一	五八	一一八	九三	一九	一	一二五	二	一	｜	三
上福島中一丁目	二五	七二	二四五	六四	九九	六五	三〇	四	九九	｜	｜	｜	｜
同	二六	八四	三三五	四七	五八	二九	二〇	六	五五	一	二	｜	三
同	二七	九七	三七八	五三	六八	四四	二〇	｜	六四	三	一	｜	四

一一七

同	二八	九四	三三四	三八	五三	二五	二七	一	五三	―	―	―	―
同	二九	七一	三三六	四五	九二	六〇	二九	一	九〇	一	一	―	二
同	三〇	八八	三五二	三三	四三	二六	一七	―	四三	―	―	―	―
同	三一	七七	三四三	三九	七九	四〇	三七	一	七八	一	―	―	一
上福島中二丁目	三二	五八	二八三	三三	五四	四二	二三	―	五四	―	―	―	―
同	三三	七九	三七四	四一	九八	七〇	一八	三	九一	五	―	二	七
同	三四	八五	三三〇	四三	六六	三七	二九	―	六六	―	―	―	―
同	三五	九一	三八九	四五	七五	五一	二二	二	七四	一	―	―	一
上福島中三丁目	三六	七七	二五九	五二	六七	三八	一六	七	六一	六	三	―	六
同	三七	六三	二一四	二七	二九	三	一三	四	二八	一	―	―	一
同	三八	六三	三四一	三六	七一	五三	一八	―	七一	―	―	―	―
同	三九	八〇	三四七	五五	七六	五五	一三	六	七四	一	一	―	二
同	四〇	七四	二九七	三六	六一	四九	一一	一	六一	―	―	―	―
同	四一	一〇四	四二七	六五	一〇一	七六	一三	二	一〇〇	一	―	―	一
上福島北一丁目	四二	一二四	五四四	九四	一四六	四五	九九	一	一四五	―	一	―	一
同	四三	八四	三五九	五四	八〇	二	五二	二	七五	―	五	―	五
同	四四	一一一	五七九	八〇	二〇三	一一四	八六	―	二〇〇	一	二	―	三
同	四五	一〇三	四一七	七〇	九九	四三	五一	四	九八	―	一	―	一
同	四六	八六	四九五	五四	一四三	四〇	九八	一	一三九	一	三	―	四
同	四七	九九	三六五	七五	一〇九	六〇	四六	―	一〇六	一	二	―	三
同	四八	九〇	四三三	五八	一一三	三九	七一	―	一一〇	―	二	―	二
同	四九	一〇三	六一一	六四	二七一	一六三	一〇五	―	二六八	一	一	一	三
同	五〇	一〇二	三九八	四六	七三	四〇	三〇	―	七〇	一	一	―	二
同 一丁目 二丁目	五一	一一一	五〇三	六九	一三〇	五二	七三	三	一三八	一	一	―	二

同 三丁目	五二	一一六	四六七	八〇	一三五	八八	二八	二	一二七	七	一	―	八
上福島北二丁目	五三	一一五	五〇二	七四	一四九	七三	七二	―	一四四	三	二	―	五
同 一丁目 二丁目	五四	一〇〇	五〇七	六八	一七二	一〇八	五四	一	一六三	五	四	―	九
同 二丁目	五五	一〇九	四三八	四三	八〇	四五	三三	一	七九	一	―	―	一
同	五六	九六	四〇二	五六	九七	四四	四九	二	九五	一	一	―	二
同 三丁目	五七	八四	三〇六	五九	九四	五五	三三	五	九二	二	―	―	二
同	五八	七八	四〇〇	五九	一六五	八一	八二	―	一六三	―	二	―	二
同	五九	一一三	四六一	七二	一二八	六三	五七	五	一三五	―	三	―	三
同	六〇	八八	三七一	三〇	三五	三三	一二	―	一三五	―	―	―	―
同	六一	一〇八	五一三	六五	一三〇	五四	七一	三	一二八	一	一	―	二
同	六二	九一	四三六	四二	九九	六五	三三	―	九七	―	二	―	二
同	六三	九八	四七四	五三	一一七	七一	三八	一	一一〇	五	二	―	七
同	六四	八五	四三七	四九	一二四	五三	七〇	―	一一三	一	一	―	二
同	六五	一〇三	五二一	六五	一一〇	四七	五七	三	一〇七	一	二	―	三
同	六六	八二	四二三	四五	六六	二二	四四	―	六六	―	―	―	―
同	六七	六六	三三三	二七	五八	二九	二六	二	五七	一	―	―	一
上福島北四丁目	六八	九三	四一二	五四	一一三	四七	六二	―	一〇九	―	三	―	三
同	六九	八三	三六二	五五	九四	三三	五二	三	八八	一	五	―	六
同	七〇	九三	三八八	五一	九〇	九	七四	四	八七	一	二	―	三
同 三丁目 四丁目	七一	九七	四〇八	四六	七七	四六	三一	―	七七	―	―	―	―
同 四丁目	七二	一一五	四五二	七一	九九	四六	四六	三	九五	三	一	―	四
同	七三	一〇五	三七〇	六〇	八五	四二	三五	三	八〇	二	三	―	五
同	七四	八〇	三七二	六一	一二九	八八	三一	七	一二六	二	一	―	三
下福島一丁目	七五	一一三	四二六	七七	一一一	七四	三〇	四	一〇八	二	一	―	三

一一八

同 一丁目 二丁目	七六	六九	三二二	四二	七二	四〇	二八	四	七二	—	—	—	—
下福島一丁目 亀甲町一丁目 平松町	七七	六〇	二、六三五	五八	二四七〇	二、三八〇	九〇	—	二、四七〇	—	—	二	—
下福島二丁目	七八	一〇八	四五三	八八	一七〇	一三三	一三	九	一五四	一四	—	—	一六
同	七九	九二	三五八	五五	七五	五三	一二	八	七二	三	—	—	三
同	八〇	七一	二八九	二八	三三	三三	五	六	三三	—	—	—	—
同	八一	九八	三八六	五五	六八	六八	三三	三	六四	三	一	—	四
同	八二	七二	二七二	四四	六一	三九	一一	一二	六一	—	—	—	—
同	八三	八〇	三五五	三四	四九	三一	一四	四	四九	—	—	—	—
下福島三丁目	八四	七四	二七八	四一	六〇	四二	一五	一	五八	—	二	—	二
同	八五	七八	二九三	五五	七九	四四	一七	一三	七三	三	一	二	六
同	八六	八〇	三〇三	六一	八〇	四六	二五	五	七六	二	二	—	四
同	八七	六七	三三六	四二	七九	四六	二六	二	七四	三	一	一	五
同	八八	七七	三六三	五九	九七	五三	二七	六	九六	—	一	—	一
同	八九	七九	三四六	五四	七九	四一	二九	三	七三	二	四	—	六
同	九〇	九一	三六五	六七	一〇七	六九	二八	四	一〇一	五	一	—	六
下福島四丁目	九一	六六	二六〇	四九	六八	五一	九	三	六三	五	—	—	五
下福島五丁目 安井町	九二	三三	一一六	二一	三三	二七	五	—	三三	一	—	—	一
玉川町一丁目 同二丁目	九三	九六	四一三	六六	一一五	七一	三六	六	一一三	一	—	一	二
同一丁目	九四	一一三	四五三	五六	八六	五六	二四	六	八六	—	—	—	—
同	九五	九七	三九六	六四	八九	四八	三六	三	八七	一	一	—	二
玉川町二丁目 三丁目	九六	一二〇	五五一	七六	一三九	九三	四〇	三	一三六	三	—	—	三
同 一丁目 二丁目	九七	一〇〇	四三九	五二	六八	三四	三一	二	六七	—	一	—	一

同　二丁目	九八	一〇六	四二四	五九	七五	四六	二七	二	七五	―	―	―	―
同　三丁目	九九	九三	四四九	四二	七八	六二	一六	―	七八	―	―	―	―
同	一〇〇	一〇四	四三〇	五八	七八	四九	二四	三	七六	―	二	―	二
同　二丁目・三丁目	一〇一	一一一	四三五	六九	八六	四八	二三	一三	八四	一	一	―	二
同同	一〇二	一三〇	四五六	七九	一一三	七八	二八	二	一〇八	三	二	―	五
玉川町二丁目	一〇三	一一〇	四一四	七六	一〇九	七六	一七	七	一〇〇	七	―	二	九
亀甲町一丁目	一〇四	一〇八	四〇四	八一	一一四	八六	二八	―	一一四	―	―	―	―
同	一〇五	一〇一	四〇一	八一	一五九	一〇六	一五	三〇	一五一	八	―	―	八
同	一〇六	一〇七	三九二	七四	一〇九	八一	一五	二	一〇七	―	二	―	二
同	一〇七	一〇八	四一九	五七	九六	七六	一五	一	九四	一	一	―	二
同	一〇八	一〇八	四〇三	八一	一二五	九三	二〇	七	一三〇	三	一	一	五
同	一〇九	一一五	五一五	六七	八七	五八	一二	六	八六	一	―	―	一
平松町	一一〇	七〇	三〇〇	五三	九五	六三	二〇	九	九二	二	一	―	三
草開町	一一一	一一三	四六一	七五	九二	五五	二〇	一五	九〇	―	―	二	二
同	一一二	五四	二四三	三五	六六	四四	二一	一	六六	―	―	―	―
同	一一三	九一	三六七	五五	八一	五六	一八	六	八〇	一	―	―	一
同	一一四	八四	三五八	二七	四七	二六	二〇	一	四七	―	―	―	―
同	一一五	九九	三五九	六四	六七	四二	一五	六	六三	一	三	―	四
同	一一六	一四三	五二六	九六	一四八	一二八	一〇	五	一四三	四	一	―	五
玉川町三丁目	一一七	八三	三四五	六〇	九四	七七	九	五	九一	一	二	―	三
同	一一八	一〇四	三九六	七七	一一三	七七	二七	三	一〇七	五	一	―	六
同	一一九	一三四	四六六	九四	一一四	七四	二四	一〇	一〇八	五	―	一	六
同　二丁目・三丁目	一二〇	七五	三〇七	五九	八八	五四	二六	七	八七	―	一	―	一

一二〇

一二一

一二一	同	九五	三九七	五七	八七	六二	二〇	|	八二	二	二	一	五
一二二	大野町一丁目	八八	二九八	六七	八八	六六	一七	三	八六	二	|	|	二
一二三	同	八一	三三七	五七	七九	四三	二九	八	七六	|	三	|	三
一二四	同	七八	三一一	五四	七〇	三九	二五	一	六五	|	三	二	五
一二五	同	六九	二九〇	五六	八七	六二	二四	|	八六	一	|	|	一
一二六	玉川町四丁目	一一一	四八四	六五	九二	六三	二四	三	九〇	一	一	|	二
一二七	同	一〇一	四四五	六八	一二八	八四	三一	一〇	一二五	二	一	|	三
一二八	大野町二丁目	八〇	三四〇	五四	八一	六三	七	九	七九	|	二	|	二
一二九	同	九〇	四〇三	五〇	六六	四五	一四	四	六三	二	一	|	三
一三〇	同	一一三	四七六	九六	一三四	九九	二九	三	一三一	二	|	一	三
一三一	同	九四	三五二	七一	九二	六〇	二〇	六	八六	五	|	二	六
一三二	今開町一丁目	九一	三八二	五九	九六	五九	二九	七	九五	一	|	|	一
一三三	今開町一丁目・玉川町四丁目	一〇二	四〇八	七一	九二	五一	三三	四	八八	|	四	|	四
一三四	十六町	一〇五	四〇四	八二	一一九	五九	一五	四二	一一六	三	|	|	三
一三五	同	八〇	三〇〇	四三	六〇	三五	一	一四	六〇	|	|	|	|
一三六	同	七一	二七八	四六	五八	四六	九	二	五七	|	一	|	一
一三七	大野町二丁目	八五	三七八	六二	九六	六〇	一三	一九	九二	二	二	|	四
一三八	同	八七	三五三	五七	七七	五三	七	五	七五	|	二	|	二
一三九	十六町・對込町	一〇三	三九七	六八	一〇三	五六	三三	一五	一〇三	|	|	|	|
一四〇	十六町	一一一	四三六	八四	一一一	五八	四二	五	一〇五	五	一	|	六
一四一	大野町二丁目	一一三	四四三	七七	一〇四	五五	三四	二	一〇〇	二	一	一	四
一四二	同	一三一	四三八	八二	一一四	四二	二五	四四	一一一	二	一	|	三
一四三	同	八六	三〇五	四九	六八	三六	一八	一〇	六四	三	|	一	四
一四四	今開町一丁目	七六	三〇三	五四	七五	四一	一八	八	六七	六	|	二	八

同	一四五	八二	三三五	五五	八五	五二	一七	九	七八	五	｜	二	七
玉川町四丁目・今開町一丁目	一四六	一一四	四八〇	七九	一一一	七八	三	｜	一〇九	二	｜	｜	二
大野町二丁目・對込町・兼平町	一四七	一五五	五九六	九一	一三九	九二	四一	五	一三八	一	｜	｜	一
對込町	一四八	九三	三三三	七一	九六	五九	一九	一七	九五	一	｜	｜	一
同	一四九	九一	二四三	五一	七一	四一	一八	八	六七	二	二	｜	四
今開町一丁目	一五〇	一〇八	四二六	九一	一三五	八九	一六	一七	一三四	一	｜	｜	一
同	一五一	六九	三一九	六〇	七四	四二	一二	五	六九	四	｜	一	五
同	一五二	七三	三五六	四四	一三〇	六三	二三	二三	一三九	一	｜	｜	一
同	一五三	一〇七	三七六	七六	九二	五九	一三	八	九〇	二	｜	｜	二
兼平町	一五四	一〇六	三九七	六八	一〇一	六九	一四	三	九六	三	一	一	五
龜甲町二丁目	一五五	六一	二六二	二六	四〇	二三	八	八	三八	二	｜	｜	二
同	一五六	五六	三〇五	二九	二四	二六	五	一	三三	二	｜	｜	二
同	一五七	九九	三八九	五三	九〇	六一	一七	九	八七	三	｜	｜	三
同	一五八	七五	二九四	四八	五九	四四	一五	｜	五九	｜	｜	｜	｜
同	一五九	一〇六	四一五	五六	六六	四七	一四	二	六三	三	｜	｜	三
同	一六〇	九八	四二七	六五	九一	六四	二〇	四	八八	二	一	｜	三
同	一六一	六七	二九五	三三	五四	三八	一二	二	五二	二	｜	｜	二
中江町	一六二	七一	二九九	四四	六一	四一	一九	｜	六〇	｜	一	｜	一
同	一六三	八八	三二六	四九	五九	二九	一五	一〇	五四	四	一	｜	五
同	一六四	五五	二〇九	四〇	五六	四五	七	三	五五	一	｜	｜	一
同	一六五	七九	三一〇	五〇	六五	四三	一四	四	六一	三	一	｜	四
同	一六六	七五	二九三	五八	九四	七二	一一	四	八七	七	｜	｜	七
同	一六七	八四	三二八	五三	七二	五四	一〇	八	七二	｜	｜	｜	｜

同	一六八	一〇一	三五一	七二	一一三	八九	一七	四	一一〇	｜	一	一	二
同	一六九	一〇一	三九九	六四	一〇七	八四	一八	｜	一〇二	五	｜	｜	五
同	一七〇	九三	三八五	五一	七〇	四七	一五	四	六六	二	二	｜	四
同	一七一	一〇八	四六七	七〇	一〇一	七三	三三	五	一〇〇	一	｜	｜	一
同	一七二	一二六	四八四	四五	六一	五七	二	一	六〇	一	｜	｜	一
同	一七三	五九	二九〇	三一	五二	三五	一五	二	五二	｜	｜	｜	｜
同	一七四	八七	三四〇	五二	七二	四七	二〇	一	六八	三	一	｜	四
同	一七五	九一	三七九	五一	七八	六五	八	二	七五	二	一	｜	三
吉野町一丁目	一七六	八四	三三六	五二	七五	五七	一〇	四	七一	二	一	一	四
同	一七七	一一五	四六一	八七	一三三	八四	一五	一九	一一八	二	二	｜	四
同	一七八	一〇六	四一五	五九	七九	六一	一八	｜	七九	｜	｜	｜	｜
同	一七九	九六	四〇九	六七	一二二	七九	一三	三	一一四	六	一	｜	七
同	一八〇	八二	三六六	三四	四八	二八	一三	五	四六	一	一	｜	二
同	一八一	一一七	四五二	六九	九一	五七	二八	五	九〇	一	｜	｜	一
同一丁目二丁目	一八二	一一〇	四一二	五三	六七	四一	一七	八	六六	一	｜	｜	一
吉野町二丁目	一八三	一〇七	四七八	六六	八九	六五	一九	四	八八	一	｜	｜	一
同	一八四	七七	三六一	四四	九〇	五三	二二	一四	八八	一	一	｜	二
同	一八五	七三	二九六	六六	八八	五九	三三	三	八四	四	｜	｜	四
同	一八六	一〇六	四一一	七七	一二二	九四	二四	一	一一九	一	一	｜	二
吉野町一丁目	一八七	八二	三四〇	四五	五六	三一	一二	八	五一	二	二	一	五
同	一八八	八七	三四八	七二	九三	五七	三三	｜	九〇	三	｜	｜	三
同	一八九	一一五	三九一	八八	一〇八	八八	一四	一	一〇三	四	一	｜	五
同	一九〇	八九	三三六	七四	九六	五三	三六	二	九一	一	四	｜	五
吉野町二丁目	一九一	一二〇	五九八	九三	二六七	三三四	三四	七	二六五	一	｜	一	二

一二三

今開町二丁目・吉野町一丁目・同二丁目	一九二	八五	四一一	五〇	一〇三	八四	一三	三	一〇〇	三	｜	｜	三
今開町二丁目	一九三	七六	二八八	五〇	六七	四〇	一九	七	六六	一	｜	｜	一
同	一九四	八七	三九七	五七	九七	六四	一八	一	九三	三	一	｜	四
同	一九五	七五	三三四	三九	七六	六二	三	｜	六五	七	二	二	一二
同	一九六	八八	三七五	六五	一〇八	五八	四二	五	一〇五	三	｜	｜	三
同	一九七	七七	三一五	六〇	一一六	一〇一	一〇	三	一一四	二	｜	｜	二
今開町二丁目・吉野町三丁目	一九八	六七	二七二	四四	七七	三七	一六	八	六一	｜	一	一五	一六
吉野町三丁目	一九九	一一四	四六五	八五	一三五	八三	二七	一〇	一二〇	一〇	三	二	一五
同	二〇〇	一〇七	三九六	七一	九七	五四	三七	四	九五	二	｜	｜	二
同	二〇一	一一三	四六七	九九	一二九	八五	一三	一六	一二四	二	一	二	五
同	二〇二	一〇七	四七四	七五	一二六	九三	一五	一〇	一一八	六	一	一	八
同	二〇三	八〇	三〇六	六一	七五	五四	一五	三	七二	二	｜	一	三
同	二〇四	五五	三三三	三四	五二	三八	六	六	五〇	｜	二	｜	二
吉野町三丁目・新家町一丁目	二〇五	六九	二七三	四八	七五	五四	一三	一	六七	八	｜	｜	八
吉野町三丁目	二〇六	一〇四	四〇九	八六	一一四	八八	一〇	九	一〇七	五	一	一	七
新家町二丁目	二〇七	五八	二四五	三三	四七	三三	一〇	一	四四	二	一	｜	三
同一丁目、二丁目	二〇八	五〇	二二二	三三	四〇	三〇	八	二	四〇	｜	｜	｜	｜
新家町一丁目	二〇九	八三	三三九	六四	八三	六三	六	五	七四	八	｜	一	九
同	二一〇	七八	二九三	六二	八三	六四	一〇	七	八一	一	一	｜	二
新家町一丁目・今開町二丁目	二一一	四四	一八八	二四	四八	三二	一五	一	四八	｜	｜	｜	｜
新家町一丁目	二一二	七八	二八四	四九	七三	五九	九	二	七〇	三	｜	｜	三
同	二一三	五一	二五五	三四	八八	七五	一二	一	八八	｜	｜	｜	｜
新家町二丁目	二一四	七一	三〇二	五六	七八	六一	七	九	七七	｜	｜	一	一

同	二一五	六八	二六六	五三	六一	五〇	五	一	五六	五	—	—	五
新家町二丁目 下島町	二一六	六六	二九一	五五	八一	六四	九	六	七九	一	一	—	二
新家町二丁目	二一七	五六	二一九	四一	六二	五三	八	—	六一	一	—	—	一
江成町	二一八	八一	四四五	三六	一〇一	六四	二四	一〇	九八	三	—	—	三
同	二一九	九〇	三六八	四八	六八	四六	一七	三	六六	一	一	—	二
同	二二〇	九二	三六〇	六五	八八	六二	二二	一	八四	一	三	—	四
同	二二一	八四	三三七	三四	五五	三七	一二	三	五一	二	一	一	四
同	二二二	一〇八	五三一	六五	一三七	八〇	三四	一八	一三三	四	一	—	五
茶園町	二二三	一三〇	五七〇	八五	一二二	六六	四五	六	一一七	四	—	—	四
同	二二四	七九	三四二	三一	四八	三七	九	一	四七	—	一	—	一
同	二二五	一〇〇	三七八	五九	八四	五〇	一九	一三	八二	二	—	—	
同	二二六	一〇〇	三九三	六四	八四	五三	二七	二	八二	一	一	—	二
江成町	二二七	一一四	四六二	七五	一一四	八三	二七	—	一一〇	二	二	—	四
同	二二八	七七	二八五	六三	九〇	六六	一九	二	八七	三	—	—	三
同	二二九	七四	三〇四	三〇	五三	三五	一六	—	五一	一	一	—	二
同	二三〇	七五	三五二	四九	八四	六二	二〇	一	八三	一	—	—	一
同	二三一	七四	二九〇	五一	八一	五六	一三	一〇	七九	一	一	—	二
同	二三二	五一	五二八	三三	三一六	一五五	一六	一〇二	二七二	三三	—	三	四四
同	二三三	六八	二六九	四九	六八	三九	二四	二	六五	二	一	—	三
茶園町	二三四	七一	三三七	四一	六七	二九	三三	三	六四	一	二	—	三
同	二三五	一一一	四一五	七三	一〇五	五一	二六	二〇	九七	五	三	—	八
同	二三六	六三	二五〇	四一	五八	四三	二二	一	五八	—	—	—	—
同	二三七	八九	三九八	六一	一一三	七八	二六	五	一〇九	二	一	—	三
大開町一丁目	二三八	一二八	五三〇	八二	一二八	一〇七	一七	二	一二六	一	一	—	二

一二六

二三九	同 一丁目、三丁目	七七	三三〇	四六	七八	四七	一三	九	六九	一	四	四	九
二四〇	大開町一丁目	七四	三〇四	五〇	六八	三五	一二	一〇	六七	|	|	一	一
二四一	同	八五	二八二	七四	一〇七	六九	一九	一五	一〇三	四	|	|	四
二四二	同	六二	二四三	五〇	七四	五九	八	三	七〇	四	|	|	四
二四三	同	六五	二七一	四八	八七	六五	一一	七	八三	四	|	|	四
二四四	大開町三丁目	一〇三	三一三	六八	八二	五四	九	一七	八〇	二	|	|	二
二四五	同 一丁目、三丁目	一一一	四一四	六四	九七	六九	一四	一一	九四	一	一	一	三
二四六	大開町一丁目	八三	三一七	五二	六四	四四	九	八	六一	二	|	一	三
二四七	同	一二〇	四五二	一〇四	一四一	一〇八	一八	九	一三五	三	二	一	六
二四八	大開町二丁目	一一〇	四〇〇	七四	一一〇	七〇	二七	三	一〇〇	八	二	|	一〇
二四九	同・一丁目、二丁目	九四	三六四	四二	五八	三五	一五	六	五六	一	|	一	二
二五〇	大開町四丁目	九三	三六五	六九	一〇〇	六五	一八	一二	九五	二	三	|	五
二五一	同	一二七	四五二	九三	一二七	八三	二八	八	一一九	六	二	|	八
二五二	大開町二丁目	一〇八	三九四	六九	九九	四九	四一	七	九七	二	|	|	二
二五三	同 二丁目、四丁目	一一三	四五三	六四	九三	六四	二	二	八七	四	一	一	六
二五四	同 同	一一三	四六七	八〇	一三〇	七一	三六	八	一一五	七	四	四	一五
二五五	大開町一丁目	六二	二五二	三六	五九	四二	二	三	五六	三	|	|	三
二五六	同	九一	三四七	六八	一一二	七八	一九	八	一〇五	六	一	|	七
二五七	同 一丁目、四丁目	一三〇	四八四	一〇〇	一八七	一三七	三	一三	一七二	七	六	二	一五
二五八	大開町三丁目	九一	三九八	五九	九八	四四	七	四一	九二	六	|	|	六
二五九	大開町三丁目、同四丁目、上島町	八八	三六一	七〇	一〇三	八三	九	七	九九	四	|	|	四
二六〇	安治川上通一丁目	七二	二八八	五一	八四	六三	一九	|	八二	二	|	|	二
二六一	安治川上通一丁目、同二丁目	八三	三五一	五六	九一	七三	一六	|	八九	二	|	|	二
二六二	安治川上通二丁目、北安治川上通一丁目	七〇	二七九	六一	九二	七二	一八	|	九〇	一	|	一	二

北安治川通一丁目 二丁目	二六三	五九	二六六	三四	六三	四一	三	|	六三	一	|	|	一
北安治川通二丁目	二六四	八九	三五二	八〇	一一〇	一〇三	七	|	一〇九	一	|	|	一
北安治川通三丁目 四丁目	二六五	八八	三六五	六七	一〇三	八二	二〇	|	一〇二	|	|	|	|
西九條濱通	二六六	九四	四〇五	五八	九三	四八	三	三	七三	一八	二	|	一〇
同	二六七	八四	三五四	七二	一四二	一一六	一四	一	一一三	二	一	八	二
同	二六八	八八	三一三	七五	一〇二	七三	三	三	九六	二	|	四	六
同	二六九	一一三	三九九	九〇	一一三	九〇	二	一	一〇三	五	|	六	二
西九條上通一丁目	二七〇	八〇	三〇六	六〇	八二	六〇	七	五	七三	一	一	八	一〇
同	二七一	一〇一	三八三	五九	七五	五五	九	六	七〇	三	|	二	五
同	二七二	一一一	四八四	七〇	九八	六四	一五	一一	九〇	四	|	四	八
西九條上通一丁目 朝日橋通一丁目	二七三	九一	三四八	六一	七九	五二	九	一〇	七一	五	|	三	八
西九條上通一丁目 西野上町	二七四	一〇三	四九三	七五	一四七	一一七	一三	二	一四三	三	二	|	五
西九條上通一丁目	二七五	九八	三九三	八五	一三三	一〇〇	三	一	一一三	一六	三	|	一九
同	二七六	九八	三六二	六七	九三	六四	七	一四	八五	六	|	二	八
同	二七七	一〇一	四五一	六九	一四〇	九一	三	二四	一二八	七	|	五	一三
朝日橋通一丁目	二七八	一〇八	三九八	七〇	九四	六九	七	一四	九〇	三	|	[illegible]	四
同	二七九	七九	三三〇	五〇	八〇	七七	一八	|	七五	五	|	|	五
同	二八〇	七九	三一七	五八	七九	五九	二	一三	七四	四	|	一	五
西九條下通一丁目	二八一	九四	三九九	七一	八八	七〇	四	六	八〇	八	|	|	八
同	二八二	八二	三三二	六二	九二	六〇	一一	三	八三	六	一	|	七
同	二八三	八八	三七五	六二	八〇	六一	九	|	七〇	六	|	四	一〇
同	二八四	八九	三〇四	六五	七三	五八	六	五	六九	二	二	|	四
同	二八五	七七	三四〇	七〇	八九	七四	四	五	八三	五	一	|	六

一二七

一二八

西野上ノ町	二八六	九六	三九六	七四	一四〇	八六	一五	八	一〇九	一〇	―	一二	一二
同	二八七	一一五	五一六	九〇	一六六	一二九	三	七	一三九	一六	―	二	一七
西九條上通二丁目 西野上ノ町	二八八	九七	三三六	七二	一〇一	七二	八	一二	九二	七	一	一	九
西九條上通二丁目	二八九	八五	三八四	六四	一〇一	七六	一九	―	九五	六	―	―	六
朝日橋通二丁目 西九條上通二丁目	二九〇	九二	三六四	六三	九四	六八	二	三	八二	二	三	七	一二
西野上ノ町 朝日橋通三丁目	二九一	六八	二五六	四九	八〇	二九	四一	―	七〇	八	一	一	一〇
西九條下通二丁目	二九二	八九	三五六	五一	六六	五五	七	二	六四	―	―	二	二
朝日橋通二丁目	二九三	一〇〇	四三五	六一	八一	五二	一七	六	七五	四	二	―	六
西九條上通二丁目	二九四	八八	三六六	五三	七七	六三	五	一	六九	五	―	三	八
西九條上通二丁目 朝日橋通二丁目	二九五	八八	三六三	五五	七五	四八	一五	三	六六	二	―	七	九
朝日橋通二丁目 三丁目	二九六	八七	四〇六	六八	一三三	八九	二七	六	一二三	四	二	五	一一
同 二丁目	二九七	八九	三七二	五三	六九	四六	一六	―	六二	―	―	七	七
西九條下通二丁目	二九八	九七	三四五	七五	一〇二	七八	一五	一	九四	六	―	二	八
同	二九九	一〇九	四四五	八二	一一三	九五	一七	三	一一五	七	―	―	七
同	三〇〇	一一三	四一一	九三	一二八	九八	一二	四	一一四	五	一	八	一四
同	三〇一	一一〇	三九六	八四	一一〇	九〇	一四	三	一〇七	二	一	―	三
同	三〇二	九七	三六四	八二	一一〇	八七	一六	―	一〇三	五	一	一	七
同	三〇三	八〇	三一四	六七	八二	七一	八	一	八〇	二	―	―	二
同	三〇四	八九	三二八	八一	一〇七	八九	八	一	九八	七	―	二	九
同	三〇五	八六	三三四	七四	九二	六四	一三	八	八五	七	―	―	七
四貫島旭町一丁目	三〇六	九三	四二九	八一	一五九	一〇七	二一	一六	一四四	八	―	七	一五
同	三〇七	八二	三六六	六六	一二四	七五	三	四一	一二九	四	一	―	五
四貫島正岡町	三〇八	一三五	五〇八	一〇〇	一七八	一三五	六	一九	一六〇	一六	―	二	一八
同	三〇九	八八	三一二	七二	一〇七	八八	一二	五	一〇五	一	―	一	二

三一〇	同	一一五	四三五	八四	一二四	九五	｜	一六	一二	一	｜	二	三
三一一	同	九六	四三二	七四	一七六	一三四	三	一〇	一五七	二	二	六	一九
三一二	四貫島正岡町、同旭町二丁目、同三丁目	一一四	四六九	九一	一五一	一二四	四	七	一三五	二	三	二	一六
三一三	四貫島宗安町	一〇三	四五七	七七	一三六	九三	六	三〇	一二九	四	｜	三	七
三一四	同	一一七	四四三	八三	一〇八	八六	一六	四	一〇六	一	一	｜	二
三一五	同	一〇六	三八四	七七	一一七	八一	五	一六	一一四	三	｜	｜	三
三一六	同	九三	三四九	七一	一二六	六二	一二	一四	八七	八	｜	三	二九
三一七	同	九一	三一八	六三	八四	五八	一一	一三	八二	二	｜	｜	二
三一八	四貫島千鳥町	一〇四	四一三	七三	九四	五四	一三	一三	八八	五	一	｜	六
三一九	同	八七	三八六	四五	六八	四二	一八	二	六二	三	一	二	六
三二〇	同	八四	三〇六	六〇	八四	六九	一	一二	八二	二	｜	｜	二
三二一	同	一四二	五三四	一一四	二〇一	一五一	一三	一七	一九〇	五	二	四	一二
三二二	同	一一六	四七六	七三	九九	八七	四	六	九七	二	｜	｜	二
三二三	四貫島旭町一丁目、四貫島大道一丁目	九四	四二七	四〇	五六	三八	一五	一	五四	｜	一	一	二
三二四	四貫島大道一丁目、同二丁目	八〇	四五七	三七	八六	五〇	二九	四	八三	三	｜	｜	三
三二五	四貫島大通二丁目	八六	三五八	四九	九五	五六	三六	二	九四	｜	一	｜	一
三二六	四貫島梅香町	九五	三四六	六三	七五	四一	三	二四	六八	五	｜	二	七
三二七	同	一三四	五三四	一一〇	一八三	一一九	八	四六	一七三	五	一	四	一〇
三二八	同	一三三	四九三	八二	一四一	九四	二四	一七	一三五	二	｜	四	六
三二九	四貫島千鳥町、四貫島宮居町、四貫島梅香町	一一一	四七二	六三	九五	六七	六	一五	八八	六	｜	一	七
三三〇	四貫島宮居町	九九	四二六	六四	一二七	九三	一九	一〇	一三	三	一	一	五
三三一	四貫島白鳥町	一六四	六三二	一二八	一八三	一三八	一二	二〇	一七九	二	二	｜	四
三三二	四貫島梅香町	一四二	五三四	一一三	一六三	一〇六	三〇	一二	一五七	五	一	｜	六

一二九

四貫島宮居町	三三三	一七〇	五六八	一三九	一七五	一二六	三七	七	一七〇	五	—	—	五
四貫島德平町一丁目	三三四	一三〇	三八二	七五	八八	六二	一二	九	八三	二	—	三	五
同　一丁目、二丁目	三三五	一一九	三八五	九三	一一八	七一	三九	六	一一六	二	—	—	二
四貫島文德町	三三六	一〇三	四七八	五六	一一八	五七	一一	四九	一一七	一	—	—	一
同	三三七	八二	三八〇	五六	一五三	九一	二三	一二	一二六	七	三	一六	二六
四貫島霞町	三三八	一三七	四一二	一〇六	一二七	九二	二〇	六	一一八	四	一	四	九
四貫島德平町一丁目　同二丁目、同霞町	三三九	一一七	四三六	九七	一六一	一一	二三	三	一二七	一〇	一	三	一四
四貫島霞町　同嘉永町	三四〇	一三〇	四八八	一〇〇	一六五	一二〇	二六	一一	一五七	五	三	—	八
四貫島嘉永町	三四一	一三三	五一〇	九六	一四五	九七	二五	一八	一四〇	四	一	—	五
同	三四二	一一六	四〇六	一〇九	一四三	一一七	一四	五	一二六	五	一	—	六
四貫島元宮町	三四三	一三三	四九三	六〇	七六	四四	二〇	七	七一	二	二	一	五
同	三四四	九五	四四八	五九	一四八	一一八	九	一三	一四〇	八	—	—	八
同	三四五	一二五	四七四	七一	八五	四九	九	三	八〇	三	—	二	五
四貫島笹原町	三四六	一三七	五〇三	九五	一四一	一一七	一一	四	一三三	八	—	一	九
四貫島大通一丁目　東洋紡績株式會社	三四七	一	一、〇三八	一	九八六	九六五	二〇	—	九八五	一	—	—	一
四貫島梅香町	三四八	七七	二五三	五八	六九	四二	一七	六	六五	一	二	一	四
四貫島白鳥町　東洋紡績寄宿舍	三四九	二	一、二七〇	二	一、三三三	一、二〇七	一五	—	一、三三三	—	—	—	—
四貫島白鳥町　春日出町	三五〇	一二九	四九三	一一八	一七一	九四	七四	—	一六八	一	二	—	三
四貫島白鳥町	三五一	一二三	四一三	一一二	一八五	一八二	三	—	一八五	—	—	—	—
同	三五二	一五八	六三八	一五八	二九七	二七六	一八	—	二九四	二	一	—	三
春日出町	三五三	八一	三四五	五五	七四	五〇	一九	—	六九	四	一	—	五
同	三五四	一一〇	四九〇	九七	一四八	一〇七	二三	一	一四〇	七	一	—	八
同	三五五	六三	二一八	五〇	七四	五九	一二	—	七一	二	一	—	三
同	三五六	九五	三三九	七二	八六	五七	一八	七	八二	一	—	三	四

一三〇

同	三五七	八五	三六五	七三	一一三	八八	一四	二	一〇四	七	一	—	八
同	三五八	一〇四	四二六	七七	八七	六二	二三	三	七二	七	一	二	一〇
同	三五九	八七	三四二	七六	九九	七九	三三	一〇	九二	七	—	—	七
同	三六〇	五八	二三二	五〇	八四	六三	二〇	—	八三	一	—	—	一
同	三六一	一一五	四八三	九〇	一一七	九九	六	三	一〇八	九	—	—	九
同	三六二	七五	三三三	八三	八六	六五	二一	八	八四	一	一	—	二
同	三六三	八七	三四五	八二	一二八	一〇九	二八	—	一二七	一	—	—	一
同	三六四	七四	三二七	六六	一四二	一一一	一七	—	一三八	二	二	—	四
同	三六五	八六	二九九	五九	九九	七〇	一五	二	九六	二	—	一	三
同	三六六	一一三	四六七	九三	一七二	一三〇	三三	三	一六六	三	三	—	六
同	三六七	一〇四	三八一	八一	一二七	八二	二六	九	一一七	七	三	—	一〇
同	三六八	六六	二六九	六四	一二四	一一三	六	四	一二三	一	—	—	一
同	三六九	八〇	三六二	四三	五二	四八	四	—	五二	—	—	—	—
同	三七〇	一〇一	四四三	八六	一一三	二六	八七	—	一一三	—	—	—	—
同	三七一	一〇三	四一〇	八九	一二七	一	一〇九	—	一二〇	四	三	—	七
同	三七二	八五	三七三	七四	九〇	七三	八	四	八五	三	二	—	五
同	三七三	一一一	四八三	八九	一五四	九三	一〇	四九	一五二	一	一	—	二
西島町、島船町	三七四	五五	二七三	四四	八七	二八	五九	—	八七	—	—	—	—
西島町	三七五	一二〇	四七五	一〇三	一〇九	三	一〇五	—	一〇八	—	一	—	一
同	三七六	一一三	四三三	一〇四	一二七	一二	一〇三	一〇	一二五	—	二	—	二
同	三七七	一一一	五一七	一〇四	一七一	一〇八	二七	二四	一六九	一	一	—	二
同	三七八	一〇九	四八六	八七	一五二	九七	二二	三二	一四九	二	一	—	三
西島町、秀野町	三七九	八六	三五四	五三	八〇	四九	八	一三	七〇	六	—	四	一〇
恩貴島北ノ町	三八〇	一三六	六五三	一〇四	一四一	一〇三	二八	一〇	一四一	—	—	—	—

一三一

一三二

恩貴島南ノ町	三八一	一三六	五三七	一〇九	一九三	一四二	七	四〇	一八九	四	—	—	四
同	三八二	一〇三	四三〇	八五	一二八	一一四	三	二	一二八	—	—	—	—
同	三八三	八三	三五八	七五	九八	七九	七	九	九五	三	—	—	三
同	三八四	八三	三一七	六四	九〇	八〇	四	二	八六	四	—	—	四
島屋町	三八五	一〇七	四七四	九五	一五三	一一五	八	二四	一四七	六	—	—	六
同	三八六	九七	三三三	七八	九三	七二	一七	—	八九	三	一	—	四
恩貴島南ノ町	三八七	九五	三一三	八九	一二六	九七	二四	二	一三三	三	—	—	三
島屋町	三八八	一一三	三九〇	九七	一二三	九七	二一	四	一三三	一	—	—	一
同	三八九	一二六	三八三	一〇三	一二五	一〇三	一八	二	一三三	—	二	—	二
同	三九〇	八八	三一七	七一	一〇〇	八七	八	一	九六	二	二	—	四
恩貴島南ノ町 島屋町	三九一	一〇〇	四三二	九六	一六三	一一七	四五	—	一六二	一	—	—	一
川岸町、島屋町	三九二	八九	三二六	八六	一二一	七九	四一	—	一二〇	一	—	—	一
櫻島町	三九三	七五	四〇八	六六	一四〇	九九	一〇	一五	一三四	一二	—	四	一六
同	三九四	八六	三一〇	六九	九九	八七	六	二	九五	四	—	—	四
同	三九五	一五〇	五二七	一三三	一六七	一三八	二一	四	一六三	四	—	—	四
同	三九六	六三	二七九	五一	一一三	六八	三	三八	一〇九	四	—	—	四
同	三九七	九七	三六〇	七六	一一八	九〇	一三	四	一一六	二	—	—	二
同	三九八	一〇三	四八四	九五	二一五	一八七	一〇	五	一〇二	一二	一	—	一三
同	三九九	一一八	四五八	八〇	一九六	一〇三	四	八〇	一八七	八	一	—	九
同	四〇〇	九八	三八四	七五	一五〇	一三三	二七	—	一四九	一	—	—	一
總計		三七、二九六	一五六、七二一	三五、四四二	四四、七〇三	三一、一一一	八九六二	二八七七	四、二九五〇	一、〇八二	三一五	三五六	一、七五三

港區

調査區 町名	番號	國勢調査 世帶	國勢調査 人口	失業統計調査 世帶	失業統計調査 人口	有業者數 勞働者	有業者數 給料生活者	有業者數 日傭勞働者	有業者數 計	失業者數 勞働者	失業者數 給料生活者	失業者數 日傭勞働者	失業者數 計
富島町	一	一二五	四六五	八一	一四一	九三	四一	一	一三五	六	—	—	六
同	二	七三	三〇六	三四	五八	二四	二五	—	四九	六	三	—	九
同	三	九六	四〇一	七三	一二一	六四	四一	一	一〇六	四	一	—	五
同	四	七六	二九三	四七	六六	三三	二四	二	五九	六	一	—	七
古川町	五	九九	四二六	五五	八五	四四	三二	六	八二	一	二	—	三
同	六	一三八	五一八	六五	九二	五六	二二	六	八四	五	二	一	八
同	七	一〇一	四一八	六六	八三	三八	三四	二	七四	三	六	—	九
南安治川通一丁目	八	五八	二八九	三六	七八	四〇	二七	—	六七	一	—	—	一
同	九	八八	三九六	六六	一一三	五八	五〇	一	一〇九	三	一	—	四
同二丁目	一〇	八三	三五〇	四八	八一	六一	一三	二	七六	五	—	—	五
同二丁目、三丁目	一一	七四	四三三	四三	八二	四七	三四	—	八一	—	一	—	一
同二丁目、三丁目 北境川町四丁目	一二	八五	四三〇	六四	一二八	五九	六二	四	一二五	一	二	—	三
同三丁目	一三	一一四	五四六	八一	一五三	一〇二	四五	一	一四八	二	二	一	五
同	一四	七二	二八九	四七	七三	三四	三〇	—	六四	五	四	—	九
九條北通一丁目 九條通一丁目	一五	一〇二	六五六	五四	一三一	一〇〇	二二	—	一二二	—	—	—	—
九條北通一丁目	一六	一一五	四六七	五一	八一	三一	二六	一三	七〇	二	—	九	二
同	一七	八二	二九〇	二九	三八	二一	八	九	三八	—	—	—	—
同	一八	七六	二六三	三六	五一	二七	二四	—	五一	—	—	—	—
同	一九	一〇九	三九五	四五	五一	三四	七	七	四八	二	—	一	三
同二丁目	二〇	七一	二九一	三一	三六	二〇	一〇	四	三四	一	一	—	二

同	二一	七六	二三三	四五	四八	三一	一〇	二	四三	四	一	｜	五
同	二二	六八	二六九	三六	四〇	三〇	五	一	三六	一	三	｜	四
同	二三	七一	二五一	三〇	三四	三一	八	一	三一	一	一	一	三
同	二四	八七	三三〇	五八	六九	四九	一三	六	六七	二	｜	｜	二
同	二五	九一	三九七	四八	八六	六三	二〇	三	八五	一	｜	｜	一
同 三丁目	二六	六六	二六〇	二七	五二	二七	一二	一	五〇	二	｜	｜	二
九條北通三丁目	二七	六七	二七一	四五	七九	三八	一九	二	五九	三	七	一〇	二〇
同	二八	五一	二三〇	二八	三八	二一	一一	五	二七	｜	｜	一	一
同	二九	六一	二四九	二六	六八	五〇	六	二	五八	三	七	｜	一〇
同	三〇	七一	二四九	五〇	五〇	三九	四	一	四四	三	一	二	六
同	三一	六一	二二七	四二	五五	三二	一三	｜	四五	五	五	｜	一〇
同	三二	四六	二一八	三七	六八	三〇	一八	一四	六二	六	｜	｜	六
同	三三	八九	三三〇	五三	七〇	三一	三一	一	六三	五	一	一	七
同	三四	七八	二七八	四八	五七	三五	一七	七	五五	一	一	｜	二
九條通一丁目	三五	六五	三八八	二五	八九	三六	五三	｜	八九	｜	｜	｜	｜
同	三六	七四	三四四	三一	五六	三〇	二四	二	五六	｜	｜	｜	｜
同 二丁目	三七	八四	三六三	二九	四六	三三	一六	四	四三	一	二	｜	三
同	三八	七四	二五八	三五	四五	二五	一四	一	四〇	二	一	二	五
同	三九	八一	三六一	四一	七八	五三	二五	｜	七八	｜	｜	｜	｜
同	四〇	一一一	五〇八	四三	七六	五〇	一五	四	六九	五	二	｜	七
同	四一	六三	二一三	四三	四九	一八	七	一一	四六	二	一	｜	三
同 三丁目	四二	一一七	四六二	六三	八一	五四	一五	九	七八	一	一	一	三
同	四三	一一四	四六九	四三	五六	四〇	二二	一	五三	一	二	｜	三
同	四四	八三	三五一	一四	三八	二〇	一四	｜	三四	二	一	一	四

一三四

同	四五	五五	二三三	三〇	三八	二三	一四	｜	三七	｜	一	｜	一
同	四六	一〇六	四〇五	五四	七〇	四六	二三	一	七〇	｜	｜	｜	｜
同四丁目	四七	六三	二九四	三三	五五	四六	八	｜	五四	一	｜	｜	一
同	四八	四九	二三四	三三	六五	五〇	一三	二	六五	｜	｜	｜	｜
九條通一丁目	四九	七四	二六四	二九	三六	二六	一〇	｜	三六	｜	｜	｜	｜
同	五〇	七五	三四二	二九	八二	六〇	一九	｜	七九	三	｜	｜	三
同	五一	六〇	三七一	三〇	一〇六	三九	六三	三	一〇五	｜	一	｜	一
同	五二	一〇八	四三五	四七	七七	二九	三四	三	六六	四	三	四	二
同	五三	八七	四一六	四三	八七	四二	四〇	三	八五	一	一	｜	二
同	五四	九七	三九二	四四	六三	三五	一〇	五	五〇	七	四	二	三
同	五五	一〇〇	三八一	三〇	三九	二三	七	六	三六	一	一	一	三
同二丁目	五六	七六	三〇九	五四	一〇七	五六	四五	四	一〇五	一	｜	一	二
同	五七	五八	一八四	三一	三四	二六	四	一	三一	三	｜	｜	三
同	五八	六九	二三九	四八	六八	四八	三	三	五四	三	｜	一	四
同	五九	七九	二四一	三六	四四	三六	三	五	四四	｜	｜	｜	｜
同	六〇	五九	二一〇	二四	二八	三三	四	｜	二六	二	｜	｜	二
同	六一	一二二	四五一	三七	一〇四	六八	二六	四	九八	三	一	二	六
同	六二	九一	三〇四	四〇	四八	三七	八	二	四七	一	｜	｜	一
九條通二丁目 九條中通二丁目	六三	八五	三四二	四八	七四	二六	二六	二〇	七二	一	一	｜	二
九條通三丁目	六四	七三	三三〇	四三	六八	三一	二五	三	五九	五	一	三	九
同	六五	七一	三〇七	一九	二八	二四	四	｜	二八	｜	｜	｜	｜
同	六六	五九	二五七	三七	五五	三四	一八	｜	五二	一	｜	二	三
同	六七	一一〇	四二五	五三	六七	五〇	九	六	六五	二	｜	｜	二
同	六八	六八	三〇三	四〇	五五	二七	一九	｜	四六	五	四	｜	九

同	六九	七三	三〇四	三九	六四	三三	一三	一八	六三	一	一	—	一
同	七〇	六八	二九七	三八	六三	三八	一三	—	六一	二	—	—	二
同	七一	九六	三七二	四一	四三	二四	一三	三	四〇	三	—	—	三
同　四丁目	七二	八二	二八四	五一	五六	三四	一五	五	五四	一	—	一	二
同	七三	五五	三三九	三六	五二	三七	一四	—	五一	—	一	—	一
同	七四	六三	二八七	四四	七五	四九	一九	—	六八	六	—	一	七
同	七五	一〇六	四二四	六二	八六	六九	一四	一	八四	二	—	—	二
同	七六	五八	二一四	三九	五五	三八	七	四	四九	四	一	一	六
同	七七	一〇八	三八二	六七	七九	七一	八	三	九二	三	—	二	五
同	七八	六六	二八九	三九	六六	四二	一八	一	六一	四	一	—	五
同	七九	六四	二三五	二〇	三三	一四	七	—	二一	二	—	—	二
同　二丁目	八〇	七五	二九三	一七	三九	二三	八	六	二六	一三	一	—	一三
同　一丁目、二丁目	八一	一一六	四八四	五三	一〇三	四九	一二	二四	九五	四	三	一	八
同	八二	九二	三三九	四六	六三	四一	六	二	五八	四	—	一	五
九條中道一丁目	八三	六九	二七六	三〇	四三	二九	九	五	四三	—	—	—	—
同	八四	八八	三一三	五七	七九	二四	一〇	七	六一	三	一	二	六
同	八五	七五	三一六	四六	六八	三三	一四	一九	六五	一	—	二	三
同　三丁目	八六	八九	三八九	三五	三五	二〇	一四	—	二四	一	—	—	一
同	八七	八〇	三六五	二四	二四	二〇	六	六	三二	—	—	二	二
同	八八	一一三	四〇四	五八	九〇	七〇	一六	三	八九	—	—	一	一
同	八九	九一	三七〇	四〇	五二	四〇	一一	—	五一	—	一	—	一
同　四丁目	九〇	七一	二七七	五〇	六九	四二	二三	二	六五	三	一	—	四
同	九一	七三	二七二	二九	三一	一〇	一九	二	三一	—	—	—	—
同	九二	七七	二六四	五五	六九	四七	一六	一	六四	四	一	—	五

一三六

同	九三	一〇一	三七三	六三	一〇一	七八	三	三	八四	四	一	一二	一七
同	九四	一〇五	四一七	七六	一〇四	七四	一八	七	九九	三	一	一	五
九條南通一丁目	九五	七三	二二八	四四	四七	三三	一〇	三	四六	一	—	—	一
九條中通一丁目	九六	九八	三八五	四〇	五四	三八	一六	—	五四	—	—	—	—
九條南通一丁目	九七	七一	二四五	三九	五五	三八	一三	一	五二	—	二	一	三
九條中通一丁目	九八	六六	二八八	一五	一九	一三	五	—	一八	—	一	—	一
同	九九	五六	一九九	一八	二八	一七	八	三	二八	—	—	—	—
九條南通一丁目 同中通一丁目	一〇〇	六五	三四〇	二〇	五五	一七	二七	—	四四	二	—	—	二
九條中通一丁目	一〇一	六二	二五六	一二	三五	八	一〇	七	二五	—	—	—	—
同	一〇二	六四	二九一	二八	六八	三八	二七	—	六五	三	—	—	三
九條南通一丁目	一〇三	八二	三三六	三八	六四	三五	二四	—	五九	五	—	—	五
九條中通一丁目	一〇四	八七	三〇八	四五	五八	三二	一九	二	五三	三	—	二	五
同 二丁目	一〇五	八八	三一一	三八	四五	二七	一六	—	四三	一	—	一	二
九條南通二丁目	一〇六	八四	三〇二	五一	七八	四七	二七	—	七四	—	四	—	四
九條中通二丁目	一〇七	八九	三九一	三六	四六	三二	九	三	四四	二	—	—	二
同	一〇八	九三	三四九	三三	五三	三六	二	一	四八	五	—	—	五
同	一〇九	一〇三	三六四	五五	六八	三五	九	二〇	六四	三	一	—	四
九條中通二丁目 九條南通二丁目	一一〇	七四	二九五	四〇	四七	二八	九	五	四二	—	二	三	五
九條南通二丁目	一一一	七八	三一〇	三九	五四	三〇	六	一五	五一	一	—	二	三
同	一一二	七三	二九六	四三	六八	三三	三	二七	六三	三	二	—	五
九條南通二丁目 九條中通二丁目	一一三	八四	二九三	四五	六六	四四	二	一八	六四	二	—	—	二
九條中通二丁目	一一四	六七	三三一	三三	五一	四四	三	二	四九	二	—	—	二
同 二丁目、三丁目	一一五	八一	三五二	三一	五五	三八	九	五	五二	二	—	一	三
同 三丁目	一一六	五二	一九三	二六	三八	三三	一三	—	二六	三	一	八	一二

一三七

九條南通三丁目	一一七	八三	三九五	三〇	七〇	五六	五	五	六六	四	｜	｜	四
同	一一八	五六	三二八	二五	二五	一七	四	四	二五	｜	｜	｜	｜
同	一一九	七五	三一二	三〇	五三	三九	四	七	五〇	三	｜	｜	三
九條中通三丁目	一二〇	七六	二八〇	三三	三六	二五	八	｜	三三	｜	一	二	三
九條南通三丁目	一二一	八一	三一八	四七	六七	四八	一三	四	六四	｜	三	｜	三
同	一二二	七八	二八一	三九	四七	二八	一三	二	四三	四	｜	｜	四
九條中通三丁目	一二三	六三	二四九	二五	二七	一六	八	一	二五	一	一	｜	二
同	一二四	八五	三三三	四二	五三	四七	四	一	五二	一	｜	｜	一
同	一二五	七七	三一二	四九	七二	五三	一三	｜	六五	五	二	｜	七
九條南通三丁目	一二六	九九	四〇九	六七	八三	五六	六	一六	七八	五	｜	｜	五
同	一二七	七九	二七三	四三	五六	四五	一〇	｜	五五	一	｜	｜	一
九條中通三丁目	一二八	五七	二三六	三四	四三	三九	三	｜	四二	一	｜	｜	一
同	一二九	五五	二三二	二六	四五	二六	六	五	三七	六	｜	二	八
同中通三丁目／南通三丁目	一三〇	五八	二四五	二五	三〇	三	一四	一	二七	二	一	｜	三
九條南通三丁目／同四丁目	一三一	七六	三一三	四一	四六	二四	一〇	八	四二	｜	｜	四	四
九條南通四丁目／九條中通四丁目	一三二	九三	三四八	四七	六六	五〇	二	三	六四	｜	一	一	二
九條中通四丁目	一三三	四九	一八七	二三	二九	二一	七	｜	二八	｜	一	｜	一
九條南通四丁目	一三四	四七	一九一	一九	二四	八	一三	｜	二一	二	一	｜	三
同	一三五	七九	二九七	五四	七二	五一	一三	三	六七	四	一	｜	五
九條中通四丁目	一三六	六五	二四八	三三	三七	八	二五	一	三四	二	一	｜	三
九條南通四丁目	一三七	九七	三七二	五〇	七三	四五	一四	七	六六	三	一	三	七
同	一三八	五一	一九九	二三	三一	一六	七	五	二八	二	一	｜	三
九條中通四丁目	一三九	一〇九	四二六	五五	六一	四二	一七	二	六一	｜	｜	｜	｜
同	一四〇	九五	三六七	五六	七八	五九	八	六	七三	四	一	｜	五

一四一	同	一一三	四二六	七一	九一	六九	一八	｜	八七	四	｜	｜	四
一四二	同	一一一	四一六	七八	一〇六	六七	二三	六	九六	七	三	｜	一〇
一四三	九條南通一丁目	七一	二七四	四三	六八	四九	一八	｜	六七	｜	｜	一	一
一四四	同	九六	三六七	四二	六六	五二	三	二	六六	｜	｜	｜	｜
一四五	同	七九	二五一	四八	六〇	四一	一六	｜	五七	｜	｜	｜	三
一四六	同	八七	三〇八	三四	五三	三七	二	一	四九	三	一	｜	四
一四七	北境川町一丁目 九條南通一丁目	五二	二〇八	三六	五七	二六	一八	四	四七	三	三	三	一〇
一四八	北境川町一丁目	六五	四〇三	二六	五五	二八	二六	｜	五四	四	一	｜	一
一四九	九條南通一丁目	一〇四	四〇〇	六八	九八	六一	三一	一	九三	｜	三	｜	五
一五〇	同	一〇六	三八一	五四	七〇	三三	二〇	一六	六九	二	一	｜	一
一五一	同	六八	二九七	三五	五〇	三四	九	三	四六	｜	一	｜	四
一五二	同	一〇六	三八一	五五	七四	五二	一四	二	六八	三	一	｜	六
一五三	同二丁目	八七	三六六	四一	四八	三二	二一	四	四七	｜	一	｜	一
一五四	同	九二	三四九	四四	五九	三六	三	八	五六	一	二	｜	三
一五五	同	六五	二六六	三〇	四四	二六	一三	三	四三	一	｜	｜	一
一五六	九條南通一丁目	六三	二五九	三一	四九	二四	二〇	二	四六	｜	二	一	三
一五七	九條南通二丁目	七一	三二四	四四	六二	三五	二〇	三	五八	一	三	｜	四
一五八	同	五八	二一三	三三	四七	一九	三	四	四五	｜	一	一	二
一五九	同	五五	一九五	三〇	三六	一七	一五	一	三三	二	一	｜	三
一六〇	同	六一	二三一	三九	四六	二九	一三	二	四四	二	｜	｜	二
一六一	同	六三	二四二	三三	四五	三三	一五	六	四四	一	｜	｜	一
一六二	北境川町二丁目	一〇三	五七九	四八	三一	六三	三七	二〇	一二〇	一	｜	｜	一
一六三	九條南通二丁目	七〇	二三七	三七	四一	三二	四	四	四〇	一	｜	｜	一
一六四	同	七五	二七三	三二	三九	三三	一三	三	三九	｜	｜	｜	｜

一三九

同三丁目	一六五	七二	三二〇	四三	六八	四九	八	｜	五七	八	一	二	二
同	一六六	九八	三九三	五〇	六七	四〇	七	八	五五	三	｜	九	三
同	一六七	七七	三五七	二四	二八	二一	四	二	二七	一	｜	｜	一
同	一六八	六七	三一〇	二六	三八	三九	一三	一	三九	｜	｜	｜	｜
同	一六九	四七	二一三	二四	三八	三三	五	一	三八	｜	｜	｜	｜
同四丁目	一七〇	五八	二三八	四三	六六	五三	八	一	六二	｜	｜	四	四
北境川町三丁目	一七一	五七	三一一	一四	二三	一一	一一	一	二三	｜	｜	｜	｜
北境川町三丁目四丁目 九條中通四丁目	一七二	七九	三八六	二五	四三	一九	二四	｜	四三	｜	｜	｜	｜
九條南通四丁目	一七三	九八	三五八	五九	八二	六三	一四	一	七八	三	一	｜	四
大正通一丁目 三軒家濱通一丁目	一七四	七〇	二九八	二四	三四	一三	一九	一	三三	一	｜	｜	一
三軒家東一丁目 三軒家濱通一丁目	一七五	七八	三〇九	三九	五〇	三七	六	二	四五	五	｜	｜	五
同　同	一七六	七九	三四四	四四	六〇	三五	一五	四	五四	四	｜	二	六
三軒家東二丁目 三軒家濱通二丁目	一七七	九六	四一二	五七	九〇	四八	六	一九	八三	一	｜	六	七
同　同	一七八	七六	三一四	三三	八三	四七	三	一五	六五	四	｜	一四	一八
同　同	一七九	六四	二四〇	四七	六一	四二	五	一三	六〇	一	｜	｜	一
三軒家濱通二丁目	一八〇	九〇	四〇四	五二	九二	五一	一六	一三	九〇	二	｜	｜	二
同三丁目	一八一	一	一、二五五	一	三四四	一、三三一	二三	｜	一、二四四	｜	｜	｜	｜
同	一八二	五七	二五〇	一八	三三	一八	一	一四	三三	｜	｜	｜	｜
三軒家濱通四丁目	一八三	一三七	四八五	九七	一三九	九九	一八	一〇	一二七	五	｜	七	三
同三丁目、四丁目	一八四	六七	三五三	三六	一二〇	四五	九	六六	一二〇	｜	｜	｜	｜
三軒家濱通四丁目 今木町一丁目	一八五	九	四九六	九	四七六	四七二	四	｜	四七六	｜	｜	｜	｜
三軒家東一丁目 大正通二丁目	一八六	七五	三四九	二五	三八	三〇	六	一	三七	一	｜	｜	一
大正通二丁目三丁目 三軒家東一丁目	一八七	九五	三二一	五〇	六八	四五	九	二	六五	二	｜	一	三

一四一

三軒家東一丁目 大正通三丁目	一八八	七四	二七六	四一	六三	四七	九	五	六二	一	一	|	二
大正通三丁目 三軒家東一丁目	一八九	八三	三〇四	四四	四四	三〇	五	六	四一	一	一	一	三
三軒家東二丁目	一九〇	八七	三〇八	七四	九四	六八	一三	四	八五	九	|	|	九
同	一九一	五五	一九六	三一	三七	二七	三	五	三五	二	|	|	二
同	一九二	八八	三二七	五二	五八	三六	六	一四	五六	二	|	|	二
同	一九三	一三一	四五五	三九	三九	二九	三	四	三六	二	|	一	三
同	一九四	八八	三六七	六一	九七	五七	一〇	一八	八五	六	|	六	一三
同 二丁目、三丁目	一九五	九〇	三五二	五〇	六二	三八	五	一八	六一	一	|	|	一
同 同	一九六	五七	二五二	三三	六五	三三	一	二七	六一	一	|	三	四
三軒家東三丁目	一九七	八一	二九九	六八	八八	五四	五	二九	八八	|	|	|	|
同	一九八	七〇	三〇八	三一	三八	二八	六	二	三六	二	|	|	二
三軒家東三丁目	一九九	五三	二一三	四三	五七	一七	五	一一	五三	四	|	|	四
大正通五丁目 三軒家東三丁目	二〇〇	八一	二九六	五九	七七	四六	六	二五	七七	|	|	|	|
大正通一丁目二丁目	二〇一	一二四	六〇三	八〇	一四七	九六	四三	|	一三九	七	一	|	八
同	二〇二	六五	二七一	三三	三五	二六	二	七	三五	|	|	|	|
同 二丁目	二〇三	八二	三三〇	四四	五三	二二	一五	一二	四八	|	|	五	五
大正通、二丁目	二〇四	一〇三	四三九	六一	八二	五八	一六	七	八一	一	|	|	一
同	二〇五	四五	一九四	三六	六〇	四三	五	九	五七	|	二	一	三
同 三丁目	二〇六	八五	三四〇	五六	七二	五七	四	六	六七	三	|	二	五
同 三丁目、四丁目	二〇七	一〇五	四一七	五四	七八	五四	九	一一	七四	四	|	|	四
同 同	二〇八	六五	二八六	三八	七四	二六	八	三四	六八	一	一	四	六
同 四丁目	二〇九	六三	二三三	四〇	五〇	三九	二	六	四七	三	|	|	三
同	二一〇	六〇	二三三	四一	五一	二三	一三	八	四四	|	|	七	七
同	二一一	一〇一	三八九	七一	九一	六六	九	一三	八八	二	一	|	三

同	二一二	六六	二七四	四五	七二	六三	三	四	七〇	二	｜	｜	二
同　五丁目	二一三	八七	三四二	七九	八〇	五七	八	七	七二	一	四	三	八
同	二一四	八〇	三三二	五三	八五	四〇	九	二四	八三	｜	｜	二	二
同	二一五	八三	三五九	五六	八七	六二	四	一二	七八	七	二	｜	九
同	二一六	七二	三一八	四八	一〇三	二八	七	六八	一〇三	｜	｜	｜	｜
三軒家櫨町一丁目 三軒家西一丁目 大正通一丁目	二一七	一一四	四五五	四八	六三	三二	二五	三	六〇	二	一	｜	三
三軒家西一丁目	二一八	七九	三一一	四三	五二	三六	三	四	五二	｜	｜	｜	｜
同	二一九	七七	三三三	三五	七二	二七	一〇	三五	七二	｜	｜	｜	｜
同	二二〇	八一	二八六	六〇	七五	四九	九	九	六七	二	一	五	八
大正通四丁目 三軒家西二丁目	二二一	七五	二八七	四九	五五	四四	七	一	五二	一	｜	二	三
三軒家西二丁目	二二二	六六	二八八	四五	七三	五〇	一七	五	七二	一	｜	｜	一
三軒家西二丁目 大正通四丁目五丁目	二二三	五七	二六四	三二	七六	四一	二	一三	七五	一	｜	｜	一
大正通五丁目 三軒家西二丁目	二二四	八〇	三〇七	四九	六四	四〇	一九	三	六二	二	｜	｜	二
大正通五丁目 三軒家西二丁目 三軒家櫨町二丁目	二二五	七〇	二九六	四八	六五	四九	一三	｜	六二	二	一	｜	三
三軒家櫨町一丁目	二二六	八九	三四三	五八	一〇九	四九	二四	二四	一〇七	二	｜	｜	二
三軒家市場通一丁目 三軒家櫨町一丁目	二二七	一〇五	四〇二	六三	八七	五四	一六	一六	八六	一	｜	｜	一
三軒家西一丁目 三軒家櫨町一丁目	二二八	七四	二八七	五一	七五	四六	六	一七	六九	六	｜	｜	六
三軒家櫨町二丁目	二二九	五六	一九三	三七	六六	五五	六	二	六三	三	｜	｜	三
同	二三〇	七六	二八一	五六	七〇	四九	九	九	六七	二	｜	一	三
三軒家市場通二丁目 三軒家櫨町二丁目	二三一	九七	三九六	六一	七八	五五	一四	一	七〇	七	一	｜	八
三軒家市場通一丁目	二三二	八九	三四四	四六	六〇	四二	一四	三	五九	｜	一	｜	一
三軒家櫨町一丁目 三軒家市場通一丁目	二三三	九四	三七〇	五五	七七	五二	九	一四	七五	二	｜	｜	三

一四二

三軒家市場通二丁目	二三四	六二	二五九	四七	七八	四五	七	五	五七	一	|	一〇	一三
同	二三五	六八	三二一	四三	五四	一八	一三	二	五二	二	|	|	二
同	二三六	六一	二五二	三三	四一	二五	一三	二	三九	|	二	|	二
三軒家市場通二丁目 三軒家瀘町二丁目	二三七	一〇三	三九四	六四	九三	七五	一〇	|	八五	六	一	一	八
三軒家市場通二丁目 三軒家瀘町二丁目 大正通五丁目	二三八	五七	二六四	二四	四一	二〇	六	一	二七	|	|	一四	一四
大正通五丁目 三軒家瀘町二丁目	二三九	五五	二六八	二四	七六	一四	七	五三	七四	一	|	一	二
三軒家町一丁目 三軒家東三丁目	二四〇	七四	三三三	四二	八六	三〇	六	三九	七五	二	|	九	二
三軒家町一丁目	二四一	七三	二八五	四八	七六	四八	一〇	一五	七三	二	一	|	三
同	二四二	七八	二九二	五九	八一	五八	九	二	六九	四	|	八	三
同	二四三	八五	三六九	五七	一〇四	五六	一一	三七	一〇四	|	|	|	|
同	二四四	六一	一六一	四四	七一	四二	五	九	五六	四	|	二	五
同	二四五	一〇一	三八二	八八	一一一	八四	一〇	八	一〇二	五	一	三	九
同	二四六	八〇	三三三	六〇	八九	七六	五	五	八六	一	|	二	三
同	二四七	一〇五	四二三	八七	一四四	一二二	三	二〇	一四四	|	|	|	|
同 二丁目	二四八	八九	三五五	六三	八一	六一	三	五	六九	六	|	六	三
同	二四九	九四	三三六	六九	一〇一	七八	八	一	八七	二	一	二	一四
同	二五〇	七〇	二六〇	五六	八二	六七	一〇	五	八二	|	|	|	|
同 三丁目	二五一	一一〇	四四〇	七九	一三八	七七	九	三六	一三三	六	|	|	六
同	二五二	一〇〇	三八一	七九	一一四	七五	六	二六	一〇七	五	|	二	七
三軒家町二丁目 三軒家濱通四丁目	二五三	七六	三〇八	五二	六五	五四	八	|	六二	三	|	|	三
三軒家町二丁目	二五四	六八	二八六	四八	七六	三七	一三	二	七一	一	|	四	五
三軒家町二丁目	二五五	五二	二二一	三〇	五一	四〇	八	一	四九	一	|	一	二
三軒家町三丁目	二五六	七五	三三七	四九	七三	五八		三	六八	四	|	一	五

一四三

北泉尾町一、二丁目	二五七	九二	三三八	四九	五八	三六	七	一三	五六	二	|	|	二
北泉尾町一丁目	二五八	一〇〇	四七二	五三	九〇	五一	三五	五	八九	|	一	|	一
同 二丁目	二五九	八二	二九四	六六	八二	六二	一六	三	八一	一	|	|	一
同	二六〇	一〇三	二七四	五九	八二	五二	八	一八	七八	二	|	二	四
北泉尾町二丁目	二六一	七八	二八五	六六	八九	六九	二	六	七七	六	|	六	一三
同 二丁目、三丁目	二六二	六六	二八七	四三	六一	四三	一二	四	五八	二	|	一	三
同 三丁目	二六三	七六	三五一	五六	九五	五七	一八	|	七五	四	|	一六	二〇
北泉尾町一丁目	二六四	八〇	三二三	五三	八八	五一	一八	一三	八二	五	一	|	六
同 一丁目	二六五	九三	五一六	六〇	一四四	八一	一六	一九	一一六	八	一	一九	一八
大正通六丁目	二六六	九九	三六二	七七	八四	四五	一九	一三	七七	五	一	一	七
同	二六七	七七	二九二	五八	七九	四五	一三	一五	七三	三	三	|	六
同	二六八	八二	三一二	六一	一一五	五六	三	五四	一一三	二	|	|	二
大正通六丁目、泉尾上通一丁目	二六九	五三	七四一	三五	六〇四	五七三	一三	一五	六〇一	二	一	|	三
泉尾中通一丁目	二七〇	七四	三〇七	四九	六八	四七	二	四	六三	二	|	四	六
泉尾松ノ町一丁目	二七一	五三	二三六	三六	四四	三六	一	七	四四	|	|	|	|
泉尾松ノ町、泉尾竹ノ町、泉尾梅ノ町一丁目	二七二	八五	四八三	四八	一六三	一二	二	三	一四四	一六	一	二	一九
泉尾濱通一丁目	二七三	八九	四三五	四六	一〇六	五四	一四	二	八〇	一七	四	五	一六
泉尾松ノ町、泉尾竹ノ町、泉尾梅ノ町一丁目	二七四	九九	三九九	五三	六九	三六	八	八	六二	五	一	一	七
泉尾松ノ町一丁目	二七五	六七	三二〇	四三	五四	三八	四	九	五一	二	|	一	三
泉尾中通一丁目	二七六	八八	三八三	五四	七三	五七	五	八	七〇	三	|	|	三
泉尾中通、泉尾上通一丁目	二七七	九一	三八八	五〇	七二	四九	八	一	六八	四	|	|	四
泉尾上通一丁目	二七八	八〇	三三三	五九	一二二	五〇	九	四八	一〇七	五	|	|	五
大正通六丁目、泉尾上通一丁目	二七九	一一六	五五一	四七	一三五	七八	二〇	一〇	一〇八	三	一	四	一七

大正通六丁目、泉尾上通一丁目	二八〇	八四	三八一	七〇	一二七	六三	二四	二七	一二四	三	―	―	三
大正通六丁目	二八一	一〇四	四〇〇	八二	一一三	七四	二二	九	一〇四	七	―	一	八
南泉尾町一丁目	二八二	七〇	三一〇	四四	七七	五〇	一七	六	七三	二	二	―	四
同	二八三	八八	三一八	五五	六七	五三	九	一	六三	四	―	―	四
大正通七丁目	二八四	九九	四二五	七五	一〇三	八九	一〇	一	一〇〇	二	一	―	三
泉尾上通二丁目、大正通七丁目	二八五	一三三	四七七	一二七	二〇六	一五九	四六	―	二〇五	―	一	―	一
泉尾上通二丁目	二八六	一七八	六〇二	一七八	三〇三	二七四	二八	―	三〇二	一	―	―	一
泉尾中通二丁目	二八七	六三	二一五	三七	五〇	四一	八	―	四九	―	―	一	一
同	二八八	九三	三一三	五三	六三	三三	三八	一	六一	一	一	―	二
同	二八九	六六	二一六	四三	五〇	三三	一六	四	四二	五	三	―	八
泉尾上通二丁目	二九〇	一三三	五〇一	一三三	二〇八	一五一	五七	―	二〇八	―	―	―	―
泉尾上通三丁目	二九一	八二	三四二	六四	一三三	八〇	五	二九	一一四	七	―	一	八
大正通八丁目	二九二	八四	三九五	四九	六三	二五	九	三六	六〇	一	―	一	二
同	二九三	八五	三九八	五二	八八	六一	六	一〇	七七	六	―	五	一二
南泉尾町一丁目、大正通七丁目	二九四	八三	三一一	五五	九二	六四	八	一〇	八二	六	―	四	一〇
南泉尾町二丁目	二九五	八三	三六九	六四	一〇一	六四	一四	二〇	九八	一	一	一	三
同	二九六	一〇〇	四二五	六五	一〇七	五八	一三	三三	一〇四	三	―	―	三
同	二九七	七一	二八四	五一	七七	六八	三	四	七五	―	―	二	二
南泉尾町二丁目、大正通八丁目	二九八	一二四	四八七	七九	一〇八	八〇	一〇	七	九七	九	―	二	一二
大正通八丁目	二九九	七二	二六九	五七	八五	六二	一八	五	八五	―	―	―	―
泉尾上通三丁目	三〇〇	一〇五	四一六	八〇	一一七	七九	二四	九	一二三	三	二	―	五
泉尾中通三丁目	三〇一	九三	四〇八	六五	一〇三	七三	一三	七	九三	六	―	四	一〇
同	三〇二	一一八	四八八	七八	一三三	六七	二三	二八	一一八	四	―	―	四
泉尾松ノ町二丁目、三丁目、泉尾竹ノ町二丁目、三丁目	三〇三	八八	四〇九	六七	一一四	六五	四二	五	一一三	一	一	―	二

一四五

一四六

泉尾竹ノ町三丁目 泉尾梅ノ町二丁目 同三丁目	三〇四	六六	二九二	四一	六三	四二	一八	一	六一	|	一	一	二
二丁目 泉尾濱通三丁目	三〇五	一三八	七四八	九六	二九八	二〇七	二三	四二	二八一	三	|	五	一七
泉尾中通三丁目	三〇六	一三七	四七三	一〇三	一四二	七八	一〇	二六	一一四	四	|	一四	二八
同	三〇七	八五	二九一	六九	九六	六〇	一六	一六	九二	四	|	|	四
同四丁目	三〇八	一一七	五三一	九一	一八七	一三三	二七	二八	一七八	七	一	一	九
泉尾上通三丁目四丁目五丁目、大正通八丁目九丁目十丁目	三〇九	五六	二三三	三四	五八	三五	二	三	五八	|	|	|	|
南泉尾町三丁目 新炭屋町	三一〇	七〇	三〇六	五一	八三	六八	四	三	七五	七	一	|	八
泉尾北村町一丁目 大正通十丁目 泉尾上通五丁目	三一一	七一	三〇八	三六	六二	四二	一九	一	六二	|	|	|	|
泉尾中通五丁目	三一二	八七	四二八	七一	一六〇	一五一	六	一	一五八	二	|	|	二
泉尾松ノ町四丁目五丁目、泉尾竹ノ町五丁目、泉尾梅ノ町四丁目五丁目、泉尾北村町一丁目、二丁目三丁目、四丁目	三一三	一一六	五三八	七六	一四八	一〇八	二三	二	一三三	三	二	|	一五
泉尾濱通三丁目	三一四	四七	二〇七	二八	五三	四八	四	一	五三	|	|	|	|
泉尾濱通四丁目	三一五	七八	三六三	五二	六二	五四	|	二	五六	五	|	一	六
今木町一丁目	三一六	七〇	二八六	五六	九二	四〇	一二	二七	七八	二	一	二	一四
同一丁目、二丁目 難波島町一丁目	三一七	七八	三三三	五九	七六	四四	一三	三	六九	四	二	一	七
今木町二丁目 難波島町一丁目	三一八	七四	三一五	五二	一〇一	六六	九	二〇	九五	六	|	|	六
難波島町一丁目	三一九	七八	三一四	四六	六九	六一	五	|	六六	三	|	|	三
難波島町二丁目三丁目 中口町	三二〇	一一八	六一九	七五	二三〇	一九六	一九	一	二一六	四	|	|	四
新炭屋町	三二一	六一	二八五	四四	九六	七五	一五	三	九三	三	|	|	三
同	三二二	六九	四〇四	五三	一七五	九四	六	五九	一五九	七	|	九	一六
千島町	三二三	九一	四四一	七〇	一六五	一四五	一三	|	一五七	六	一	一	八

同	三二四	一〇一	四四七	六七	一二四	七六	二四	一二	一一一	二	—	一	三
同	三二五	八四	三八四	六四	一三五	五六	六一	—	一一七	五	—	三	八
千島町、小林町	三二六	八五	四二七	七二	一八九	七八	三六	四六	一六〇	二	一	二六	二九
千島町	三二七	一〇四	四六〇	八〇	一二四	九六	一五	一	一一一	一〇	一	一	一二
北恩加島町	三二八	一〇一	四三八	七五	一二四	一〇六	一一	三	一二〇	四	—	—	四
同	三二九	八七	三七八	七一	一一一	一〇〇	五	五	一一〇	—	—	一	一
同	三三〇	九二	三八三	七一	一四〇	一三六	一一	一	一三八	二	—	—	二
同	三三一	九九	四三九	七三	一六四	一三三	一〇	一一	一四五	五	—	一四	一九
同	三三二	六七	二六八	四六	七〇	五八	七	四	六九	—	一	—	一
同	三三三	六七	三一二	五〇	九三	七八	八	三	八九	四	—	—	四
同	三三四	七二	三〇五	四九	六四	四六	七	九	六二	—	一	一	二
同	三三五	一〇一	三六三	七九	一二五	九八	一三	九	一二〇	四	—	一	五
同	三三六	一九	六二〇	一〇八	三三七	二九〇	七	一八	三一五	一八	—	四	一二
同	三三七	一一	四三八	八三	一五三	一三三	九	一四	一四六	五	—	一	六
同	三三八	九六	三八〇	八五	一七八	一四一	一六	八	一六五	六	一	六	一三
同	三三九	六三	二九九	五〇	一一五	八一	一四	五	一〇〇	三	三	—	一五
同	三四〇	九三	三九二	六三	九八	五九	三	一六	九七	—	—	一	一
同	三四一	七六	三一三	六六	一四〇	一二六	一	三	一三〇	五	一	四	一〇
同	三四二	六七	二六八	四八	一〇七	七九	九	一二	一〇〇	四	—	三	七
小林町	三四三	一〇二	四三五	八七	一五二	九九	七	三九	一四五	六	一	—	七
同	三四四	九四	三九三	七六	一二〇	八二	一六	一六	一一四	二	一	三	六
同	三四五	八八	三三六	七三	一一四	八六	九	一〇	一〇五	四	二	三	九
同	三四六	七六	三六三	四五	九五	五九	一四	一二	九五	—	—	—	—
同	三四七	七九	三五六	四九	八四	二五	二〇	一三	七八	二	三	一	六

一四七

平尾町、千鳥町	三四八	一一六	四六九	八三	一三六	一一	一三	九	一三三	三	|	|	三
新千歳町	三四九	一〇〇	四一二	七一	七九	五七	一〇	一〇	七七	二	|	|	二
北恩加島町新千歳町	三五〇	六九	三〇六	六四	九一	五二	一	一三	八六	二	|	三	五
鶴町四丁目、福町一丁目、二丁目	三五一	六五	二七九	六五	一二七	六〇	一三	四四	一二七	|	|	|	|
鶴町四丁目	三五二	七一	二八六	五五	一〇三	五二	一九	一三	一〇三	|	|	|	|
同	三五三	九九	三八三	六九	七八	五五	一九	二	七六	一	一	|	二
同	三五四	一二五	五一七	一〇三	一五三	七四	六〇	一二	一四六	二	二	三	七
同	三五五	一一三	五〇五	一〇〇	一四四	七六	五八	八	一四二	|	一	一	二
同	三五六	八三	三一二	六九	八七	五〇	二四	三	八六	|	|	一	一
同	三五七	六二	二六九	四六	七四	三	三九	六	六七	一	|	六	七
同	三五八	五三	二一三	三七	五〇	二〇	二五	一	四六	|	|	四	四
同三丁目	三五九	八六	三五二	八一	一〇五	四九	五二	二	一〇三	|	|	二	二
同	三六〇	七五	三一九	五一	六〇	二四	三三	三	五九	|	一	|	一
同	三六一	六三	二四五	五五	六四	一四	五〇	|	六四	|	|	|	|
同	三六二	六四	二五〇	四二	五七	四四	一一	|	五五	一	|	一	二
同	三六三	五七	二四二	三五	五四	三八	九	六	五三	一	|	|	一
同	三六四	六六	二三九	三六	五一	二九	一四	六	四九	二	|	|	二
同	三六五	七〇	三〇四	五九	六九	一六	五〇	|	六六	|	三	|	三
同	三六六	六三	三〇〇	五二	七四	二一	五二	一	七四	|	|	|	|
同	三六七	六二	二〇一	四三	五四	三五	一三	五	五三	|	一	|	一
同	三六八	八八	三六二	七八	九〇	一九	六八	一	八八	|	二	|	二
同	三六九	五五	二一九	五一	五三	一三	四〇	|	五二	|	一	|	一
鶴町三丁目、福町二丁目	三七〇	一〇七	四四三	九四	一三四	五四	七三	六	一三三	一	|	|	一
鶴町二丁目、福町一丁目	三七一	七〇	三〇二	五一	八四	六八	一一	三	八二	一	|	一	二

一四八

鶴町二丁目	三七二	一〇六	三七二	六七	八六	六五	一四	四	八三	二	一	—	三
同	三七三	六五	二六二	五六	九三	七一	一七	三	九一	二	—	—	二
同	三七四	八二	三一八	五一	六六	一二五	三〇	四	五九	一	六	—	七
同	三七五	一八三	五六〇	一四二	一六七	一〇〇	五一	二	一六二	一	二	二	五
同	三七六	五二	二六〇	四〇	七六	三〇	三八	七	七三	—	一	—	一
同	三七七	一〇六	三五九	七五	九〇	四四	三三	一一	八七	三	—	—	三
同	三七八	七八	三三三	六三	一一三	九五	一三	一	一〇九	二	—	一	三
同	三七九	一二七	四九六	九四	一三三	一〇三	二二	六	一三〇	—	一	一	二
同	三八〇	一〇三	四〇五	七四	一二三	八六	二九	四	一一九	四	—	—	四
鶴町一丁目	三八一	七八	三一一	五〇	八〇	五四	八	六	六八	—	一	二	三
同	三八二	八六	二九二	五七	八一	六〇	三一	五	七七	六	—	二	四
同	三八三	一一〇	六五一	九九	二〇一	一四二	五五	一三	一三〇	三	三	六六	九一
同	三八四	一一八	四二七	一〇九	一五四	一〇六	三〇	三	一二九	一〇	二	三	一五
同	三八五	九四	三五三	七九	一〇一	五四	四一	四	九九	二	—	—	二
同	三八六	一一五	四七三	九三	一七六	一一四	三三	六	一五三	八	二	一三	一三
同　二丁目	三八七	七一	二七九	四三	五二	六	八	一四	五〇	—	一	一	二
鶴濱通一丁目（同　丁目）	三八八	九五	四一五	九二	一五四	一一八	一七	一六	一五一	—	—	三	三
南恩加島町	三八九	一二七	四六四	一一〇	一六八	一二五	三〇	八	一六三	一	三	一	五
同	三九〇	七二	三九二	五四	一三五	八三	一五	一四	一三二	—	一	—	一
同	三九一	九四	四一六	八二	一四五	一〇〇	一八	三三	一四〇	一	一	三	五
同	三九二	四三	二五五	四三	一三三	九一	三〇	—	三	一	—	—	一
同	三九三	一〇	八五	二〇	二二	一六	五	—	二	—	—	—	—
同	三九四	六七	二九〇	四一	六一	四八	三	九	六〇	一	—	—	一
同	三九五	七四	三四一	五七	一一五	七二	八	三一	一二	—	—	四	四

一四九

一五〇

同	三九六	一三三	五五五	一三一	二四〇	二三〇	一五	五	二四〇								
同	三九七	二七	一一〇	二七	三六	三〇	六			三六								
同	三九八	一二〇	五二一	九九	一八八	一三五	二四	一三	一八二	六					六
同	三九九	八三	三八九	六四	一四一	九五	一一	三三	一三九	二					二
船町	四〇〇	一八八	九七二	一七六	四八二	二八七	五九	一〇〇	四四六	三六					三六
南境川町一丁目・前田屋町	四〇一	九九	四四二	六〇	九三	六四	二四	五	九三								
市岡町	四〇二	九二	三五二	四六	六五	四四	一九			六三	二					二
同	四〇三	九三	三七六	六〇	六八	五五	六	三	六四	三	一			四
同	四〇四	七七	三六〇	三一	四五	二三	二〇			四三	一	一			二
同	四〇五	一三三	五二八	七四	一二〇	九七	一六	三	一一六	三			一	四
同	四〇六	七二	二六三	三四	三九	二四	一四			三八			一			一
同	四〇七	九三	三五二	五〇	五六	三〇	一九	一	五〇	四			二	六
同	四〇八	九三	三七七	四三	五三	三九	一二			五一	一	一			二
同	四〇九	七〇	二六二	五一	七五	六六	四	三	七三	二					二
同	四一〇	一一五	四九一	七〇	一〇五	七〇	二四	九	一〇三	一	一			二
同	四一一	九四	三八六	三九	四八	三六	六	二	四四	二	一	一	四
同	四一二	一三七	五四〇	四二	七三	四一	一九	一三	七二	一					一
同	四一三	九九	四〇三	五二	六四	五八	四	一	六三	一					一
同	四一四	八六	三一七	五三	六四	四三	一四	一	五八	五	一			六
同	四一五	七八	二八八	四六	六〇	四四	一五			五九	一					一
同	四一六	五五	二〇五	三二	三八	一八	一四	二	三四	二			二	四
同	四一七	八四	三五三	五〇	五八	二五	三一			五六	一	一			二
同	四一八	一一六	四四五	七五	八五	六五	一六			八一	三			一	四
同	四一九	一一七	四四〇	七二	八九	五七	一四	一四	八五	三	一			四

同	四二〇	一三九	五一六	八八	一一四	七八	二七	七	一二三	二	—	—	二
同	四二一	六六	二六九	四五	七二	四七	一四	—	六一	五	—	六	二
同	四二二	七六	三〇二	四二	六三	四四	一三	二	五九	一	一	一	三
同	四二三	五六	二一〇	一八	三一	一一	九	—	二〇	—	一	—	一
同	四二四	一二五	五一一	八三	九八	四五	二九	一八	九三	五	一	—	六
同	四二五	六九	二六九	三六	五九	四八	七	—	五五	三	一	—	四
同	四二六	八一	三三九	五一	八〇	六三	一三	一	七七	二	一	—	三
同	四二七	九八	三九七	五九	七〇	二九	二四	一七	七〇	六	一	—	七
同	四二八	八六	三二四	五二	六一	四〇	一四	—	五四	四	三	—	七
同	四二九	七九	一九八	五三	六四	二六	三三	—	五九	一	四	—	五
同	四三〇	八七	三六二	五九	八五	七一	四	六	八一	四	—	—	四
同	四三一	一一四	四六六	八五	一三八	八八	二〇	一三	一三〇	二	五	一	八
同	四三二	五三	二二〇	三〇	五五	三七	一〇	二	四九	四	—	二	六
同	四三三	九六	三九四	五五	八三	五四	一八	—	七三	六	三	二	二
南境川町二丁目	四三四	四九	三二三	二九	八〇	四四	二六	—	八〇	—	—	—	—
同	四三五	八五	四一六	五六	一三四	六七	二七	一八	一二三	一	—	一	二
市岡町	四三六	八六	三二三	三二	五八	五〇	七	—	五七	—	一	—	一
同	四三七	九四	四六一	六二	一三三	一〇三	三三	一	一二六	三	一	二	六
同	四三八	一三三	五一三	六五	一〇一	七五	三一	—	九七	三	一	—	四
同	四三九	一二一	五一二	四四	七一	三六	二一	一九	六六	三	二	—	五
同	四四〇	一二三	四五〇	七一	一〇六	六四	三五	—	九九	五	一	一	七
同	四四一	一二九	四八九	八七	一二三	七五	二九	—	一〇四	七	五	七	一九
同	四四二	八八	三三四	五七	八一	五二	一八	四	七四	五	—	二	七
同	四四三	一二五	四二三	九二	九八	七九	一三	—	九二	六	—	—	六

一五一

同	四四四	一一五	四三八	七九	九二	五八	一九	一四	九一	｜	一	｜	一
同	四四五	九三	三六二	五七	七九	六四	六	三	七三	五	｜	一	六
同	四四六	七六	二九五	五六	六五	四一	一八	四	六三	二	｜	｜	二
同	四四七	一一九	四一一	八三	九八	六四	一二	五	九一	一	｜	六	七
同	四四八	一〇九	四三〇	七九	一〇六	六四	一一	四	七九	八	一	一八	一七
同	四四九	一〇九	四七三	六二	九一	六四	一六	｜	九〇	｜	一	｜	一
同	四五〇	一一〇	四四三	七五	九九	六四	一四	八	九六	二	一	｜	三
同	四五一	九〇	三三四	四九	七〇	五七	一〇	｜	六七	｜	二	一	三
同	四五二	一一四	四六六	五五	七三	三〇	五	三三	六八	一	四	｜	五
同	四五三	九一	三四三	七〇	九八	七四	一五	六	九五	一	一	一	三
同	四五四	六八	三三〇	三三	一二一	三八	一一	七二	一二一	｜	｜	｜	｜
同	四五五	一〇八	三九九	五三	七七	五〇	一四	｜	七四	｜	三	｜	三
同	四五六	八八	三一三	三六	四五	二六	一一	六	四三	二	｜	｜	二
同	四五七	一〇三	四二三	四九	七〇	四五	一〇	二	六七	三	｜	｜	三
同	四五八	九四	四〇八	五四	六七	四一	一五	｜	六六	｜	一	｜	一
同	四五九	九九	四一九	四八	六〇	四四	一三	｜	五七	二	一	｜	三
同	四六〇	一三三	四七五	七七	九七	六四	一九	八	九一	六	｜	｜	六
同	四六一	六四	二五四	四一	五〇	三一	一四	｜	四五	五	｜	｜	五
同	四六二	六六	一四五	五〇	六二	三九	一三	四	五五	六	一	｜	七
同	四六三	七七	二五三	四九	五七	四四	一二	｜	五六	一	｜	｜	一
同	四六四	一三二	四八九	八五	一三四	一〇八	一八	一	一三七	六	一	｜	七
同	四六五	一〇〇	三四一	六三	九八	八〇	一七	｜	九七	一	｜	｜	一
同	四六六	一三三	四五九	六二	八九	六五	二一	一	八七	二	｜	｜	二
同	四六七	一〇四	四八三	六八	一一四	六九	三七	一	一〇七	一	三	三	七

一五二

同	四六八	八〇	三四二	三八	四五	二四	一五	四	四三	—	二	—	二
同	四六九	一三〇	四四三	七〇	九五	五一	二六	二	八八	五	一	一	七
同	四七〇	九七	三九二	四九	六九	四一	一四	—	六五	二	二	—	四
同	四七一	九二	三六四	五一	八四	六三	一三	五	八一	二	一	—	三
同	四七二	七七	三三〇	四九	七一	五四	二	—	六五	四	二	—	六
同	四七三	八七	三四八	四七	六三	三六	二〇	一	五七	四	二	—	六
同	四七四	七五	三二六	三〇	四二	二九	九	—	三八	三	一	—	四
同	四七五	八七	三五六	五二	六四	三七	三	—	五九	二	三	—	五
同	四七六	一一一	三九九	七四	九九	五四	三三	一	八八	六	三	二	一一
同	四七七	一一一	四一一	六六	九〇	四六	一四	一	七一	一三	三	三	一九
同	四七八	八〇	三三〇	三三	三一	二	七	二	三〇	一	—	—	一
同	四七九	九九	四二〇	五八	八五	五九	三	—	八一	—	四	—	四
同	四八〇	一〇一	四〇〇	六〇	七七	五〇	三	七	六九	一	一	六	八
南境川町三丁目・市岡町	四八一	一一〇	五四八	七七	一四四	八五	五八	—	一四三	—	—	一	一
市岡町	四八二	一〇四	三九七	八一	一一五	九一	一三	—	一〇四	五	—	六	一一
同	四八三	八八	三七八	四七	六四	四八	八	—	五六	六	二	—	八
同	四八四	一〇五	三八八	六一	七九	五六	二	二	六九	七	—	三	一〇
同	四八五	八八	三三八	五一	六七	四九	一五	一	六五	二	—	—	二
同	四八六	九三	三六四	六二	八八	六六	一六	一	八三	一	二	二	五
同	四八七	八四	三六二	四七	七八	五二	二三	—	七五	三	—	—	三
同	四八八	八七	三一八	四九	七八	五〇	一八	五	七七	二	—	三	五
同	四八九	七九	三六〇	五〇	七九	五二	二一	—	七三	二	一	三	六
同	四九〇	九一	三三四	六二	八八	五一	三三	—	八三	四	—	一	五
同	四九一	一〇〇	四一五	五三	七三	四五	二三	—	六八	四	一	—	五

一五三

一五四

同	四九二	八九	三二三	六〇	六六	四五	一五	三	六三	二	一	—	三
同	四九三	八八	三二六	五九	七八	六三	一一	一	七五	二	一	—	三
同	四九四	七四	二六九	四五	五八	四一	一一	一	五三	五	—	—	五
同	四九五	一〇二	三九五	七三	一〇〇	七一	二〇	—	九一	五	二	二	九
同	四九六	八五	三八九	三一	六一	四九	一〇	—	五九	一	一	—	二
同	四九七	八二	三〇一	四七	六一	四四	一五	—	五九	一	—	一	二
同	四九八	一一三	五一二	七八	一二六	八三	二五	二	一一〇	四	—	一三	一六
同	四九九	六八	三三五	四二	七七	四九	二〇	一	七〇	—	—	七	七
同	五〇〇	九六	三七五	五一	七九	四九	一五	一〇	七四	四	一	—	五
同	五〇一	九七	三九三	五六	七六	四五	二二	一	六八	一	一	六	八
同	五〇二	八四	三五七	四三	五六	三五	一七	二	五四	一	—	一	二
同	五〇三	一〇五	三九五	七三	九四	五八	二七	—	八五	七	二	—	九
同	五〇四	九八	四〇五	六五	九二	五〇	二七	六	八六	五	三	一	九
同	五〇五	七八	二九一	五七	七七	五〇	三一	—	七二	二	三	—	五
同	五〇六	六六	二七六	三八	五六	二九	一七	三	四九	五	二	—	七
同	五〇七	六六	二二七	五四	七四	四七	一六	一〇	七三	一	—	—	一
同	五〇八	一一三	四七〇	七六	一〇七	五九	三四	六	九九	三	五	—	八
同	五〇九	一一五	四五一	五八	七八	四九	一六	二	六七	七	一	—	一二
同	五一〇	一〇三	三六六	五八	六八	三五	二四	六	六五	一	—	三	三
同	五一一	一一七	三九五	六九	七九	四二	二一	七	七〇	六	二	二	九
同	五一二	九八	三七一	五四	七二	四三	二三	—	六六	三	三	一	六
同	五一三	一〇八	三七六	七三	一〇二	八〇	二二	三	九五	五	一	一	七
同	五一四	六五	二三八	一八	二三	一三	八	—	二一	—	一	—	一
同	五一五	一〇六	三七一	四七	四七	三〇	一四	—	四四	二	一	—	三

同	五一六	九三	三六三	四四	五四	三三	一七	｜	四九	四	｜	一	五
同	五一七	六五	二七五	四二	六七	三七	一八	一	五六	七	四	｜	一二
同	五一八	八二	三三一	五四	七六	三五	三七	二	七四	一	一	｜	二
同	五一九	一〇二	三七五	五八	七六	三九	三一	四	七四	｜	一	一	二
同	五二〇	一〇七	三九二	五七	六九	四四	一八	｜	六二	六	一	｜	七
同	五二一	九〇	三五八	五三	六三	四一	一六	一	五八	二	二	｜	四
同	五二二	八六	三二〇	六七	八五	五五	二〇	｜	七五	五	三	二	一〇
同	五二三	九四	三四二	六三	七四	四六	一五	一	六二	八	｜	四	一三
同	五二四	九〇	三六一	五八	七六	五一	三三	｜	七三	｜	二	一	三
同	五二五	九八	三八五	四七	六九	四二	二三	六	六九	｜	｜	｜	｜
同	五二六	一〇九	三七七	七三	八五	六四	一七	｜	八一	四	｜	｜	四
同	五二七	一〇一	三九五	七四	一〇八	五二	三三	一八	一〇三	二	一	二	五
同	五二八	一一六	四一三	八五	一一七	八六	二二	二	一〇九	一	二	五	八
同	五二九	一〇四	三七一	八四	一一六	六九	三五	一	一〇五	三	二	六	一二
同	五三〇	一〇七	四〇五	八四	一〇四	七八	二〇	｜	九八	二	二	二	六
同	五三一	九〇	三八六	七五	一〇五	八六	一〇	三	九九	四	一	一	六
同	五三二	九九	三八三	六四	九二	六五	一四	｜	八九	二	一	｜	三
市岡町、池山町	五三三	一四〇	四八四	七七	九五	五四	二〇	四	八八	三	三	一	七
池山町	五三四	九七	三八三	七三	一〇七	六三	二六	九	九八	七	｜	二	九
市岡町、池山町	五三五	一〇九	四〇八	六七	九二	六六	五	二	七三	一〇	三	六	一九
市岡町、池山町	五三六	一二九	四二四	八七	一〇六	六八	一九	一	九八	六	二	｜	八
市岡町	五三七	一一三	三七七	七一	八八	六七	一八	一	八六	二	｜	｜	二
同	五三八	一二五	四七四	八六	一一七	七四	二八	三	一二四	一	二	｜	三
同	五三九	一一六	四五五	八三	一三四	八七	二〇	｜	一〇七	七	二	八	一七

一五五

同	五四〇	一一三	四七四	七六	一〇五	八五	八	｜	九三	三	｜	九	一三
同	五四一	八五	三四一	五三	八〇	六五	五	二	七二	七	｜	一	八
同	五四二	八〇	三三三	六四	八九	七九	六	｜	八五	三	｜	一	四
同	五四三	九六	三八五	八四	九七	七五	八	二	八五	七	｜	五	一三
同	五四四	九三	三八二	六七	一〇六	八〇	九	六	九五	五	｜	六	一二
同	五四五	一〇三	四一二	六一	七四	五三	一九	｜	七二	一	｜	一	二
同	五四六	八八	三一一	六〇	八二	四九	一七	三	七九	二	一	｜	三
南境川町一丁目 市岡町	五四七	八五	三四一	六三	一〇〇	七八	八	｜	九六	二	一	一	四
市岡町	五四八	九八	四三五	六五	一〇〇	八五	一三	二	一〇〇	｜	｜	｜	｜
南境川町四丁目	五四九	八三	三九五	五四	七七	六三	一〇	一	七四	二	｜	一	三
南境川町四丁目 市岡町	五五〇	八三	三三九	四四	七九	二〇	五八	｜	七八	｜	一	｜	一
市岡町	五五一	九一	三二八	五九	八三	五七	二〇	一	七八	一	一	三	五
市岡町、池山町	五五二	八四	四〇一	五八	九一	七四	一四	｜	八八	二	｜	一	三
池山町	五五三	八三	三一四	六〇	七七	六二	六	五	七三	三	一	｜	四
同	五五四	九五	三八一	六四	七八	七〇	七	｜	七七	一	｜	｜	一
同	五五五	一〇〇	四五五	七一	一〇七	七六	七	三	九五	四	一	七	一三
同	五五六	八一	三四六	七三	一〇六	八四	一三	六	一〇三	三	｜	｜	三
池山町、市岡町	五五七	一〇九	四二四	七一	一〇二	七八	一七	三	九八	一	二	一	四
市岡町	五五八	一〇五	四三七	七八	一〇六	七八	一二	一	九〇	四	二	一〇	一六
同	五五九	八一	三六六	六六	九九	七七	四	一七	九八	｜	一	｜	一
同	五六〇	八三	三一七	六〇	八一	三三	四一	｜	七四	三	四	｜	七
同	五六一	八一	二八八	四五	五〇	二六	一七	｜	四三	三	二	二	七
同	五六二	一〇六	三八四	八四	一二四	八九	三	一、	一二	一〇	一	二	一三
同	五六三	一〇三	三四六	七〇	八八	五七	六	｜	八五	｜	三	｜	三

同	五六四	五八	一七四	二三	二六	一六	一〇	|	二六	|	|	|	|
同	五六五	七九	二七六	四七	五三	三四	一九	|	五三	|	|	|	|
同	五六六	七四	二九五	三一	四三	三二	八	二	四二	一	|	|	一
同	五六七	八一	三三〇	四四	六〇	三三	一五	三	五一	四	|	五	九
同	五六八	六六	二六三	三三	四四	三二	九	一	四二	二	|	|	二
同	五六九	六七	一五四	三九	五七	二七	一六	三	五五	|	二	|	二
同	五七〇	六七	三一三	三九	五三	三八	一三	三	五三	|	|	|	|
同	五七一	一〇〇	五一九	八〇	二一〇	八二	一二五	|	一〇七	二	一	|	三
同	五七二	一〇一	四二四	六五	一〇九	七四	一八	一三	一〇四	四	一	|	五
同	五七三	七〇	三二四	四七	八七	五三	二一	七	八一	二	三	一	六
同	五七四	六八	二六九	四五	七七	六一	一〇	四	七五	|	一	一	二
同	五七五	八〇	三六四	四七	九四	八二	一〇	|	九二	|	一	一	二
同	五七六	一〇四	四五二	七六	一一〇	七二	一六	四	九二	四	一	三	一八
同	五七七	七六	三五五	四八	九三	七一	一四	三	八八	四	一	|	五
同	五七八	七六	三四一	四四	七〇	三四	二七	二	六三	一	二	四	七
同	五七九	八〇	三五四	三九	六五	四四	一六	|	六〇	四	一	|	五
同	五八〇	九九	三四四	五七	八〇	四八	一三	七	六八	三	|	九	一三
同	五八一	一二九	四六六	八二	一四一	七七	五二	五	一三四	六	|	一	七
同	五八二	八七	三八〇	五九	八九	五四	二〇	六	八〇	三	一	五	九
同	五八三	八一	三〇三	四九	八二	五三	一八	|	七一	二	一	八	一二
同	五八四	一一一	三九二	七二	一〇三	六三	三三	二	九七	一	一	四	六
同	五八五	七三	三〇五	五二	七四	五八	七	四	六九	三	二	|	五
同	五八六	八〇	三七一	五九	一五一	一二七	一六	|	一四三	七	一	|	八
同	五八七	八七	二九六	六二	七八	四四	二八	三	七五	一	二	|	三

一五七

一五八

同	五八八	五二	二〇四	三	三三	二六	五	|	三一	二	|	|	二
同	五八九	六四	二一六	二八	三六	二三	二	|	三四	|	一	一	二
同	五九〇	八三	二九〇	三八	五八	三五	一七	一	五三	二	二	一	五
同	五九一	八八	三四一	五三	九六	五五	一五	三	九二	二	|	二	四
同	五九二	七九	二六七	五〇	六一	三五	二二	二	五八	|	三	|	三
同	五九三	九三	三四八	六五	八一	五四	一四	一	六九	九	二	一	一三
同	五九四	六九	二六七	五二	七九	五一	三三	|	七四	三	一	一	五
同	五九五	八九	三一七	六三	八一	三九	一九	五	七三	二	五	一	八
同	五九六	六四	二三三	四六	六〇	三五	一六	六	五七	一	二	|	三
同	五九七	八六	二八四	六八	八三	二九	二九	九	七七	四	二	|	六
同	五九八	八九	三一一	五六	七五	三六	三三	三	七一	|	三	一	四
同	五九九	七〇	二〇二	四二	六一	三九	二〇	一	一〇	一	|	|	一
同	六〇〇	七二	二一〇	三九	六二	三三	二二	一	五四	五	一〇	|	八
同	六〇一	七七	三六〇	四四	九〇	六七	一四	一	八二	七	|	一	八
同	六〇二	七一	三一四	四〇	八〇	五二	三三	|	七五	|	五	|	五
同	六〇三	八一	三六三	五〇	八九	六一	六	一四	八一	六	一	一	八
同	六〇四	六六	二三六	三八	五八	三五	一三	四	五三	四	二	|	六
同	六〇五	五六	二四八	三六	七六	三六	二〇	二	六八	二	三	三	八
同	六〇六	九三	二六七	七三	一一四	七九	一六	|	一〇七	三	二	二	七
同	六〇七	六三	二三三	四一	四三	二三	一三	|	三六	六	一	|	七
同	六〇八	九四	三二二	四四	四五	二八	一四	|	四二	三	|	|	三
同	六〇九	七六	二九二	五三	七九	四二	二二	一	六四	一	|	一四	一五
同	六一〇	六一	二三五	三一	三七	二九	七	|	三六	|	一	|	一
同	六一一	八三	二八〇	五五	六七	三二	三四	|	六六	|	一	|	一

六一二	同	一一五	四〇七	六八	七五	一五	五一	一	六七	二	六	｜	八
六一三	同	九三	三三七	三九	四一	二六	一二	一	三九	一	｜	一	二
六一四	同	一〇五	四一七	四九	七七	四〇	二四	四	六八	二	五	二	九
六一五	湊屋町、木屋町	五〇	二二〇	三八	五六	三一	一三	一	五五	｜	一	｜	一
六一六	石田元町、石田外村町一丁目、石田町一丁目	一三七	五九〇	一一三	一六六	一四四	八	一	一五三	六	｜	七	一三
六一七	石田椿町、石田元町一丁目	八〇	三三七	五九	八三	七三	五	一	七九	四	｜	｜	四
六一八	石田町一丁目、石田外村町一丁目、石田椿町	八八	三三六	七一	一〇〇	七一	二六	一	九八	二	｜	｜	二
六一九	石田元町一丁目	四八	一五四	三一	三九	三三	六	｜	三八	｜	一	｜	一
六二〇	石田椿町、石田元町二丁目、石田外村町一丁目	一四九	六〇三	一三七	一九五	一四二	二一	九	一七二	七	二	一四	一三
六二一	石田外村町一丁目、石田町一丁目	六五	二八一	五一	八八	七三	五	六	八四	二	一	一	四
六二二	石田元町二丁目、石田外村町二丁目	一三六	五五三	九〇	一三一	九六	九	四	一〇九	九	一	二	三
六二三	石田町二丁目、石田外村町二丁目	九一	三七七	七三	一一五	七九	一三	四	九五	八	四	八	一〇
六二四	石田元町三丁目、石田外村町二丁目	一一〇	四四〇	七八	一四四	八〇	一七	｜	九七	四	三	四〇	四七
六二五	石田神樂町	六三	二三七	四六	六三	四一	七	五	五三	二	｜	八	一〇
六二六	石田神樂町、石田元町三丁目	一三一	四六八	九一	一三〇	一〇一	一二	四	一三六	｜	一	三	四
六二七	石田神樂町	一〇四	四五六	八九	一二八	一〇三	三	九	一二五	一〇	一	二	一三
六二八	田中元町一丁目、田中元町三丁目	八九	三七〇	四九	七〇	五〇	一四	｜	六四	二	一	三	六
六二九	田中元町二丁目	一三四	四五八	八六	九九	六六	二一	二	八九	七	｜	三	一〇
六三〇	同二丁目、三丁目	一二八	五二三	九一	一二五	九二	一三	四	一一九	四	｜	二	六
六三一	同一丁目、二丁目	九八	三七二	五八	六六	三九	一二	二	六三	三	｜	｜	三
六三二	八幡屋町一丁目	一〇七	四五五	九七	一三九	九七	一七	三	一一七	八	｜	一四	一三
六三三	同一丁目、二丁目	一〇五	四〇九	八六	一二	一〇三	七	｜	一〇九	五	｜	七	一二

同二丁目	六三四	一一三	四七四	九二	一二四	一〇五	一〇	|	一一五	六	二	一	九
八幡屋中通二丁目	六三五	七八	二七七	六八	八七	五七	一六	九	八二	三	二	|	五
同	六三六	八二	二六三	六六	八一	六〇	一四	二	七六	二	二	一	五
同	六三七	八九	三四四	六三	九三	七二	一三	五	九〇	一	二	|	三
八幡屋大通三丁目・北八幡屋町二丁目・八幡屋中通二丁目	六三八	一三六	四六四	九八	一〇九	六二	三七	五	一〇四	一	三	一	五
北八幡屋町二丁目	六三九	一〇九	四二五	八七	一四三	六四	二六	四	九四	二五	一	一三	四九
八幡屋町中通二丁目	六四〇	五八	二二七	四八	六一	五〇	一〇	|	六〇	一	|	|	一
同三丁目	六四一	八一	二七六	六四	九四	七三	一〇	六	八九	四	一	|	五
同	六四二	一二	四〇六	八八	一〇七	二七	七二	|	九九	二	二	四	八
北八幡屋町二丁目・同三丁目・八幡屋中通三丁目・同二丁目	六四三	八五	三〇四	五二	五九	三六	一七	|	五三	三	一	二	六
北八幡屋町丁目三丁目・八幡屋大通二丁目・同三丁目	六四四	七七	三一三	五二	八二	五二	一九	六	七七	四	一	|	五
八幡屋中通三丁目・北八幡屋町三丁目	六四五	八〇	二七六	五四	六九	四八	一八	一	六七	二	|	|	二
北八幡屋町三丁目・八幡屋大通三丁目	六四六	九六	三四七	五五	八〇	二七	三	三	七九	|	一	|	一
北八幡屋三丁目・八幡屋大通三丁目	六四七	七四	二七〇	五〇	六〇	三五	三	|	五七	三	|	|	三
八幡屋中通三丁目・北八幡屋町三丁目	六四八	一〇三	四一四	四四	六五	五二	一一	|	六三	一	一	|	二
八幡屋中通三丁目	六四九	一〇四	三七六	七一	八八	六九	一〇	四	八三	四	|	一	五
同	六五〇	七六	二七二	四九	六一	四八	七	二	五七	四	|	|	四
八幡屋町三丁目	六五一	一〇四	四四九	七七	一三三	九六	二一	|	一一七	五	|	|	五
八幡屋中通三丁目・八幡屋新道	六五二	七〇	二九七	四四	五四	三四	一五	四	五三	一	|	|	一
八幡屋新道	六五三	七二	三〇〇	二三	四四	一三	九	三	四三	一	|	|	一
八幡屋新道・北八幡屋町三丁目	六五四	八二	三七三	四八	八七	四四	四〇	二	八六	|	一	|	一

番号	町名	1	2	3	4	5	6	7	8	9	10	11
六五五	北八幡屋町三丁目、八幡屋新道、八幡屋大通三丁目	七五	三四四	五七	七八	五九	一六	一	七六	｜	一	一	二
六五六	八幡元町三丁目	七五	三二八	四〇	五五	二四	二九	二	五五	｜	｜	｜	｜
六五七	同 二丁目	七四	二七五	四五	五五	二四	二六	｜	五〇	一	三	一	五
六五八	八幡屋松ノ町二丁目	九五	三三八	六〇	六三	二六	三四	一	六一	一	一	｜	二
六五九	八幡屋松ノ町二丁目、南八幡屋町二丁目	一八一	四七四	一五七	一八二	一〇八	六〇	一	一六九	六	七	｜	一二
六六〇	八幡屋大道二丁目三丁目、八幡屋元町三丁目、南八幡屋町三丁目	七九	三三七	四六	五三	三	一四	｜	四六	四	二	一	七
六六一	南八幡屋町二丁目、八幡屋松ノ町二丁目	一四七	四九六	一一九	一四一	五三	五六	一六	一二五	八	六	二	一六
六六二	八幡屋大通二丁目、南八幡屋町二丁目	一五六	八七八	一六八	一九二	一〇七	六五	六	一七八	一二	一	一	一四
六六三	南八幡屋町二丁目、八幡屋雲井町二丁目	一六九	五五八	八五	八八	三	四六	｜	七八	｜	一〇	｜	一〇
六六四	八幡屋松ノ町二丁目、八幡屋雲井町二丁目	一一二	三八六	七七	九〇	五八	一三	七	八八	一	一	｜	二
六六五	八幡屋元町二丁目、八幡屋松ノ町二丁目	一〇一	三八二	五二	五七	二〇	三〇	六	五六	一	｜	｜	一
六六六	八幡屋元町一丁目、八幡屋松ノ町一丁目	九七	三七二	四七	五七	二九	一五	四	四八	一	八	｜	九
六六七	同　同	一一八	四七四	七〇	九七	三七	四五	九	九一	｜	二	四	六
六六八	同　同、八幡屋雲井町一丁目	一〇六	四〇二	五五	六八	二五	二一	六	六二	四	二	｜	六
六六九	石田呉服町三丁目、石田布屋町三丁目、石田元町三丁目	一〇一	三六七	八五	九〇	四六	二九	六	八一	六	三	｜	九
六七〇	石田元町三丁目、石田呉服町三丁目	九三	三一九	六九	九六	四九	三四	三	八六	一	｜	九	一〇
六七一	石田呉服町三丁目、石田元町二丁目、石田元町三丁目、石田布屋町三丁目	一二四	四五九	九五	一四三	七七	二九	九	一一五	一〇	三	一五	一八
六七二	石田呉服屋町一丁目、石田布屋町一丁目、石田芦花町、石田元町一丁目	一一三	四四七	九一	一三〇	九九	一〇	六	一一五	二	｜	一三	一五

一六一

東田中町七丁目・八丁目	六七三	一〇五	三四九	五九	六九	二	三七	四	六二	四	三	|	七
夕凪町三丁目・西田中町四丁目・西田中町二丁目・三丁目	六七四	一一三	四三三	四五	五七	一三	三一	一	五五	一	一	|	二
西田中町二丁目・三丁目・東田中町三丁目	六七五	一一九	三九二	七七	八四	四一	四一	|	八二	|	二	|	二
田中元町四丁目・五丁目・西田中町一丁目・二丁目・三丁目	六七六	一〇九	三七六	六〇	九一	一三	六二	二	八七	二	二	|	四
西田中町三丁目・四丁目	六七七	一三八	五九八	九六	一五一	一〇〇	四七	|	一四七	四	|	|	四
東田中町四丁目・西田中町四丁目	六七八	六七	二五四	三六	四四	二七	一四	一	四二	|	|	二	二
東田中町四丁目・五丁目	六七九	七九	二五八	六二	七六	一三	四〇	一	七四	一	一	|	二
西田中町四丁目	六八〇	五九	二六四	四六	七四	四六	一三	|	六八	一	|	五	六
五丁目・東田中町七丁目・八丁目	六八一	八一	二九七	四六	五四	一三	一三	四	五〇	一	三	|	四
東田中町五丁目・西田中町五丁目	六八二	一一〇	三八四	六九	九五	四七	二九	四	九〇	二	三	|	五
西田中町五丁目	六八三	九三	三五九	四九	七三	三三	二九	一〇	七一	|	二	|	二
西田中町四丁目・五丁目	六八四	八三	三三八	二九	四一	一八	二	|	三九	一	一	|	二
夕凪町三丁目	六八五	六五	二四〇	三一	四〇	二〇	一五	四	三九	|	|	一	一
西田中町五丁目・夕凪町三丁目	六八六	九八	三九一	四七	六〇	一三	一三	三	五八	一	|	一	二
東田中町八丁目	六八七	一〇三	三九八	五七	八三	四一	三一	|	七二	八	三	|	二
夕凪町二丁目	六八八	五二	二四一	一八	二五	一四	二	|	二五	|	|	|	|
同・東田中町八丁目	六八九	八二	三五〇	五八	七六	一三	四〇	五	六七	一	三	五	九
同一丁目	六九〇	八二	三三九	三六	四二	八	三四	|	四二	|	|	|	|

一六二

六九一	東田中町八丁目	一一〇	三九三	七五	九一	四一	四二	六	八九	二	—	—	二
六九二	同 夕凪町一丁目 市岡町	一〇五	四四五	五七	七一	三二	三四	一	六七	二	二	—	四
六九三	夕凪町一丁目	九四	三七二	三三	四九	二四	二四	—	四八	一	—	—	一
六九四	同二丁目	八九	二八九	四六	四七	一八	一九	—	四七	—	—	—	—
六九五	同一丁目二丁目 新池田町一丁目 市岡町 三先町一丁目二丁目	二三七	八四二	一二	一五八	九三	五九	三	一五五	二	一	—	三
六九六	新池田町 一丁目二丁目	八九	三五一	四六	五一	二四	二六	—	五〇	—	一	—	一
六九七	夕凪町 二丁目三丁目	七三	二九九	四一	七三	四七	三三	一	七一	二	—	—	二
六九八	新池田町 一丁目二丁目	七八	二六四	六四	八〇	二四	五五	—	七九	一	—	—	一
六九九	新池田町二丁目 池島町一丁目二丁目	一〇九	四三三	九〇	一三五	六〇	七一	—	一三一	—	三	一	四
七〇〇	夕凪町三丁目 新池田町二丁目	一〇三	四四一	六九	九一	五九	二六	一	八六	二	三	—	五
七〇一	夕凪町三丁目	七七	三一六	四六	七七	四八	六八	—	七六	—	一	—	一
七〇二	八幡屋元町一丁目 八幡屋寶町一丁目	一〇一	三三五	八四	一〇三	三	七四	一	九六	四	一	二	七
七〇三	八幡屋元町一丁目	八八	三〇六	六一	七四	四六	一八	四	六八	三	二	一	六
七〇四	八幡屋寶町一丁目	一一〇	三七〇	七六	八六	二五	五一	二	七八	二	三	三	八
七〇五	八幡屋寶町一丁目	一三一	三八四	九三	一〇九	六八	三三	二	一〇三	六	—	—	六
七〇六	八幡屋龜町 一丁目二丁目	六九	二七三	六三	八三	七三	一〇	—	八三	—	—	—	—
七〇七	八幡屋龜町一丁目	一一六	四一一	九〇	九〇	五〇	三七	—	八七	二	一	—	三
七〇八	八幡屋元町一丁目 八幡屋寶町一丁目	一三三	五〇一	九三	一三三	九九	一四	三	二五	三	四	—	七
七〇九	八幡屋元町二丁目 八幡屋浮島町二丁目 八幡屋寶町二丁目	九七	三八八	三三	四六	二五	二〇	—	四五	一	—	—	一
七一〇	八幡屋元町二丁目 八幡屋寶町二丁目	九二	三二六	五三	八〇	三二	二八	一六	七六	二	二	—	四
七一一	八幡屋浮島町一丁目	八五	三三一	六三	七六	四五	二九	—	七四	一	一	—	二

八幡屋寶町二丁目 八幡屋元町二丁目	七一二	一一九	四八七	七八	一三八	五一	四一	四二	一三四	四	|	|	四
八幡屋寶町二丁目 八幡屋浮島町 一丁目 二丁目	七一三	九五	三〇八	六一	七五	四一	二九	三	七三	二	|	|	二
八幡屋元町 二丁目 三丁目 八幡屋寶町 二丁目 三丁目	七一四	七四	二八三	三九	五七	二四	二五	七	五六	一	|	|	一
八幡屋寶町三丁目 八幡屋元町三丁目	七一五	一四一	四九七	八六	一一一	四六	五七	七	一一〇	一	|	|	一
同 同	七一六	八四	三九三	五六	一三一	五二	四三	三	一三七	一	三	|	四
八幡屋寶町四丁目 八幡屋浮島町二丁目	七一七	九七	四二一	七三	一〇四	四四	四七	七	九八	三	三	|	六
八幡屋寶町 三丁目 四丁目	七一八	一一四	三六三	七二	八〇	三三	四三	二	七七	一	二	|	三
八幡屋寶町四丁目	七一九	九九	三八二	六〇	六七	三一	三三	一	六五	|	二	|	二
八幡屋浮島町二丁目	七二〇	九六	三九六	七四	一一七	七四	三七	四	一一五	一	|	一	二
八幡屋浮島町二丁目 八幡屋龜町二丁目	七二一	一〇七	四三九	四五	六七	四九	一七	|	六六	|	|	一	一
同 同	七二二	一一四	三五五	八六	一〇〇	六〇	二五	五	九〇	九	一	|	一〇
同 同	七二三	一一四	四〇一	八二	一〇八	七二	三三	三	九八	七	一	二	一〇
同 同	七二四	五九	二〇二	四七	五三	三六	一〇	一	四七	二	四	|	六
入船町一丁目 八幡屋寶町一丁目	七二五	一三〇	七八一	一五四	一七一	八〇	六七	一四	一六一	四	五	一	一〇
北福崎西ノ町 市岡町	七二六	一〇一	四〇三	八八	一一三	六五	三八	三	一〇六	六	一	|	七
北福崎東ノ町南福崎 町一丁目三丁目 四丁目五丁目 北福崎西ノ町	七二七	七五	三四九	六九	一三五	一二一	三	|	一三五	|	|	|	|
天保町	七二八	一〇四	四五九	六一	八八	六九	一四	一	八四	三	|	一	四
同	七二九	九八	四五三	三九	四七	三三	二	|	四四	二	|	一	三

一六四

同	七三〇	一一三	四〇九	五五	七四	五九	一五	|	七四	|	|	|	|
同	七三一	九七	四二〇	六八	一二四	九七	一九	二	一一八	四	一	一	六
二條通一丁目 三條通一丁目	七三二	六八	二八九	四三	六五	三五	二八	一	六四	|	一	|	一
二條通一丁目	七三三	八九	三一三	五六	七〇	四五	一五	七	六七	二	一	|	三
二條通一丁目 三條通一丁目	七三四	八一	三一二	四七	五八	三四	一九	四	五七	一	|	|	一
同二丁目	七三五	五七	二四三	三〇	三四	一〇	二〇	二	三二	二	|	|	二
同三丁目	七三六	五七	三一一	二五	六四	五〇	九	|	五九	三	二	|	五
同	七三七	一〇〇	五〇五	四一	七二	二四	三三	一	五七	|	一	四	一五
二條通二丁目三丁目	七三八	八九	四〇四	六四	九七	三七	五八	|	九五	一	一	|	二
三條通四丁目	七三九	一一一	五五三	六九	一七一	八三	六〇	六	一四九	二〇	二	|	三
二條通四丁目	七四〇	九四	四二〇	七二	一一九	八〇	三三	|	一一三	二	三	一	六
同	七四一	八九	三九三	六四	一一五	九一	一九	一	一一一	一	一	二	四
同	七四二	七八	三三一	五六	一〇九	六二	四一	|	一〇三	二	三	一	六
同	七四三	九六	三七二	七二	一三九	九〇	三三	|	一一二	三	二	二	二七
一條通二丁目	七四四	七三	三三七	五七	一二四	一〇三	一七	|	一二〇	一	|	三	四
北海岸通 一丁目二丁目	七四五	四五	二八二	三三	一三一	一〇七	一八	|	一二五	四	一	一	六
三條通一丁目 四條通一丁目	七四六	一一四	五七九	八〇	一六〇	九一	五一	二	一四四	七	二	七	一六
六條通一丁目 七條通一丁目	七四七	一二〇	五八五	八九	一三九	六七	六五	二	一三四	二	二	一	五
六條通二丁目 七條通二丁目	七四八	八〇	三八九	五九	一一八	八五	三三	|	一一七	|	一	|	一
七條通一丁目	七四九	八三	三九二	六六	一二二	七四	三三	五	一一一	一	|	|	一
八條通一丁目	七五〇	一〇〇	四〇二	八七	一三九	八〇	四一	|	一三一	五	二	一	八
七條通二丁目 八條通二丁目	七五一	一三一	五一〇	七一	七五	三一	四三	|	七四	一	|	|	一
八條通一丁目二丁目	七五二	九五	三九四	九四	一六九	一六二	七	|	一六九	|	|	|	|
出崎町一丁目二丁目	七五三	一一一	四三六	一一一	一四三	一三三	二一	|	一四三	|	|	|	|

一六五

同六、七、八條通三丁目	七五四	一五	一一六	一二	一七	一〇	七	|	一七	|	|	|	|
同新福崎町二丁目出崎町三丁目南海岸通二丁目三丁目	七五五	七三	三一九	七〇	一三三	八二	四八	|	一三〇	|	二	|	二
五條通一丁目 四條通二丁目	七五六	八二	三六〇	五六	八九	三六	五一	|	八七	一	|	一	二
四條通二丁目	七五七	五五	二八〇	四五	八二	四六	三四	|	八〇	一	一	|	二
三條通二丁目	七五八	八五	三三六	四九	六六	二七	三六	|	六三	|	三	|	三
同三丁目	七五九	四二	二〇二	二〇	三〇	九	一八	二	二九	一	|	|	一
同	七六〇	六五	二五三	三六	五二	三三	一八	|	五一	一	|	|	一
同	七六一	七二	三一一	五一	九一	四九	二四	一四	八七	四	|	|	四
四條通三丁目	七六二	六〇	二五九	四二	六〇	二五	二九	一	五五	三	二	|	五
同	七六三	四三	一八四	二七	三六	一〇	二五	|	三五	一	|	|	一
同	七六四	六〇	二七七	三〇	四三	二三	一七	二	四二	一	|	|	一
同	七六五	九五	三七一	六七	九五	四一	四八	|	八九	三	三	|	六
同	七六六	六一	二二九	三六	六六	三八	二五	一	六四	一	一	|	二
五條通二丁目	七六七	五九	二六〇	三七	五五	二五	二五	|	五〇	二	三	|	五
五條通二丁目三丁目 南海岸通一丁目	七六八	八〇	三三五	六一	九五	三二	三六	|	八八	一	六	|	七
三條通四丁目	七六九	六六	三〇八	四四	七二	四一	二六	一	六八	三	一	|	四
四條通四丁目	七七〇	六二	二三三	三九	五八	二三	三三	|	五六	一	一	|	二
同	七七一	五七	三一三	三六	七八	二〇	三〇	|	五〇	二六	二	|	二八
同	七七二	三九	一八二	二六	五三	三三	一一	七	五〇	三	|	|	三
同	七七三	七四	三七二	五三	一六二	一三〇	四一	一	一六二	|	|	|	|
五條通三丁目	七七四	六五	二六〇	四六	六六	二七	三七	|	六四	|	二	|	二
三條通四丁目 南海岸通二丁目	七七五	六〇	二六三	四二	八六	五五	一六	|	七一	|	|	一五	一五
總計		六七、七三三	二七、四、六七九	四二、八四六	六六、九〇四	四三、二五五	一四、八七三	四、七二八	六三、八五六	二、一一六	七三五	一、三〇七	四、〇四八

一六六

東淀川區

調査區番號	町名	國勢調査 世帶	國勢調査 人口	失業統計調査 世帶	失業統計調査 人口	有業者數 勞働者	有業者數 給料生活者	有業者數 日傭勞働者	有業者數 計	失業者數 勞働者	失業者數 給料生活者	失業者數 日傭勞働者	失業者數 計
一	中津町	一〇五	四四四	七一	一一八	一〇七	八	三	一一八	—	—	—	—
二	同	九五	三八二	七一	一〇六	八〇	一八	六	一〇四	一	—	一	二
三	同	九三	三五七	七三	九〇	六二	一八	七	八七	一	一	一	三
四	同	六八	二八二	三七	六五	四七	一六	—	六三	—	一	一	二
五	同	九四	三六六	七〇	一〇七	六二	三八	三	一〇三	三	一	—	四
六	同	九一	四〇〇	六六	一一三	八三	二六	一	一一〇	二	一	—	三
七	同	一〇九	四三七	七九	一二八	一〇五	一八	—	一二三	一	二	二	五
八	同	九五	四一三	六四	九四	七二	一七	—	八九	三	一	一	五
九	同	九三	三七〇	四五	五三	三五	一五	—	五〇	一	二	—	三
一〇	同	七九	三三四	五六	七七	五三	一二	一〇	七五	二	—	—	二
一一	同	九一	三五七	六七	八二	三三	三四	一〇	七七	三	—	二	五
一二	同	七八	三五〇	四七	六一	四五	一二	二	五九	二	—	—	二
一三	同	七六	三〇八	五五	五八	三六	七	一四	五七	一	—	—	一
一四	同	五六	二一五	三六	四九	三二	一六	一	四九	—	—	—	—
一五	同	五九	二六二	三四	四五	三三	一一	—	四四	—	一	—	一
一六	同	八六	三九一	六三	一〇八	八四	一五	五	一〇四	三	一	—	四
一七	同	一一三	四五九	七九	一三三	九九	二二	六	一二七	四	二	—	六
一八	中津本町	一一一	五三九	八四	二二四	一三四	一四	四六	一九四	一五	一	四	二〇
一九	中津本町	一〇七	四八一	六二	一一四	六六	四〇	六	一一二	二	—	—	二
二〇	同	六六	二八八	四五	七一	五七	一三	一	七一	—	—	—	—

同	二一	七九	三七八	五三	一〇七	八四	一九	一	一〇四	三	｜	｜	三
中津町	二二	九九	四〇八	五八	九七	六四	一四	六	八四	五	一	七	一三
同	二三	八八	三八七	六六	九五	八一	八	｜	八九	六	｜	｜	六
中津町、中津本町	二四	九一	三八八	五六	九四	六三	二五	二	八九	四	一	｜	五
中津町	二五	八四	三四七	六三	一一〇	六九	二一	一九	一〇九	一	｜	｜	一
中津町、中津本町	二六	一一九	五〇六	七一	九二	五八	二一	一〇	八九	二	一	｜	三
中津町	二七	九四	四三九	四〇	五四	五一	三	｜	五四	｜	｜	｜	｜
中津本町	二八	八九	三三五	六五	九〇	五七	二四	六	八七	一	二	｜	三
中津町、中津本町	二九	五七	一七三	四六	六四	三八	一四	二	五四	五	三	二	一〇
中津本町	三〇	六七	二八七	四四	七九	六七	八	二	七七	｜	二	｜	二
同	三一	七三	二九七	五七	九六	七八	一一	一	九〇	五	一	｜	六
同	三二	九一	三五四	七〇	一〇八	八五	一三	四	一〇二	六	｜	｜	六
同	三三	七二	二八二	五九	九一	六二	二一	二	八五	五	一	｜	六
同	三四	七九	二六四	五八	八一	五八	一九	二	七九	一	一	｜	二
同	三五	八一	二九二	六九	一〇六	七九	一四	五	九八	六	｜	二	八
同	三六	一三三	四八〇	六六	一〇一	九一	六	一	九八	三	｜	｜	三
同	三七	九五	三八三	七三	一三五	九四	一七	九	一二〇	五	｜	｜	五
中津本町、中津町	三八	九八	四〇三	六六	九六	五八	二九	五	九二	三	｜	一	四
同	三九	七七	三三〇	三三	四六	二一	一七	三	四一	四	｜	一	五
同	四〇	九三	四四八	五五	九〇	五〇	三六	三	八九	一	｜	｜	一
同　中津本町	四一	九八	三九〇	六九	一一一	六七	三六	六	一〇九	｜	二	｜	二
同	四二	九七	三六六	九〇	一四九	一二四	一三	六	一四二	六	一	｜	七
中津町、中津本町	四三	八一	三三九	五三	八九	七〇	一五	三	八八	一	｜	｜	一
同	四四	三八	一四一	一四	三一	二三	七	一	三一	｜	｜	｜	｜

一六八

同	四五	一〇一	三七八	六五	九五	七九	八	二	八九	五	一	—	六
同	四六	一三四	四七八	九二	一三七	一二五	五	—	一三〇	五	一	一	七
同	四七	四	五四四	四	五三七	五二〇	一七	—	五三七	—	—	—	—
同	四八	四	四九八	四	四九八	四八五	一三	—	四九八	—	—	—	—
同	四九	六	六四一	五	五〇三	五〇一	二	—	五〇三	—	—	—	—
同	五〇	五	六三八	五	六三八	六二七	二	—	六三八	—	—	—	—
同	五一	七六	三三一	五四	六五	三五	二六	一	六四	—	一	—	一
同	五二	一一三	四〇〇	九四	一三五	一〇六	一九	八	一三三	二	—	—	二
中津町	五三	八三	三三二	四八	八〇	六三	三	一	七六	四	—	—	四
同	五四	九四	三三六	七〇	一〇九	八二	二〇	一	一〇三	三	二	一	六
同	五五	九八	三〇五	七一	八九	六四	一六	七	八七	一	一	—	二
同 中津本町	五六	八七	三〇五	六八	九六	五六	三	一	八八	七	一	—	八
同	五七	九三	三三六	五八	九〇	五二	三四	一	八七	二	—	一	三
南濱町	五八	七二	三〇一	四九	八一	三四	四五	—	七九	二	—	—	二
同	五九	九五	三二二	六〇	七七	四三	二四	七	七三	三	一	—	四
同	六〇	一〇七	五〇六	四八	五七	二〇	三三	二	五五	一	一	—	二
同	六一	八二	三二〇	四四	六四	四八	一三	一	六一	二	一	—	三
同	六二	七五	二四六	五八	八九	六八	一四	一	八三	三	二	一	六
同	六三	九六	三五七	七〇	七一	五〇	三	八	七〇	—	一	—	一
同	六四	八八	三二六	五二	六三	四九	四	九	六二	一	—	—	一
同	六五	九二	三三〇	五三	七六	四〇	二四	一〇	七四	二	—	—	二
同	六六	八八	三二四	三八	六二	二五	一五	二〇	六〇	二	—	—	二
同	六七	七六	三一七	四五	八一	五〇	一七	九	七六	一	三	一	五
同	六八	九七	三九五	六五	一〇三	六二	三六	四	一〇二	—	一	—	一

一七〇

同	六九	七四	三三五	四一	六三	三三	一三	六	六一	一	—	—	一
同	七〇	九三	三六八	六五	八七	五〇	二四	—	八四	二	一	—	三
同	七一	八一	三〇四	五一	六三	四七	一二	—	五九	—	三	一	四
同	七二	九〇	三五一	六三	八六	五六	二六	一	八三	—	三	—	三
同	七三	七五	三〇七	四四	八〇	五六	一八	三	七七	一	二	—	三
同	七四	七五	二七五	五九	九三	六六	二〇	三	八九	三	一	—	四
本庄町、南濱町	七五	七一	二七八	四九	六七	四三	一八	二	六三	三	一	—	四
南濱町	七六	八五	三〇三	三四	五六	四四	六	一	五一	二	一	二	五
南濱町、本庄町	七七	九四	三四九	四八	八七	七三	七	七	八七	—	—	—	—
南濱町、本庄町	七八	八四	二九〇	八七	八五	四九	一三	二	八二	三	—	—	三
南濱町	七九	九〇	三二〇	六〇	七六	三九	二八	三	七〇	三	三	—	六
本庄町	八〇	八六	三四九	六六	一〇〇	七一	一三	一	九四	二	三	一	六
同	八一	七〇	二八七	四七	七三	四七	二五	—	七二	—	一	—	一
同	八二	六九	三一〇	四七	六三	三七	二四	—	六一	二	—	—	二
同	八三	七三	三三二	四六	七四	五五	六	—	六一	四	—	九	一三
本庄町	八四	八一	三〇四	五七	八六	六九	一〇	—	七九	五	—	一	七
同	八五	一一四	四五九	六三	八三	五五	二四	二	八一	一	—	—	二
同	八六	六一	二五四	四二	六九	五六	四	七	六七	二	—	—	二
同	八七	七七	三二四	六三	九五	七五	七	九	九一	四	—	—	四
同	八八	八一	三三四	五五	八二	六五	六	五	七六	二	—	四	六
同	八九	一〇三	四三四	六四	一二〇	七四	一五	一五	一一四	五	一	—	六
同	九〇	一〇四	三九五	七八	一三六	一〇七	一九	三	一二九	四	一	二	七
同	九一	七七	三九八	六一	一八三	一五五	一六	二	一七三	四	三	三	一〇
同	九二	九五	四〇七	七一	一三七	九八	一五	二〇	一三三	二	—	二	四

同	九三	七七	二六四	五九	九二	八二	六	—	八八	一	—	三	四
同	九四	七七	三三五	五七	一〇六	七三	一八	五	九六	一	—	九	一〇
同　南濱町	九五	九五	四五二	五九	九一	五五	三二	—	八七	一	一	二	四
同	九六	六五	二八三	五五	九七	八六	四	四	九四	一	二	—	三
同	九七	九三	三九八	六二	一一三	八六	二一	一	一〇八	四	—	一	五
同	九八	九七	四六七	七九	一二三	一九八	一三	二	一二三	八	一	二	二
同	九九	八四	三七二	八四	一二一	一九九	一三	—	一二一	—	—	—	—
同	一〇〇	一〇二	四〇六	七三	一〇〇	七六	一四	一	九一	九	—	—	九
同	一〇一	七五	二七八	五七	九〇	七七	七	三	八七	二	—	一	三
同	一〇二	八六	三五一	五六	一二〇	九二	四	一四	一一〇	七	—	三	一〇
同	一〇三	八〇	二九六	六二	八八	六五	一六	五	八六	—	一	一	二
同	一〇四	五四	二四三	三一	四一	二七	一〇	三	四〇	一	—	—	一
本庄町、南濱町	一〇五	七五	二七六	四四	七三	五七	一一	二	七〇	二	—	一	三
本庄町	一〇六	六二	二四五	四四	六一	四七	一三	一	六一	—	—	—	—
同	一〇七	八二	三七五	五八	九二	七二	八	五	八五	四	一	二	七
同　崎川町	一〇八	七四	三〇四	二九	五二	三三	一一	一九	五二	—	—	—	—
南濱町	一〇九	八八	三三三	四四	六二	三九	一四	四	五七	四	—	一	五
同	一一〇	七二	二九八	三九	五一	三八	九	三	五〇	一	—	—	一
同	一一一	七七	二八八	四四	七四	四八	一七	一	六六	六	—	二	八
同	一一二	七七	三〇〇	五七	七七	五四	一三	二	六九	五	三	—	八
同	一一三	七四	二七〇	三九	四七	二一	一五	八	四四	—	三	—	三
同　本庄町	一一四	一一八	四六二	八九	一四八	一一六	一七	七	一四〇	七	—	一	八
南濱町、本庄町	一一五	六二	二三二	四〇	五三	四〇	四	八	五二	一	—	—	一
同　同	一一六	八八	三八四	五五	八七	六五	一〇	九	八四	二	一	—	三

一七一

一七二

本庄町	一一七	八五	三六六	五三	九二	七七	三	三	八三	五	—	四	九
同	一一八	九八	四三五	七七	一二八	九九	一二	一二	一二三	四	—	一	五
同	一一九	九六	三五七	五九	八四	七一	五	七	八三	—	一	—	一
同	一二〇	八八	三一一	六三	一〇一	七六	一〇	六	九二	五	一	三	九
同	一二一	九三	三六四	五二	九三	七六	一一	五	九二	一	—	—	一
同	一二二	八七	三五八	六〇	七九	四六	一八	一四	七八	一	—	—	一
同	一二三	六八	三三八	四三	五九	四三	七	六	五六	二	一	—	三
同	一二四	九〇	三四三	六一	一二四	一〇七	九	四	一二〇	四	—	—	四
同	一二五	九八	四〇七	六四	九四	六三	一九	六	八八	五	一	—	六
同	一二六	九三	三八六	五四	七六	四九	一七	五	七一	一	二	二	五
同	一二七	六〇	二四七	四二	六五	四一	一三	六	六〇	四	—	一	五
同	一二八	七〇	二五五	四六	六〇	三五	一二	三	六〇	—	—	—	—
同	一二九	七四	二九四	四五	九三	六六	一四	七	八七	三	一	二	六
同	一三〇	七四	二五四	四六	六〇	四五	九	一	五五	五	—	—	五
同	一三一	八二	二四一	三三	六三	五六	五	二	六三	—	—	—	—
同	一三二	八〇	二八三	五六	七八	六四	六	六	七六	二	—	—	二
同	一三三	七四	三〇一	五二	九六	七六	一四	四	九四	一	—	一	二
同	一三四	八四	三一四	五四	九八	七七	九	五	九一	四	—	三	七
同	一三五	七九	三三五	四〇	六三	四七	五	九	六一	一	—	一	二
同	一三六	九一	三三九	五八	七九	五七	一〇	一〇	七七	二	—	—	二
同	一三七	八三	三六一	四四	七三	四八	一三	一一	七二	一	—	—	一
同	一三八	一一一	四一七	七四	一二四	一〇六	一三	四	一二三	—	一	—	一
同	一三九	一〇五	四〇二	八一	一三四	九七	二八	五	一三〇	三	一	—	四
同	一四〇	六六	二八四	三六	五四	三七	三	二	五一	二	一	—	三

同	一四一	六九	二八九	五二	八一	六二	一四	四	八〇	一	—	—	一
同	一四二	八四	三三四	六〇	九三	六八	一一	七	八六	五	一	一	七
同	一四三	六九	二八〇	四一	七四	五二	一八	四	七四	—	—	—	—
同	一四四	九二	三三五	六六	八四	五九	一一	七	七七	四	三	—	七
同	一四五	八九	三七七	六六	一〇八	七三	一五	一〇	九八	七	一	二	一〇
同	一四六	八九	三八八	六〇	一〇五	八一	一四	八	一〇三	二	—	—	二
崎川町	一四七	五七	二三一	三二	六〇	五一	四	三	五八	一	一	—	二
同	一四八	七七	三〇五	四五	七七	五五	八	一二	七六	一	—	—	一
同	一四九	五八	三一六	三〇	一三六	一三三	一一	三	一三六	—	—	—	—
本庄町	一五〇	六四	二七二	二五	五九	四九	六	二	五七	二	—	—	二
崎川町	一五一	一〇六	四二三	七一	九八	七三	一四	一〇	九七	一	—	—	一
本庄町	一五二	七三	三四一	四五	八七	六九	一五	三	八七	—	—	—	—
同	一五三	七七	三四七	四二	八二	六七	九	三	七九	三	—	—	三
同	一五四	一〇七	四一五	六九	一一九	九〇	一二	八	一一一	八	—	—	八
同	一五五	八〇	三二三	五四	九三	七九	四	五	八八	四	—	一	五
同	一五六	七三	三二三	四一	五八	三五	一二	一一	五八	—	—	—	—
同	一五七	九五	三四二	七九	一三五	九三	一四	一四	一三一	三	—	一	四
同	一五八	七二	二八四	五〇	八二	六四	一	一二	七七	二	—	二	四
同	一五九	四九	二三二	四〇	六〇	四七	一〇	三	六〇	—	—	—	—
同	一六〇	五九	二五六	四二	六四	五四	九	—	六三	一	—	—	一
同	一六一	七九	二九九	六〇	一〇〇	六三	一六	一七	九五	三	—	二	五
同	一六二	一一一	五二三	七八	一六六	一三五	一二	一〇	一六六	—	—	—	—
同	一六三	一〇〇	三七三	八一	一二八	一〇二	九	一三	一二四	一	一	二	四
同	一六四	七七	四二三	六一	二二八	一九〇	九	一五	二三四	三	—	一	四

一七四

同	一六五	五五	二一七	三八	六三	四九	八	四	六一	一	—	—	一
同	一六六	八八	四二〇	六〇	一七七	一五七	三	三	一七二	四	一	—	五
同	一六七	一〇四	三九〇	七三	一三四	九九	三	八	一二九	四	—	一	五
同	一六八	一一三	四三八	七二	一三三	一〇一	一九	九	一二九	二	一	—	三
同	一六九	七一	三三三	四二	八三	六〇	三	九	八一	二	—	—	二
同	一七〇	一一七	四一五	八五	一二四	八三	二	二六	一二〇	四	—	—	四
同	一七一	一〇五	四五〇	七九	一二八	一七三	二六	一四	一二三	四	—	二	六
同	一七二	九四	三九一	七一	一六九	一四六	八	一五	一六九	—	—	—	—
同	一七三	七〇	二九六	六一	一一二	八三	三	五	一一〇	一	—	—	一
同　北長柄町	一七四	八三	四四一	五四	二〇〇	一四四	一九	三	一九五	四	—	一	五
本庄町	一七五	九〇	四一〇	六三	一三三	一二〇	七	四	一三一	一	—	—	一
同	一七六	七四	二一八	二五	二五	二	一	一	二三	一	—	一	二
同	一七七	九三	三六一	六一	一〇〇	六六	一四	一六	九六	三	—	一	四
北長柄町、本庄町	一七八	八七	四三五	五七	一四一	一二八	六	四	一三八	三	—	—	三
北長柄町	一七九	七九	三一四	五六	一〇三	八三	三	五	一〇〇	三	—	—	三
北長柄町、本庄町	一八〇	六〇	二三六	三三	四五	一三	五	三	四〇	二	—	三	五
北長柄町、本庄町	一八一	六五	二七〇	二〇	三九	二五	二	二	三八	—	—	一	一
本庄町	一八二	八二	三六九	四三	八三	五四	八	一三	七五	七	—	一	八
北長柄町、本庄町	一八三	一〇八	四二六	五七	八〇	四一	三	一八	八〇	三	—	—	三
本庄町	一八四	八九	二三八	二六	三三	二	—	一五	二六	三	—	三	六
同	一八五	九六	三八四	六〇	九六	六七	二〇	四	九一	四	一	—	五
北長柄町	一八六	六〇	二六四	三一	三八	二五	七	六	三八	—	—	—	—
同	一八七	九六	四五六	五二	一一〇	八三	二	七	一〇一	八	一	—	九
同	一八八	九八	三四二	七一	一一〇	九三	一〇	一	一〇四	五	—	一	六

同	一八九	七五	三〇七	四〇	八七	六四	一〇	四	七八	六	｜	三	九
同	一九〇	六七	三三四	二六	四四	三三	八	一	四二	｜	｜	二	二
同　本庄町	一九一	八三	三〇四	三七	四九	三五	二	二	四八	一	｜	｜	一
同	一九二	一〇三	四四三	五〇	八九	五五	三	九	八五	四	｜	｜	四
同　北長柄町	一九三	九一	四四九	五二	一八六	一六四	一三	三	一八〇	六	｜	｜	六
同	一九四	八七	四五一	五八	一八三	一五八	一八	四	一八〇	三	｜	｜	三
同	一九五	六六	三一九	六二	一六八	一五五	八	二	一六五	二	一	｜	三
同	一九六	七六	三一六	五七	一〇四	七九	二	五	九五	六	｜	三	九
同	一九七	八三	四一三	七〇	一九八	一八七	七	四	一九八	｜	｜	｜	｜
同	一九八	九三	四五六	七九	二〇九	一八五	二〇	二	二〇七	一	一	｜	二
同	一九九	七二	三〇七	五一	七〇	五二	八	六	六六	四	｜	｜	四
同	二〇〇	六三	二七二	四六	六八	四八	二	五	六四	三	一	｜	四
同	二〇一	八五	三二〇	六二	九六	七三	二	五	八九	三	二	二	七
同	二〇二	七一	二八六	四〇	七九	六三	四	一	七八	一	｜	｜	一
同	二〇三	九七	四〇九	六二	八七	六四	一三	六	八三	二	二	｜	四
同	二〇四	八六	三七七	五九	一〇二	七四	一〇	三	九六	六	｜	｜	六
同	二〇五	一一六	五三八	七七	二〇七	一八一	三	｜	一九四	五	｜	八	一三
同	二〇六	八九	三九四	六八	一三八	一〇四	二七	三	一三四	三	一	｜	四
同	二〇七	五五	二九九	五三	一五七	一五一	六	｜	一五七	｜	｜	｜	｜
同	二〇八	七七	二九七	七七	七七	五三	二五	｜	七七	｜	｜	｜	｜
南長柄町、北長柄町	二〇九	八〇	四〇五	五三	一八〇	一五三	二〇	二	一七四	三	一	二	六
南長柄町、北長柄町	二一〇	五九	二五四	四四	七二	四七	一	一八	六六	三	｜	三	六
本庄町	二一一	一一九	四六四	五六	九九	五四	三	二七	九四	二	｜	三	五
同	二一二	六三	二五一	五一	八二	六六	三	一	七九	一	｜	二	三

一七五

一七六

同	二一三	九五	三六九	六一	七六	四二	九	二〇	七一	二	二	一	五
同	二一四	五七	二三六	三二	四七	三八	一	六	四五	一	丨	一	二
同	二一五	九八	三五八	六六	一二四	七八	七	一三	九八	一三	二	一	一六
南長柄町	二一六	一〇六	四三八	六六	一一〇	六五	六	二三	一〇三	三	丨	四	七
同	二一七	一〇六	四一三	五九	八四	六三	六	一三	八二	丨	丨	二	二
同	二一八	九三	三五七	六五	一二六	一〇三	一	一七	一二〇	五	丨	一	六
同	二一九	六九	二三六	五〇	七八	五七	六	一〇	七三	四	丨	一	五
同	二二〇	一〇七	三八〇	六八	一三一	一一五	七	六	一三八	三	丨	丨	三
同	二二一	六五	二三九	四六	七一	五三	六	五	六三	五	丨	三	八
同	二二二	六四	二五四	五二	八八	六〇	四	二一	八五	二	丨	一	三
同	二二三	七六	二九三	四三	七〇	五三	二	一二	六六	丨	一	三	四
同	二二四	一〇六	三九七	六九	一〇七	七四	五	二三	一〇一	四	丨	二	六
同	二二五	八四	二九六	六〇	九七	七七	六	四	八七	五	一	四	一〇
同	二二六	七八	二九三	四七	九〇	六六	二	一一	七九	一二	丨	丨	一一
同	二二七	八三	三一二	五五	九四	八五	四	三	九二	一	一	丨	二
北長柄町	二二八	八二	二九八	五一	九〇	七四	六	四	八四	五	丨	一	六
南長柄町、北長柄町	二二九	九五	三九四	七三	一三二	九二	一八	四	一一四	四	二	一	七
南長柄町、北長柄町	二三〇	七八	三二三	六〇	一一四	一〇〇	八	五	一一三	一	丨	丨	一
南長柄町、北長柄町	二三一	一二九	五一三	九六	一六八	一四三	一〇	一三	一六六	二	丨	丨	二
北長柄町	二三二	九三	三六五	六三	九五	七〇	一〇	一三	九三	二	丨	丨	二
同	二三三	七一	二四二	五一	八〇	七二	五	丨	七七	三	丨	丨	三
同	二三四	九七	四五九	六四	一五七	一二七	一六	七	一五〇	五	丨	二	七
同	二三五	六	五五〇	六	五五〇	五四六	四	丨	五五〇	丨	丨	丨	丨
同	二三六	九四	三五六	八〇	一三四	一〇五	八	五	一一八	一〇	丨	六	一六

同	二三七	七一	三一二	五四	一二七	九三	一八	二	一三	五	｜	｜	五
同 南長柄町	二三八	九三	三八四	六九	一三三	一〇〇	一一	七	一八	四	｜	｜	四
同 南長柄町	二三九	六五	二三三	五一	七五	五二	一四	七	七三	｜	二	｜	二
同 南長柄町	二四〇	五八	一九二	五五	九三	八四	三	三	九〇	三	｜	｜	三
同 南長柄町	二四一	七四	四三八	七一	二〇九	一八四	一三	九	二〇六	一	｜	二	三
同	二四二	六三	三〇一	五二	一〇八	九二	一三	一	一〇六	二	｜	｜	二
同	二四三	五七	二四三	四七	八五	六二	一八	二	八二	一	一	一	三
同	二四四	八四	三四七	六一	一一一	九〇	一五	二	一〇七	二	｜	二	四
同	二四五	七二	四一四	五一	一六五	一二六	一九	二	一五六	三	二	四	九
同	二四六	七六	三一八	四八	六九	五三	三	三	六八	一	｜	｜	一
同 北長柄町	二四七	一二七	三〇七	四	七	四	三	｜	七	｜	｜	｜	｜
北長柄町、本庄町	二四八	三四	七三	二	二	｜	二	｜	二	｜	｜	｜	｜
中津本町十三南之町	二四九	一六	三五	｜	｜	｜	｜	｜	｜	｜	｜	｜	｜
十三南之町	二五〇	六九	二五六	四七	六四	四二	一八	一	六一	二	一	｜	三
同	二五一	一一四	四三一	八一	一一五	七六	三	九	一〇七	五	二	一	八
同	二五二	九五	三五七	六八	八九	七五	一四	｜	八九	｜	｜	｜	｜
同	二五三	五〇	二〇八	三七	五六	四七	六	一	五四	一	｜	一	二
同	二五四	六六	二七八	五一	七一	四九	四	一三	六六	二	二	一	五
同	二五五	九八	四〇四	六九	九八	五八	三	五	九四	｜	三	一	四
同	二五六	八〇	三三二	四七	五九	二五	一三	｜	五七	一	一	｜	二
同	二五七	一〇一	四一三	五九	七九	二四	四五	八	七七	一	一	｜	二
同	二五八	一〇六	四一四	七五	九四	二一	七一	一	九三	｜	一	｜	一
同	二五九	八五	三四二	三九	四二	一九	一七	一	三七	三	二	｜	五
同	二六〇	七四	三〇〇	四九	五三	三	二〇	八	五〇	二	一	｜	三

一七七

江口町	二六一	四六	一八九	一三	一三	一七	六	―	一三	―	―	―	―
同	二六二	四八	二〇七	一四	一五	一〇	一	四	一五	―	―	―	―
小松町	二六三	七九	三九九	五四	一四八	一三七	六	三	一四六	二	―	―	二
小松町	二六四	五九	二三三	三七	六八	五三	三	一	六六	二	―	―	二
同	二六五	五二	二七九	三三	三六	二五	三	七	三五	一	―	―	一
上新庄町、大道町	二六六	七二	三一五	三一	四五	三一	一	八	四〇	四	一	―	五
上新庄町	二六七	六〇	二九六	三六	六〇	四四	一四	一	五九	―	一	―	一
同	二六八	六七	二八六	三四	六〇	四三	一二	三	五七	二	―	一	三
下新庄町	二六九	七三	三一八	三三	三三	一七	九	五	三一	一	―	―	一
同	二七〇	六〇	二四四	三三	五〇	四五	二	三	五〇	―	―	―	―
同	二七一	七四	三五六	四二	五七	四四	六	七	五七	―	―	―	―
南大道町、北大道町	二七二	三三	一一七	一三	二三	二〇	二	―	一三	―	―	―	―
西大道町	二七三	七三	三三一	一七	二一	一三	五	一	一八	三	―	―	三
西大道町、南大道町、北大道町	二七四	八五	三七八	二九	三五	二一	七	四	一三	二	―	一	三
南大道町、北大道町	二七五	六三	二八五	一六	二五	一八	五	二	二五	―	―	―	―
南大道町、北大道町、西大道町	二七六	六八	三〇三	一三	二一	一三	六	二	二一	―	―	―	―
西大道町、北大道町、南大道町	二七七	三六	一一三	二	四	四	―	―	四	―	―	―	―
豐里菅原町	二七八	七三	三〇八	二八	三三	一九	三	一〇	三三	一	―	―	一
同	二七九	六五	二八四	三三	七一	三三	六	三	七〇	一	―	―	一
同	二八〇	八〇	三三一	五八	八五	六〇	四	二〇	八四	一	―	―	一
同	二八一	七八	四四四	五七	一三三	二〇四	一二	七	一三三	一	―	―	一
豐里町、豐里三番町	二八二	五二	二四四	三六	四三	三三	四	六	四三	―	―	―	―
同	二八三	三六	一七二	二一	三〇	二一	八	―	二九	―	一	―	一
豐里町	二八四	四六	三三四	一四	一六	九	六	―	一五	一	―	―	一

豊里町、檜寺町	二八五	五二	二三四	一七	一九	一三	四	二	一八	一	—	—	一
北大道町、豊里町	二八六	七四	二八八	三九	四四	二六	八	八	四三	一	一	—	二
三国町	二八七	五八	二一九	三三	三九	三一	一	六	三八	一	—	—	一
十八条町	二八八	七〇	二六三	四四	七六	五八	七	—	六五	一〇	一	—	二
同　三国町	二八九	七八	二七九	八二	八八	五九	一三	—	八二	二	三	一	六
同	二九〇	三四	一二八	二九	六一	五八	一	一	六〇	一	—	—	一
三国町	二九一	三五	一四八	一五	一九	一六	一	—	一七	二	—	—	二
三国町、宮原町	二九二	八六	三四二	六三	一〇七	八五	一七	—	一〇二	二	一	二	五
三国町	二九三	三九	一六九	二四	二九	一〇	一〇	九	二九	—	—	—	—
三国町・宮原町	二九四	六四	二九一	二六	五七	四四	一〇	三	五七	—	—	—	—
同	二九五	六五	二九五	二四	三二	三三	六	—	二九	三	—	—	三
南宮原町	二九六	六〇	二五二	三八	四五	二四	一〇	二	四五	—	—	—	—
三国町	二九七	九〇	三三四	五一	六六	三八	一三	五	六六	—	—	—	—
同	二九八	七九	二七七	五五	八六	五六	三〇	—	八六	—	—	—	—
同	二九九	七一	二七四	五二	七〇	三三	二九	二	六四	三	一	二	六
同	三〇〇	八六	三一一	五七	七四	三九	二七	三	六九	一	—	四	五
同	三〇一	八六	三五九	五三	七八	六二	二	—	七三	—	—	五	五
同	三〇二	七三	二七五	四二	五七	三四	三	—	五六	—	—	一	一
同	三〇三	一二三	六四七	六八	二九五	二七〇	一三	一	二九四	—	一	—	一
三国本町	三〇四	八九	三三〇	六二	八五	六一	二	三	八五	—	—	—	—
同	三〇五	七〇	三〇二	五一	八三	四二	四〇	一	八三	—	—	—	—
同	三〇六	七〇	二三五	四五	六四	三五	二六	二	六三	一	—	—	一
同	三〇七	六六	二七五	四三	六七	三三	一二	三	五七	二	一	七	一〇
同	三〇八	七〇	二七八	五二	六一	三九	一七	三	五九	一	一	—	二

同	三〇九	六七	二八三	三四	四〇	一四	二〇	一	三五	二	｜	三	五
同	三一〇	七七	三五三	四二	七五	四九	三	二	六三	三	三	六	三
國次町、柴島町	三一一	七一	三三六	四六	六四	五三	一	二	六四	｜	｜	｜	｜
同	三一二	四五	一五五	四五	七四	六七	七	｜	七四	｜	｜	｜	｜
同	三一三	六六	二六三	六六	一二七	一二五	二	｜	一二七	｜	｜	｜	｜
同	三一四	四九	二四六	四九	六五	三六	二八	｜	六四	一	｜	｜	一
同	三一五	三	二四二	三	二四二	二四二	｜	｜	二四二	｜	｜	｜	｜
同	三一六	二	二七九	二	二七九	二七一	五	｜	二七九	｜	｜	｜	｜
同	三一七	八	二四八	四	二一〇	一九六	一四	｜	二一〇	｜	｜	｜	｜
同	三一八	七三	三七三	五七	一二〇	六四	一八	三八	一二〇	｜	｜	｜	｜
同	三一九	六九	三〇九	五三	一三三	一〇五	八	五	一一八	二	｜	二	四
同	三二〇	八〇	三八三	五五	九二	七六	六	七	八九	二	｜	一	三
同	三二一	六一	二五四	三六	四六	四一	二	二	四五	一	｜	｜	一
同　飛島町	三二二	七六	三二四	四四	七〇	五三	二	五	六九	｜	一	｜	一
柴島町	三二三	六六	二七〇	三三	五四	三四	二〇	｜	五四	｜	｜	｜	｜
同	三二四	七四	二八六	五二	七七	六七	一	九	七七	｜	｜	｜	｜
同　濱町	三二五	七五	三三一	六三	八七	六一	四	三	八六	一	｜	｜	一
柴島町	三二六	五九	二七六	四三	九〇	五五	二	二〇	七七	七	｜	六	三
同	三二七	七八	三〇五	五〇	六六	四四	七	八	五九	五	｜	二	七
飛島町、柴島町	三二八	七五	二八五	五六	七六	五〇	七	一三	七〇	四	｜	二	六
同　濱町	三二九	七〇	二八一	五一	六七	三八	九	一八	六五	二	｜	｜	二
柴島町、濱町	三三〇	八六	三五六	四九	七〇	五〇	一一	三	六四	二	一	三	六
濱町	三三一	五四	二三四	三八	五九	三三	一五	一〇	五七	一	一	｜	二
南方町、濱町	三三二	七七	二八一	六四	七八	三九	三八	｜	七七	一	｜	｜	一

同柴島町	三三三	五六	二二	三六	四九	一八	一二	一九	四九	｜	｜	｜	｜
國次町	三三四	八三	三二九	六一	九〇	六一	二〇	九	九〇	｜	｜	｜	｜
同	三三五	五三	二三九	三五	四六	三〇	六	九	四五	一	｜	｜	一
同	三三六	三六	一六五	一四	一七	一二	三	二	一七	｜	｜	｜	｜
山口町、柴島町 國次町	三三七	四六	一九二	三一	六〇	五〇	三	一	五四	三	｜	三	六
同	三三八	八一	三四七	五二	五六	二九	一一	一三	五三	一	｜	二	三
同	三三九	七六	三四〇	四九	七八	三三	一四	三〇	七七	一	｜	｜	一
同	三四〇	四四	二〇五	三〇	八九	六八	一一	一〇	八九	｜	｜	｜	｜
同	三四一	四八	一八二	二九	四五	三三	二	五	四〇	五	｜	｜	五
同	三四二	六三	二六二	四一	四七	二一	一一	一二	四四	一	｜	二	三
同	三四三	五五	二四六	三三	三九	一九	一一	二	三二	二	｜	五	七
同	三四四	四八	二〇六	二八	四七	三五	二	九	四六	一	｜	｜	一
宮原町、國次町 日之出町	三四五	七〇	三〇一	二六	三八	三五	一	一	三七	一	｜	｜	一
國次町、日之出町	三四六	六五	二九九	三三	三九	二九	一	七	三七	二	｜	｜	二
同	三四七	五〇	二一一	一九	二九	二五	一	二	二八	｜	｜	一	一
南宮原町、宮原町 日之出町	三四八	七四	三一二	三〇	三九	二五	五	八	三八	一	｜	｜	一
同	三四九	四四	二〇二	一四	一九	一六	｜	二	一八	一	｜	｜	一
山口町	三五〇	六四	二九〇	三六	五八	四〇	七	九	五六	｜	｜	二	二
同	三五一	六七	二三九	三八	四七	二八	一〇	｜	三八	五	一	三	九
同	三五二	六九	三〇八	一八	二九	一七	三	｜	二〇	｜	｜	九	九
同	三五三	五四	二三九	四一	五三	三〇	一〇	三	四三	九	｜	一	一〇
飛島町	三五四	七七	三五三	四四	七一	四五	一	一三	五九	一一	｜	一	一二
同	三五五	六六	二九七	三五	五八	四〇	｜	八	四八	九	｜	一	一〇
山口町	三五六	四〇	一六〇	二五	二九	一九	八	｜	二七	一	一	｜	二

一八一

一八二

同	三五七	七三	二六〇	五〇	五四	三五	四	七	四六	五	一	二	八
同	三五八	六七	二七四	四七	六三	三七	二	一四	五三	五	|	五	一〇
同	三五九	六二	二四二	四三	五三	四三	七	一	五一	一	一	|	二
西町	三六〇	五九	二三三	三四	四五	四〇	四	一	四五	|	|	|	|
同	三六一	六二	二七三	一七	一九	一五	二	二	一九	|	|	|	|
山口町	三六二	六六	二七八	三三	五八	四五	五	六	五六	二	|	|	二
南方町	三六三	三六	一八四	六	六	五	一	|	六	|	|	|	|
同	三六四	八二	四〇四	三〇	三七	二七	三	七	三七	|	|	|	|
同	三六五	六八	二六三	四三	五三	三六	五	一〇	五一	一	|	一	二
同	三六六	六五	二五四	三三	三三	一八	三	一二	三三	|	|	|	|
同	三六七	七三	二八〇	五二	六四	四八	八	五	六一	一	二	|	三
同	三六八	六七	二三〇	四六	五七	二九	二一	五	五五	二	|	|	二
同	三六九	四七	一七六	二七	三二	一六	一二	二	三〇	二	|	|	二
南方町、濱町	三七〇	四九	一八〇	二九	三八	三三	二	二	三七	一	|	|	一
南方町	三七一	四二	一五五	三三	三七	三〇	二	三	三五	二	|	|	二
同	三七二	八三	三〇九	三六	四四	二五	二	一五	四二	一	|	一	二
南方町、北川口町	三七三	八一	三一六	五三	七一	五五	一四	二	七一	|	|	|	|
南方町	三七四	六一	二三六	三六	三九	二三	三	九	三五	二	一	一	四
同 北川口町	三七五	六五	二四二	三一	三一	二一	一八	二	三一	|	|	|	|
南方町、北川口町	三七六	六一	二三二	二三	二三	九	一二	|	二一	一	一	|	二
南方町	三七七	七三	二四五	四三	四七	二六	六	一二	四四	二	一	|	三
北川口町	三七八	八三	三三四	五八	八〇	六五	六	六	七七	二	一	|	三
木川町	三七九	六八	三〇五	四五	六六	三四	二五	三	六二	二	一	一	四
同	三八〇	七八	三一四	四四	六八	三〇	三五	一	六六	|	一	一	二

同	三八一	六八	三一二	四三	五五	三〇	一七	五	五二	一	二	|	三
同	三八二	六六	二六四	四八	六三	二二	三八	一	六〇	二	一	|	三
同	三八三	六六	二五六	五二	六九	二九	三九	|	六八	|	一	|	一
同	三八四	六九	三一〇	一六	二二	九	二一	|	二〇	一	|	|	一
十三西之町、木川町	三八五	六四	二七五	三五	六一	三四	二三	|	五七	二	一	一	四
十三東之町	三八六	七九	二八一	四五	六八	三六	一八	一	六五	一	|	二	三
同	三八七	七二	二八〇	三七	四〇	一九	一九	一	三九	一	|	|	一
同	三八八	七二	二五一	五三	六七	二五	一八	七	六〇	五	二	|	七
木川町	三八九	六六	二〇六	四七	五七	一八	一五	一二	五四	|	三	|	三
木川町、十三東之町	三九〇	六七	三一七	五二	六五	四三	七	八	五八	七	|	|	七
木川町	三九一	七四	三〇二	四八	六二	四三	八	一〇	六一	一	|	|	一
同	三九二	六一	二三一	三六	四八	三二	一〇	三	四五	二	一	|	三
木川町、北川口町	三九三	五八	二三三	四八	六三	四四	一三	一	五八	四	一	|	五
山口町、十三西之町 十三東之町	三九四	六九	二八四	二六	五〇	二七	二三	|	五〇	|	|	|	|
十三西之町	三九五	八〇	二九五	三一	四〇	一六	二三	|	三九	|	一	|	一
十三東之町	三九六	七五	二四七	四五	五三	一七	二四	|	五一	一	一	|	二
山口町、十三東之町	三九七	七五	二三四	四五	四九	一九	二四	二	四五	二	二	|	四
同	三九八	六八	二八八	四五	六五	三四	二〇	八	六二	|	二	一	三
同	三九九	一一二	三七六	七七	八七	一九	五四	一三	八六	|	一	|	一
同	四〇〇	七一	二七四	四三	七四	四一	一三	六	六九	|	一	四	五
十三東之町	四〇一	四九	一八五	三八	五七	二九	二七	|	五六	|	一	|	一
木川町、十三東之町	四〇二	六七	二六三	三四	四二	二四	一〇	六	四〇	一	一	|	二
木川町	四〇三	七一	二七九	四三	四八	二六	一七	一	四四	四	|	|	四
三津屋町、今里町	四〇四	五九	二七七	五二	一二九	一〇九	一七	一	一二七	|	一	一	二

一八四

同	四〇五	六四	二五〇	五一	七八	五七	一七	｜	七四	三	一	｜	四
同	四〇六	四九	一九一	三六	四五	三五	五	一	四一	四	｜	｜	四
同	四〇七	六三	二五五	三三	五〇	二五	一二	｜	四六	二	二	｜	四
同	四〇八	四一	一七六	三二	四一	二六	一四	｜	四〇	｜	一	｜	一
同	四〇九	四七	一五三	三三	三九	二七	五	四	三六	二	一	｜	三
同	四一〇	四六	一七七	三六	五三	二三	一七	｜	五〇	一	一	一	三
同	四一一	五三	三一四	三九	五七	二二	一九	四	五四	二	｜	一	三
同	四一二	八三	二九五	六一	七九	四九	一三	三	七五	一	三	｜	四
同	四一三	六二	二三五	五六	七九	六〇	五	五	七〇	九	｜	｜	九
今里町、三津屋町	四一四	六四	三一一	四三	五六	三九	一四	｜	五三	二	一	｜	三
同、今里町	四一五	六二	二三三	三六	四六	三三	九	一	四三	二	｜	一	三
三津屋町	四一六	五一	二一三	三六	四五	三二	七	六	四五	｜	｜	｜	｜
同	四一七	六八	二九五	三〇	四八	二〇	七	一六	四三	三	｜	二	五
同	四一八	六五	二七六	三四	四六	四〇	｜	｜	四〇	五	｜	一	六
同	四一九	六四	二三三	三四	四〇	二四	八	八	四〇	｜	｜	｜	｜
同	四二〇	八二	三三〇	四八	六九	四三	一三	二	五七	五	一	六	一三
同	四二一	七一	二八四	四九	七七	五三	一五	一	六九	六	二	｜	八
同	四二二	五四	二一四	四〇	七〇	四八	二	六	六五	一	一	三	五
同	四二三	七一	二三四	五五	六九	四八	二〇	｜	六八	一	｜	｜	一
同	四二四	九四	三三八	四八	七〇	六三	二	三	六八	二	｜	｜	二
同	四二五	八四	二七二	四六	六四	五五	七	｜	六二	二	｜	｜	二
同	四二六	五六	二三八	三五	五六	四〇	一四	｜	五四	一	一	｜	二
同	四二七	四五	一四九	三〇	五一	二九	一五	三	四七	二	二	｜	四
同、堀上町	四二八	八二	二七四	七〇	一一五	九三	八	六	一〇七	八	｜	｜	八

新高町、三津屋町	四二九	七〇	二七五	六七	一〇四	七九	二三	一	一〇三	一	｜	｜	一
堀上町、新高町 / 三津屋町	四三〇	一八	六九	一五	三五	二九	四	二	三五	｜	｜	｜	｜
三津屋町	四三一	七	一二四七	七	一二三五	一二二四	一一	｜	一二三五	｜	｜	｜	｜
堀上町	四三二	五六	二三〇	四〇	五一	三九	七	四	五〇	一	｜	｜	一
同	四三三	三七	一六六	二四	二六	一九	三	三	二五	一	｜	｜	一
新高町	四三四	七一	二五八	六四	一〇八	七三	一三	七	九三	七	一	七	一五
同	四三五	四〇	一二六	三〇	三六	二四	七	一	三五	｜	一	｜	一
同	四三六	七九	三三五	四一	五〇	二六	五	一三	四四	六	｜	｜	六
同	四三七	四三	一五五	二七	四三	一九	二〇	二	四一	一	一	｜	二
東雲町	四三八	六二	一三一	二九	四二	三八	三	一	四二	｜	｜	｜	｜
同	四三九	七八	三四一	五〇	七九	六五	一二	一	七八	一	｜	｜	一
木川町、十三東之町 / 東雲町	四四〇	五一	二〇九	三〇	四八	二九	一五	｜	四四	二	二	｜	四
山口町、十三西之町	四四一	七九	二八三	四八	五六	一五	三八	｜	五三	二	一	｜	三
山口町、十三西之町	四四二	六一	二一〇	四五	四九	一三	三四	｜	四七	｜	二	｜	二
十三西之町	四四三	六四	二三〇	三九	五〇	一七	三一	｜	四八	一	一	｜	二
十三西之町、山口町	四四四	五八	一九六	四四	五一	一六	三三	二	五一	｜	｜	｜	｜
十三西之町 / 十三東之町	四四五	七五	二三五	四二	五四	一一	四一	｜	五二	｜	二	｜	二
十三西之町 / 十三東之町	四四六	六五	二三三	三一	四九	三三	一五	一	四九	｜	｜	｜	｜
十三西之町 / 十三東之町	四四七	八五	三二五	四九	六二	三一	二一	七	五九	｜	一	二	三
十三西之町 / 十三東之町	四四八	六七	二六九	五〇	七八	四九	一八	四	七一	四	二	一	七
十三西之町 / 十三東之町	四四九	七三	三三九	四九	一一九	五八	五七	二	一一七	二	｜	｜	二
十三西之町 / 木川町 / 十三東之町	四五〇	七五	三二三	三八	六七	四六	一八	｜	六四	二	｜	一	三

一八五

十三東之町、十三西之町	四五一	六〇	二五一	三三	四五	二六	一七	一	四四	｜	一	｜	一
十三西之町、木川町	四五二	五二	二〇七	三四	五五	三〇	一五	五	五〇	一	四	｜	五
十三西之町、木川町	四五三	六四	二四五	四九	六五	三〇	三三	｜	六二	‥	二	｜	三
十三西之町、木川町	四五四	七三	三一八	五〇	八一	五六	二一	二	七九	一	一	｜	二
十三西之町、木川町	四五五	六五	二四一	三九	五三	二一	二九	一	五一	｜	一	一	二
十三西之町	四五六	六五	二四八	三三	四三	一六	二五	｜	四一	｜	二	｜	二
同	四五七	六〇	二三七	四九	八六	三九	二七	一三	七九	二	一	一	四
同	四五八	五三	二〇一	三九	五一	二四	二三	二	四九	一	一	｜	二
同	四五九	七一	二九二	三三	三九	一五	一五	八	三八	一	｜	｜	一
同西町	四六〇	六一	二五三	四一	五三	二四	二五	｜	四九	｜	三	｜	三
西町十三西之町、木川町	四六一	六五	二五五	四七	六二	四三	一九	｜	六二	｜	｜	｜	｜
西町、十三西之町、木川町	四六二	四四	一五六	三三	三〇	八	二一	｜	二九	｜	一	｜	一
十三西之町	四六三	七九	二五八	四三	四九	一三	二四	一	四八	｜	一	｜	一
同	四六四	七〇	二四七	四二	四八	二九	一六	二	四七	一	｜	｜	一
同	四六五	六〇	二七八	三七	七四	四九	一九	五	七三	｜	一	｜	一
同	四六六	七一	三〇三	五三	一一三	六五	三一	三	一〇八	｜	三	一	四
同	四六七	六七	二九二	四六	六一	四三	一一	五	五九	一	｜	一	二
十三西之町、木川町	四六八	六二	二五八	三八	六四	二六	三三	四	六三	一	｜	｜	一
十三西之町、木川町、今里	四六九	五五	二〇一	四〇	四七	二一	二〇	四	四五	｜	二	｜	二
總計		三四、七七九	一四五、八二三	三三、四〇五	四一、〇三三	三〇、四六四	六四六三	二五三七	三九、四六四	九七一	二五三	三三四	一、五五八

一八六

西淀川區

調査區 町名	番號	國勢調査 世帶	國勢調査 人口	失業統計調査 世帶	失業統計調査 人口	有業者數 勞働者	有業者數 給料生活者	有業者數 日傭勞働者	有業者數 計	失業者數 勞働者	失業者數 給料生活者	失業者數 日傭勞働者	失業者數 計
大仁町	一	一一六	五〇二	四三	六〇	四一	一四	一	五六	四	—	—	四
同	二	一三三	五一四	八八	一三五	七四	三三	一四	一二一	三	一	—	四
同	三	一一七	四二〇	七九	一一一	七九	二八	二	一〇九	一	—	一	二
同	四	七六	三四六	四七	七七	三五	三四	五	七四	二	一	—	三
同	五	一三三	五一七	一〇一	一六六	九〇	五七	九	一五六	六	四	—	一〇
同	六	七三	二四四	五三	八二	四四	三二	四	七九	二	一	—	三
同	七	一二四	四九九	六三	九二	三七	四七	二	八六	三	三	—	六
同	八	七九	三三一	五一	六七	三五	三一	一	六七	—	—	—	—
同	九	七五	三〇五	四五	五九	二三	三〇	四	五七	一	一	—	二
同	一〇	七六	三二六	四二	七八	四〇	二七	六	七三	二	三	—	五
同	一一	九六	四一六	五三	七三	三四	三三	三	七〇	一	一	—	二
同	一二	八一	三〇九	五三	八六	五三	三〇	一	八四	一	—	一	二
同	一三	六五	二九七	三六	七四	五五	一七	—	七三	一	一	—	二
同	一四	八一	三〇二	五四	八八	四四	三五	八	八七	—	一	—	一
同	一五	八六	三六六	五二	六五	四七	一〇	五	六二	二	一	—	三
同	一六	八七	三〇四	六二	九九	六七	八	二〇	九五	二	—	二	四
同	一七	八六	四二九	五二	八四	四〇	三五	一六	八一	三	—	—	三
同	一八	六三	二三四	五〇	七〇	四一	一七	八	六六	三	一	—	四
同	一九	一〇〇	四三二	七七	一三三	七一	三三	八	一一三	八	三	—	一二
同	二〇	七七	二八八	五二	八〇	五四	二三	二	七八	一	一	—	二
同	二一	一一三	四五七	五二	七一	二四	四二	二	六八	二	—	一	三

一八七

同	二二	一三三	四八九	一〇三	一四九	八四	五六	三	一四三	二	四	—	六
同	二三	八八	三八四	四〇	五五	三一	三三	—	五三	一	一	—	二
同	二四	五一	一六九	二五	三七	二五	七	四	三六	一	—	—	一
同	二五	七三	二九二	五二	一〇三	八九	九	—	九八	二	三	—	五
同	二六	七六	三〇〇	五四	九八	七六	一四	五	九五	二	一	—	三
同	二七	九三	三四六	五七	七三	四三	三三	三	六九	三	一	—	四
同	二八	一〇六	四一五	七七	一二五	七五	四四	一	一二〇	一	四	—	五
同	二九	六六	三〇一	五一	九三	三四	五四	四	九二	—	一	—	一
同	三〇	一三九	四八一	八〇	一〇七	六四	三三	六	一〇三	—	一	三	四
同	三一	一一六	三七六	九七	一五一	一〇三	四一	二	一四六	二	二	一	五
同	三二	六五	二七八	四六	九二	五〇	三七	二	八九	一	一	一	三
浦江町	三三	六七	二六三	五〇	七一	四六	一九	三	六八	三	—	—	三
同	三四	五一	二四〇	四七	七七	四四	二九	二	七五	一	一	—	二
同	三五	八四	三五〇	六二	一〇三	七三	一九	六	九八	二	二	一	五
同	三六	四八	一五六	四三	四八	三八	九	—	四七	一	—	—	一
同	三七	五七	二一五	四七	七三	四七	一九	四	七〇	二	一	—	三
同	三八	五八	二四九	五一	一〇一	七〇	二〇	八	九八	二	—	一	三
同	三九	七七	三一七	五六	八六	六三	三	一	八五	一	—	—	一
同	四〇	四一	一八五	二九	六八	四三	二五	—	六八	—	—	—	—
同	四一	九一	三六〇	六〇	一一六	七八	三	七	一〇七	五	四	—	九
同	四二	八九	三八六	六七	一三〇	八一	三五	—	一一六	四	—	—	四
同	四三	六四	二四二	五二	七五	四四	三	四	六九	五	一	—	六
同	四四	七五	三一三	四七	七〇	四三	一九	四	六五	三	二	—	五
同	四五	八五	二八一	七二	一〇六	七七	三	一	一〇〇	四	一	一	六

一八八

同	四六	四四	一四七	三二	四五	三四	一〇	丨	四四	一	丨	丨	一
同	四七	七四	二八七	四二	五二	三五	五	一〇	五〇	一	一	丨	二
同	四八	九三	三七五	七三	一二四	九五	一四	一三	一三二	二	丨	丨	二
同	四九	九九	四二〇	六九	一三〇	一〇四	一二	一二	一三六	四	丨	丨	四
同	五〇	八〇	三二二	五九	九二	七四	七	九	九〇	二	丨	丨	二
同	五一	八〇	二九〇	五四	七六	六三	五	五	七三	二	丨	一	三
同	五二	一〇〇	三八八	七一	一二一	一〇一	一三	四	一一八	三	丨	丨	三
同	五三	九二	三六〇	六三	九七	七四	一八	三	九五	一	丨	一	二
同	五四	五五	二二六	三八	六〇	四〇	一六	二	五八	一	一	丨	二
同	五五	五七	一九一	三三	四三	二四	三	六	三三	三	丨	七	一〇
同	五六	七三	二六五	四六	六七	四七	一三	五	六五	一	一	丨	二
同	五七	八四	三一〇	五八	九三	六八	一六	四	八八	五	丨	丨	五
同	五八	九九	三八八	六三	九〇	五八	一八	一二	八七	二	一	丨	三
同	五九	八一	三四三	五二	一〇二	七六	一六	二	九六	六	丨	丨	六
同	六〇	九〇	三五八	七一	一四〇	九三	二五	二	一二〇	二	三	一五	二〇
同	六一	九九	三五二	七八	一一四	八九	一六	四	一〇九	四	丨	一	五
同	六二	九六	三五五	七九	一二四	一〇一	一三	七	一三一	二	一	丨	三
同	六三	六九	二七六	五四	九二	七一	一〇	八	八九	三	丨	丨	三
同	六四	六五	二四三	五〇	九一	六七	一〇	八	八五	一	丨	五	六
同	六五	八九	五四六	七四	三〇二	二七九	一九	二	三〇〇	二	丨	丨	二
同	六六	九六	四一三	七五	一三六	一〇六	一三	一三	一三〇	六	丨	丨	六
同	六七	九〇	三七七	七一	一二六	一〇一	一一	九	一三一	四	丨	一	五
同	六八	九六	三七四	七一	一〇六	八三	一一	一一	一〇五	一	丨	丨	一
同	六九	一一一	四四九	八五	一二七	一〇三	一五	八	一三六	一	丨	丨	一

一八九

同	七〇	九九	三八三	六八	九五	七一	一三	一三	九五	|	|	|	|
同	七一	八二	三三五	四八	七九	四一	三三	三	七六	三	|	|	三
同	七二	一一七	四二四	七六	一一二	五八	四六	一	一〇五	一	四	二	七
同	七三	八二	三七〇	三一	六六	三三	八	三一	六一	二	二	一	五
同	七四	八九	三五七	五五	八八	四八	二四	一六	八八	|	|	|	|
同	七五	五四	二三三	三七	五六	四四	三	五	五二	三	一	|	四
同	七六	一一三	四六九	八二	一三四	七二	四一	二一	一三四	|	|	|	|
同	七七	九三	三四七	五五	七九	四一	二四	一〇	七五	二	二	|	四
同	七八	一一七	四七四	八四	一四七	一一六	一八	六	一四〇	二	一	四	七
同	七九	八八	三四五	五〇	九一	六六	八	一四	八八	三	|	|	三
同	八〇	八四	三三三	五八	一〇八	六九	一五	一四	九八	六	三	一	一〇
同	八一	一一三	三七〇	七七	一〇八	七四	一七	一四	一〇五	一	二	|	三
同	八二	一〇九	四〇九	八六	一三六	九九	一八	一二	一二九	五	一	一	七
同	八三	六二	二三〇	三五	三九	一二	一〇	一四	三六	二	一	|	三
同	八四	七六	三三七	四七	七五	四三	二七	四	七四	一	|	|	一
同	八五	八三	三四九	五六	一二五	九八	一二	四	一二四	一	|	|	一
同	八六	八四	四一二	五五	一七五	一三四	三四	七	一七五	|	|	|	|
同	八七	八八	三四八	三六	五〇	二六	一五	八	四九	一	|	|	一
同	八八	一一六	四六七	五〇	九一	五三	三四	四	九一	|	|	|	|
同	八九	一一三	五三二	七一	一四四	一一三	一〇	一八	一四〇	三	一	|	四
同	九〇	一〇六	四一一	七四	九六	五二	二四	一四	九〇	四	一	一	六
同	九一	一一〇	四六一	四九	六九	五一	一五	|	六六	三	|	|	三
同	九二	七二	二八五	五一	八九	六三	一〇	九	八二	二	二	三	七
同	九三	七九	三〇三	六四	九〇	六三	一六	九	八八	二	|	|	二

一九〇

同	九四	六七	二四九	六七	一三三	一三一	一	｜	一三二	｜	｜	｜	｜
同	九五	五三	一七六	五三	九九	九〇	九	｜	九九	｜	｜	｜	｜
同	九六	九一	三五八	七六	一二七	九一	三八	六	一三五	一	一	｜	二
同	九七	一二二	四七二	七九	一三二	八〇	四六	一	一二七	三	｜	一	四
同	九八	七三	二五六	七三	一一八	一一五	三	｜	一一八	｜	｜	｜	｜
同	九九	八七	四三六	八七	二二四	二〇五	五	一	二二一	三	｜	｜	三
同	一〇〇	五一	二七九	三三	八七	六五	二一	｜	八六	｜	一	｜	一
同	一〇一	七〇	三〇一	六一	一三六	一一〇	一五	五	一三〇	四	｜	二	六
同	一〇二	五〇	三三九	四一	六三	三五	九	一五	五九	二	二	｜	四
同	一〇三	七一	三一四	五四	一二四	八七	二一	五	一二三	一〇	｜	一	一一
同	一〇四	六一	三三三	三九	七八	五七	一五	四	七六	｜	二	｜	二
同	一〇五	七九	三〇一	五六	一〇六	七五	二一	一四	一〇〇	四	二	｜	六
同	一〇六	六〇	二六七	四九	八四	四七	三	六	七五	三	三	三	九
同	一〇七	五四	二一九	三九	六四	四八	四	一〇	六二	一	一	｜	六
同	一〇八	七六	二九一	四〇	五九	三一	一八	七	五六	一	一	一	三
同	一〇九	七七	三〇〇	六二	九九	六五	三	六	九三	六	｜	｜	二
同	一一〇	九二	三七七	三八	五二	二七	一〇	四	五一	｜	｜	一	一
同	一一一	七八	三三五	二七	三八	一五	一四	七	三六	一	一	｜	二
同	一一三	七三	二九四	三八	四一	二六	一三	一	四〇	一	｜	｜	一
同	一一三	八一	三五一	五〇	九一	五九	一〇	一〇	八九	一	｜	一	二
同	一一四	六六	二七九	四九	八四	五九	一四	八	八一	二	一	｜	三
同	一一五	六六	二四二	四二	六三	三九	一七	六	六二	｜	一	｜	一
同	一一六	七三	二八八	四九	八二	四四	三	二	七七	二	二	一	五
同	一一七	五九	二六四	二九	六八	四四	三三	｜	六七	一	｜	｜	一

一九二

同	一一八	七四	二七〇	四〇	六二	三九	一四	七	六〇	一	｜	一	二
同	一一九	六二	三三一	四八	六一	三七	七	一五	五九	二	｜	｜	二
同	一二〇	四八	一七六	三六	四八	三一	一〇	五	四六	一	｜	一	二
海老江町	一二一	九四	三三六	六六	一〇四	七八	一八	六	一〇二	二	｜	｜	二
同	一二二	六九	二八一	四五	七六	六〇	一〇	三	七三	二	｜	一	三
同	一二三	一〇六	四二五	七三	一一九	七七	三〇	一三	一一九	｜	｜	｜	｜
同	一二四	八二	三一五	三六	四五	三二	三	一	四五	｜	｜	｜	｜
同	一二五	七九	三四七	四一	七四	四八	一五	七	七〇	二	二	｜	四
同	一二六	一〇一	三三七	七六	一〇一	六九	二五	六	一〇〇	一	｜	｜	一
同	一二七	八六	二九六	五四	八三	五六	二	一三	七九	二	｜	二	四
同	一二八	六八	二五六	四四	六〇	三四	一四	一〇	五八	二	｜	｜	二
同	一二九	七四	三四一	一八	七七	六五	三	｜	七七	｜	｜	｜	｜
同	一三〇	七八	三二六	四〇	七一	四五	二四	｜	六九	一	一	｜	二
同	一三一	八八	三三五	五七	八五	五四	二〇	七	八一	二	二	｜	四
同	一三二	一〇六	四四八	六九	一二四	五八	三五	一五	一〇八	二	四	｜	六
同	一三三	九一	二七一	五八	七三	三四	二五	九	六八	二	二	一	五
同	一三四	七三	二八六	三六	五二	三七	三	三	五二	｜	｜	｜	｜
同	一三五	六五	二四七	五四	七一	三〇	三〇	八	六八	一	二	｜	三
同	一三六	八二	二五二	四六	六六	四三	一二	九	六四	一	一	｜	二
同	一三七	九六	三五三	七一	一〇〇	六一	二三	一四	九八	一	｜	一	二
同	一三八	七二	二七一	三六	三八	二五	八	三	三六	｜	二	｜	二
同	一三九	一〇九	四二三	六一	八八	五一	三五	｜	八六	一	一	｜	二
同	一四〇	一〇〇	三五六	六六	九五	六二	二六	一	八九	二	四	｜	六
同	一四一	八二	二九八	五八	八七	五五	一三	一八	八六	｜	一	｜	一

同	一四二	九五	三六〇	七三	一二七	一〇七	一六	二	一二五	二	｜	｜	二
同	一四三	八三	三五二	六五	九六	五〇	三八	四	九二	一	一	二	四
同	一四四	八二	二六九	六八	九六	五六	三三	七	九五	一	｜	｜	一
同	一四五	八〇	二八七	五五	八六	五五	二〇	六	八一	三	｜	二	五
同	一四六	八〇	三二三	五九	九〇	六八	一三	五	八六	三	一	｜	四
同	一四七	八九	三八九	六三	八六	五八	三	二	八二	三	｜	一	四
同	一四八	一〇五	四〇七	七二	一〇一	六六	二四	六	九六	三	一	一	五
同	一四九	八一	三六七	五一	一〇八	五三	四八	七	一〇八	｜	｜	｜	｜
同	一五〇	九一	三七七	五三	八六	五一	二三	一〇	八四	｜	一	一	二
同	一五一	一〇三	三五五	八五	一三三	九〇	三〇	五	一二五	六	一	一	八
同	一五二	九六	四〇一	七二	九四	六七	一七	九	九三	一	｜	｜	一
同	一五三	八三	三二九	五三	七七	四八	一四	一四	七六	一	｜	｜	一
同	一五四	八一	二九七	五二	九五	五七	一三	一九	八九	六	｜	｜	六
同	一五五	七六	三一七	五八	七五	四九	一二	三	七二	三	｜	｜	三
同	一五六	一〇一	三八二	四六	八〇	五〇	一六	一二	七七	三	｜	｜	三
同	一五七	九二	三六三	六〇	七五	四八	一〇	一六	七四	｜	｜	一	一
同	一五八	一一二	三七〇	八九	一三一	七八	二九	一〇	一一七	二	二	｜	四
同	一五九	七七	三〇四	六三	八〇	四七	一九	二	七七	一	一	一	三
同	一六〇	九三	三八〇	五七	八七	五六	三	五	八三	二	二	｜	四
同	一六一	一〇〇	四一四	六九	八四	五八	一八	六	八二	一	一	｜	二
同	一六二	一〇六	四〇八	七八	九五	五五	二四	三	九一	三	｜	一	四
同	一六三	八二	三一六	六八	九三	六二	三	八	九一	二	｜	｜	二
同	一六四	一〇二	三八七	七六	一一七	七三	二七	二	一一一	五	一	｜	六
同	一六五	八四	三三五	五五	八九	六二	一七	五	八四	四	一	｜	五

一九三

同	一六六	七六	三五一	五七	一二四	八〇	一三	一三	一〇六	五	一	二	八
同	一六七	九八	三九八	七二	一〇八	八四	一三	九	一〇六	一	一	—	二
同	一六八	五五	二五三	四七	八七	七二	一〇	五	八七	—	—	—	—
同	一六九	七八	三〇七	五一	七三	四八	一〇	一二	六九	四	—	—	四
同	一七〇	八一	二六七	六四	七四	四一	一五	一五	七一	二	一	—	三
同	一七一	七六	二八一	五五	七五	五二	一四	八	七四	—	一	—	一
同	一七二	九二	二九二	五七	六八	五一	一二	五	六七	—	一	—	一
同	一七三	七八	二五三	四二	六六	五一	一五	—	六六	—	—	—	—
同	一七四	一三三	四二六	九八	一三一	八〇	二六	九	一一五	四	一	一	六
同	一七五	八四	四二三	六〇	一五九	一〇二	四七	三	一五二	五	二	—	七
同	一七六	九九	四三三	六八	八八	六六	一六	四	八六	一	一	—	二
同	一七七	六二	二八八	四〇	五〇	三九	八	一	四八	二	—	—	二
同	一七八	一〇一	四〇四	四三	六九	六三	五	一	六九	—	—	—	—
塚本町	一七九	一一一	五〇三	五八	八六	七六	一〇	—	八六	—	—	—	—
同	一八〇	一二〇	四四七	七四	九六	六六	一〇	六	八二	—	—	四	一四
同	一八一	六七	二五三	四九	六四	五六	六	二	六四	—	—	—	—
同	一八二	六七	二八五	五五	七六	六六	八	一	七五	—	—	—	一
傳法町	一八三	一一一	四七二	八一	一一〇	六九	一三	二〇	一〇三	一	一	五	八
同	一八四	九六	四五七	六九	一三六	一〇〇	二一	五	一一六	二	—	六	一〇
同	一八五	一三一	四六七	九一	一三七	一〇一	六	一七	一二四	四	—	七	一三
同	一八六	一〇八	四五六	八七	一二四	九二	七	八	一〇七	六	一	二	一七
同	一八七	一〇三	四三九	九四	一三八	九六	二九	八	一三三	五	—	三	五
同	一八八	一〇三	四九二	八六	一三四	一二二	一六	三	一三一	二	一	—	三
同	一八九	七六	三〇九	六〇	一〇〇	七七	一三	四	九四	五	—	一	六

一九四

同	一九〇	一五七	六三二	九八	一三四	九八	三	八	一二八	四		二	六
同	一九一	一一六	四五六	八三	一一三	八四	一六	四	一〇四	七			一	八
同	一九二	九七	四二三	七三	一〇六	八九	五	六	一〇〇	一			五	六
同	一九三	一	四三〇	一	四三〇	四二三	七			四三〇								
同	一九四	一	四五二	一	四五一	四四五	六			四五一								
同	一九五	一	三一〇	一	三一〇	三一〇					三一〇								
同	一九六	一	二七四	一	二七四	二七一	三			二七四								
同	一九七	七七	三三五	六〇	一二〇	八九	三〇			一一九	一					一
同	一九八	九八	三五八	九八	二〇三	二〇一	二			二〇三								
同	一九九	一三七	四三九	一三三	一七三	一三八	一三	一六	一六九	三	一			四
同	二〇〇	一〇〇	四三四	七二	一一三	九一	五	二	九八	三			三	一四
同	二〇一	一三八	五二〇	一〇四	一八三	一五五	一七	八	一八〇	二			一	三
同	二〇二	八二	三六七	五八	九九	七八	九	三	九〇	六	三			九
同	二〇三	八一	三一四	六七	一〇〇	八五	七	五	九七	三					三
同	二〇四	一〇六	四〇一	八七	一二九	一〇八	八	一三	一二八	一					一
同	二〇五	一一八	四七四	九三	一三三	一一一	一九	二	一一三								
同	二〇六	一〇一	四九一	八九	一八六	一四八	三	二	一八一	四	一			五
同	二〇七	一一二	四八三	九六	一四九	一〇九	一五	七	一四一	七	一			八
同	二〇八	九八	三八一	八六	一一一	九二	一四			一〇六	二	一			五
同	二〇九	五九	二四一	四四	七二	五一	二	九	六二	四			二	一〇
加島町	二一〇	五二	二三四	三七	五五	三九	九	二	五〇	三	二	六	五
同	二一一	四四	一六〇	二七	三三	一九	四	九	三三	一					一
同	二一二	五二	二二三	三〇	四四	四〇	三	一	四四								
同	二一三	七四	二八七	三七	四八	四一	二	五	四八								

同	二二四	四〇	一九三	一七	一八	一〇	二	五	一七	一	｜	｜	一
同	二二五	三二	一五一	一六	二四	一五	八	一	二四	｜	｜	｜	｜
同	二二六	三九	一七一	八	一〇	九	一	｜	一〇	｜	｜	｜	｜
同	二二七	七五	三七〇	二四	三二	二九	｜	一	三〇	一	｜	｜	一
同	二二八	六一	二七二	三八	五九	四二	五	五	五三	七	｜	｜	七
同	二二九	四六	二四三	二三	四二	三九	二	｜	四一	一	｜	｜	一
御幣島町	二三〇	七〇	二九七	五四	八一	五六	一八	一六	八〇	一	｜	｜	一
同	二三一	六九	三三六	五〇	七七	六〇	三	一	七三	四	｜	｜	四
野里町	二三二	八七	三三四	八六	二〇〇	一八七	八	｜	一九五	四	一	｜	五
同	二三三	四七	二一八	三六	四九	一六	三〇	二	四八	一	｜	｜	一
同	二三四	八一	二六三	六七	一一四	九〇	一	三	一〇三	二	｜	｜	二
同	二三五	一	四八八	一	四八七	四八〇	六	｜	四八六	一	｜	｜	一
同	二三六	五	二	五	一六	一三	三	｜	一六	｜	｜	｜	｜
同	二三七	一〇一	四一九	五二	八五	七四	七	一	八二	三	｜	｜	三
同	二三八	一四六	六〇一	一〇四	一七三	一三九	一四	一〇	一六三	七	一	二	一〇
同	二三九	九一	三九八	七二	一三三	一一〇	九	一	一二〇	三	｜	｜	三
同	二四〇	一二七	五三五	七五	一〇五	七三	二	一八	一〇二	二	｜	一	三
同	二四一	一一九	五〇四	七六	一一一	八二	一三	六	一〇一	七	三	｜	一〇
同	二四二	九五	三九一	五七	八三	五八	一八	三	七九	三	一	｜	四
同	二四三	五三	二一九	三〇	四八	三五	一〇	一	四六	一	一	｜	二
同	二四四	八四	三四五	四七	五三	三三	一六	四	五三	｜	｜	｜	｜
同	二四五	一〇二	四八五	七一	一五七	一三一	二七	八	一五六	｜	一	｜	一
姫島町	二四六	七七	三三二	五四	七七	三八	二七	八	七三	四	｜	｜	四
同	二四七	八四	二九〇	六〇	七八	三九	三三	一	七三	五	二	｜	五

一九六

同	二三八	五〇	一九八	二五	三八	二九	五	二	三六	二	—	—	二
同	二三九	五六	二三九	五四	五四	三九	一一	三	五三	—	一	—	一
同	二四〇	四七	二〇三	三三	四八	二四	一三	—	四七	一	—	—	一
同	二四一	五二	二〇三	二九	三三	二	六	二	二九	二	一	—	三
同	二四二	五一	二一八	三一	四四	三七	三	—	四〇	三	一	—	四
同	二四三	九〇	三三九	六二	九七	七九	一〇	二	九一	六	—	—	六
同	二四四	六六	二五九	三七	四一	三五	四	二	四一	—	—	—	—
同	二四五	四九	二〇二	三三	四〇	三二	二	一	三五	三	—	二	五
同	二四六	六八	一六九	三九	五二	四〇	七	五	五二	—	—	—	—
同	二四七	三五	二三四	三五	五一	三七	一〇	三	五〇	一	—	—	一
同	二四八	四八	二〇五	二四	四一	三二	八	—	四〇	—	—	一	一
同	二四九	三〇	一三二	七	八	二	五	—	七	—	一	—	一
同	二五〇	四九	二二四	三	五	三	二	—	五	—	—	—	—
同	二五一	六九	二七四	四一	五〇	二九	八	三	四九	一	—	—	一
同	二五二	一〇七	四一九	七二	八〇	四一	二七	三	八〇	—	—	—	—
同	二五三	一〇六	四六二	六一	八六	五八	一三	六	七七	三	一	五	九
同	二五四	五九	二三五	三一	四二	三一	六	五	四二	—	—	—	—
同	二五五	四三	一七〇	二四	三〇	二五	二	二	二九	一	—	—	一
同	二五六	五〇	二三三	二九	三九	二七	九	—	三六	一	—	二	三
同	二五七	六八	二八二	三五	四四	三二	一一	一	四四	—	—	—	—
同	二五八	三三	一一四	一三	一四	一二	三	—	一四	—	—	—	—
同	二五九	五八	二三三	三七	七一	四四	五	一	五〇	—	—	—	—
同	二六〇	六五	二六一	五一	五〇	六一	七	二	七〇	一	—	—	一
同	二六一	八七	三五〇	六八	八二	五八	一六	六	八〇	一	—	一	二

一九七

同	二六二	八九	三三四	四三	五〇	四二	七	｜	四九	｜	一	｜	一
同	二六三	一〇六	四三〇	六七	一〇四	六八	一三	一九	一〇〇	二	一	一	四
同	二六四	五八	二四八	三四	五三	四六	四	一	五一	二	｜	｜	二
同	二六五	六一	二五五	四〇	四一	三八	一	一	四〇	｜	一	｜	一
同	二六六	一三三	四六八	八三	一〇二	七二	三	一七	一〇〇	二	｜	｜	二
同	二六七	六二	二五〇	三八	五一	四二	五	二	四九	｜	二	｜	二
同	二六八	一一二	三四六	八一	一一七	一〇一	一	九	二一	五	一	｜	六
同	二六九	八四	三七〇	八二	一六六	一三七	一九	｜	一六六	｜	｜	｜	｜
同	二七〇	一〇八	四〇八	九三	一三六	一〇五	三	一七	一三五	一	｜	｜	一
同	二七一	九一	三八〇	七一	一一九	一〇三	四	八	一二五	三	｜	一	四
同	二七二	九〇	三四二	七四	一〇三	七七	一三	三	一〇二	｜	一	｜	一
同	二七三	一〇九	三九二	八八	一五八	一三七	九	三	一五八	｜	｜	｜	｜
同	二七四	一〇九	四四五	九一	一六五	一三八	一〇	一三	一六一	三	｜	一	四
同	二七五	一〇六	四一六	九〇	一四一	九〇	五	四三	一三八	三	｜	｜	三
同	二七六	八〇	二八八	六二	九二	七一	四	一四	八九	二	一	｜	三
同	二七七	三九	五五三	九七	一八六	一六三	九	九	一八一	五	｜	｜	五
同	二七八	六二	二四一	四七	七八	六二	三	三	七八	｜	｜	｜	｜
同	二七九	一〇七	四四五	九四	一五六	一三五	一九	｜	一五四	二	｜	｜	二
同	二八〇	一一四	四五五	一〇九	一〇五	一七五	一六	六	一九七	八	｜	｜	八
同	二八一	九九	三八三	八〇	一三八	一二四	一〇	六	一三〇	七	一	｜	八
同	二八二	一〇九	四一四	八八	一〇八	九三	一	二	一〇五	二	｜	一	三
同	二八三	一〇九	四一〇	一〇一	一五七	一三五	六	三	一五三	三	｜	一	四
同	二八四	七四	二六四	四〇	四八	三六	一	五	四二	六	｜	｜	六
同	二八五	一一六	四〇六	一〇二	一八一	一五〇	一七	九	一七六	二	二	一	五

一九八

同	二八六	八五	三〇四	七三	一〇二	八一	五	一六	一〇二	|	|	|	|
同	二八七	八三	三一七	七六	一一一	九五	七	七	一〇九	二	|	|	二
佃町	二八八	四三	一六六	二四	三一	一六	五	六	二七	三	|	一	四
同	二八九	六三	二三九	三七	四四	二五	一三	四	四三	一	一	|	二
同	二九〇	九八	三八三	五八	七四	五五	一七	二	七四	|	|	|	|
同	二九一	八六	三五七	六五	八八	六九	二	六	八七	|	|	一	一
同	二九二	六八	二八六	三三	二九	三三	六	|	二九	|	|	|	|
同	二九三	四二	一九〇	二九	五三	二四	一八	一	四三	一	一	八	一〇
同	二九四	三九	一六二	一七	一九	一二	七	一	一九	|	|	|	|
同	二九五	二八	一四四	一九	二九	二六	二	一	二九	|	|	|	|
同	二九六	六七	三一九	三四	四三	三一	二一	一〇	四三	|	|	|	|
同	二九七	五八	二四七	五三	一〇五	八四	一九	二	一〇五	|	|	|	|
同	二九八	一一八	四七三	八四	一一六	七二	二四	五	一一一	二	三	|	五
同	二九九	六四	二六四	三五	三八	二七	七	三	三七	|	一	|	一
同	三〇〇	六二	二七四	四四	九八	七四	一九	|	九三	三	一	一	五
同	三〇一	九六	三九四	四三	五六	三三	五	六	五四	二	|	|	二
同	三〇二	三	五八五	三	五八五	五七九	六	|	五八五	|	|	|	|
同	三〇三	一一八	四五三	一一二	二五五	二四三	一一	|	二五四	一	|	|	一
蒲島町	三〇四	四六	一四九	三六	四八	四〇	八	|	四八	|	|	|	|
同	三〇五	八五	三三二	七二	八六	五二	二三	五	八〇	三	二	一	六
同	三〇六	六二	二九七	二八	四〇	二四	一三	|	三七	三	|	|	三
同	三〇七	四三	二〇五	三五	四五	一八	二七	|	四五	|	|	|	|
大和田町	三〇八	五四	二三四	二三	三六	二六	三	|	二九	四	|	三	七
同	三〇九	五八	二四二	一四	一四	一一	三	|	一四	|	|	|	|

一九九

二〇〇

同	三一〇	八二	三〇八	四一	四三	三	九	一	四一	一	一	—	二
同	三一一	五一	二三七	一五	一五	三	二	—	一四	一	—	—	一
同	三一二	五三	二三四	一九	二五	一八	六	—	二四	一	—	—	一
同	三一三	五三	二一一	三七	五六	四一	五	一	四七	二	—	七	九
同	三一四	六〇	二四〇	三〇	四二	三七	—	一	三八	三	一	—	四
同	三一五	六三	二七五	三七	五二	四五	四	—	四九	二	一	—	三
同	三一六	五四	二一九	二八	四三	二八	一三	一	四二	—	一	—	一
同	三一七	五七	二五三	三一	四四	三八	一	—	三九	五	—	—	五
同	三一八	五四	二三七	二二	三九	三	五	—	三七	—	—	二	二
同	三一九	一五七	五六九	一一七	一三四	六七	五七	七	一三一	一	二	—	三
同	三二〇	一〇一	三二一	六五	七二	三	三〇	三	六五	四	三	—	七
同	三二一	八二	三一〇	四三	四九	三五	一二	—	四七	—	一	一	二
同	三二二	八六	三〇一	四三	五二	三	一三	五	四九	二	—	一	三
同	三二三	一三一	四四六	八二	九〇	三一	五二	二	八五	四	一	—	五
同	三二四	九四	三七一	五一	五九	三六	三二	—	五八	一	—	—	一
同	三二五	四七	一八七	三四	五四	四三	七	四	五四	—	—	—	—
同	三二六	五一	一九二	三七	五一	三七	七	一	四五	三	三	—	六
同	三二七	七〇	二三三	四八	五八	二五	二七	三	五五	二	一	—	三
同	三二八	七九	三〇九	四九	五九	三四	一八	—	五二	—	四	三	七
同	三二九	五一	一九一	三九	四五	二四	一六	二	四二	—	三	—	三
同	三三〇	九三	三七三	三六	四六	二七	一六	三	四六	—	—	—	—
同	三三一	一五六	五七一	一一七	一四六	一〇二	三二	五	一三九	三	三	一	七
同	三三二	一〇一	三九八	七八	一三二	六三	三三	三	一一七	二	二	—	四
同	三三三	七〇	二八五	五一	六一	三三	一六	六	五五	三	三	—	六

同	三三四	六二	二四二	四九	一〇二	六八	一八	二	八八	三	―	二	一四
同	三三五	七六	三二一	四七	五六	三三	一五	―	四八	五	―	三	八
同	三三六	一〇八	四二三	七六	一〇五	七二	三三	一〇	一〇四	―	一	―	一
同	三三七	一五四	五五五	一〇四	一四三	一〇三	二〇	一	一三三	六	四	―	一〇
同	三三八	一三一	四九四	一〇三	一九八	一三三	三三	一〇	一五五	一八	三	三	四三
同	三三九	二八	一三七	一九	五八	五二	四	一	五七	一	―	―	一
同	三四〇	一五六	四三五	一五六	二七〇	二五六	六	―	二六二	八	―	―	八
同	三四一	二〇	一二五	一九	六三	四九	一四	―	六三	―	―	―	―
同	三四二	一	九四七	一	九四七	九二五	二三	―	九四七	―	―	―	―
同	三四三	九一	三八六	五八	一一二	七六	二七	三	一〇六	五	―	―	五
同	三四四	六四	二五九	六四	一五五	一三三	三三	―	一五五	―	―	―	―
同	三四五	一〇	一四九	一〇	一四九	一四五	四	―	一四九	―	―	―	―
同	三四六	五三	一七三	五三	六一	五七	四	―	六一	―	―	―	―
同	三四七	八二	三九七	五四	九〇	八三	六	―	八九	一	―	―	一
大野町	三四八	七三	三二九	三二	四八	三九	二	六	四七	一	―	―	一
同	三四九	五六	二五四	二七	三七	三三	四	―	三六	―	―	一	一
同	三五〇	五一	二〇八	二七	三七	三四	二	―	三六	一	―	―	一
百島町	三五一	五三	二一九	二五	三八	三七	一	―	三八	―	―	―	―
同	三五二	五六	二四二	三二	四六	四一	二	二	四五	一	―	―	一
同	三五三	三七	一四九	一九	二四	二四	―	―	二四	―	―	―	―
同	三五四	七八	二四八	七八	八九	八六	三	―	八九	―	―	―	―
中島町	三五五	六〇	三一三	一一	二六	二六	―	―	二六	―	―	―	―
同	三五六	七九	三九八	一六	二三	一七	五	―	二三	―	―	―	―
同	三五七	五七	二九九	二八	四五	三四	一	一〇	四五	―	―	―	―

二〇一

町名	調査區番號	國勢調査 世帶	國勢調査 人口	失業統計調査 世帶	失業統計調査 人口	有業者數 勞働者	有業者數 給料生活者	有業者數 日傭勞働者	有業者數 計	失業者數 勞働者	失業者數 給料生活者	失業者數 日傭勞働者	失業者數 計
西島町	三五八	七一	二九八	二〇	三四	三二	二	—	三四	—	—	—	—
同	三五九	五六	二五五	一七	二〇	一四	四	一	一九	—	—	一	一
出來島町	三六〇	六三	二五五	二四	三一	二五	五	—	三〇	一	—	—	一
布島町	三六一	二五	一四一	一〇	一九	一七	—	二	一九	—	—	—	—
外島町	三六二	一六	四五一	一三	二〇	六	一四	—	二〇	—	—	—	—
福町	三六三	五三	二〇〇	二六	三四	一九	一四	一	三四	—	—	—	—
同	三六四	三八	一四七	一三	一四	八	四	二	一四	—	—	—	—
同	三六五	六二	二六三	三八	四二	二八	九	二	三九	三	—	—	三
同	三六六	五八	二三八	一七	一九	一五	三	一	一九	—	—	—	—
同	三六七	五三	二四五	三三	三一	三一	—	—	三一	—	—	—	—
同	三六八	三五	一六三	八	一五	一〇	四	—	一四	—	一	—	一
同	三六九	四四	二一〇	一九	三三	三三	—	—	三三	—	—	—	—
同	三七〇	四七	二三五	一七	一九	一四	三	一	一八	一	—	—	一
同	三七一	五七	二五一	二七	二八	二三	二	一	二六	—	—	二	二
同	三七二	四六	二一一	一八	三一	二六	—	—	二六	四	一	—	五
同	三七三	四五	二〇三	二〇	二三	二〇	二	—	二二	一	—	—	一
同	三七四	五四	二五四	一六	一九	一三	五	一	一九	—	—	—	—
總計		二九、四二八	一三三、二二七	一九、八五八	三四、七三五	二五、九〇一	五、六三〇	二、〇〇八	三三、五三九	七一〇	二三二	二五四	一一九六

東成區

町名	調査區番號	國勢調査 世帶	國勢調査 人口	失業統計調査 世帶	失業統計調査 人口	有業者數 勞働者	有業者數 給料生活者	有業者數 日傭勞働者	有業者數 計	失業者數 勞働者	失業者數 給料生活者	失業者數 日傭勞働者	失業者數 計
生野國分町	一	一三八	五五九	五三	七〇	四八	二〇	—	六八	一	一	—	二

林寺町、生野新家町	二	一四四	六一二	五〇	六九	三九	二四	六	六九	|	|	|	|
林寺町、生野新家町	三	一四八	五八〇	八〇	一〇四	四三	四〇	一五	九八	三	一	二	六
林寺町、生野新家町	四	八九	三五二	五一	六八	三八	一八	二	六七	一	|	|	一
生野新家町、林寺町	五	九八	四六二	五二	一一四	八二	二七	三	一一三	一	一	|	二
林寺町	六	一二〇	五〇五	二九	三〇	八	二〇	|	二八	一	一	|	二
同	七	八二	三二六	三六	四二	三一	八	一	四〇	二	|	|	二
同	八	九五	三八〇	二五	二五	八	九	七	二四	一	|	|	一
同	九	一三二	五二六	四七	五五	三四	一六	二	五二	三	|	|	三
同	一〇	一二六	五〇六	四八	四六	二六	八	二	四五	|	|	一	一
同	一一	七〇	二六一	二六	二九	六	一五	六	二七	一	一	|	二
同	一二	九八	三六三	五一	七三	三九	三三	二	六四	九	|	|	九
生野新家町、林寺町	一三	八二	二九八	四三	五八	二六	三三	八	五六	|	二	|	二
林寺町、生野國分町	一四	三九	一六二	二七	四一	三四	三	三	四〇	一	|	|	一
林寺町、生野國分町	一五	一三二	五六六	四五	六一	二四	二四	一〇	五八	二	一	|	三
生野國分町	一六	一〇四	四四八	六〇	七三	五七	一四	|	七一	|	一	一	二
同	一七	七八	三三九	四四	六一	三五	三三	一	六九	|	一	一	二
同	一八	一七二	七八四	八六	二〇四	一五八	二四	五	一九七	四	一	二	七
同	一九	八四	三七三	四八	八五	五九	一〇	一四	八三	二	|	|	二
同	二〇	一六四	六四九	五四	六四	一七	三三	一九	五八	五	一	|	六
同	二一	一一〇	四五八	四一	四七	二四	一三	二一	四七	|	|	|	|
同	二二	六三	二六七	二七	三七	二七	六	四	三七	|	|	|	|
生野國分町、林寺町	二三	一六〇	六六六	九四	一六一	九八	三二	三一	一六一	|	|	|	|
生野國分町	二四	一〇八	四六一	四八	六四	二一	一〇	二三	五四	九	一	|	一〇
舍利寺町	二五	九三	四〇一	四四	七〇	五二	一〇	四	六六	一	二	一	四

同	二六	八九	三七〇	五五	七二	四二	二〇	八	七〇	二	—	—	二
同	二七	一〇七	四四〇	六五	一〇七	七〇	二一	一三	一〇四	一	二	—	三
同	二八	一二一	四五一	六〇	九七	六三	二七	四	九四	一	二	—	三
生野田島町	二九	七六	三五八	二五	四七	四〇	五	一	四六	一	—	—	一
同	三〇	四五	二五九	一七	五一	四五	三	三	五一	—	—	—	—
同	三一	四八	二四六	二一	三四	三〇	—	四	三四	—	—	—	—
同	三二	三六	一七四	一七	三六	三五	一	—	三六	—	—	—	—
同	三三	五七	二九四	一四	三〇	二九	—	—	二九	一	—	—	一
生野國分町	三四	一九〇	七四四	五四	六六	二九	二一	一五	六五	—	一	—	一
同	三五	一三七	一三三九	五三	五九	二六	二二	六	五四	四	一	—	五
同	三六	一二四	五三八	七四	九一	一三	六六	六	八五	二	四	—	六
同	三七	八三	三八二	二〇	二〇	一〇	八	二	二〇	—	—	—	—
同	三八	一二九	九三三	一二三	一五三	六三	七三	一七	一五三	—	—	—	—
同	三九	九七	四五一	四三	五八	三五	二〇	二	五七	—	—	一	一
同	四〇	九七	三八三	三三	二五	九	一四	二	二五	—	—	—	—
生野新家町、林寺町	四一	一二七	四六二	七一	一〇	四八	一九	三二	九九	一	—	—	一
林寺町	四二	三四	六五八	二九	一三	四五	三五	—	八〇	二六	二	四	三二
同	四三	一	六二	一	六	—	六	—	六	—	—	—	—
東小橋町	四四	九六	三五七	四五	五七	三二	一二	七	五一	六	—	—	六
同	四五	六六	二三七	四〇	六三	四六	一二	五	六三	—	—	—	—
同	四六	九〇	三三六	五七	八三	六九	一〇	三	八二	一	—	—	一
同	四七	七五	二七二	四五	六七	四六	一四	五	六五	一	—	一	二
同	四八	七一	二一七	三一	三三	五	二四	一	三〇	二	一	—	三
同	四九	三八	一五〇	一四	一九	一四	五	—	一九	—	—	—	—

同	五〇	九七	三八七	五〇	七九	五九	一二	七	七八	〡	〡	一	一
同	五一	六三	三九九	二九	一九七	一六六	二〇	一〇	一九六	一	〡	〡	一
同	五二	一一〇	三九九	七九	一〇八	七四	一三	八	一〇五	三	〡	〡	三
同	五三	四四	一五三	二五	三一	三三	五	四	三一	〡	〡	〡	〡
同	五四	一〇四	四一四	六二	九七	六八	一二	三	九二	三	二	〡	五
同	五五	四九	二二九	二六	四一	三一	五	二	三八	三	〡	〡	三
同	五六	八六	三四九	四〇	四六	二〇	一四	八	四二	二	二	〡	四
同	五七	一一二	四六二	六五	一一六	八七	一四	二	一一三	二	〡	一	三
同	五八	九一	四一五	四五	八〇	四二	一三	三	七六	四	〡	〡	四
東小橋町、木野町	五九	一一三	四〇九	五九	七六	六二	一二	一	七四	一	〡	一	二
東小橋町	六〇	七二	二九一	三九	五四	三一	一二	八	五〇	四	〡	〡	四
同	六一	六一	二一七	三三	四五	三五	七	一	四三	二	〡	〡	二
同	六二	八九	三八〇	五四	七〇	五三	八	七	六八	一	一	〡	二
同	六三	五三	二三七	三四	四五	二八	六	九	四三	二	〡	〡	二
同	六四	七三	二八一	三三	九三	六七	二	三	九二	一	〡	〡	一
同	六五	五四	二三五	八	二	四	七	〡	一一	〡	一	〡	一
同	六六	一三六	六一三	七八	一九〇	一二七	一三	六	一六八	六	〡	四	三
同	六七	八五	三八四	四四	六七	四二	七	二	六〇	四	〡	三	七
同	六八	一〇三	四二〇	一五	二	五	三	二	一九	一	〡	一	二
同	六九	五九	一九八	一〇	一〇	五	〡	三	八	一	一	〡	二
同	七〇	六六	二〇七	三三	三六	一〇	一三	四	三六	〡	〡	〡	〡
同	七一	一四四	五六八	三七	四六	三一	六	九	四六	〡	〡	〡	〡
同	七二	二六二	九九一	一五九	二三八	一六三	五四	八	二三五	二	一	〡	三
同	七三	六四	二六四	四〇	五九	四一	一七	〡	五八	〡	一	〡	一

二〇五

同	七四	六三	二四〇	三	二五	三	一一	一	二四	一	|	|	一
木野町	七五	二四	一四九	五	六	四	一	一	六	|	|	|	|
同	七六	八四	三〇〇	三七	六三	五五	五	二	六二	|	|	|	|
同	七七	七〇	二六三	三九	四三	二四	一四	二	四〇	二	|	|	二
同	七八	八二	三一三	四七	六一	三九	三	八	五〇	五	二	四	二
同	七九	五三	二三五	一八	三二	一六	三	二	二一	|	一	|	一
同	八〇	四七	一八四	二七	三九	二二	一二	三	三六	二	一	|	三
同	八一	六三	二五八	二〇	二六	一九	六	|	二五	|	|	一	一
同	八二	八九	三六九	四四	六五	四七	三	七	五七	七	一	|	八
同	八三	一三〇	四六八	五三	七三	五二	一一	二	六五	七	|	|	七
同	八四	八八	三四九	四六	五六	五五	一一	五	五一	三	一	一	五
同	八五	四八	一七五	一六	二〇	一四	二	三	一九	一	|	|	一
同	八六	七七	三二三	一九	五一	二一	四	三五	五〇	|	|	一	一
同	八七	九一	四二〇	二七	四三	二三	一〇	四	三七	四	一	|	五
同	八八	七七	三〇〇	一八	一八	三	八	五	一六	一	一	|	二
同	八九	六八	二三六	一四	一四	九	一	三	一三	|	|	一	一
猪飼野町、木野町	九〇	一三一	四六一	五三	六八	四八	一六	一	六五	一	二	|	三
同	九一	六一	二三三	二四	三〇	一九	八	三	三〇	|	|	|	|
同	九二	六九	二九二	三三	五三	四一	一〇	二	五三	|	|	|	|
同	九三	七四	三〇二	三九	六四	四八	一〇	三	六一	一	二	|	三
同	九四	六九	三〇六	一七	二三	一七	四	一	一三	一	|	|	一
同	九五	五三	二三九	七	一三	九	|	二	一二	一	|	|	一
同	九六	七〇	三六四	二九	七〇	三五	六	二九	七〇	|	|	|	|
同	九七	六八	三〇三	二九	五一	三〇	一〇	七	四七	三	|	|	三

二〇六

二〇七

同	九八	六六	二六八	二三	二七	一六	三	六	二五	｜	｜	二	二
同	九九	八二	三一六	四四	五〇	二四	九	六	四九	一	｜	｜	一
同	一〇〇	四一	一六九	五	六	二	｜	｜	二	一	二	一	四
同	一〇一	九二	三六六	三五	四一	二八	八	三	三九	二	｜	｜	二
同	一〇二	二四	一二九	一五	二四	一七	四	二	二三	一	｜	｜	一
同	一〇三	三九	一四九	一五	一九	二四	三	二	一九	｜	｜	｜	｜
同	一〇四	五八	二四一	二三	三六	三	一三	｜	三五	｜	一	｜	一
同	一〇五	四三	一六二	一〇	一〇	三	七	｜	一〇	｜	｜	｜	｜
同	一〇六	一二九	四八三	六五	九六	六二	二一	一一	九四	二	｜	｜	二
同	一〇七	八七	三五九	四九	七〇	三九	一二	五	六六	二	二	｜	四
同	一〇八	五七	二三五	三二	四〇	二八	七	五	四〇	｜	｜	｜	｜
同	一〇九	七七	三三九	四八	一〇〇	八九	六	四	九九	一	｜	｜	一
同	一一〇	五四	二二一	二三	二八	一七	三	六	二六	一	｜	一	二
同	一一一	七二	二九九	二一	二一	九	七	三	一九	二	｜	｜	二
同	一一二	一三三	四九二	七六	一〇七	八七	一〇	八	一〇五	一	一	｜	二
同	一一三	六三	二六一	三〇	四三	二四	一	五	四〇	三	｜	｜	三
同	一一四	七九	三三八	四四	七九	五一	二	二	七三	一	一	四	六
同	一一五	八八	三八九	三	一四	九	｜	｜	九	｜	｜	五	五
同	一一六	九六	四四九	五〇	一〇一	七五	七	一五	九七	二	｜	二	四
同	一一七	一〇八	四七七	四二	五四	四四	八	二	五四	｜	｜	｜	｜
同	一一八	五二	二〇二	二〇	二四	一四	七	一	三	一	｜	一	二
同	一一九	九五	三八〇	四三	六一	三	七	三六	五五	五	｜	一	六
同	一二〇	五八	二七二	二一	三八	二六	三	八	三七	一	｜	｜	一
同	一二一	二七	一一三	一七	二〇	一四	三	三	二〇	｜	｜	｜	｜

同	一二二	二四	二〇四	三二	三〇	一九	二	三	二四	五	—	一	六
同	一二三	三一	一四四	三一	三一	二六	一	三	三〇	—	—	一	一
同	一二四	四一	一七〇	二〇	二四	二九	二	一	三一	二	—	—	二
同	一二五	一五	六七	三	四	二	—	一	三	一	—	—	一
同	一二六	三三	八八	二五	一九	二	四	—	一五	—	一	三	四
同	一二七	九三	二四六	四二	五一	四〇	四	四	四八	三	—	—	三
同	一二八	二〇	九〇	八	一〇	八	一	一	一〇	—	—	—	—
同	一二九	二二	九三	九	一七	八	四	五	一七	—	—	—	—
同	一三〇	二五	一一	二	一五	二	二	二	一五	—	—	—	—
鶴橋天王寺町	一三一	五〇	二〇一	一四	一七	八	九	—	一七	—	—	—	—
同	一三二	八七	三二〇	二三	三〇	一四	四	八	二六	二	一	一	四
同	一三三	七九	三五〇	四九	六七	四八	五	九	六二	五	—	—	五
同	一三四	七一	三一〇	三二	三八	一八	一三	五	三六	二	—	—	二
同	一三五	二五九	一、〇六六	八六	一〇九	七五	一八	四	一〇七	一	一	—	二
同	一三六	一一三	四四一	五八	八八	六三	一五	九	八七	—	—	一	一
同	一三七	八二	三一六	三九	四七	三	一三	一	四五	二	—	—	二
同	一三八	六四	二六〇	三六	六一	二九	二四	五	五八	二	一	—	三
鶴橋天王寺町 生野國分町	一三九	七三	三三三	四三	六二	二四	二五	一	六〇	—	二	—	二
鶴橋天王寺町	一四〇	一〇九	五二〇	五三	七九	三八	一七	—	七五	—	四	—	四
岡ノ町	一四一	一五一	五七六	八二	一三八	六五	四二	一六	一三三	四	一	三	五
同	一四二	五四	二〇三	一〇	一五	九	五	一	一五	—	—	—	—
同	一四三	三九	一九〇	二一	三〇	一六	一四	—	三〇	—	—	—	—
同	一四四	八九	三八三	三三	四九	二七	一六	四	四七	一	一	—	二
同	一四五	八五	三七七	四七	八六	三九	二三	一五	七七	四	三	二	九

同	一四六	一〇八	四三〇	四二	六八	四八	一二	五	六五	三	|	|	三
同	一四七	一六〇	六八四	三六	四一	一〇	一四	二	三六	三	二	|	五
同	一四八	八九	三五九	三四	四二	一二	二	七	四〇	二	|	|	二
同	一四九	一二	一四六	一五	一二	一五	六	一	三	|	|	|	|
同	一五〇	九二	三七〇	三〇	四九	二三	一一	五	四九	|	|	|	|
同	一五一	四一	一六七	二三	三四	二一	二	一	三三	|	一	|	一
同	一五二	八七	三六三	三五	四九	三五	九	三	四七	|	二	|	二
同	一五三	六〇	三三四	三〇	三八	一四	七	一四	二五	一	|	二	三
猪飼野町	一五四	一三二	五三四	一六	二三	一二	四	二	一八	四	一	|	五
同	一五五	三五	一四三	一九	二八	一四	一〇	二	二六	|	二	|	二
同	一五六	五九	二四二	一四	一四	五	七	一	一三	|	一	|	一
同	一五七	一〇二	三六四	二五	二六	一四	九	|	二三	二	|	一	三
同	一五八	一四五	五八八	四三	五五	三五	一三	五	五三	一	一	|	二
同	一五九	一一八	四三三	四〇	四五	一五	一〇	一六	四一	三	一	|	四
同	一六〇	七四	二七〇	二五	三八	一七	八	九	二四	四	|	|	四
同	一六一	一一九	四六九	六一	九二	五九	一五	一〇	八四	四	三	一	八
同	一六二	一四〇	五三三	二五	二六	七	六	八	二一	四	|	一	五
同	一六三	八三	三二八	一九	一九	五	一〇	二	一七	|	一	一	二
同	一六四	九三	三六九	一四	一四	六	一	六	一三	一	|	|	一
同	一六五	六六	二四五	三一	二四	一二	|	二	二三	|	一	|	一
同	一六六	六八	二七五	三三	五二	三五	四	八	四七	二	|	三	五
同	一六七	五二	一九三	二〇	二九	一八	六	五	二九	|	|	|	|
同	一六八	一九一	七二五	七八	九一	五四	一六	一四	八四	六	一	|	七
同	一六九	一〇二	三六九	五一	七六	五九	八	八	七五	|	一	|	一

二〇九

同	一七〇	一三	五一三	七三	二八	五七	一三	三一	一〇〇	二〇	一	七	二六
同	一七一	六八	二四〇	七	一〇	七	｜	｜	七	二	一	｜	三
同	一七二	九六	三四四	一九	二七	一九	三	｜	二三	四	一	｜	五
同	一七三	一〇八	四〇二	五二	八三	五七	五	一三	七五	七	一	｜	八
同	一七四	四九	一九六	二六	二九	二四	七	七	三八	｜	一	｜	一
同	一七五	九七	三六六	二二	三	五	｜	三	八	二	一	一	四
同	一七六	一一	四一六	四四	五二	二〇	二	一七	四八	二	二	｜	四
同	一七七	三五	一三一	一五	三七	三〇	三	一	三四	三	｜	｜	三
同	一七八	七三	二七一	一	一	｜	一	｜	一	｜	｜	｜	｜
同	一七九	三六	一四五	一八	二	八	五	六	一九	二	｜	｜	二
同	一八〇	九八	三九四	二九	三四	一九	六	七	三二	一	｜	一	二
同	一八一	一三四	五〇三	一七	一七	一〇	三	四	一七	｜	｜	｜	｜
同	一八二	一一六	四五一	一三	一五	四	｜	二	六	八	｜	一	九
同	一八三	一一四	四一四	五七	七三	五七	三	｜	六九	三	一	｜	四
同	一八四	一三三	四二一	八	八	三	｜	｜	三	五	｜	｜	五
同	一八五	八二	三一五	三〇	三〇	一三	九	九	三〇	｜	｜	｜	｜
同	一八六	五八	三三四	二六	三一	九	四	九	三三	五	｜	四	九
同	一八七	一三〇	四九四	三四	三九	一七	一六	一	三四	四	一	｜	五
同	一八八	一〇〇	四二〇	四三	四六	二八	七	一〇	四五	一	｜	｜	一
同	一八九	一九八	八〇九	七八	一三七	九四	二	二三	一二八	六	二	一	九
同	一九〇	八六	三〇六	三七	四七	二六	八	三	四六	一	｜	｜	一
同	一九一	六五	三五五	四六	五一	二三	九	五	四六	五	｜	｜	五
同	一九二	三四	一五六	九	一五	五	四	二	一一	三	｜	一	四
同	一九三	二八	一一五	一四	一八	一〇	三	四	一七	一	｜	｜	一

二一〇

同	一九四	二〇	九〇	五	一九	一八	一	—	一九	—	—	—	—
同	一九五	五〇	一九七	一九	二七	三三	—	四	二七	—	—	—	—
同	一九六	一〇八	四二三	二七	二七	一六	五	三	二四	一	一	一	三
同	一九七	六八	二七八	三九	五五	四二	五	四	五一	三	—	一	四
同	一九八	八六	三三〇	一五	二五	一五	三	五	二三	二	—	—	二
同	一九九	五七	二〇九	一六	一六	八	一	二	一一	三	—	二	五
同	二〇〇	七六	三五一	三三	五七	三三	三	一九	五五	二	—	—	二
同	二〇一	七〇	三四二	一五	八五	七	—	七五	八二	一	—	二	三
同	二〇二	一二〇	四九四	六〇	九五	六九	三三	一〇	九二	三	—	—	三
同	二〇三	六一	三三三	二三	二六	一六	四	四	二四	—	二	—	二
同	二〇四	七八	三〇二	四五	四九	二二	二〇	七	四八	—	一	—	一
同	二〇五	三八	一六八	七	一八	四	—	二	一五	二	—	一	三
同	二〇六	五八	二二七	四〇	四八	三三	二一	三三	四七	—	—	一	一
同	二〇七	五五	一七九	三三	三七	六八	七	—	三五	二	—	—	二
同	二〇八	五三	二〇一	六八	五二	四三	五	一	四九	三	—	—	三
同	二〇九	六九	二九四	一六	二三	四	二	一〇	一六	三	—	四	七
同	二一〇	八一	三三〇	三二	四四	二四	九	八	四一	一	一	一	三
同	二一一	七五	三〇八	三〇	四〇	二四	八	二	三四	—	一	五	六
同	二一二	一七二	七三七	七三	一二三	七一	三三	二六	三〇	一	一	—	二
同	二一三	五六	二二〇	一二	一四	八	二	三	一三	—	—	一	一
同	二一四	一八〇	七三九	三	五	一	—	—	一	三	一	—	四
同	二一五	一一七	四五九	四七	五五	二九	二〇	六	五五	—	—	—	—
同	二一六	一三二	五二九	三三	五〇	一八	二	一八	四七	二	一	—	三
同	二一七	一四一	五七五	四〇	五三	四一	九	一	五一	二	—	—	二

二一一

同	二一八	五四	二一一	三三	四〇	三八	—	一	三九	—	—	一	一	
同	二一九	一一〇	四一五	三七	四八	三七	八	二	四七	一	—	—	一	
同	二二〇	三一	一三〇	一八	三〇	三	二	六	三〇	—	—	—	—	
同	二二一	四九	一六三	二一	三三	一三	五	一	一九	三	—	—	三	二一二
同	二二二	三〇	一一〇	一〇	一三	一〇	一	一	二	—	—	—	—	
同	二二三	一〇五	四〇八	四七	六八	四二	二	一三	六六	一	—	一	二	
同	二二四	一四二	五五〇	五八	七〇	五三	二	五	六九	一	—	—	一	
同	二二五	一〇八	四一四	二	二	二	—	—	二	—	—	—	—	
同	二二六	八七	三四四	三五	四八	二九	一四	四	四七	一	—	—	一	
同	二二七	一二四	五二六	三七	四九	二八	一〇	四	四二	六	—	一	七	
同	二二八	一三八	五六四	二一	二四	一三	一〇	—	三三	—	一	—	一	
猪飼野町、木野町	二二九	一四三	五三一	五七	九八	五四	一四	一四	九二	五	—	一	六	
猪飼野町、木野町	二三〇	一三三	五四六	一四	一四	六	五	—	二	一	一	一	三	
猪飼野町	二三一	九八	三八八	四七	八五	四五	一三	一七	八四	—	—	一	一	
同	二三二	七七	三〇三	三三	三三	一三	七	一	二	一	—	—	一	
同	二三三	五五	三三三	二一	二九	一六	六	七	二九	—	—	—	—	
同	二三四	八五	三二一	四五	五四	二〇	四	一八	五二	二	—	—	二	
同	二三五	八〇	二八七	四一	五五	三四	一三	六	五三	二	—	—	二	
同	二三六	六五	二五四	七	七	二	一	—	三	二	一	一	四	
同	二三七	一五三	五七〇	八二	一四一	一〇一	一九	一五	一三五	六	—	—	六	
同	二三八	九七	四〇三	五三	八九	五四	五	二九	八八	一	—	—	一	
同	二三九	八四	三四五	五二	一〇一	七八	一三	一	九一	九	一	—	一〇	
同	二四〇	一一〇	四三八	六五	一〇四	七七	七	一七	一〇一	一	二	—	三	
同	二四一	七〇	二九四	四〇	五九	二九	七	一〇	五六	二	—	一	三	

同	二四二	三六	一六三	一六	二	一三	二	二	一七	四	｜	｜	四
同	二四三	二一	六五	一三	一六	一〇	五	｜	一五	一	｜	｜	一
同	二四四	二六	一一四	一〇	一	五	四	｜	九	二	｜	｜	二
同	二四五	四九	一九一	二九	三三	二六	五	一	三二	｜	一	｜	一
同	二四六	一六	六八	六	六	二	三	一	六	｜	｜	｜	｜
中道町、大今里町	二四七	七六	七一	三七	四七	二六	一二	八	四六	｜	｜	一	一
大今里町	二四八	一四三	五六五	九七	一三六	八四	一五	二五	一二四	一	｜	一	二
同	二四九	九六	四〇四	五八	九二	七二	五	一四	九一	｜	｜	一	一
同	二五〇	一〇一	四三七	六八	一四七	九五	一四	三三	一四二	五	｜	｜	五
同	二五一	六二	二四二	二四	三三	二五	五	三	三三	｜	｜	｜	｜
同	二五二	六九	三一九	四七	八〇	五四	六	一四	七四	五	一	｜	六
同	二五三	一〇〇	四〇七	四六	六六	四二	三	一九	六四	二	｜	｜	二
同	二五四	七四	二九三	三七	五七	四一	四	九	五四	二	｜	一	三
同	二五五	六二	二四三	三〇	四二	二三	五	一二	四〇	二	｜	｜	二
同	二五六	六四	二四〇	二七	三九	一八	一三	七	三七	｜	一	一	二
同	二五七	一五五	六三三	九〇	一四三	七八	五	五七	一四〇	一	｜	二	三
同	二五八	七四	二八八	四〇	五二	二三	八	八	四九	三	｜	｜	三
同	二五八	九二	三八三	五一	七七	二七	四	三五	七六	一	｜	｜	一
同	二六〇	五九	二三二	二九	四二	二一	九	九	三九	二	一	｜	三
同	二六一	八一	三二一	三一	四〇	二八	三	九	四〇	｜	｜	｜	｜
同	二六二	五六	二四三	三二	七六	六〇	五	九	七四	二	｜	｜	二
同	二六三	一五一	五八〇	七三	九一	五二	一一	一四	八七	三	一	｜	四
同	二六四	一〇一	四〇五	六一	一一〇	六四	一三	一三	九〇	八	｜	三	一〇
同	二六五	九五	三五一	五三	六三	三六	七	一二	五五	四	二	二	八

二一三

二一四

同	二六六	九五	三八四	六六	九九	六六	二〇	五	九一	六	二	｜	八
同	二六七	一七五	六七三	一〇四	一四五	八三	一九	三	一二四	三	一	八	三
深江町	二六八	九五	三七七	五四	七八	六〇	九	九	七八	｜	｜	｜	｜
同	二六九	九四	四〇一	四六	八三	六〇	九	三	七三	七	｜	四	二
同	二七〇	四四	二一〇	一六	二〇	二三	五	一	一九	一	｜	｜	一
同	二七一	五一	二三三	一七	三三	一五	四	一	二〇	二	｜	｜	二
同	二七二	一〇二	四六五	三六	四一	二六	一〇	四	四〇	一	｜	｜	一
大今里町、東今里町	二七三	一八	一三三	一〇	一四	三三	｜	二	一四	｜	｜	｜	｜
東今里町	二七四	一〇七	四〇四	六四	一〇一	六九	一〇	一七	九六	三	｜	二	五
同	二七五	二三	九四	二二	一八	一四	｜	四	一八	｜	｜	｜	｜
同	二七六	五八	二五一	三三	四三	三〇	一	八	三九	四	｜	｜	四
大今里町	二七七	九七	四一一	三九	四八	三一	一六	｜	四七	｜	一	｜	一
腹見町	二七八	八五	三四五	三四	三六	七	二三	四	三四	一	一	｜	二
同	二七九	一三二	四八六	六六	七九	三一	三七	五	七三	｜	二	｜	二
同	二八〇	七九	二八六	四八	五四	一一	三七	四	五二	｜	二	｜	二
同	二八一	一五〇	五五九	八三	九六	四〇	四三	一三	九五	｜	一	｜	一
腹見町大友町中川町	二八二	一一六	五〇六	六五	七四	二〇	四二	一〇	七二	｜	一	一	二
中川町	二八三	二〇八	八八五	七七	一〇四	七三	一〇	一九	一〇二	一	｜	一	二
同	二八四	一一八	五一七	五八	八五	五三	七	一四	八四	一	｜	｜	一
同	二八五	一三三	四九五	七三	一〇四	七一	一五	一五	一〇一	三	｜	｜	三
腹見町中川町大友町	二八六	一〇〇	三八〇	六七	八八	四三	二九	一四	八六	｜	二	｜	二
中川町片江町腹見町	二八七	七四	三四二	三三	五一	三〇	八	一三	五一	｜	｜	｜	｜
大今里町、片江町	二八八	一九四	七九七	九七	一一七	六九	二六	二二	一一六	一	｜	｜	一
同	二八九	一〇三	三六五	四九	五四	二八	一五	一	五四	｜	｜	｜	｜

同	二九〇	八九	三四九	四八	五九	二五	二六	六	五七	二	｜	｜	二
同	二九一	五九	二四三	三〇	三〇	三	二七	｜	三〇	｜	｜	｜	｜
同	二九二	六三	二四四	二九	三三	八	二〇	一	二九	一	二	｜	三
同	二九三	七八	二七八	五三	五八	一二	三一	八	五一	五	一	一	七
同	二九四	五一	一七二	二六	三五	一四	一四	七	三五	｜	｜	｜	｜
同	二九五	九九	三四〇	四五	四八	九	三八	｜	四七	｜	一	｜	一
同	二九六	五五	二〇七	二七	三三	一一	一九	二	三二	｜	一	｜	一
同	二九七	一一四	三八五	六三	七二	一五	四九	四	六八	三	一	｜	四
同	二九八	六五	二四七	三九	五七	二七	二二	五	五四	一	二	｜	三
中本町、中濱町	二九九	三三	一三〇	一六	二〇	一五	一	一	一七	三	｜	｜	三
中本町、中濱町	三〇〇	四三	一五三	二三	二〇	二〇	｜	｜	二〇	｜	｜	｜	｜
中濱町	三〇一	九八	三六一	八三	一三一	九六	一八	一二	一二六	五	｜	｜	五
同	三〇二	九二	三六〇	六三	八七	六〇	一一	七	七八	七	｜	二	九
同	三〇三	九二	三五八	七一	九三	六四	一八	八	九〇	二	｜	一	三
同	三〇四	四四	一八五	三七	四八	三八	三	三	四四	三	一	｜	四
同	三〇五	九一	三四三	七五	九一	四七	一〇	三二	八九	二	｜	｜	二
同	三〇六	三六	一四一	二四	二六	一九	五	二	二六	｜	｜	｜	｜
同	三〇七	五二	二三三	二五	二九	一六	一三	｜	二九	｜	｜	｜	｜
同	三〇八	四〇	一七五	三一	五〇	三六	六	四	四六	四	｜	｜	四
同	三〇九	八	三〇	四	四	二	二	｜	四	｜	｜	｜	｜
同	三一〇	五二	一九〇	三五	四六	三〇	一〇	三	四三	三	｜	｜	三
同	三一一	一二九	五〇九	九五	一一七	九六	七	八	一一一	三	一	二	六
同	三一二	二八	一一三	二一	三三	二七	三	三	三三	｜	｜	｜	｜
同	三一三	七九	三〇四	六三	九一	七四	九	一	八四	三	一	三	七

二一五

同	三一四	三	九五	一六	二三	二〇	三	—	二三	—	—	—	—
同	三一五	二八	一一七	三	二八	二	三	四	二八	—	—	—	—
同	三一六	六五	二七四	四七	八二	七五	二	二	七九	三	—	—	三
同	三一七	九四	三六七	六〇	八七	六八	八	六	八二	四	—	一	五
同	三一八	一二四	五〇三	七三	一〇〇	七八	二一	九	九八	二	—	—	二
同	三一九	一六八	七二八	一一四	一六一	一一〇	一七	一三	一四九	八	—	四	三
同	三二〇	九九	三九五	五四	六七	五七	五	五	六七	—	—	—	—
同	三二一	二四	一一五	一七	三八	二八	六	一	三五	三	—	—	三
同	三二二	一〇	四四	七	九	四	五	—	九	—	—	—	—
同	三二三	三六	一七三	二八	六五	四一	—	三	五四	二	—	—	二
同	三二四	二九	一三三	一八	六五	五一	一二	二	六四	一	—	—	一
同	三二五	三六	一五三	一九	二	一八	一	二	二二	—	—	—	—
同	三二六	三六	一六五	二三	三七	二	五	九	三三	二	一	一	四
同	三二七	四五	一六六	三七	五〇	三九	四	五	四八	二	—	—	二
同	三二八	二八	一三三	一八	二九	三	一	六	二九	—	—	—	—
中濱町、中本町	三二九	五一	二三九	三六	三九	二九	六	二	三七	二	—	—	二
中道町、森町	三三〇	一一九	五二〇	五二	七二	五二	一七	二	七二	一	—	—	一
森町	三三一	一四二	四九九	一〇四	一三三	一〇二	一六	五	一三三	一〇	—	—	一〇
同	三三二	五〇	二三八	二五	三六	二六	八	一	三五	一	—	—	一
同	三三三	九七	三六八	四〇	五二	二五	一二	一四	五一	—	—	一	一
同	三三四	七五	二七八	二八	三五	二三	三	八	三四	—	一	—	一
同	三三五	三八	一六四	一八	二	一二	三	五	二〇	一	—	—	一
森町、中道町	三三六	一六三	六八八	八二	一一四	六七	三四	六	一〇七	七	—	—	七
森町	三三七	二〇九	七八八	八八	一三五	八〇	三九	二	三一	四	—	—	四

二一七

同	三三八	一一三	四二九	四四	五五	四三	一〇	二	五五	｜	｜	｜
中道町	三三九	一三四	五四二	八〇	一二〇	八二	二一	六	一〇九	七	二	二	二
同	三四〇	八四	三〇一	五一	六三	四四	二三	三	五九	四	｜	｜	四
同	三四一	七三	二九一	二一	二一	二三	七	二	二一	｜	｜	｜	｜
同	三四二	一一四	四六一	五六	七九	五九	一三	三	七四	四	一	｜	五
同	三四三	一二六	五五〇	七五	一二九	九九	一二	九	一一九	八	｜	二	一〇
同	三四四	九一	三八八	七六	九四	六六	一二	九	八七	五	一	一	七
森町	三四五	九七	三七〇	六四	八二	六一	一三	三	七七	三	一	一	五
中本町	三四六	八八	三三五	五四	五四	三六	一〇	七	五三	一	｜	｜	一
同	三四七	八八	二九六	五一	五一	三一	四	一四	四九	二	｜	｜	二
同	三四八	一一三	四二四	六二	六二	三七	一四	九	六〇	一	一	｜	二
同	三四九	五一	二一〇	三二	四一	二八	四	八	四〇	一	｜	｜	一
同	三五〇	一三五	四八五	八二	九五	六二	一三	五	九〇	五	一	一	五
同	三五一	五四	二二五	四〇	五七	三五	七	一三	五五	一	｜	一	二
同	三五二	一四〇	五四三	九八	一五三	一二四	一八	八	一五〇	三	｜	｜	三
同	三五三	一一七	四四六	六九	九五	六四	一九	八	九一	四	｜	｜	四
同	三五四	一四七	五九〇	一〇五	一五六	一〇八	二五	一八	一五一	四	一	｜	五
同	三五五	七〇	三一二	四八	六三	四二	九	九	六〇	三	｜	｜	三
同	三五六	九二	三七一	六五	九四	七〇	五	一〇	八五	三	｜	六	九
同	三五七	一二五	五四五	六九	一一三	八七	一七	五	一〇九	三	｜	一	四
同	三五八	六四	三二七	二一	三三	二五	七	一	三三	｜	｜	｜	｜
同	三五九	九四	三六九	五一	六九	四四	九	一二	六四	四	｜	一	五
同	三六〇	三八	一四二	二一	三三	二四	四	四	三三	一	｜	｜	一
同	三六一	一五一	五八八	八七	一〇七	六六	一四	一三	一〇三	二	｜	二	四

同	三六二	八〇	二九八	三八	四六	二四	一〇	六	四〇	四	一	一	六
同	三六三	一二〇	四三六	六〇	六〇	四二	九	九	六〇	—	—	—	—
同	三六四	一一四	四五一	四七	八〇	六〇	七	八	七五	四	—	一	五
同	三六五	四五	一五〇	三七	四七	三一	五	八	四四	二	—	一	三
同	三六六	三三	一〇〇	一一	二五	二〇	一	四	二五	—	—	—	—
同	三六七	九三	三三六	七二	一〇二	五七	一四	二七	九八	二	二	—	四
同	三六八	一六五	六〇八	一三四	一七一	一二七	一九	一三	一四九	一五	二	五	一三
西今里町	三六九	四九	一八七	二七	三七	二一	六	八	三九	二	—	—	二
同	三七〇	六六	二五三	四〇	四五	二五	六	一三	四四	—	一	—	一
同	三七一	三八	一六五	二一	三三	一〇	二一	—	三一	—	二	—	二
同	三七二	五七	一八七	三五	二九	二〇	九	五	三四	三	一	一	五
同	三七三	四七	二三四	二一	二六	一三	三	九	二五	一	—	—	一
同	三七四	一一四	四五四	七一	九〇	二七	二〇	四三	九〇	—	—	—	—
中道町	三七五	六六	二五六	三九	五八	四五	三	二	五〇	八	—	—	八
同	三七六	九三	三〇九	七四	九一	六四	一〇	一三	八七	二	二	—	四
同	三七七	八七	三三七	五八	一〇四	六六	一三	一七	九六	七	—	一	八
同	三七八	四九	二一七	二二	四八	三八	四	一	四三	四	一	—	五
同	三七九	八七	三七〇	四七	五七	四一	七	四	五二	四	一	—	五
同	三八〇	一二一	四八二	七三	一〇八	七五	一〇	一四	九九	七	—	二	九
同	三八一	三六	一七〇	一四	三	一六	五	一	一三	—	—	—	—
同	三八二	五二	一九二	三〇	五二	三三	一〇	八	五一	—	一	—	一
同	三八三	四〇	一六六	二九	四五	二七	六	九	四二	三	—	—	三
同	三八四	四六	二一八	二四	三六	一六	四	一四	三四	二	—	—	二
同	三八五	三三	一四四	二〇	二五	二〇	一	三	二五	—	—	—	—

二一八

同	三八六	六四	二五二	二八	三八	二六	四	二	三二	一	一	四	六
同	三八七	六六	二三七	三九	五四	三三	一〇	二	四三	四	一	六	二
同	三八八	一〇二	四二九	七一	九八	六九	一〇	一七	九六	二	｜	｜	二
同	三八九	八七	三四五	四四	五六	三八	一五	二	五五	一	｜	｜	一
同	三九〇	九四	三五六	六六	一〇〇	八七	七	五	九九	一	｜	｜	一
同	三九一	五六	一九八	一四	一四	六	一	六	一三	一	｜	｜	一
同	三九二	五一	一八七	三五	四三	二六	六	一〇	四二	一	｜	｜	一
同	三九三	五〇	一八六	二五	三一	一九	七	四	三〇	｜	一	｜	一
同	三九四	九一	三〇五	六〇	七二	四九	一三	九	七一	一	｜	｜	一
同	三九五	四四	一七七	二九	三三	三三	二	六	三〇	三	｜	｜	三
同	三九六	六九	三四一	二四	五二	二二	一三	八	四二	九	｜	一	一〇
同	三九七	八四	三一九	二五	三三	一九	九	四	三三	｜	｜	｜	｜
同	三九八	六二	二一四	四〇	五四	三三	九	一〇	五二	一	一	｜	二
同	三九九	六四	二四〇	四四	五三	三六	二	二	四九	三	一	｜	四
同	四〇〇	三三	一三九	一五	一九	一三	四	二	一九	｜	｜	｜	｜
同	四〇一	八五	三四〇	五一	六九	三五	一八	一四	六七	一	｜	一	二
同	四〇二	六〇	二八三	二九	四二	一四	一三	三	四〇	一	一	｜	二
同	四〇三	九一	三七一	四八	五九	三六	九	二	五六	一	一	一	三
同	四〇四	四六	二二〇	二四	四〇	三三	九	四	三六	｜	｜	四	四
同	四〇五	三八	一六九	一七	一九	一四	一	四	一九	｜	｜	｜	｜
同	四〇六	八〇	三四六	五九	一〇二	七五	一〇	一三	九八	二	｜	二	四
同	四〇七	七六	三〇五	二九	四八	二八	一九	一	四八	｜	｜	｜	｜
同	四〇八	四六	一八三	二四	三九	二四	一三	｜	三七	一	一	｜	二
同	四〇九	八八	三九四	三三	三三	八	七	四	一九	二	｜	一	三

二一九

三二〇

同	四一〇	四七	二〇五	二六	五八	五〇	四	四	五八	—	—	—	—
同	四一一	八〇	三五六	四〇	六七	四七	一五	二	六四	二	一	—	三
同	四一二	八〇	二九〇	四一	六五	三三	一五	一三	六一	二	—	二	四
同	四一三	五四	一七四	三〇	三八	二四	九	二	三五	三	—	—	三
同	四一四	九五	三三〇	六一	八二	六六	九	五	八〇	一	—	一	二
同	四一五	八〇	三三一	五二	七二	四九	一五	六	七〇	—	—	二	二
同	四一六	六二	二二六	三五	四九	三九	七	—	四六	一	一	一	三
同	四一七	四八	一九〇	三〇	四二	三二	三	四	三九	三	—	—	三
同	四一八	五四	二四三	二七	七一	四七	七	一〇	六四	六	一	—	七
同	四一九	三六	一四七	一〇	四一	二四	七	六	三七	二	一	一	四
同	四二〇	六二	二三五	三一	四三	三三	五	—	三八	二	—	三	五
同	四二一	四〇	一七一	一三	二五	一六	三	四	二三	二	—	—	二
同	四二二	五八	二三七	三五	四六	三二	九	一	四二	二	一	一	四
同	四二三	一二三	五三五	四〇	六三	三二	一六	一	五九	一	一	二	四
同	四二四	三六	一五七	一二	一六	一〇	六	—	一六	—	—	—	—
同	四二五	四一	一九一	二三	四七	四一	三	三	四七	—	—	—	—
同	四二六	六七	二七〇	三八	五二	三一	一〇	九	五〇	一	一	—	二
同	四二七	四一	一六九	三一	五四	三六	一	一六	五三	一	—	—	一
同	四二八	四九	二四九	三四	八二	四七	八	九	六四	一三	三	二	一八
同	四二九	五九	二〇八	三四	四三	二八	一三	—	四一	二	—	—	二
同	四三〇	九三	三七四	五二	七五	四九	一六	六	七一	二	二	—	四
同	四三一	五九	二一八	三一	四〇	二七	六	四	三七	一	—	二	三
同	四三二	六三	二五一	四〇	四八	三二	一三	二	四七	一	—	—	一
同	四三三	六四	二三九	四一	五九	四二	八	五	五五	七	—	一	四

同	四三四	一三	九五	二二	一六	六	四	三	一三	三	丨	丨	三
同	四三五	一一八	四〇五	二五	二五	一八	五	一	二四	一	丨	丨	一
同	四三六	三三	一三一	一九	二四	一八	二	四	二四	丨	丨	丨	丨
同	四三七	四四	一八八	三一	六四	四二	一二	五	五九	二	丨	三	五
同	四三八	四六	一八七	三〇	四七	三五	三	二	四〇	六	一	丨	七
同	四三九	五九	二一四	三二	四三	二七	九	二	三八	四	一	丨	五
同	四四〇	五一	二〇四	三三	六〇	三四	八	一四	五六	一	丨	三	四
同	四四一	八八	三二九	六一	七三	五一	一三	五	六八	二	二	一	五
同	四四二	五二	二二二	三四	四四	二九	四	七	四〇	四	丨	丨	四
同	四四三	七四	二七三	三九	四七	三五	一〇	一	四六	一	丨	丨	一
同	四四四	六六	二四九	三〇	三八	三三	九	五	三七	一	丨	丨	一
同	四四五	八〇	三一六	四四	五〇	三九	五	四	四八	二	丨	丨	二
同	四四六	一六七	七一九	九六	一四九	一一〇	一四	九	一四三	六	丨	丨	六
同	四四七	六九	二七六	四三	五八	四三	一〇	四	五七	一	丨	丨	一
同	四四八	八七	三五〇	四八	七二	五四	九	二	六五	五	!	二	七
同	四四九	六四	二七四	三五	五六	二八	一〇	三	五〇	三	一	二	六
同	四五〇	八三	二九三	五六	七〇	四九	一三	四	六六	四	丨	丨	四
同	四五一	六六	二三三	一七	一八	六	五	丨	一一	四	三	丨	七
同	四五二	六九	二四五	三三	三六	三三	四	九	三五	一	丨	丨	一
鴫野町	四五三	一一四	四六二	五八	七七	五七	九	七	七三	三	一	丨	四
同	四五四	五一	一八三	二七	三三	一七	九	六	三三	丨	丨	丨	丨
同	四五五	七六	二七三	五三	五六	三四	九	一〇	五三	二	一	丨	三
同	四五六	五二	一七三	四五	五八	四六	六	四	五六	二	丨	丨	二
同	四五七	八八	二八八	六二	八五	五五	二	九	八五	丨	丨	丨	丨

同	四五八	四三	二一四	二七	七三	六三	八	一	七二	｜	｜	一	一
同	四五九	四一	一六四	二〇	三八	二七	一〇	｜	三七	｜	一	｜	一
同	四六〇	四七	一九一	二九	四〇	一八	一八	三	三九	｜	一	｜	一
同	四六一	九一	三三八	六八	一二〇	六九	二〇	一四	一一三	四	｜	三	七
同	四六二	六六	二五〇	五三	六八	四六	一八	二	六六	二	｜	｜	二
同	四六三	七五	二九〇	五一	五五	三三	一三	六	五一	二	一	一	四
同	四六四	七〇	二三九	五六	七六	五八	四	一三	七四	二	｜	｜	二
同	四六五	九六	三四六	六九	一〇一	六五	一三	五	八三	一三	一	五	一八
同	四六六	八四	三三六	六五	一〇三	六九	一三	四	九六	四	二	一	七
同	四六七	七三	二八八	四〇	六二	三九	一〇	八	五七	五	｜	｜	五
鴫野町、新喜多町	四六八	五七	二一四	三六	五四	四三	五	三	五一	三	｜	｜	三
鴫野町	四六九	九四	三七七	四〇	五七	三一	一二	二	五四	三	｜	｜	三
同	四七〇	三六	一四五	一七	一九	一一	五	二	一八	｜	一	｜	一
同	四七一	九六	四六八	三六	七三	四二	二〇	｜	六二	八	｜	二	一〇
同	四七二	九四	三六八	五七	六九	五〇	一一	六	六七	一	一	｜	二
同	四七三	一〇〇	四一一	七〇	一一五	七五	二〇	一〇	一〇五	七	三	｜	一〇
鴫野町、新喜多町	四七四	九〇	四四二	五八	一七七	一五五	一一	六	一七三	三	一	一	五
鴫野町	四七五	一〇四	四五三	五〇	九二	五五	一六	二	七三	一七	一	一	一九
同	四七六	一二五	五六三	四二	一三〇	一〇二	一一	七	一三〇	｜	｜	｜	｜
同	四七七	七九	二五九	五四	五三	四三	五	｜	四八	五	｜	｜	五
同	四七八	四九	一八八	二五	三八	一八	五	一	三四	三	一	｜	四
同	四七九	一一三	四八二	七〇	八七	七一	一一	二	八四	三	｜	｜	三
同	四八〇	一	一、三一〇	一	一三、一〇	一、二八二	二八	｜	一、三一〇	｜	｜	｜	｜
同	四八一	二	一二〇	二	一二〇	一二〇	｜	｜	一二〇	｜	｜	｜	｜

二三三

同	四八二	九一	四二八	八〇	一四四	一〇七	三七	｜	一四四	｜	｜	｜	｜
同	四八三	九八	三二六	九五	一七二	一六八	四	｜	一七二	｜	｜	｜	｜
同	四八四	九九	三七九	九八	一六四	一四四	一八	二	一六四	｜	｜	｜	｜
同	四八五	一〇〇	四〇二	九九	一七三	一六五	六	｜	一七一	二	｜	｜	二
同	四八六	九二	三五四	六二	九〇	七〇	一四	四	八八	二	｜	｜	二
同	四八七	八二	三三一	六四	八一	六七	七	四	七八	三	｜	｜	三
同	四八八	九五	三九〇	六一	九〇	七三	八	四	八五	四	一	｜	五
同	四八九	四八	一八六	三四	五〇	二八	八	九	四五	二	二	一	五
同	四九〇	八四	三三七	五九	七二	五九	八	三	七〇	二	｜	｜	二
同	四九一	一二四	四六三	七八	一一八	八六	三	六	一一三	三	二	｜	五
同	四九二	四三	一六八	三七	三八	一六	一二	四	三二	三	三	｜	六
同	四九三	六八	二七一	五七	七六	四六	一六	七	六九	六	一	｜	七
同	四九四	八三	二九八	五七	六八	三六	三	八	六六	二	｜	｜	二
同	四九五	六四	二三六	四四	五八	三〇	一三	三	五六	一	一	｜	二
同	四九六	一二四	四八七	九〇	一〇五	七五	一四	八	九七	三	五	｜	八
同	四九七	九五	三五四	六九	九五	六五	一三	一四	九二	三	｜	｜	三
同	四九八	一三〇	五一一	八四	一一一	六〇	一二	二四	一〇六	二	一	二	五
同	四九九	一〇七	四一一	七七	一五二	九九	六	二七	一三二	一七	｜	三	二〇
同	五〇〇	一一六	四四三	八六	一二三	七四	三	二〇	一一六	五	二	｜	七
同	五〇一	八七	三四八	六三	八五	六〇	二五	｜	八五	｜	｜	｜	｜
鴫野町、天王田町	五〇二	九八	三八六	七二	九三	四二	三四	一〇	八六	五	二	｜	七
天王田町	五〇三	一〇一	四七三	四七	八〇	五七	一一	一二	八〇	｜	｜	｜	｜
鴫野町、天王田町 / 新喜多町	五〇四	一二四	五〇七	八八	一二四	九二	一五	一三	一二〇	四	｜	｜	四
左専道町	五〇五	五四	二七二	二二	三二	一四	一	一六	三二	｜	｜	｜	｜

三三三

同	五〇六	六三	二四七	二四	二六	一四	七	五	二六	—	—	—	—
天王田町、左専道町	五〇七	一二六	五五一	六六	八一	三九	一三	一七	七八	一	一	一	三
左専道町	五〇八	九九	三九七	五八	六五	三六	一三	一五	六三	二	—	—	二
永田町	五〇九	七〇	二八六	二三	二七	一三	五	一〇	二七	—	—	—	—
今福町、放出町	五一〇	五九	三一八	三八	九一	八三	四	三	九〇	一	—	—	一
新喜多町、放出町	五一一	一三五	五六七	九〇	一五一	八九	一七	四〇	一四六	四	一	—	五
放出町	五一二	三七	一八三	二七	四六	二八	一二	二	四二	二	二	—	四
布屋町、放出町	五一三	一一一	四七七	八九	一三四	五三	四五	一六	一一四	四	二	四	二〇
放出町、新喜多町	五一四	五四	二五〇	四四	八一	五三	一七	七	七七	三	一	—	四
放出町、布屋町	五一五	五七	二〇七	三六	三九	一五	一九	四	三八	—	一	—	一
放出町、布屋町、新喜多町	五一六	一〇〇	三七六	三九	四九	一九	一七	八	四四	四	—	一	五
放出町	五一七	一一八	四六六	七八	九九	五九	一六	一三	八八	九	二	—	二
同	五一八	五六	二二〇	三一	四七	三三	三	九	四五	二	—	—	二
同	五一九	七五	一六六	四五	五四	四〇	四	四	四八	二	一	三	六
同	五二〇	八〇	三三二	五八	八〇	四四	六	二九	七九	一	—	—	一
放出町	五二一	五二	二四一	三三	四八	二二	三	一六	四〇	二	—	六	八
同	五二二	七五	三一三	五二	六三	三三	一〇	一四	五七	三	三	—	六
同	五二三	五四	二四五	二五	三九	一八	九	一	二八	二	—	九	二
放出町、今津町	五二四	五六	二四〇	二七	三五	一二	七	四	三三	二	—	—	二
放出町、三組町、布屋町、今津町、新喜多町	五二五	一〇二	三九二	五九	七四	四四	二四	一	六九	三	二	—	五
今津町	五二六	七六	四〇三	三四	三八	三〇	四	四	三八	—	—	—	—
同	五二七	九四	四二五	四七	五六	三四	三	一九	五六	—	—	—	—
同	五二八	五八	二五一	一〇	三七	一九	三	一五	三七	—	—	—	—
同	五二九	四七	二三八	二三	二九	一三	六	九	二八	一	—	—	一

同	五三〇	八七	四〇〇	三六	四一	二六	七	六	三九	｜	二	｜	二
鶴見町	五三一	七七	三二一	四七	七〇	三三	八	二七	六七	二	一	｜	三
同	五三二	八二	三〇一	四八	六四	二九	三	二七	五九	四	一	｜	五
鶴見町、今福町	五三三	八〇	四一九	三三	四三	三〇	四	九	四三	｜	｜	｜	｜
鶴見町	五三四	四七	一九六	一七	三二	四	二	一六	三	｜	｜	｜	｜
同	五三五	五八	二三七	二四	三八	二二	一	五	二七	一	｜	｜	一
同	五三六	五七	二三五	二〇	三〇	一六	一	三	三〇	｜	｜	｜	｜
今福町	五三七	九八	四四九	二九	六二	五一	七	｜	五八	三	一	｜	四
同	五三八	六八	二七九	三九	五四	三七	四	一〇	五一	二	｜	一	三
同	五三九	五四	二一五	二三	三七	三三	一	三	三六	一	｜	｜	一
同	五四〇	八六	三六六	五〇	七四	五九	七	四	七〇	四	｜	｜	四
同	五四一	九七	三九六	五一	六七	五三	七	三	六三	二	二	｜	四
同	五四二	七四	三三五	五五	一一〇	六〇	二〇	三	一〇三	六	｜	一	八
放出町、今福町	五四三	五二	一八四	三〇	四一	一六	一〇	一二	三八	三	｜	｜	三
今福町	五四四	五五	二三二	三七	五八	五四	二	二	五八	｜	｜	｜	｜
放出町、今福町	五四五	一〇八	四〇〇	八八	一〇七	七八	二四	｜	一〇二	五	｜	｜	五
今福町、放出町	五四六	四七	一八五	三三	四五	三八	三	三	四四	一	｜	｜	一
今福町	五四七	六九	二九三	四七	六四	四六	八	八	六二	一	｜	一	二
同	五四八	六八	二七八	四二	六八	四二	五	一三	六〇	五	｜	二	八
同	五四九	八一	三〇四	五八	八七	六二	六	一六	八四	三	｜	｜	三
同	五五〇	八二	三一六	五五	九四	七一	｜	二二	九二	二	｜	｜	二
同	五五一	六四	二四八	五二	七八	六六	三	五	七四	三	｜	一	四
同	五五二	七四	二九六	五七	八二	五九	一三	六	七八	四	｜	｜	四
同	五五三	一二七	四七一	九五	一三四	七九	二二	二二	三二	八	｜	五	一三

二二五

同	五五四	六八	二九九	五二	九七	七一	二三	三	九五	二	|	|	二
同	五五五	八九	三三七	六八	七六	五六	六	二	七三	一	二	|	三
同	五五六	八二	三二一	六〇	七七	五五	四	三	七二	二	一	二	五
同	五五七	七二	三三三	六三	一二四	五三	七一	|	一二四	|	|	|	|
同	五五八	七一	三一〇	四六	五九	四二	九	四	五五	四	|	|	四
同	五五九	五四	二三四	三八	七八	三五	一三	二〇	六八	九	|	一	一〇
同	五六〇	七六	三一四	五四	六八	五九	七	|	六六	一	一	|	二
同	五六一	八一	三一五	七二	一一〇	七九	一三	八	一〇〇	七	一	二	一〇
同	五六二	八四	三〇九	六九	八八	四九	二三	二	八三	二	二	一	五
同	五六三	七〇	二八七	五〇	五四	四一	五	六	五二	一	一	|	二
同	五六四	八五	三一九	三三	四〇	二九	二	九	四〇	|	|	|	|
同	五六五	三四	一三六	二七	五三	四一	七	三	五一	一	一	|	二
蒲生町	五六六	八六	三二三	五七	七七	六八	八	一	七七	|	|	|	|
今福町、蒲生町	五六七	八一	四九三	五五	二三五	一九〇	三三	|	二三三	二	|	|	二
蒲生町	五六八	一〇三	四二〇	六七	一〇四	四九	二九	三	九九	三	二	|	五
同	五六九	八〇	三二四	五一	六八	五九	五	二	六六	二	|	|	二
同	五七〇	五〇	一八六	四三	五九	四八	六	四	五八	一	|	|	一
同	五七一	五三	一三六	二三	三八	二八	四	|	三三	六	|	|	六
同	五七二	四九	二一九	三五	五一	四一	二	一	四四	七	|	|	七
同	五七三	五四	二一八	三六	四七	二七	一一	五	四三	三	一	|	四
同	五七四	四五	二〇七	三〇	四六	三〇	五	五	四〇	六	|	|	六
同	五七五	八四	三一八	五五	六七	五三	九	五	六七	|	|	|	|
同	五七六	一〇六	四一三	七四	一〇〇	八四	一五	|	九九	一	|	|	一
同	五七七	八三	三一二	五七	七七	四五	一七	二	七三	二	一	一	四

二二六

同	五七八	三三	一二八	一八	三〇	一九	八	一	二八	二	|	|	二
同	五七九	一二八	四六七	九五	一三八	八二	三一	五	一二八	一七	三	|	二〇
同	五八〇	四九	一七八	三八	五二	二九	二	一〇	五〇	一	一	|	二
同	五八一	三五	一八〇	二六	四七	七七	二九	|	四六	|	一	|	一
同	五八二	五四	二五七	三六	七〇	四四	二六	|	七〇	|	|	|	|
同	五八三	八八	三六六	六四	一一〇	八二	二二	三	一〇六	三	一	|	四
蒲生町、新喜多町	五八四	一〇三	五〇一	五七	一四五	一三四	一四	一	一三九	五	一	|	六
新喜多町	五八五	九三	四五九	六四	二〇七	一八四	一五	四	二〇三	四	|	|	四
蒲生町	五八六	三八	一七六	一八	三三	一八	一	|	一九	三	|	|	三
新喜多町	五八七	八四	三二一	六二	七八	六七	八	一	七六	一	一	|	二
同	五八八	九五	三八六	五六	八七	七一	一〇	一	八二	三	一	一	五
蒲生町、新喜多町	五八九	一〇五	三五四	七三	一〇六	八二	三	四	九九	七	|	|	七
蒲生町	五九〇	八三	三五一	六三	一一三	九二	七	一	一〇〇	三	一	|	三
同	五九一	五八	二六七	四三	六九	四二	|	二〇	六三	七	|	|	七
新喜多町	五九二	七一	三五八	三七	一一六	一一〇	四	|	一一四	二	|	|	二
新喜多町、蒲生町	五九三	六八	三三三	五六	八八	六六	一三	二	八一	七	|	|	七
新喜多町、蒲生町	五九四	八四	三四八	四五	六五	四三	一三	八	六四	一	|	|	一
新喜多町	五九五	六七	二三五	四四	六一	四三	一三	一	五七	四	|	|	四
放出町、新喜多町	五九六	一〇一	四〇四	七〇	九二	五七	二四	|	九一	一	|	|	一
新喜多町	五九七	五〇	二一三	二三	三三	一八	九	二	二九	四	|	|	四
同	五九八、	八五	三三三	五一	五七	四六	七	一	五四	三	|	|	三
新喜多町	五九九	四〇	一六〇	二六	三六	二七	三	|	三〇	一	五	|	六
同	六〇〇	三八	一五三	二五	三三	二八	一	四	三三	|	|	|	|
新喜多町、鴫野町	六〇一	八八	三九〇	六三	一四二	一三〇	八	二	一四〇	二	|	|	二

西國町	六〇二	七四	三八九	一四	二三	二〇	｜	｜	二〇	一	｜	一	二
同	六〇三	五八	二四三	三三	二六	二三	五	八	二五	｜	一	｜	一
別所町	六〇四	七五	三三〇	二八	三八	一五	一九	一	三五	二	一	｜	三
別所町、北清水町	六〇五	八三	三三三	三五	四三	一五	二三	四	四二	一	｜	｜	一
上辻町、北清水町	六〇六	四五	二〇六	一六	二三	一三	九	一	二三	｜	｜	｜	｜
上辻町、貝脇町／北清水町	六〇七	六一	二二六	四〇	四六	一三	三一	｜	四四	一	一	｜	二
上辻町、貝脇町／北清水町	六〇八	一六六	七一五	九七	一四七	八〇	四四	九	一三三	八	六	｜	一四
上辻町、貝脇町／北清水町	六〇九	八二	三二三	五七	七六	二七	四四	一	七二	三	｜	一	四
貝脇町千林町今市町	六一〇	一一一	四五五	六〇	七六	一三	五七	一	七一	一	三	一	五
千林町	六一一	一一九	四九三	七〇	八六	二九	五〇	五	八四	二	｜	｜	二
千林町、今市町	六一二	一三一	四六七	七三	九四	三五	四四	二	九〇	四	｜	｜	四
貝脇町、北清水町／森小路町	六一三	六二	二二五	四三	五五	一六	三六	一	五三	一	一	｜	二
森小路町、上辻町／北清水町	六一四	六五	二五八	五〇	六五	五	五二	八	六五	｜	｜	｜	｜
南島町、江野町	六一五	八六	三六〇	六〇	七一	三七	二三	一	七一	｜	｜	｜	｜
南島町	六一六	七九	三一〇	五四	六六	四五	一七	一	六三	｜	二	一	三
森小路町、南島町	六一七	五九	二四二	二四	二四	三	二〇	｜	二三	一	｜	｜	一
南島町、森小路町	六一八	一〇七	三七六	七三	八四	二〇	五三	四	七七	三	四	｜	七
森小路町	六一九	六四	二三四	三九	四〇	一一	二八	｜	三九	｜	一	｜	一
森小路町、南島町	六二〇	五七	一七九	三七	四五	一六	二一	一	三八	二	五	｜	七
森小路町	六二一	九二	三六一	六二	八四	三六	四六	｜	八二	｜	二	｜	二
同	六二二	九五	四〇二	五八	七三	二三	四一	七	七一	｜	二	｜	二
千林町、今市町／森小路町	六二三	一〇九	四六〇	六五	八四	三七	三〇	一六	八三	一	｜	｜	一
森小路町	六二四	八九	二九八	四三	四七	一一	二八	七	四六	一	｜	｜	一
北清水町、今市町／上辻町、貝脇町	六二五	一二四	四五二	七六	八二	一四	六三	｜	七七	｜	五	｜	五

六二六	今市町	五三	一九八	三一	三六	八	二七	｜	二五	｜	｜	一	一
六二七	北清水町 今市町、上辻町	七七	二六一	六二	六六	六	五八	｜	六四	｜	二	｜	二
六二八	北清水町、今市町 千林町、貝脇町	五六	二四六	三二	四五	三	三〇	一	四三	｜	二	｜	二
六二九	千林町、貝脇町 今市町、北清水町	六二	三三七	三〇	三〇	四	二	一	二六	四	｜	｜	四
六三〇	今市町	五四	三三七	二四	三六	二	三	一	三五	｜	一	｜	一
六三一	同	六二	二六三	二五	二九	｜	二六	二	二八	｜	一	｜	一
六三二	千林町、今市町	一一五	四九八	四〇	五〇	一六	三	二	五〇	｜	｜	｜	｜
六三三	今市町	八六	三七三	五四	七七	一七	三	二五	七四	三	｜	｜	三
六三四	同	三四	一四六	一七	二八	一五	三	｜	二七	｜	一	｜	一
六三五	今市町、別所町 千林町、北清水町	五九	三三〇	四二	五四	一七	三	二	五〇	一	三	｜	四
六三六	千林町別所町貝脇町 上辻町、北清水町	八七	三四七	五七	七〇	二〇	四一	八	六九	｜	一	｜	一
六三七	江野町	三八	一五一	二六	三五	一三	一九	四	二五	｜	｜	｜	｜
六三八	同	五四	三三二	三六	五〇	二五	一九	五	四九	｜	一	｜	一
六三九	中宮町	五〇	二〇九	三〇	四二	三三	三	六	四二	｜	｜	｜	｜
六四〇	同	五一	二〇三	二八	三七	二四	六	七	三七	｜	｜	｜	｜
六四一	同	五三	二一四	二七	三三	一五	一〇	五	三〇	三	｜	｜	三
六四二	生江町	一〇七	四五一	六五	九一	四八	一三	三	八二	七	二	｜	九
六四三	同	三九	一六一	三	三三	一八	二	｜	二九	一	｜	二	三
六四四	同	七五	三三五	四九	六九	四六	二	八	六六	一	二	｜	三
六四五	同	二五	一三三	二	一四	一三	｜	｜	一三	二	｜	｜	二
六四六	同	五三	一四九	一四	一七	一七	｜	｜	一七	｜	｜	｜	｜
六四七	同	四一	一八一	一四	二一	一八	二	一	二一	｜	｜	｜	｜
六四八	同	三二	一三三	二	二	｜	二	｜	二	｜	｜	｜	｜
六四九	同	三九	二〇〇	一三	三四	三三	｜	一	三四	｜	｜	｜	｜

同	六五〇	六四	二九八	一八	二	二〇	一	｜	二	｜	｜	｜	｜
同	六五一	四〇	一六二	七	八	八	｜	｜	八	｜	｜	｜	｜
赤川町	六五二	一一四	五〇三	五五	七七	五一	八	一七	七六	一	｜	｜	一
同	六五三	一二六	四九一	七七	一一三	九七	八	七	一一三	一	｜	｜	一
同	六五四	一一八	四九三	七〇	一二一	一一二	七	二	一二一	｜	｜	｜	｜
同	六五五	一五二	五六七	一二	一六九	九九	一二	三八	一五九	八	｜	二	一〇
同	六五六	一〇五	四〇九	六六	八二	六五	一一	六	八二	｜	｜	｜	｜
同	六五七	一〇〇	三七〇	五七	六四	四二	五	一二	五九	五	｜	｜	五
同	六五八	一六二	五九九	一二九	一七三	一〇九	一六	四四	一六九	三	｜	一	四
同	六五九	一六三	六〇九	九八	一三三	九五	一六	一九	一三〇	三	｜	｜	三
赤川町、毛馬町	六六〇	八六	三一九	四六	五九	四三	八	五	五六	三	｜	｜	三
赤川町、毛馬町	六六一	一四四	五三四	一〇七	一六七	一一七	一一	三〇	一五八	五	二	二	九
赤川町	六六二	七一	二九六	五〇	七四	六七	六	｜	七三	｜	一	｜	一
同	六六三	七七	三一六	五九	九七	八三	四	二	八九	七	｜	一	八
同	六六四	二	一二五	二	一二五	一二五	｜	｜	一二五	｜	｜	｜	｜
毛馬町	六六五	五六	三二九	四五	六五	五四	四	六	六四	一	｜	｜	一
同	六六六	一〇八	三八四	八二	一一六	九四	一〇	八	一一三	｜	一	三	四
同	六六七	一三六	五六五	一〇五	一四五	一一九	一二	｜	一四一	四	｜	｜	四
毛馬町、友淵町	六六八	一三三	四七八	九九	一五八	一一三	三六	八	一五六	二	｜	｜	二
毛馬町、友淵町	六六九	一二五	四六五	六五	八八	七二	五	六	八三	四	｜	一	五
毛馬町	六七〇	七五	三〇三	五一	八一	五七	一四	一〇	八一	｜	｜	｜	｜
毛馬町、友淵町	六七一	一五六	六三八	一一〇	一八二	一四五	二六	五	一七六	二	四	｜	六
友淵町	六七二	六五	二九七	四四	一三三	九一	五	二七	一三三	｜	｜	｜	｜
同	六七三	二五	一五七	一九	五九	三二	一	二五	五九	｜	｜	｜	｜

二三〇

毛馬町	六七四	一〇三	三五五	一〇二	一六一	一一四	四五	二	一六一	—	—	—	—
友淵町	六七五	一三三	六八五	一一五	三六七	二九四	六〇	一三	三六七	—	—	—	—
同	六七六	三七	一六五	二七	三五	一三	三三	—	三五	—	—	—	—
野江町一丁目	六七七	五〇	一九六	三三	四〇	一三	二五	一	三九	一	—	—	一
同	六七八	七六	三七七	四五	七六	五一	一七	六	七四	二	—	—	二
同	六七九	一〇七	四八一	三八	四六	四二	三	—	四五	一	—	—	一
同	六八〇	一二五	五五三	七八	一三三	九四	一三	七	一二四	七	一	一	九
同二丁目	六八一	九七	四二二	五五	一二〇	三八	三六	一	七五	—	二	四三	四五
同	六八二	五八	二六八	三六	六二	三八	二一	二	六一	一	—	—	一
同	六八三	五五	二四八	三三	四五	三五	八	一	四四	一	—	—	一
同	六八四	九五	三九三	七七	一〇八	六九	二六	九	一〇四	—	三	一	四
同二丁目、三丁目	六八五	九七	三三七	七五	九〇	四三	三八	四	八五	四	一	—	五
同二丁目、三丁目	六八六	七一	三三一	四九	八〇	二	五〇	五	七六	三	一	—	四
同二丁目	六八七	一〇六	四五四	七九	一二八	九八	六	一六	一二〇	六	二	—	八
同二丁目、三丁目	六八八	一〇九	四八七	八六	一一五	七六	一七	一六	一〇九	三	三	—	六
巽町	六八九	七一	三四九	四七	一〇七	八五	一四	四	一〇三	四	—	—	四
巽町、野江町三丁目	六九〇	六九	二九六	三三	四八	三七	五	二	四四	二	一	一	四
内代町	六九一	一一五	四八九	九三	一四一	一〇四	三一	五	一四〇	一	—	—	一
同	六九二	一一六	四五七	八七	一三〇	九〇	二七	二	一二八	一	一	—	二
生江町、内代町	六九三	七五	二八三	八六	六七	二八	二六	一〇	六四	一	二	—	三
内代町野江町二丁目	六九四	一一三	四六六	七八	一一六	六八	三六	九	一一三	二	—	一	三
野江町三丁目關目町	六九五	九二	三四八	五七	六六	三八	二一	六	六五	一	—	—	一
同關目町野江前二丁目三丁目	六九六	一一四	三七二	八〇	九六	五一	三七	五	九三	一	二	—	三
關目町	六九七	五八	二三〇	三六	四二	三四	六	—	四〇	二	—	—	二

二三一

調査區 町名	調査區 番號	國勢調査 世帶	國勢調査 人口	失業統計調査 世帶	失業統計調査 人口	有業者數 勞働者	有業者數 給料生活者	有業者數 日傭勞働者	有業者數 計	失業者數 勞働者	失業者數 給料生活者	失業者數 日傭勞働者	失業者數 計
森小路町、南島町、關目町	六九八	六四	二七一	四〇	四八	三八	五	四	四七	一	—	—	一
野江町三丁目	六九九	三二	四〇一	八〇	九四	三五	五三	三	九一	一	二	—	三
同	七〇〇	九六	三四〇	七〇	八三	三三	四八	—	八一	—	二	—	二
野江町三丁目中宮町	七〇一	五二	二〇一	四〇	五六	二五	三〇	—	五五	—	—	一	一
南島町、森小路町、中宮町	七〇二	六一	三四〇	四四	一三七	一〇八	二一	六	一三五	一	—	一	二
鴫野町	七〇三	三	七〇	三	五八	四三	一五	—	五八	—	—	—	—
赤川町	七〇四	三七	一四四	三七	五六	三二	二四	—	五六	—	—	—	—
毛馬町	七〇五	一	一七八	一	一七八	一五五	二三	—	一七八	—	—	—	—
同	七〇六	一一八	四三一	一一七	二五〇	二四〇	五	—	二四五	五	—	—	五
同	七〇七	一	一、四七四	一	一四六〇	一四四一	一九	—	一四六〇	—	—	—	—
友淵町	七〇八	四六	五九四	四六	五三四	五一六	一八	—	五三四	—	—	—	—
總計		五七、三三九	二三六、一〇六	三〇、五九六	四八、四六九	三二、四一二	八、八六一	四、九三七	四六、二一〇	一、五〇七	三六七	三八五	二、二五九

二三二

西成區

調査區 町名	調査區 番號	國勢調査 世帶	國勢調査 人口	失業統計調査 世帶	失業統計調査 人口	有業者數 勞働者	有業者數 給料生活者	有業者數 日傭勞働者	有業者數 計	失業者數 勞働者	失業者數 給料生活者	失業者數 日傭勞働者	失業者數 計
南吉田町	一	八一	三五七	四九	六七	二五	四一	—	六六	一	—	—	一
同	二	九六	四一六	六六	一〇一	四八	四二	八	九八	—	二	一	三
同	三	九二	三九三	四六	八七	四〇	四六	—	八六	一	—	—	一
同 北吉田町	四	一〇〇	四〇四	四〇	四二	一六	二三	一	四〇	一	一	—	二
北吉田町	五	九八	三三一	四八	六一	二四	三二	五	六一	—	—	—	—

同	六	八四	三〇〇	三八	五七	一九	三五	三	五七	|	|	|	|
南神合町	七	五一	二〇五	二二	二四	八	一四	|	二二	|	二	|	二
北吉田町、南神合町	八	九二	三一九	四三	四四	一三	二六	一	四〇	一	三	|	四
北吉田町、南神合町	九	一〇七	三六一	五六	六五	一九	四三	|	六二	一	二	|	三
南神合町	一〇	八七	二九三	五四	六七	三一	三一	三	六五	一	一	|	二
南神合町	一一	一一九	三八八	四七	五〇	七	四二	|	四九	一	|	|	一
南神合町、北神合町	一二	八五	三一三	四三	五六	三二	一二	五	四九	一	五	一	七
北神合町	一三	一一九	四八六	五四	六七	二四	一五	二六	六五	一	一	|	二
南神合町	一四	七〇	二九八	四九	五七	二九	二一	四	五四	二	|	一	三
同	一五	八五	三〇二	五〇	六六	三八	二一	三	六二	一	二	一	四
北神合町、三日路町	一六	七二	二六一	四一	四八	二六	一〇	八	四四	二	一	一	四
苫山町、三日路町	一七	八四	三九〇	六〇	八八	四九	二七	八	八四	三	一	|	四
三日路町	一八	九七	三七四	六〇	七九	五三	一六	八	七七	二	|	|	二
同	一九	八六	三一八	四八	五八	三六	一八	一	五五	二	一	|	三
東萩町、苫山町、三日路町	二〇	一一二	四五二	五六	七五	三七	三三	四	七四	一	|	|	一
曳船町	二一	一二七	四七三	五二	七六	四五	一四	一五	七四	一	|	一	二
同	二二	一〇六	四〇五	三九	五二	二一	一五	七	四三	八	|	一	九
同	二三	一〇八	三九四	五二	六七	四二	三三	一	七六	|	一	|	一
東萩町	二四	七六	二七六	四七	五七	二四	三〇	一	五五	一	|	一	二
同	二五	一二七	四九一	三六	四八	三一	一六	|	四七	|	一	|	一
東萩町、甲岸町	二六	一四七	五五二	五一	七七	三七	三五	四	七六	|	一	|	一
海道町	二七	一〇七	三五六	六五	七五	四五	一八	九	七二	二	一	|	三
同	二八	七四	二五二	一八	二九	一九	一〇	|	二九	|	|	|	|
同	二九	一〇四	三九九	四二	四七	三四	四	三	四一	五	一	|	六

二三三

同	三〇	一二九	五一八	七一	一三七	五九	三一	一五	一〇五	一八	八	六	三
甲岸町	三一	四六	一六六	二三	二六	一四	六	六	二六	—	—	—	—
同　東入船町	三二	一一六	四七一	五八	九二	六〇	二	一八	八九	二	一	—	三
東入船町	三三	九二	三三〇	四一	六四	三四	—	二八	六二	一	—	一	二
同	三四	一〇七	四五二	四〇	六五	四七	四	三	六三	二	—	—	二
同　西入船町	三五	一三五	四四九	五〇	七三	四五	二	二五	七二	一	—	—	一
同	三六	八八	二七〇	五三	六八	五四	一	三	六七	一	—	—	一
同	三七	八一	三八〇	四三	七三	五二	二	一七	七一	一	—	—	一
同	三八	一一四	四六五	五〇	六四	四一	一	一九	六一	三	—	—	三
東入船町、西入船町	三九	一〇三	四一一	三七	六四	四九	七	五	六一	二	一	—	三
東入船町	四〇	九四	三三五	四五	九二	一三	—	七六	八九	三	—	—	三
同	四一	七九	三一九	三四	八一	四	二	二	八	六	—	六七	七三
同　東田町	四二	九七	三九三	五九	一三三	二三	七	九八	一二八	三	—	一	四
東入船町	四三	六五	二九四	三五	七九	一四	四	五九	七七	一	—	一	二
同	四四	八一	三一七	四〇	一一三	二八	四	七三	一〇五	四	—	四	八
西入船町	四五	八〇	二六二	二七	三一	五	—	二六	三一	—	—	—	—
東田町	四六	一一三	三九九	三	二四	一〇	一三	一〇	二〇	—	—	一	一
同	四七	七三	二七一	二九	三七	二三	一	二	二六	一	—	—	一
同	四八	一一八	四七〇	六三	九三	六九	八	八	八五	七	—	一	八
同	四九	九六	三四三	三	四一	二三	六	二	四一	—	—	—	—
同	五〇	五〇	一八四	一六	三	一三	八	一	三	—	—	—	—
同	五一	七四	一三〇	二六	二九	一五	九	四	二八	一	—	—	一
今池町	五二	七七	二五〇	三〇	三九	二三	一三	三	三九	—	—	—	—
東田町、今池町	五三	八三	三七一	三〇	四四	一九	一五	—	四四	—	—	—	—

二三四

今池町	五四	一二七	四九六	三四	五八	四八	一	七	五六	二	|	|	二
同	五五	一一〇	四六七	三一	六九	五八	五	五	六八	一	|	|	一
同	五六	一一六	四四六	三三	三九	三三	二	四	三九	|	|	|	|
同	五七	一〇三	三九四	二八	四七	三一	一三	一	四五	一	一	|	二
東今船町	五八	九二	三一一	三九	四六	三〇	一二	|	四一	二	二	一	五
同	五九	八七	三二四	五五	七三	四七	一八	五	七〇	二	|	一	三
西今船町	六〇	九〇	三三八	三七	四九	三六	一〇	|	四六	二	一	|	三
同	六一	九〇	三六七	六三	一三四	五五	二七	二四	一一六	六	|	二	八
同	六二	六七	二五七	四二	六一	四四	九	五	五八	一	二	|	三
東皿池町	六三	一三一	五四六	九〇	一二三	四九	六九	二	一二〇	一	二	|	三
東皿池町、西皿池町	六四	一五六	五九八	一〇三	一二七	二六	九五	五	一二六	|	一	|	一
西皿池町	六五	一九八	八〇八	一三三	一六九	五四	一〇一	九	一六四	|	五	|	五
柳通一、二丁目	六六	一四〇	六四一	三九	五五	二四	二九	一	五四	一	|	|	一
同三丁目櫻通三丁目	六七	一〇二	四二七	六三	九一	三〇	四六	九	八五	二	二	二	六
柳通四、五丁目	六八	七七	二七六	四四	六二	七	五一	|	五八	一	三	|	四
同五丁目	六九	一〇二	三五二	五五	六八	三三	三一	二	六六	|	二	|	二
同五丁目櫻通六丁目	七〇	一〇六	三九八	六一	六九	四二	二〇	三	六五	一	三	|	四
柳通六丁目 櫻通七丁目	七一	一三四	四五九	八九	一〇六	六五	三〇	四	九九	六	|	一	七
柳通六丁目	七二	一一〇	四一六	六九	七七	四八	一三	九	七〇	六	一	|	七
櫻通八丁目	七三	五九	二三九	四二	六二	二七	一四	八	五九	|	三	|	三
同七、八丁目	七四	七九	二七一	四四	四六	三三	七	五	四五	一	|	|	一
同八丁目	七五	八四	三一六	七一	一三一	一〇〇	一五	三	一二七	二	一	一	四
同七、八丁目	七六	一一五	四一七	八四	一〇三	六八	一三	一七	九七	一	三	二	六
同六、七丁目	七七	八五	三三九	四七	七〇	四七	一七	六	七〇	|	|	|	|

同四、五丁目・橋通五丁目	七八	八三	三一一	四五	七八	三六	二〇	三	七八	—	—	—	—
櫻通四、五丁目	七九	九四	三六七	三四	四五	九	一三	六	三七	四	四	—	八
同三丁目	八〇	九五	三五二	六一	八四	三六	三七	七	八〇	四	—	—	四
橋通三丁目・同二丁目	八一	一一六	四〇四	七三	九八	四六	四三	九	九八	—	—	—	—
櫻通一丁目、二丁目	八二	一一一	四五〇	六五	一〇四	二八	六七	九	一〇四	—	—	—	—
同一、二丁目	八三	一一六	四三〇	五八	六〇	三〇	二五	三	五八	—	二	—	二
橋通一、二、三丁目	八四	九七	五二五	六七	九四	三六	五六	—	九二	一	—	一	二
同四丁目	八五	九六	三六二	四八	六九	三四	二四	九	六七	一	一	—	二
同四、五丁目	八六	九六	四三二	四五	七六	四一	三〇	二	七三	—	—	三	三
同六丁目	八七	九一	四〇二	五九	七八	五二	一九	六	七七	一	—	—	一
同七、八丁目	八八	七四	三二五	六九	八八	五六	一三	一六	八四	二	一	一	四
同九丁目	八九	七四	三一八	五〇	八三	六五	一二	二	七八	五	—	—	五
松通一丁目	九〇	八八	三〇二	二三	三〇	五	二三	一	二九	—	一	—	一
同二、三丁目	九一	九一	三二三	四二	五一	一二	三五	二	四九	一	一	—	二
同三、四丁目	九二	七六	三六四	五九	八一	四五	三三	三	八〇	一	—	—	一
同四丁目	九三	八九	三一三	二九	三五	二二	五	五	三三	三	—	—	三
同四、五丁目	九四	一三〇	三〇八	三八	四三	一七	一三	一三	四二	—	—	一	一
同五、六丁目	九五	六二	四二八	七六	八七	五〇	九	一四	八三	三	一	—	四
同六、七、八丁目	九六	七三	二五八	四〇	六四	三八	一八	三	五九	二	三	—	五
同八、九丁目	九七	七〇	二八六	五六	八二	六一	二	一四	七七	二	二	一	五
梅南通二丁目	九八	一一〇	二六九	四〇	四九	三四	一三	—	四七	—	二	—	二
同二、三丁目	九九	八四	四五〇	五四	六六	二五	一九	二〇	六四	一	一	—	二
同三丁目	一〇〇	四四	三一二	四六	六三	三四	一三	一五	六一	—	一	—	一
同四、五丁目	一〇一	一〇五	二〇七	一八	一八	七	四	五	一六	一	一	—	二

同四、五丁目	一〇二	八四	四二六	六九	八〇	二九	二〇	二〇	七九	―	―	一	一
同五、六、七丁目	一〇三	一〇七	三二八	六四	一三三	八七	一五	二六	一二八	二	二	―	四
梅通二、三丁目	一〇四	七〇	三七二	六八	九九	六三	一二	九	九四	四	―	一	五
同二、三丁目	一〇五	七〇	二九八	四三	六六	四三	二	一〇	六四	二	―	―	二
同四丁目	一〇六	九一	三九〇	五〇	六七	四四	七	八	五九	七	―	一	八
同	一〇七	七四	二九一	三七	五〇	四二	四	四	五〇	―	―	―	―
同五、六丁目	一〇八	六二	二八四	三三	四一	二三	一	一六	四〇	一	―	―	一
同五丁目	一〇九	八六	三三一	四七	七〇	四四	四	二一	六九	一	―	―	一
同六、七、八、九丁目 梅南通九丁目	一一〇	一〇五	四三七	六六	一〇二	六〇	九	二九	九八	二	二	―	四
旭南通一丁目	一一一	一一六	四三四	三七	四一	二一	一五	一	三七	一	一	二	四
同二丁目	一一二	九五	三七一	四七	九一	四〇	一三	三四	八七	一	一	二	四
同二、三丁目	一一三	九二	三六二	三七	四六	三三	九	三	四五	―	―	一	一
同四、五丁目	一一四	八五	三七八	三〇	四四	三二	八	四	四四	―	―	―	―
同四丁目	一一五	八七	三三八	五二	五六	四九	二	二	五三	二	―	一	三
同六、七丁目	一一六	一二七	五七三	八八	一七七	一四八	一三	一四	一二五	二	―	―	二
同八丁目	一一七	一一三	四九〇	四五	六一	四四	一一	二	五七	二	一	一	四
旭北通、一丁目	一一八	一二一	四四二	五八	六七	一四	一三	一六	六三	一	二	一	四
同	一一九	一〇八	三九六	五七	七三	四七	一三	三	七二	一	―	―	一
同二丁目 旭南通一丁目	一二〇	一五九	六〇八	七四	九四	六〇	二七	五	九二	―	二	―	二
旭北通二、三丁目	一二一	一三一	五二三	四九	六四	四五	一一	三	五九	三	一	一	五
同三丁目 旭南通三丁目	一二二	一三五	五一三	七一	八四	五一	一六	一四	八一	―	―	三	三
旭北通四丁目	一二三	一〇〇	四三七	五六	九五	七〇	一四	五	八九	四	―	二	六
同・旭南通四丁目	一二四	一一三	五〇一	四四	七三	四六	七	一五	六八	一	―	四	五
旭北通五丁目	一二五	八九	三一九	八〇	一一三	八七	一〇	一三	一〇九	二	一	―	三

二三七

旭南通六丁目／旭北通六丁目	一二六	八九	三三四	六〇	六八	三四	一三	一三	五九	五	一	三	九
旭南通七丁目／旭北通七丁目	一二七	一〇四	四三五	七七	一五三	一三八	七	五	一五〇	二	｜	｜	二
同七、八丁目	一二八	一二一	五〇二	八二	一七三	一四三	一〇	一七	一七〇	三	｜	｜	三
鶴見橋通一丁目／西四條一丁目	一二九	一二八	四一四	四五	五五	二六	二七	｜	五三	二	｜	｜	二
鶴見橋二丁目	一三〇	一〇八	四〇三	四二	五〇	二六	九	一五	五〇	｜	｜	｜	｜
鶴見橋通一、二丁目	一三一	八九	三六〇	二七	四二	二三	一七	｜	四〇	二	｜	｜	二
同二、三丁目	一三二	七六	三一九	四五	六五	四八	五	一二	六四	一	｜	｜	一
同三丁目	一三三	七三	二七四	三三	四二	一八	一三	八	三八	四	｜	｜	四
同四丁目	一三四	九五	三六三	四七	六二	三七	一三	一三	六一	一	｜	｜	一
同四丁目	一三五	六七	二七〇	三八	五七	四七	二	七	五六	一	｜	｜	一
同	一三六	七一	二六六	三三	四四	三九	二	一	四二	一	一	｜	二
同四、五丁目	一三七	八五	三五五	四〇	五八	四五	一三	一〇	五八	｜	｜	｜	｜
同六丁目	一三八	九九	三六六	七五	一一九	七六	一一	二六	一一三	四	｜	二	六
同六、七丁目	一三九	六二	二六二	三〇	五〇	二九	九	一〇	四八	二	｜	｜	二
同六、七丁目	一四〇	八二	三四五	四八	八六	五九	三	一八	八〇	五	｜	一	六
同七、八丁目	一四一	一〇五	四三三	五九	一〇九	八八	一四	六	一〇八	｜	｜	一	一
同七、八丁目	一四二	八五	三五八	五七	一〇七	八四	八	八	一〇〇	七	｜	｜	七
同八丁目	一四三	一〇二	四四〇	六四	一一三	八一	一六	一三	一〇九	四	｜	｜	四
鶴見橋北一丁目	一四四	一一一	四二一	六八	一〇〇	七三	七	一七	九七	二	一	｜	三
同	一四五	一〇〇	三七二	六三	七三	五一	七	一二	六九	一	二	｜	三
同一、二丁目	一四六	一一七	四五〇	七三	一〇〇	七三	一六	三	九二	六	｜	二	八
同二丁目	一四七	一〇四	三九七	四四	五八	四一	九	三	五三	三	一	一	五
同三丁目	一四八	一〇七	四四六	五四	一〇〇	九一	六	｜	九七	三	｜	｜	三
鶴見橋北通四丁目／長橋通四丁目	一四九	一〇五	四一八	一八	一九	一五	三	｜	一八	｜	｜	一	一

二三八

鶴見橋北通四五丁目	一五〇	九三	四二六	四八	八〇	五九	三	八	七九	一	|	|	一
同四丁目 長橋通四、五丁目	一五一	七〇	二六四	三四	四九	三九	五	五	四九	|	|	|	|
同五丁目 鶴見橋北五丁目	一五二	一三八	五〇五	八七	一一二	八六	一三	八	一〇六	四	二	|	六
長橋通六丁目	一五三	九三	三三三	七三	一一三	八二	一〇	一三	一一三	|	|	|	|
同六丁目 鶴見橋北六丁目	一五四	八〇	三五三	五七	九二	七四	七	一〇	九一	|	|	一	一
鶴見橋北通六丁目	一五五	九九	三八一	六三	一〇〇	八二	六	八	九六	四	|	|	四
長橋通七丁目	一五六	七三	二九四	五七	一一八	一〇八	四	二	一二四	四	|	|	四
鶴見橋北七丁目	一五七	六二	三四八	三八	六二	五五	一	三	五九	三	|	|	三
同七、八丁目 長橋通九丁目	一五八	八一	三五一	四二	七一	四七	一二	一二	六九	|	一	一	二
同一丁目	一五九	九二	三五二	四六	六二	四八	七	七	六二	|	|	|	|
同一、二、三丁目	一六〇	八〇	三一六	三九	五七	四三	一〇	二	五三	一	|	一	二
同三丁目	一六一	九〇	三三九	五一	九九	八五	七	二	九四	二	二	一	五
同四丁目	一六二	一〇四	四二八	四八	六六	五七	四	二	六三	三	|	|	三
同四丁目	一六三	八三	三四一	一四五	六一	四九	四	六	五九	一	一	|	二
同四、五丁目	一六四	六二	三六五	五四	八三	五三	一三	一六	八二	|	一	|	一
同六丁目	一六五	八四	三七一	三五	八三	四八	五	一六	六九	三	一	一	一四
同六、七、八、九丁目	一六六	一〇八	五一一	四五	九七	八八	三	一	九二	五	|	|	五
出城通一丁目 南開一丁目	一六七	一〇四	三九八	五二	一〇九	八二	一四	一〇	一〇六	三	|	|	三
出城通二、三丁目	一六八	七五	三七五	四一	一〇四	八七	一六	|	一〇三	一	|	|	一
同四丁目	一六九	九一	三八六	六一	八六	六七	五	一三	八五	|	一	|	一
同五丁目	一七〇	七二	三〇六	三八	五九	五〇	五	四	五九	|	|	|	|
同六、七丁目	一七一	九八	四八〇	六三	九五	八二	五	三	九〇	三	一	一	五
同八、九丁目	一七二	一一〇	五五四	六五	一八二	一四六	二	九	一五七	二四	一	|	一五
南開一、二丁目 中開一丁目	一七三	九〇	四二〇	四四	九八	七九	四	七	九〇	七	|	一	八

二三九

南開三丁目 中開二丁目	一七四	一〇九	五五七	三一	七五	六六	三	四	七三	二	｜	｜	二
南開三丁目	一七五	一〇四	四五五	五六	九四	六九	一四	一二	九四	｜	｜	｜	｜
同四丁目	一七六	一〇八	四六九	四九	七〇	五一	八	九	六八	一	一	｜	二
同四、五丁目	一七七	一一一	四五二	六八	九八	八八	三	三	九四	二	｜	二	四
中開六、五丁目 南開六、五丁目	一七八	八三	三八四	六四	一三三	一一四	二	四	一二〇	二	｜	一	三
南開七、八丁目	一七九	五〇	二二一	二九	四九	四二	二	四	四八	一	｜	｜	一
中開二丁目	一八〇	九四	四二五	三八	五四	四八	一	三	五二	二	｜	｜	二
同三丁目	一八一	一一七	四八九	二九	六八	六一	｜	一	六二	六	｜	｜	六
同三、四丁目	一八二	九〇	三九五	五一	八八	七二	九	七	八八	｜	｜	｜	｜
北開一、二、三丁目	一八三	一一〇	四九八	五七	一五三	一三八	二	七	一四七	五	｜	一	六
同三丁目	一八四	一一六	五八九	五一	一三九	九九	二	一六	一一七	五	｜	七	三
同	一八五	一〇七	四七七	四七	七九	六四	一	六	七一	七	｜	一	八
中開四、五丁目 北開三、四丁目	一八六	一四四	七〇一	五五	一三三	八二	一	二五	一〇八	一四	｜	一	一五
梅南通一丁目	一八七	一三〇	五二八	四三	五一	二四	三	五	五一	｜	｜	｜	｜
花園町	一八八	一〇二	三六一	四一	五六	三九	一〇	四	五三	一	二	｜	三
梅南通二丁目	一八九	八三	三一六	三一	四〇	一六	一一	一二	三九	一	｜	｜	一
梅通一丁目	一九〇	九一	三四二	三六	四〇	二〇	一三	七	三九	一	｜	｜	一
花園町	一九一	一〇九	四一七	四五	五六	三一	二七	三	五二	一	三	｜	四
同	一九二	九〇	三五一	四二	五二	二一	二九	｜	五〇	｜	二	｜	二
同	一九三	八四	三四二	二四	三九	一三	二六	｜	三九	｜	｜	｜	｜
梅通一丁目	一九四	八九	三四八	三〇	三〇	一六	六	五	二七	二	一	｜	三
旭南通一丁目 花園町	一九五	六六	二三三	三七	四四	二三	一六	一	四〇	三	一	｜	四
花園町	一九六	九五	四〇〇	四八	七五	三二	四〇	一	七三	一	一	｜	二
西萩町	一九七	一一八	四七八	三一	五二	二九	一九	三	五一	｜	一	｜	一

同	一九八	一〇九	四六五	五九	一一〇	七四	三〇	|	一〇四	三	三	|	六
同	一九九	一〇一	四二七	五〇	九〇	七〇	一九	|	八九	一	|	|	一
東四條一丁目	二〇〇	一一七	四〇四	六七	七九	三八	三一	六	七五	二	二	|	四
同	二〇一	一〇六	四一二	六四	七三	三九	二六	五	七〇	二	一	|	三
一、二丁目	二〇二	一三三	四七七	六八	九一	五一	一五	一三	八八	二	一	|	三
三丁目	二〇三	一三一	五一八	六七	一〇二	七七	一三	八	九八	二	一	一	四
同	二〇四	一四〇	五八六	六四	一一五	九七	九	三	一〇九	四	二	|	六
同	二〇五	一一五	四三七	四九	六〇	四五	九	四	五八	一	|	一	二
西四條一丁目	二〇六	一一五	四〇六	四五	六八	三三	二六	八	六七	一	|	|	一
同	二〇七	一一七	四六七	七三	一〇〇	五三	一六	一三	九二	七	一	|	八
二丁目	二〇八	九四	三七四	四八	六九	四三	七	五	六五	二	二	|	四
同	二〇九	一〇七	六四四	八一	一一一	七三	三六	一〇	一〇八	三	|	|	三
二、三丁目	二一〇	一〇八	四八四	五八	八一	六〇	一四	五	七九	一	一	|	二
三丁目	二一一	九八	四〇八	五五	八五	六九	四	四	七七	二	|	六	八
同	二一二	七七	三一三	三四	四九	四五	二	二	四九	|	|	|	|
旭北通五丁目 旭南通五丁目	二一三	一四二	五一三	一四一	一六八	二五八	八	|	二六六	一	|	一	二
旭北通六丁目 旭南通六丁目	二一四	一〇九	三六五	一〇七	二〇三	二〇〇	三	|	二〇三	|	|	|	|
同五丁目	二一五	八六	三〇五	八五	一六一	一四九	一一	|	一六〇	一	|	|	一
旭北通五、六丁目 鶴見橋通五、六丁目 同北通五丁目	二一六	一三六	四四四	一三六	一三八	一九八	二六	三	二三七	一	|	|	一
津守町	二一七	八九	三五一	六九	一三三	九三	二〇	六	一一九	三	|	|	三
同	二一八	一〇六	四一三	三八	四九	四〇	七	二	四九	|	|	|	|
同	二一九	七九	三五八	四八	八七	七八	三	四	八五	二	|	|	二
同	二二〇	八六	三五九	五三	六二	四八	六	六	六〇	|	二	|	二
同	二二一	七五	二九一	三四	五〇	四六	三	|	四九	一	|	|	一

二四一

同	二二二	四九	二二四	二一	四〇	三三	二	四	三九	一	|	|	一.
同	二二三	七八	三二六	六三	九六	七九	一	一四	九四	一	|	一	二
同	二二四	五四	二三九	二六	四九	三二	二	一四	四八	一	|	|	一
同	二二五	八七	二九四	六八	九七	八一	二	一〇	九三	四	|	|	四
同	二二六	五九	二七〇	三九	七四	五七	三	八	六八	六	|	|	六
同	二二七	六七	二五一	四二	五二	四〇	二	|	五一	一	|	|	一
同	二二八	六九	二九五	五二	九一	七六	七	八	九一	|	|	|	|
同	二二九	七八	三〇七	五六	六八	三一	一四	一六	六一	七	|	|	七
同	二三〇	六八	二八一	三八	五二	四二	七	三	五二	!	|	|	|
同	二三一	五八	二六四	二五	三三	一七	二	八	二七	六	|	|	六
同	二三二	六〇	二一五	四五	七〇	三七	八	一四	六九	一	|	|	一
同	二三三	六六	二五二	四八	五七	四二	一	三三	五六	|	|	一	一
同	二三四	八一	四〇四	七二	一六九	一二七	一	三	一六〇	八	|	一	九
同	二三五	六六	二七三	四六	六五	五七	七	一	六五	|	|	|	|
同	二三六	一〇七	三九六	七五	一三三	九九	一三	八	一二〇	三	|	|	三
同	二三七	九七	四〇八	六九	一一九	七五	八	三五	一一八	一	|	|	一
同	二三八	九九	三七五	八一	一一三	八七	三	一九	一〇九	二	一	|	三
同	二三九	五七	二六〇	五四	九〇	五二	三八	|	九〇	|	|	|	|
同	二四〇	一	四〇〇	一	四〇〇	三九八	二	|	四〇〇	|	|	|	|
同	二四一	一	四三一	一	四三一	四二九	二	|	四三一	|	|	|	|
同	二四二	五七	三三二	四三	五八	四一	一六	一	五八	|	|	|	|
同	二四三	五八	二九七	五二	一二二	九四	三	一九	一一六	二	一	二	五
同	二四四	七一	二八〇	四九	七二	四九	二	二〇	七一	一	|	|	一
同	二四五	七七	二九八	四九	五七	三九	四	三	五五	一	一	|	二

二四二

同	二四六	五三	二三一	三四	五四	四四	一	八	五三	一	|	|	一
玉出町	二四七	一〇五	四六五	三九	五六	三五	一一	七	五三	三	|	|	三
同	二四八	六六	二九三	一五	二四	一六	二	六	二四	|	|	|	|
同	二四九	八七	三四六	二五	三三	二一	六	二	二九	二	一	一	四
同	二五〇	七〇	二八六	三一	三一	一五	一四	一	三〇	|	一	|	一
同	二五一	九四	四一一	四〇	六三	四三	七	三	六三	|	一	|	一
同	二五二	七八	三一一	一八	二三	二〇	二	|	三三	一	|	|	一
同	二五三	五五	二四七	二〇	二四	一〇	一四	|	二四	|	|	|	|
同	二五四	六九	三三〇	三一	四三	三〇	一三	|	四三	|	|	|	|
同	二五五	六二	二五四	三三	二九	一七	一一	|	二八	一	|	|	一
同	二五六	六四	二四七	三四	三八	四	三三	|	三七	|	一	|	一
同	二五七	一〇三	四六三	四五	七〇	三四	三三	|	六六	三	一	|	四
同	二五八	一三〇	六〇七	六三	九七	三三	六四	|	九七	|	|	|	|
同	二五九	七六	三〇九	四三	六二	二〇	四〇	|	六〇	一	一	|	二
同	二六〇	一〇三	四二四	五三	七二	三三	三九	|	七一	|	一	|	一
同	二六一	九八	四〇四	四三	五二	一七	三三	|	五〇	一	一	|	二
同	二六二	一一一	四六〇	七六	八四	五五	二三	五	八二	一	一	|	二
同	二六三	八四	三九〇	四八	六九	三七	二三	四	六四	二	三	|	五
同	二六四	一一三	四五一	七九	一一三	五八	五一	一	一一〇	二	一	|	三
同	二六五	九六	三六一	六一	六五	二八	三一	四	六三	二	|	|	二
同	二六六	一〇〇	四五七	五七	七七	二四	四九	一	七四	|	三	|	五
同	二六七	一一三	四八八	六〇	八六	四三	一四	三	七八	一	二	五	八
同	二六八	九三	四一五	五八	八〇	三三	五二	一	七六	|	四	|	四
同	二六九	一五二	五九七	九七	一一三	三三	八一	二	一〇五	|	七	|	七

二四三

二四四

同	二七〇	五〇	二一八	三三	四六	一六	三〇	｜	四六	｜	｜	｜	｜
同	二七一	一〇四	四四四	四二	四五	三	四〇	一	四四	｜	一	｜	一
同	二七二	六八	二五八	二八	二五	｜	二二	｜	二二	一	三	｜	四
同	二七三	四七	一九六	一八	二一	六	一五	｜	二二	｜	｜	｜	｜
同	二七四	一二〇	四八二	六五	八二	一七	五五	八	八〇	｜	一	一	二
同	二七五	一〇六	四二三	六五	八五	三三	五五	三	八一	一	三	｜	四
同	二七六	一三四	五八六	九〇	一四三	三八	九一	二	一四〇	二	一	｜	三
同	二七七	一一七	二四七	七二	七六	一四	五九	｜	七三	一	二	｜	三
同	二七八	七三	三四二	三四	六五	二七	三六	｜	六三	｜	二	｜	二
同	二七九	一二四	五五六	六五	八三	四五	三六	｜	八一	｜	二	｜	二
同	二八〇	五〇	二六七	一九	五八	三三	二五	一	五八	｜	｜	｜	｜
同	二八一	六三	二三九	三八	四五	六	三六	一	四三	一	一	｜	一
同	二八二	九五	三九三	五三	六五	二〇	四一	一	六二	｜	七	｜	三
同	二八三	九八	三九七	五〇	五二	六	四〇	｜	四六	｜	六	｜	六
同	二八四	八一	三一五	五八	七八	二六	五〇	｜	七六	｜	二	｜	二
同	二八五	八二	三九三	四六	八七	四四	四三	｜	八七	｜	｜	｜	｜
同	二八六	一三三	五〇一	八一	一〇九	三五	五三	一	一〇七	｜	二	｜	二
同	二八七	九九	三八八	六〇	八三	三四	四八	一	八三	｜	｜	｜	｜
同	二八八	五九	三五五	三八	六二	四八	一三	一	六二	｜	｜	｜	｜
同	二八九	七五	二七〇	五五	八三	三四	三八	八	八〇	｜	三	｜	三
同	二九〇	五三	一三〇	三三	四八	二一	二五	｜	四六	｜	一	一	二
同	二九一	一〇二	四一〇	六三	八八	三三	四九	二	八四	二	二	｜	四
同	二九二	五九	二七一	三八	五〇	二四	二四	一	四九	｜	一	｜	一
同	二九三	九二	四二四	五六	一〇〇	六六	三〇	三	九九	｜	一	｜	一

同	二九四	八〇	三六九	五六	七八	三九	三	一四	七五	—	三	—	三
同	二九五	九〇	三八九	四〇	五七	三〇	一五	—	五五	—	二	—	二
同	二九六	八一	三三五	五二	六六	二九	三四	一	六四	—	二	—	二
同	二九七	九四	四〇一	四二	六三	四四	六	一〇	六〇	二	—	—	二
同	二九八	一五七	七一六	五〇	七五	四四	八	一三	七五	—	—	—	—
同	二九九	八六	四〇四	三六	五〇	三七	一〇	三	五〇	—	—	—	—
同	三〇〇	一七四	六七〇	七五	九六	四九	四四	—	九三	—	三	—	三
同	三〇一	一〇三	三八八	七六	一一一	五九	三七	一	九七	二	一	二	一四
同	三〇二	九一	三九七	六四	一二七	一〇五	二一	一	一二七	—	—	—	—
同	三〇三	七一	三一〇	四五	六六	五三	九	三	六五	一	—	—	一
同	三〇四	一二五	四九一	六八	八八	五八	一七	九	八四	三	一	—	四
同	三〇五	一三八	六二三	九一	一三九	四四	八六	五	一三五	—	四	—	四
同	三〇六	一五八	五七二	一一一	一三〇	二四	九六	七	一二七	二	一	—	三
同	三〇七	四六	一八五	二〇	二	九	二	一	二一	—	—	—	—
同	三〇八	三七五	一、三七三	二七九	三七〇	三三	一三	二四	三五九	七	三	一	二
同	三〇九	四二	二〇四	四二	八三	七八	一	—	七九	四	—	—	四
同	三一〇	三三	一一八	三三	五四	五三	一	—	五四	—	—	—	—
同	三一一	二八	一〇七	二七	四一	四〇	一	—	四一	—	—	—	—
粉濱町	三一二	五五	二三一	三六	四六	三〇	七	七	四四	一	一	—	二
同	三一三	一〇六	四五五	七四	一二七	八一	三五	四	一二〇	三	三	一	七
同	三一四	七七	三一〇	二五	三〇	二二	七	一	二九	一	—	—	一
同	三一五	八六	三四二	二五	三五	三三	一〇	二	三五	—	—	—	—
同	三一六	八五	三〇七	四三	四七	二四	一六	三	四三	三	一	—	四
同	三一七	八六	三五九	四四	六〇	三五	一七	一	五三	三	三	一	七

二四六

同	三一八	一四四	五五〇	七〇	一三三	一一四	九	一	一三四	八	—	一	九
同	三一九	二〇	九三	二〇	二五	五	二〇	—	二五	—	—	—	—
同	三二〇	一	五六三	一	五六三	五五八	五	—	五六三	—	—	—	—
同	三二一	七八	二六〇	七八	一六四	一六二	—	—	一六二	二	—	—	二
同	三二二	八四	二五七	八四	一四七	一四四	二	—	一四六	一	—	—	一
同	三二三	九三	三六一	四一	五六	三〇	一九	七	五六	—	—	—	—
同	三二四	九八	四一八	五七	七八	五四	一八	三	七五	二	一	—	三
同	三二五	一一三	四〇七	六五	六五	三二	一六	四	六二	一	一	一	三
同	三二六	六八	二六三	五一	九七	八〇	二	—	九一	三	二	一	六
同	三二七	八八	三五四	四四	五三	三六	五	二	五二	一	—	—	一
同	三二八	六六	二三八	五二	五九	四一	六	九	五六	一	—	二	三
同	三二九	一〇六	四三一	六五	九四	四三	四六	—	八九	三	一	一	五
同	三三〇	一〇〇	三八五	六四	七一	三二	三	二	六五	三	三	—	六
同	三三一	九四	三四二	六二	八〇	四一	二六	八	七五	一	二	二	五
同	三三二	一二	二〇九	二	二〇八	四	二〇四	—	二〇八	—	—	—	—
同	三三三	一〇一	三九五	六二	九九	五三	四四	—	九七	二	—	—	二
同	三三四	一一五	四五二	五六	六八	五	五四	五	六四	—	四	—	四
同	三三五	八六	二八二	五〇	五一	一八	二六	—	四四	三	四	—	七
同	三三六	五四	一八七	三七	四二	八	三一	—	三九	—	一	二	三
同	三三七	九七	三九五	五六	六七	二五	三五	三	六三	二	一	一	四
同	三三八	九八	四二三	六九	一〇四	四三	五二	四	九九	一	二	二	五
同	三三九	八〇	二四五	五七	五七	二四	二〇	二	五五	—	二	—	二
同	三四〇	八六	三四〇	五四	六九	三一	三五	—	六六	二	一	—	三
同	三四一	四一	一四六	二八	三四	二五	五	三	三三	—	—	一	一

同	三四二	九六	四二七	三八	六五	四五	一七	—	六二	二	—	一	三
同	三四三	一一〇	四二六	三六	四四	一九	二〇	三	四二	—	二	—	二
同	三四四	七三	三一六	四一	五九	二九	三〇	—	五九	—	—	—	—
同	三四五	一〇二	三六三	三六	六六	一八	四四	三	六五	—	一	—	一
同	三四六	六七	二四五	三八	四三	三三	七	一〇	三九	—	二	二	四
同	三四七	八四	三六八	五〇	九二	六一	三〇	—	九一	—	一	—	一
同	三四八	九一	三五七	四三	五一	一八	三〇	一	四九	一	一	—	二
同	三四九	九六	三九〇	三四	三九	三三	一四	三	三九	—	—	—	—
同	三五〇	九七	三八〇	五三	六三	二五	三三	二	五九	一	三	—	四
東入船町	三五一	七九	二二四	二三	二八	九	—	一四	二三	一	—	四	五
同	三五二	五四	三一一	二五	九四	一六	一	四四	六一	一〇	—	三三	三三
同	三五三	七九	四三二	四三	一七〇	五	—	一〇四	一〇九	—	—	六二	六二
同	三五四	五一	二七九	一五	八四	一四	一	六八	八三	—	—	一	一
同	三五五	六八	三〇九	三〇	八〇	一一	五	五七	七三	—	—	七	七
西入船町	三五六	七四	二八八	二六	九一	八	—	八二	九〇	—	—	一	一
東田町	三五七	七八	三五九	三一	五二	三〇	一五	四	四九	二	一	—	三
同	三五八	六六	二五四	二五	三二	三三	二	七	三一	一	—	—	一
今池町	三五九	五一	一七九	一三	一三	六	三	二	一一	一	—	一	二
津守町	三六〇	一	四二六	一	四二六	四二四	二	—	四二六	—	—	—	—
同	三六一	一	四六三	一	四六三	四六一	二	—	四六三	—	—	—	—
同	三六二	一	四三三	一	四三三	四三〇	二	—	四三二	—	—	—	—
同	三六三	一	四三五	一	四三六	四三三	三	—	四三六	—	—	—	—
同	三六四	一	三一五	一	三〇六	二八八	一八	—	三〇六	—	—	—	—
同	三六五	一	二四二	一	二四〇	二四〇	—	—	二四〇	—	—	—	—
總計		三三、二〇三	一三七、三九五	一七、九四〇	三〇、八三八	一九、九四九	六、七五八	二、九六六	二九、六四三	六〇四	二八一	三一〇	一、一九五

住吉區

調査區 町名	調査區 番號	國勢調査 世帶	國勢調査 人口	失業統計調査 世帶	失業統計調査 人口	有業者數 勞働者	有業者數 給料生活者	有業者數 日傭勞働者	有業者數 計	失業者數 勞働者	失業者數 給料生活者	失業者數 日傭勞働者	失業者數 計
阿倍野町	一	七三	三〇二	四二	六一	二七	二六	四	五九	—	—	二	二
同	二	三九	一七九	一九	二六	—	一五	一〇	二五	—	一	—	一
同	三	七一	三一一	三八	五一	一五	三六	—	五一	—	—	—	—
同	四	五九	二五七	三五	四二	一四	二四	四	四二	—	—	—	—
同	五	九三	三六一	四七	五二	九	四一	一	五一	一	—	—	一
同	六	六六	二八四	三八	四七	一七	二四	四	四五	二	—	—	二
天王寺町	七	一〇七	四三一	六四	八二	一三	五二	三	七七	一	三	一	五
阿倍野町	八	八四	三一七	三五	四九	一三	一八	七	三八	二	—	—	二
同	九	七九	三一五	五一	五八	一四	三三	九	五六	二	—	—	二
天王寺町	一〇	一〇八	四七〇	六四	一四一	五一	二七	三一	一〇九	二	五	二五	三二
阿倍野町	一一	六七	二四七	三九	四五	一二	二四	二	三八	五	—	二	七
同	一二	九六	三五七	四九	六〇	二五	三三	—	五八	一	一	—	二
同	一三	八七	三四六	四六	五七	二一	二七	七	五五	一	一	—	二
天王寺町	一四	八五	四一八	六三	八六	二九	四四	六	七九	—	七	—	七
阿倍野町	一五	六六	二五二	四三	五四	二五	二四	一	五〇	一	二	一	四
同	一六	七二	三〇六	四一	五七	一六	三三	三	五二	二	三	—	五
天王寺町	一七	七五	二九五	五二	七二	五	三六	二六	六九	—	三	—	三
阿倍野町	一八	六九	三一二	三一	五〇	二五	三三	二	四九	一	—	—	一
同	一九	七四	二七五	三三	三六	九	二五	一	三五	—	一	—	一

同	二〇	六三	二四九	三一	三七	一五	二〇	一	三六	—	一	—	一
同	二一	七二	二九五	四三	五四	一八	二九	四	五一	二	一	—	三
同	二二	七八	三二六	五二	七〇	一六	四六	五	六七	二	一	—	三
同	二三	八九	四一三	三四	四五	一八	一七	一〇	四五	—	—	—	—
同	二四	一二七	六三八	八一	一三三	四六	六八	—	一一四	五	四	—	九
同	二五	一四九	五九五	八三	一〇七	四〇	五〇	九	九九	三	四	一	八
天王寺町	二六	一六六	六九四	一〇〇	一三二	三三	六二	一三	一二八	一	三	—	四
同	二七	一一八	四九五	七二	九七	四二	四八	五	九五	一	一	—	二
同	二八	一四六	六〇二	七七	一〇六	三二	六三	八	一〇三	一	二	—	三
同	二九	五三	二二七	一五	二〇	八	九	一	一八	一	一	—	二
阿倍野町	三〇	八四	三三三	四八	七二	五〇	一七	二	六九	三	—	—	三
天王寺町	三一	八六	三八一	二七	五八	一六	二三	二	五〇	一	—	七	八
同	三二	五〇	二一三	二五	三六	一一	二四	—	三五	—	一	—	一
同	三三	八〇	三三九	二四	二八	一六	七	五	二八	—	—	—	—
同	三四	一二五	五三八	五六	八七	一七	七〇	—	八七	—	—	—	—
同	三五	五二	二四三	四二	四八	三	三三	—	四五	一	二	—	三
同	三六	一三三	五三七	六五	八九	三三	五四	二	八八	—	一	—	一
同	三七	七九	三〇二	五〇	五八	一四	三二	九	五五	一	一	一	三
同	三八	一一三	四七七	七九	一二九	四九	七三	二	一二四	二	二	一	五
同	三九	一三〇	五六二	八一	一三三	二九	八八	四	一一一	一	一	—	二
同	四〇	一三三	四八五	六〇	六〇	三	三二	四	五七	一	二	—	三
同	四一	一四九	五八六	九〇	一一四	四一	六〇	一三	一一三	一	—	—	一
同	四二	一一五	四五二	六四	八六	四九	二六	七	八四	二	—	—	二
同	四三	一〇七	四四八	三五	三五	一八	一六	一	三五	—	—	—	—

二四九

二五〇

同	四四	五五	二二三	一七	二〇	二	三	六	二〇	｜	｜	｜	｜
同	四五	三三	一六一	一三	二〇	三	二	五	一九	一	｜	｜	一
同	四六	一一五	四八八	七三	一一四	三五	七一	五	一一一	｜	三	｜	三
同	四七	八二	四四五	六〇	一三九	五九	六三	六	一三八	｜	一	｜	一
同	四八	八五	三一九	五九	八六	三三	四八	四	八五	｜	一	｜	一
同	四九	一〇八	五〇一	七〇	一〇二	二三	六一	一五	九九	｜	三	｜	三
同	五〇	一五九	五七五	一一八	一四〇	三六	八一	一九	一三六	｜	四	｜	四
同	五一	一五〇	六九一	七四	一〇三	三九	五九	五	一〇三	｜	｜	｜	｜
同	五二	一四七	七九六	九六	一六七	一〇三	五九	二	一六四	｜	三	｜	三
同	五三	七八	三七六	四二	六五	二八	三五	｜	六三	｜	二	｜	二
同	五四	一〇一	四三三	五五	八六	三七	四六	一	八四	二	｜	｜	二
同	五五	一二九	六三五	八八	一四四	六三	七九	｜	一四二	｜	二	｜	二
同	五六	一〇一	五三一	七二	一八五	六八	一〇七	一〇	一八五	｜	｜	｜	｜
同	五七	九七	五二三	七二	一三二	四八	七九	二	一二九	｜	三	｜	三
同	五八	一一七	四五一	五四	六七	三〇	三〇	五	六五	二	｜	｜	二
同	五九	一一三	五一五	七九	一二四	四四	六一	一八	一三三	｜	一	｜	一
同	六〇	五三	二二五	二九	五八	一三	四〇	五	五八	｜	｜	｜	｜
同	六一	七三	三三九	四七	六〇	五二	二	四	五八	｜	二	｜	二
同	六二	七九	四九九	三三	一〇〇	二四	七四	一	九九	｜	一	｜	一
同	六三	七七	二八一	四五	五八	四六	九	一	五六	二	｜	｜	二
同	六四	一二八	五一三	六三	七五	四八	一九	四	七一	二	一	一	四
同	六五	一〇五	四二三	五七	六七	三六	二五	六	六七	｜	｜	｜	｜
同	六六	一〇五	四〇八	五六	六二	二六	三一	｜	五七	三	二	｜	五
同	六七	七〇	三〇八	三四	五三	四六	四	一	五一	二	｜	｜	二

同	六八	八七	三五一	六三	七七	三四	四〇	一	七五	一	一	｜	二
同	六九	一〇四	三八七	三三	三八	一〇	二五	一	三六	一	一	｜	二
同	七〇	一六五	六六三	一六五	二四六	一九五	四九	｜	二四四	一	一	｜	二
同	七一	八二	三四〇	四〇	五六	四二	六	五	五三	三	｜	｜	三
同	七二	七九	三三四	四七	六八	三五	三〇	｜	六五	一	二	｜	三
同	七三	八四	三七九	四一	五三	一六	二六	二	五三	｜	｜	｜	｜
同	七四	一〇〇	四四六	四九	六六	三四	二〇	三	六六	｜	｜	｜	｜
同	七五	六四	二七八	四〇	六六	三七	二六	一	六六	｜	｜	｜	｜
同	七六	九四	三七二	五二	七〇	二六	四二	｜	六八	｜	二	｜	二
同	七七	九八	四五五	七二	一二四	六二	五九	一	一二三	｜	二	｜	二
同	七八	五三	二四一	四〇	六八	一〇	二六	｜	六六	｜	一	一	二
同	七九	一〇八	五〇二	八七	一一七	三六	八一	｜	一一七	｜	｜	｜	｜
同	八〇	六七	二八五	三三	五五	三四	一九	一	五四	｜	一	｜	一
同	八一	八六	四〇一	四六	七一	三九	一五	一七	七一	｜	｜	｜	｜
同	八二	五一	一八七	二三	三五	九	二三	三	三五	｜	｜	｜	｜
同	八三	八三	三八三	五一	七七	三八	三五	三	七六	｜	一	｜	一
阿倍野町	八四	七七	四三〇	六〇	一一三	七四	三八	一	一一三	｜	｜	｜	｜
同	八五	九一	四三二	五〇	六六	四〇	二四	一	六五	｜	一	｜	一
天王寺町	八六	八七	三八五	五六	八一	四一	三五	三	七九	｜	二	｜	二
同	八七	一二一	五三七	五一	七七	五三	二三	一	七六	｜	一	｜	一
同	八八	四九	二七二	三九	八〇	五六	二三	一	八〇	｜	｜	｜	｜
阿倍野町	八九	一二七	五〇二	六九	七八	一九	四八	八	七五	一	二	｜	三
同	九〇	八五	三七四	四二	六六	二九	三三	｜	六三	三	一	｜	四
天王寺町	九一	四〇	一四六	二三	二九	三	九	七	二八	一	｜	｜	一

二五一

同	九二	九五	三八二	五九	六九	一七	五〇	—	六七	一	一	—	二
同	九三	四三	一九四	一八	二八	一三	一二	三	二八	—	—	—	—
同	九四	一三一	五六六	五〇	五九	一九	三三	七	五八	—	一	—	一
同	九五	八六	三五四	五五	八六	三八	四二	五	八五	—	一	—	一
同	九六	五〇	二三八	三六	六〇	二九	二四	七	六〇	—	—	—	—
同	九七	一三三	五五四	七六	九五	二六	六三	四	九三	—	二	—	二
阿倍野町	九八	一三七	五五三	八九	一〇三	三七	五九	—	九六	二	五	—	七
天王寺町	九九	九五	三五六	三〇	三五	一三	二〇	二	三五	—	—	—	—
同	一〇〇	八九	三三六	五一	六六	二四	三七	一	六二	一	三	—	四
同	一〇一	一四〇	五三五	七一	九八	四四	三八	九	九一	一	六	—	七
同	一〇二	八七	三四七	五〇	六五	三一	二八	四	六三	—	二	—	二
同	一〇三	六三	二九五	三五	六一	三四	二四	二	六〇	—	一	—	一
同	一〇四	一二〇	五四二	七五	一八三	三四	一四九	—	一八三	—	—	—	—
同	一〇五	一一一	四七四	六〇	七六	二四	三六	二	七一	一	一	三	五
同	一〇六	四六	一三七	二四	二六	九	一七	—	二六	—	—	—	—
同	一〇七	三九	一五七	一六	二四	五	一五	二	二三	一	一	—	二
同	一〇八	二三六	八三七	九九	一一九	四六	五四	一三	一一三	五	一	一	七
同	一〇九	一三九	四八〇	八〇	一〇〇	四六	三七	一五	九八	一	—	一	二
同	一一〇	九六	四五二	四二	四四	八	一九	五	四二	一	一	—	二
同	一一一	一五二	六〇五	九三	一三九	五八	五九	一〇	一二七	—	二	—	二
同	一一二	一一九	四八一	六〇	六九	三八	二三	九	六九	—	—	—	—
同	一一三	一二五	五五七	五三	五九	一七	四〇	—	五七	二	—	—	二
同	一一四	一〇四	四〇一	四六	五〇	三九	七	—	四六	四	—	—	四
同	一一五	六六	二八五	二五	三九	三四	三	二	三九	—	—	—	—

二五二

二五三

同	一一六	一三四	四一四	三五	四〇	一七	一八	一	三六	一	二	一	四
同	一一七	一二四	四二九	六二	六七	四〇	一七	六	六三	三	｜	一	四
同	一一八	一四八	五九六	四四	七六	五六	一五	｜	七一	四	一	｜	五
同	一一九	七九	二七一	三三	三六	二八	二	五	三五	一	｜	｜	一
同	一二〇	七六	二六七	三三	四五	二〇	一六	四	四〇	三	一	一	五
同	一二一	一一四	四四〇	四五	五六	二四	一七	三	五四	一	｜	一	二
同	一二二	一一〇	四四三	三七	六一	二七	八	二	四六	一三	二	｜	一五
同	一二三	一一六	四八一	三八	四三	三一	一三	｜	四三	｜	｜	｜	｜
同	一二四	一二七	一、八一四	七八	一三八	一〇九	二八	｜	一三七	｜	一	¦	一
同	一二五	一〇〇	一、四一三	六一	一一四	八四	三〇	｜	一一四	｜	｜	｜	｜
同	一二六	一〇一	三八〇	六一	七九	四九	二〇	二	七一	三	四	一	八
同	一二七	五七	二八六	四〇	五三	一四	三〇	五	四九	一	三	｜	四
同	一二八	一〇一	四五七	四三	四九	二〇	一三	一四	四七	｜	一	一	二
同	一二九	一一三	四五一	七一	九五	二八	五九	六	九三	｜	二	¦	二
同	一三〇	一三八	四四三	七七	三	三八	四五	二	八五	六	二	｜	八
同	一三一	一一〇	四九四	七一	一〇九	七七	二〇	一〇	一〇七	一	一	｜	二
同	一三二	一八六	五九五	五九	七九	三六	二三	一五	七四	四	一	｜	五
同	一三三	四九	一七七	一八	二七	七	六	一三	二六	｜	｜	一	一
同	一三四	一一六	四三三	四八	六四	三八	一〇	一〇	五八	五	｜	一	六
同	一三五	八五	三四三	三四	四四	二五	一三	五	四三	一	｜	｜	一
同	一三六	二一五	九五三	九六	一七二	七二	八九	一〇	一七二	｜	一	｜	一
同	一三七	九七	五二九	二九	五〇	一九	二九	二	五〇	｜	｜	｜	｜
同	一三八	四五	一七七	二四	四〇	二六	二	九	三七	｜	二	一	三
同	一三九	九〇	三五四	五三	六五	五四	四	六	六四	一	｜	｜	一

同	一四〇	二九	一一六	八	二	八	｜	二	一〇	一	｜	｜	一
同	一四一	九〇	三六六	五三	一〇六	七四	八	三三	一〇五	｜	一	｜	一
同	一四二	一五一	五六六	七八	一二七	六四	三	二四	一一〇	三	三	一	七
同	一四三	一二八	五一〇	二六	二六	一	一七	八	二六	｜	｜	｜	｜
同	一四四	一五一	六一三	六五	一〇七	五六	三五	一六	一〇七	｜	｜	｜	｜
同	一四五	九二	二九五	四〇	五一	二五	一〇	三	四八	｜	二	一	三
同	一四六	七八	二五七	三三	五四	二四	｜	二〇	五四	｜	｜	｜	｜
同	一四七	七九	三一二	三七	五六	三	一三	四	四八	一	｜	七	八
同	一四八	一三三	三三六	五一	七八	四八	一五	二	七四	｜	四	｜	四
同	一四九	一二二	四〇二	四一	六九	四〇	二	｜	六一	六	一	一	八
同	一五〇	一〇一	三一六	五七	七五	二四	三三	六	七三	｜	二	｜	二
同	一五一	七三	二九八	三六	五〇	二〇	二七	三	五〇	｜	｜	｜	｜
同	一五二	七一	三五三	四四	七四	四八	二四	二	七四	｜	｜	｜	｜
住吉町	一五三	八七	四五三	一九	三	一五	一	五	二	｜	｜	一	一
同	一五四	七八	三三九	一三	一四	三	一	一	一四	｜	｜	｜	｜
同	一五五	九七	四〇五	五三	七九	五五	六	一七	七八	一	｜	｜	一
同	一五六	六〇	二六五	三八	六一	四三	九	八	六〇	一	｜	｜	一
同	一五七	一〇七	四五二	四二	四九	二四	二〇	三	四七	一	一	｜	二
同	一五八	三七	五五六	六六	九二	六一	二四	七	九二	｜	｜	｜	｜
同	一五九	七七	三三一	四七	四九	二〇	二	七	四八	｜	一	｜	一
同	一六〇	四五	二一五	二〇	三〇	三三	六	｜	二九	一	｜	｜	一
同	一六一	一七	六〇	一一	一七	三	二	三	一七	｜	｜	｜	｜
同	一六二	四三	一六六	三三	四四	三〇	八	五	四三	｜	一	｜	一
同	一六三	七二	三一四	五一	八二	四二	三五	二	七九	｜	四	｜	四

二五四

同	一六四	五六	二六〇	二四	三八	三五	三	|	三八	|	|	|	|
同	一六五	六五	三四九	四五	六九	三三	三五	一	六九	|	|	|	|
同	一六六	六六	二六三	四五	五四	二三	二九	|	五一	一	二	|	三
同	一六七	四一	二三五	二三	五五	二九	二六	|	五五	|	|	|	|
同	一六八	七七	三八八	六二	九九	四七	四六	五	九八	|	一	|	一
同	一六九	一五	八五	一三	二八	二三	五	|	二八	|	|	|	|
同	一七〇	四一	二三九	三三	七七	五三	二四	|	七七	|	|	|	|
同	一七一	六八	四二六	四九	一五七	七七	七九	|	一五六	|	|	一	一
同	一七二	四七	二五三	四一	八三	六八	一三	二	八三	|	|	|	|
同	一七三	七八	四二〇	五八	九八	九一	七	|	九八	|	|	|	|
同	一七四	七三	四六四	五六	一三四	一〇九	二四	|	一三三	|	|	一	一
同	一七五	五三	三三八	四五	七九	五八	二二	|	七九	|	|	|	|
同	一七六	四	二二	三	三	二	一	|	三	|	|	|	|
同	一七七	七三	二九三	三一	三四	一四	二〇	|	三四	|	|	|	|
同	一七八	六七	二一三	四〇	四五	二三	三三	|	四五	|	|	|	|
同	一七九	六九	三一一	四八	四八	二四	二四	|	四八	|	|	|	|
同	一八〇	六七	四二五	四八	八三	五三	一九	八	八〇	一	一	一	三
同	一八一	一〇一	一、一七一	五二	一三三	六一	六八	一	一三〇	|	三	|	三
同	一八二	六七	三三四	三七	七八	四六	二五	七	七八	|	|	|	|
北田邊町	一八三	七三	二六九	四三	四八	八	三二	六	四六	一	一	|	二
同	一八四	八五	三〇四	四九	六二	二四	三八	|	六二	|	|	|	|
同	一八五	九九	三六八	五四	六一	二八	二七	六	六一	|	|	|	|
同	一八六	六七	二六七	二九	三四	一四	一三	六	三三	一	|	|	一
同	一八七	九六	三七〇	四五	五五	二四	三〇	一	五五	|	|	|	|

二五五

同	一八八	五八	二九二	二六	六三	三三	二六	三	六二	一	―	―	一
同	一八九	一一三	四七三	五一	六八	四一	一三	三	六七	―	一	―	一
同	一九〇	五九	二四三	二四	四五	二三	一四	八	四五	―	―	―	―
同	一九一	九九	三六四	四八	六四	四三	一一	九	六三	―	一	―	一
同	一九二	八一	三四八	五七	七四	二六	四〇	八	七四	―	―	―	―
同	一九三	六九	二七七	二四	四〇	九	二八	三	四〇	―	―	―	―
同	一九四	九五	三七九	六九	一〇〇	五三	二六	一五	九四	二	一	三	六
同	一九五	三三	一五〇	二七	二四	一四	一六	三	三三	―	一	―	一
同	一九六	八七	三四二	五八	七〇	三〇	二八	八	六六	四	―	―	四
南田邊町	一九七	八五	三六五	五三	七八	六	五一	一九	七六	―	二	―	二
同	一九八	一〇四	四一八	五九	八二	三七	三一	一〇	七八	一	一	二	四
同	一九九	六三	二八七	二五	三七	二三	九	四	三六	一	―	―	一
同	二〇〇	六八	二九二	三五	四一	一六	二二	三	四一	―	―	―	―
同	二〇一	七六	三七七	八	八	四	三	―	七	―	一	―	一
同	二〇二	九九	四一三	四四	四八	一五	三一	二	四八	―	―	―	―
同	二〇三	六三	二六六	三	二五	一五	六	四	二五	―	―	―	―
同	二〇四	七六	三二一	二三	二七	一一	一六	―	二七	―	―	―	―
同	二〇五	八〇	三五七	一四	一六	九	六	一	一六	―	―	―	―
同	二〇六	四三	一五一	二五	二九	二	二七	―	二九	―	―	―	―
同	二〇七	七七	二七一	二四	三七	一〇	三五	―	三五	―	二	―	二
同	二〇八	八二	三三〇	五六	六〇	一三	四四	二	五九	―	一	―	一
同	二〇九	四九	二〇九	三	三	六	一五	―	二一	―	一	―	一
同	二一〇	八九	三〇六	六三	七三	七	六五	―	七二	―	一	―	一
同	二一一	三七	一三七	二六	三九	一三	一三	二	三八	―	一	―	一

松原町	二一二	六四	二九一	三六	七二	三二	二	三	六五	四	｜	三	七
同	二一三	五一	二一一	三六	四二	三	三〇	｜	四二	｜	｜	｜	｜
同	二一四	一二五	五五九	一〇七	一三〇	一八	一一〇	｜	一二八	｜	二	｜	二
西田邊町	二一五	四一	一八〇	三〇	三五	五	三〇	｜	三五	｜	｜	｜	｜
西長居町	二一六	七六	三五四	三	四四	二七	八	九	四四	｜	｜	｜	｜
同	二一七	四三	六一七	六	六	四	一	｜	五	一	｜	｜	一
同	二一八	四一	一七三	三	四	四	｜	｜	四	｜	｜	｜	｜
同	二一九	四九	一八七	｜	｜	｜	｜	｜	｜	｜	｜	｜	｜
同	二二〇	五二	一九二	二	二	三	九	｜	三	｜	｜	｜	｜
同	二二一	五一	二〇七	三	六	二	四	｜	六	｜	｜	｜	｜
同	二二二	五一	二四一	三	八	二	二	四	八	｜	｜	｜	｜
同	二二三	四三	一六三	三	三	二	一	｜	三	｜	｜	｜	｜
同	二二四	七八	三六〇	三	三	｜	三	｜	三	｜	｜	｜	｜
東長居町	二二五	五六	二三六	一四	三一	三三	七	一	三一	｜	｜	｜	｜
同	二二六	五三	二〇八	一五	一六	一三	一	二	一六	｜	｜	｜	｜
同	二二七	六三	二八三	六	二	一〇	一	｜	二	｜	｜	｜	｜
南長居町	二二八	二四	一一三	三	三	三	｜	｜	三	｜	｜	｜	｜
我孫子町	二二九	五六	二六七	一六	一八	九	四	五	一八	｜	｜	｜	｜
同	二三〇	五〇	二四一	二〇	二四	一六	三	五	二四	｜	｜	｜	｜
苅田町	二三一	五九	二六六	三	三	二	一	｜	三	｜	｜	｜	｜
同	二三二	六七	二九七	五	八	四	｜	四	八	｜	｜	｜	｜
庭井町	二三三	六〇	三〇一	三	七	二	二	三	七	｜	｜	｜	｜
山之内町	二三四	五一	二五四	一九	三三	一二	三	｜	三三	｜	｜	｜	｜
同	二三五	五三	一九四	三一	四一	一九	九	二	三九	二	｜	｜	二

二五七

杉本町	二三六	六七	三三三	三	二八	二〇	五	—	一五	二	一	—	三
同	二三七	七二	三六五	九	一三	三	—	—	一二	一	—	—	一
淺香町	二三八	五七	二五二	一三	一四	二	—	二	一三	一	—	—	一
同	二三九	五〇	一八〇	—	—	—	—	—	—	—	—	—	—
同	二四〇	四三	一九一	—	—	—	—	—	—	—	—	—	—
同	二四一	四三	一九八	—	—	—	—	—	—	—	—	—	—
同	二四二	三六	一八八	七	八	八	—	—	八	—	—	—	—
遠里小野町	二四三	八五	二五一	五五	七四	四七	三	四	七三	—	—	一	一
同	二四四	四五	一九九	二〇	二四	一四	一	四	一九	一	—	四	五
同	二四五	六八	二八一	六一	一一七	一〇九	一六	—	一一五	二	—	一〇	三
同	二四六	七九	三三三	二八	三一	二七	三	一	三一	—	—	—	—
同	二四七	五八	二三七	二七	四一	三三	—	—	三三	六	—	二	八
同	二四八	五六	二〇四	三六	四〇	三一	五	三	三九	一	—	—	一
同	二四九	八一	三四八	四七	七四	四四	一九	二	六五	六	一	二	九
同	二五〇	八八	三五七	三三	三三	二五	五	二	三二	—	—	—	—
澤之町	二五一	一四五	七七六	七八	三一二	二八四	一六	八	三〇八	四	—	—	四
同	二五二	九八	三五八	六七	一〇〇	七〇	九	一七	九六	三	—	一	四
同	二五三	一三〇	四九八	一〇〇	一五二	一一六	二四	五	一四五	五	—	二	七
殿辻町	二五四	一〇五	四四〇	七四	一〇九	八九	一六	三	一〇八	一	—	—	一
同	二五五	九三	四〇三	六三	一四八	一一七	一一	一六	一四四	—	一	三	四
千體町	二五六	一二六	五一〇	六〇	七五	三四	三七	四	七五	—	—	—	—
同	二五七	七六	三四六	二七	三三	一六	一六	一	三三	—	—	—	—
同	二五八	七七	三一三	三九	五五	三三	一五	五	五三	一	一	—	二
上住吉町	二五九	五五	二三九	三八	五四	四〇	二	—	五一	二	—	一	三

同	二六〇	六七	一九二	三五	四四	三四	四	六	四四	｜	｜	｜	｜
同	二六一	七〇	二六一	二八	五〇	四〇	八	二	五〇	｜	｜	｜	｜
同	二六二	五三	二三四	二八	四一	二七	二	｜	二八	三	｜	｜	三
同	二六三	七六	二八七	四七	七四	五二	五	一五	七二	一	｜	一	二
同	二六四	五七	一九七	三二	二六	一三	｜	一三	三六	｜	｜	｜	｜
同	二六五	三三	二三六	二九	三五	二	四	一〇	三五	｜	｜	｜	｜
同	二六六	六二	二三〇	二六	三一	一七	八	一	二六	四	｜	一	五
同	二六七	七四	二九九	三三	四六	三五	一〇	八	四三	一	一	一	三
同	二六八	四三	一八三	一六	二四	一八	四	二	二四	｜	｜	｜	｜
同	二六九	五三	一九三	二七	二九	一八	一六	一	三五	｜	三	一	四
濱口町	二七〇	五四	二一九	三五	三三	一三	一六	三	三三	一	｜	｜	一
同	二七一	一二六	四八四	六〇	七〇	二六	二八	二	六六	四	｜	｜	四
同	二七二	六〇	二五一	一五	一七	二	五	｜	一六	一	｜	｜	一
同	二七三	一二四	四五〇	五三	五五	一八	二六	七	五一	二	一	一	四
同	二七四	一三三	四三四	七五	八五	四四	三	六	八二	一	二	｜	三
同	二七五	一一〇	三八〇	六七	八三	三	四六	三	八一	｜	二	｜	二
同	二七六	一六七	五六五	二八	四一	二七	九	｜	三六	一	三	一	五
同	二七七	一九八	七五九	七四	一〇一	三三	五一	五	八八	三	九	一	三
同	二七八	九二	二九二	三五	四一	一四	一四	｜	二八	一	二	｜	三
同	二七九	五〇	二〇九	一八	四三	二九	一三	一	四三	｜	｜	｜	｜
同	二八〇	一一四	三九三	四二	四五	二	二四	五	四〇	二	｜	三	五
同	二八一	七八	三五六	三一	四八	二八	一九	｜	四七	｜	一	｜	一
同	二八二	四二	二一二	二三	四五	二七	一七	一	四五	｜	｜	｜	｜
南濱口町	二八三	一三五	四八九	七八	一〇〇	五一	二八	一〇	八九	七	三	一	二

二五九

住之江町	二八四	六八	二五九	三七	四四	二五	一五	二	四二	|	|	二	二
同	二八五	七九	二七六	四七	六九	五一	六	一一	六八	|	|	一	一
同	二八六	四六	二〇五	三二	五三	四二	九	二	五三	|	|	|	|
同	二八七	一二〇	五一六	四一	六一	四二	一四	一	五七	二	一	一	四
同	二八八	七七	三一八	三七	四八	一九	一二	七	四七	|	一	|	一
長峡町	二八九	五六	二四四	九	一三	六	三	四	一三	|	|	|	|
同	二九〇	六八	三五五	二四	七八	七六	二	|	七八	|	|	|	|
安立町	二九一	五三	三二八	一二	一四	三	一一	|	一四	|	|	|	|
同	二九二	五七	三二九	三三	三三	一二	一五	六	三三	|	|	|	|
同	二九三	六〇	二七三	三五	五四	二二	一二	一〇	五四	|	|	|	|
同	二九四	五五	二〇八	三五	五〇	三三	一三	三	四九	一	|	|	一
同	二九五	三五	一三四	一三	一五	一二	二	一	一五	|	|	|	|
同	二九六	五四	三一一	一一	二四	九	三	八	二〇	一	二	|	四
同	二九七	三九	一五二	一四	一七	一二	三	二	一七	|	|	|	|
同	二九八	六四	二四一	一八	三二	一六	一〇	四	三〇	一	|	一	二
同	二九九	七五	三四六	二五	三六	二五	一八	二	三五	|	一	|	一
同	三〇〇	一〇九	四七〇	二八	五二	三五	一六	|	五一	|	一	|	一
同	三〇一	四九	三三五	二七	三六	二八	四	三	三五	一	|	|	一
同	三〇二	四九	一八六	一二	二四	一九	一	一	一二	一	|	三	三
同	三〇三	四〇	一八八	一六	一三	一九	二	一	一三	|	|	一	一
同	三〇四	五〇	二一六	一六	一九	一四	二	二	一八	|	一	|	一
同	三〇五	五八	三一〇	一七	二〇	一六	一	一	一八	二	|	|	二
同	三〇六	八九	三四一	三五	三五	一二	九	二	三三	|	|	二	二
同	三〇七	五六	二三四	二三	三〇	二一	七	二	三〇	|	|	|	|

二六〇

同	三〇八	四七	一六七	二六	三一	三三	五	一	二八	三	—	—	三
同	三〇九	四七	一八〇	二五	三四	二七	六	—	三三	一	—	—	一
七道町	三一〇	五九	二七三	三七	九〇	四六	三	二六	七五	五	—	一〇	一五
南加賀屋町	三一一	七五	三四七	二四	三七	二六	二	—	三七	—	—	—	—
同	三一二	七三	三一九	一九	二六	二六	—	—	二六	—	—	—	—
同	三一三	六一	二九五	一六	一九	—	七	二	八	一	—	—	一
北島町	三一四	八七	三八五	一九	二三	一九	三	—	三	一	—	—	一
同	三一五	九〇	三七二	三三	四六	二五	一四	六	四五	—	一	—	一
南加賀屋町及釜口町ヲ含ム	三一六	一三	九三	一三	五一	二	五	一四	五〇	一	—	—	一
村上町、庄左衛門町、嬰木町、櫻井町	三一七	八九	三五六	三九	四〇	一三	一三	三	三九	一	—	—	一
柴谷町	三一八	五五	三九一	四八	一〇八	四一	一三	四八	一〇三	三	—	三	六
北加賀屋町	三一九	五〇	二三五	四一	七六	六三	二	四	六九	六	一	—	七
同	三二〇	六二	二五三	五四	六七	四四	七	四	五五	一〇	一	一	三
同	三二一	三七	二一六	二二	九二	六六	一四	—	九〇	二	—	—	二
平野田畑町	三二二	九三	四一五	三八	五八	四二	一三	三	五八	—	—	—	—
政所町	三二三	九一	三六三	五四	六五	五七	六	二	六五	—	—	—	—
同	三二四	一一五	四七六	六四	七九	四三	一〇	一五	七八	一	—	—	一
梅ヶ枝町	三二五	九二	三八四	五八	七七	六八	六	一	七五	—	—	二	二
同	三二六	一〇八	四五八	五五	七八	六一	一一	四	七六	一	一	—	二
同	三二七	八九	三九六	三五	四四	一三	一八	三	四三	一	—	—	一
同	三二八	一三三	五八五	七六	一一六	六九	四五	—	一一四	二	—	—	二
三十歩町	三二九	一一一	四八〇	四九	七三	五七	一一	三	七一	—	一	—	一
本町	三三〇	一二六	五〇二	八〇	一一四	九〇	六	一〇	一〇六	五	一	二	八
同	三三一	九一	四一一	四八	七〇	五六	一三	一	七〇	—	—	—	—

二六一

二六二

同	三三二	一三六	六〇四	六一	九三	六四	三	六	九二	一	｜	｜	一
新町	三三三	八一	三三五	四六	六〇	四六	三	二	六〇	｜	｜	｜	｜
同	三三四	九〇	三八三	五〇	七一	三〇	一五	一五	七〇	一	｜	｜	一
同	三三五	一〇一	四五八	五六	八二	五一	一四	一六	八一	｜	一	｜	一
京町	三三六	五四七	五四七	五三	八九	五三	一九	一五	八七	一	｜	一	二
同	三三七	一三〇	五七一	六八	一一〇	八二	一九	一	一〇三	二	一	四	七
同	三三八	九三	四〇三	三八	六一	一八	二九	四	六一	｜	｜	｜	｜
同	三三九	一五六	五七七	八一	九二	二〇	四二	一八	九〇	｜	二	｜	二
住吉町	三四〇	一三三	五三八	七一	一〇〇	六五	一九	一〇	九四	二	｜	四	六
上町	三四一	一二四	五三三	六三	一〇九	六七	二五	一六	一〇八	一	｜	｜	一
元町	三四二	七九	三三〇	四四	七八	一六	三	四	七三	一	一	三	五
平野元町	三四三	八〇	三四〇	三六	五七	四四	八	五	五七	｜	｜	｜	｜
同	三四四	一三一	五二九	五二	七三	三七	一五	一七	六九	二	一	一	四
同	三四五	一〇三	四五〇	三三	三九	三一	七	一	三九	｜	｜	｜	｜
同	三四六	一六一	七一〇	八九	一七二	一三三	九	一八	一七〇	二	｜	｜	二
同	三四七	一〇一	四四八	三八	六七	四八	一三	七	六七	｜	｜	｜	｜
同	三四八	一二五	四七一	七三	九一	五四	三	一〇	八六	五	｜	｜	五
濱町	三四九	九七	四六一	三	一六	一六	｜	｜	一六	｜	｜	｜	｜
同	三五〇	一三六	五八九	七〇	九一	六四	三	五	九一	｜	｜	｜	｜
宮町	三五一	七六	二八八	五七	七〇	四四	二〇	｜	六四	六	｜	｜	六
野堂町	三五二	一五八	六〇三	八四	一七一	一三一	四二	四	一六七	三	｜	一	四
泥堂町	三五三	六三	四三八	四〇	二三六	三九	七	一〇	二三六	｜	｜	｜	｜
同	三五四	一七一	六五六	一六八	三五六	三三三	一三	｜	三五六	｜	｜	｜	｜
宮町	三五五	一	八八二	一	八八二	八六二	二〇	｜	八八二	｜	｜	｜	｜

鷹合町	三五六	九〇	三六九	二二	二四	八	一〇	二	二〇	二	—	二	四
同	三五七	八七	三三二	三三	二七	五	一三	一〇	二七	—	—	—	—
同	三五八	六四	二三八	三六	三六	八	二四	一	三三	—	—	三	三
湯里町	三五九	八三	三七六	二四	二八	一四	一〇	三	二七	—	一	—	一
同	三六〇	六八	二九五	二九	三四	一五	一三	五	三三	—	一	—	一
同	三六一	一〇八	四三〇	五三	六七	二五	二九	一	六五	一	一	—	二
中野町	三六二	九五	四〇九	四九	六六	一九	四〇	三	六二	四	—	—	四
同	三六三	一〇九	四五一	五七	七二	四四	一七	四	六五	一	四	二	七
砂子町	三六四	七七	三三五	三七	五一	二六	一七	六	四九	二	—	—	二
桑津町	三六五	八九	四一〇	四六	九四	八三	七	四	九四	—	—	—	—
同	三六六	六八	三〇四	三二	三八	二四	七	五	三六	二	—	—	二
同	三六七	一一八	五三一	四二	五一	三二	一二	一六	五〇	—	—	一	一
同	二六八	一一〇	四六〇	五五	七四	三五	一九	二〇	七四	—	—	—	—
同	三六九	一一九	四五五	七〇	七九	三八	二七	一〇	七五	二	二	—	四
同	三七〇	一三九	五八一	六〇	七五	四八	二五	二	七五	—	—	—	—
杭全町	三七一	一二九	五一一	四〇	四〇	一九	一三	四	三六	二	二	—	四
同	三七二	一〇九	四五五	四四	五八	三三	四	一九	五五	二	—	一	三
今川町	三七三	八二	三七九	二三	三〇	二五	一	三	二九	—	一	—	一
今林町	三七四	八六	四一二	一三	一四	一一	三	—	一四	—	—	—	—
喜連町	三七五	八二	四〇二	四二	六七	五八	七	一	六六	一	—	—	一
同	三七六	一六五	七一九	六〇	八一	四五	一三	一三	八〇	一	—	—	一
同	三七七	一六五	七六五	五五	六八	四六	一九	三	六八	—	—	—	—
総計		三二、九四八	一四〇、八一九	一六、五一三	二四、八八五	一三、六二五	八五、〇〇	一、九七五	二四、一〇〇	三五七	二六一	一六七	七八五

二六三

大正十五年十月一日印刷
大正十五年十月一日發行

大阪市社會部調査課

印刷者　大阪市此花區大開町一丁目一四〇
中井藤藏

印刷所　大阪市此花區大開町一丁目一四〇
大阪進光堂
電話土佐堀一一一〇番

◇下級労働者取締り建議

（『救済研究』第五巻第六号・大正六（一九一七）年六月二十五日）

大正二年八月二十七日第三種郵便物認可
大正六年六月二十五日發行（每月一回廿三日納本）

救濟研究

小河法學博士監修

第五卷
第六號

重要目次

りき。

下級勞働者取締り建議

五月十二日の本會例會席上に於て、八濱大阪職業紹介所主事により提供せられたる研究題「下級勞働者の風紀改善に就て」は、其後勞働宿泊に關係ある當事者間に於て、種々凝議講究の結果、左の如き取締り陳情書を當路各方面に提出して其注意を促すことゝなり、夫々分擔して運動に着手せり、

下級勞働者取締に就き陳情書

一私共下級勞働者に朝夕接近仕居候へば彼等の生活の野卑賤劣にして其風紀は甚しく頽廢を極め一般社會に與ふる害毒鮮少ならざる所以を深く憂慮仕候就ては別紙を以て其取締り方法に關し聊か愚見を開陳仕置候へば御一讀の榮を得たく若し格別の御詮義に依り這般取締法の御實施ば本懷至極に存候敬具

大正六年六月三日

大阪職業紹介所主事
北野職業紹所常務理事 八濱德三郎

大阪自彊館長 宇田德正

大阪曉明館長 廣岡菊松

住吉署管內木賃宿組合長 岩間繁吉

別記

下級勞働者の取締に就て

玆に謂ふ下級勞働者とは、彼の定業なく路傍に立ちて職を求むるもの、通稱「鮟鱇」又は「先曳」と呼べる一種の勞働者階級を指せる也、彼等が自暴自棄の結果毫も身邊を修めず、常に蓬頭にして襤褸を纒ひ極めて清潔の觀念に乏しく、飲酒の爲め、感情亢奮し肉感的となれるもの多く、好んで賭博を行ひ道途「差引」(藁又は紐を集めて綯ひ其一端の結べるものを引き當てたるを勝さす)を弄し、或は街上電車番號の丁半を爭ふて勝負を賭し或は猥褻聞くに堪へざる言を放ちて往來の婦女子に戯れ、其他群集心理のために自制心を失ひ外界の刺戟衝動の奴隷となりて獸行禽爲を逞ふし毫も廉恥を顧みざるは風紀上實に看過すべからざる也、若し彼等

を戒飾して這般の陋習を矯正せんと欲せば

(第一)鮫鱇又は先曳を公許し鑑札を附與し其數を制限する事

例へば

住吉　署管内　六百人以内　難波署管内　二百人以内
天王寺署管内　一百人以内　朝日橋署管内　三百人以内
九條　署管内　二百人以内　曾根崎署管内　二百人以内
十三橋署管内　三百人以内　東　署管内　五十人以内
玉造　署管内　五十人以内　鶴橋署管内　五十人以内
西　署管内　五十人以内　北　署管内　五十人以内
南　署管内　五十人以内

(第二)鑑札附與の條件

一、一定の住所を有する事

一、不具又は疾病に罹り居らざる事

一、一定の服裝をなす事

一、泥醉又は賭博の常習なき者なる事

例へば服裝は春冬は紺の法被、腹掛、股引、帽子、夏秋は淺黄又は白の法被、股引、笠にて縫付又は染付にて背に番號を記入する事

(第三)鑑札は一ヶ月毎に之を更正し、許可の期間、本人の原籍、年齡、特徴並に現住所等を明記し以て讓渡又は其他虚僞の手段を講ずるの餘地なからしむる事

(第四)毎月一回所轄警察署に出頭せしめ、服裝、操行等の調査を行ひ許可の條件に適せざる者に對しては鑑札を取上ぐる事

(第五)專屬の警官を置き彼等の集合せる場所を巡廻せしめ以て彼等の服裝及び操行を監視し若し鑑札なくして此等の勞働に從事する者ある時は之を叱責追放する事

(第六)一定の寄場(人力車夫の帳場の如き)を設け該寄場以外に於て妄に集合せざるやう取締る事

例へば

今宮村鐵橋下　札ノ辻　逢阪下　難波叶橋
湊町驛横　雜魚場　川口波止場境　川
今木町築　港朝日橋下流　安治川口
梅田　天神橋六丁目　夫婦橋　天滿市場
京橋口　北御堂前　安堂寺橋

(第七)彼等を宿泊せしむる勞働下宿又は木賃宿營業者として彼等の身元保證人たらしめ服裝及容姿の清潔並に操行等に關し監督保證の義務を負はしむる事

(第八)一警察署管内に一人宛の人格正しく慈善心に富み常識に長じ且つ下級勞働者の事情に精通せる者を選拔し警察署長と協力して下級勞働者の取締及救護に參與せしむる事

◇木賃宿々泊児童の教育

（『救済研究』第七巻第十号・大正八（一九一九）年十月二十五日・

市立児童相談所員　鵜川富尾）

大正二年八月二十七日第三種郵便物認可
大正八年十月廿五日發行（每月一回廿五日納本）

救濟研究

第七卷
第十號

小河法學博士監修

重要目次

木賃宿々泊兒童の教育

市立兒童相談所員　鵜川富尾

大阪府西成郡今宮町釜ケ崎といへば、大阪での唯一無二の貧民窟である。市電霞町で降車して、阪堺電車の踏切を踰へて、住吉街道へ出で、所謂今宮のガードなるものを通つて南へ數町歩めば、道の左右の細道には木賃宿が軒を連ね、角行燈が駢らべてゐる。通り筋には關東煮、饂飩、巴焼、團子細工、飴細工、焼芋、蒸豆、壽計、酒滓、殘飯、餅店などが簷の下、小車の上で開かれてゐる。稍上等なるものが駄菓子屋、酒屋、饅頭屋、果物屋の類で、一軒の家を借りて店が開かれてゐる。木賃宿といつても上等も下等もあつて一概に云へないが、總じて玄關の土間に入ると結界を構へた受付があつて、土間に引續いて通路があり、其所に三疊敷の部屋が壁に劃られて並むでゐる。一軒の木賃宿で宿泊せる人員は少くて五六十人、多ければ百名以上である。大抵は三疊敷の部屋に三人乃至七人位は寢起してゐるので謂はば一家族が一つの部屋に生活してゐるのである。普通の旅人宿の如く一泊の御客さんではないのであつて、三月も四月も其部屋を借りて生活してゐるのであるから、丁度我々が家賃を拂つて一家を借りてゐるのと少しも變らない。竈も十箇餘り炊事場に備付けてあるから、各自其所で煮焚が出來る。風呂場の備付けられてゐる所もあるが、勿論警察署よりの注意に依つて男女浴槽を異にしてゐるが、女湯から男湯の肩を流してゐるのも見受る有様で、孰れが娘やら女房やら別らない狀態であるから、風俗の紊亂するのも無理からぬ事である。殊に三疊の狹隘なる部屋に數人が寢るのであるから、性慾上の外聞を憚かる羞耻心も薄いものとなる。此の三疊の部屋には蒲團も積まれ。食器も置かれ、葛籠の二つ位も重ねられてあるから殊に狹苦しい。雨の日などは後ろの荒格子より、薄濁の日光が陰氣に影射すだけで、暗き部屋はさなきだに濕める。部屋代は一日三十錢内外で、夜具と蚊帳と電燈とは宿屋持ちである。冬になると蚊帳の代りに炬燵を貸してくれる。宿泊人の食物を覗いて見ると、割合に贅澤で、節米などしてゐる者は少く、鼠の牙の樣な白米を洗つてゐる姐さんを觀た。副食物も割合に善いので、案外に思つたが、夫も其筈で、夫婦共稼で日に二圓餘り稼いで歸るとの事である。夕飯時であつたが、酒の二三合を熱燗で食卓の上に乘けつてゐるのが多かつた。一人の宿泊人に「何故九圓も間代を拂つて恁那所に住まつてゐますか」と問ふと、結局「氣樂で宜い」との答であつた。左もあらう、氣樂は如何にも氣樂な生活である。美食するのが一種の見榮であつて、互に甲斐性あることを美食否飽食に依つて競つてゐるのである。十錢廿錢の端錢を貯蓄するのが面倒臭いので、大抵は食つてしまふ。特に親切な優しい人があつて、毎日々々貯金を集めて銀行へ預けて遣れば、彼等とても貯蓄心が無いではないのであるから預けもせう。併し銀行へ持つて行けと奬めた所で駄目である。警察署、役場、學校、銀行などの建物は、門を潜るだけでも厭がつてゐるのである。自分の肌に着けて貯金すれば友達が借りに來る。貸さねば刃物三昧の喧嘩もせねばならぬといふ環境であるから、其日暮しになるのも最と思はれる。

父親も母親も日稼に出た後、部屋に遺された子供は、晝飯代として少々の錢を持たされてゐるが、温順に留守番してゐるのは皆無で、大抵は路裏口又は細道で、大勢の友達と賭勝負の遊びに夢中である。「ベッタ」、「バイ」、「合セ」、「アテ物」が大變嗜きで、晝飯代の錢などは瞬く間に無くしてしまふ。晝飯が食へぬ所からして家の物を持出して屑屋に賣るか、或は拾ひ物に出懸けてガラス屑、鐵屑を賣つて錢に替へるかする。此が不良兒になる第一歩で、家の什器を賣るのは軈て家の錢を取る基、金屑、硝子屑を拾ひ廻るのは、窃盗の始りで、所謂「コソ」となるのである。午前の九時、十時頃釜ヶ崎の横町細路抜裏を歩くと、大勢の子供は飮食店に立つてゐるか、賭博をなしてゐるか、溷の泥を捏ねてゐるか、何れも碌な遊びをしておらない。遊ぶにも適當なる遊び場を持つて居らない子供達であるから、雨降の日などは殊に可愛想である。燐寸箱の樣な棟割長屋と木賃宿の密接してゐる陋巷であるから、麗しい風儀も淸い空氣も通ひつこは無い。淫賣婦の巣窟もあり、賭博の長屋もあり、掏摸の群もあるのであるから、子供が惡化するのも當然である。小娘三人が床几に腰打かけて煙草を吸つてゐたから、警官が言葉優しく莨の害を説いてやめさせやうとした所が、現在現行犯を見付けられながら、莨吸つた覺えが無いと否定し、警察官の言葉に反抗した。此等の小娘は如何なる證據を示さるゝとも飽迄犯罪事實を否定すれば得であると云ふことを、親或は友達により自然と覺えさせられたのである。ある親が頻りに我兒の窃盗行爲の巧妙を自慢して話してゐたのを警官が聽込み、警察署にて事實の有無を訊問した所が、活動寫眞に左樣な少年があつたから噺したのですと、呆氣て答へたとのことである。斯る親により、不良なる環境裡に育て上げらるゝ兒童にして、不良行爲をなさず、無事に成人する者ありとせば、寧ろ奇蹟とせねばならぬ。

少年囚敎化の爲に一ヶ年五萬圓投ずるよりは、盗癖兒童感化の爲め一ヶ年五萬圓かける方が兒童救濟の意味に於て徹底する。感化院生教養の爲に一ヶ年五萬圓の經費が入ると假定すれば、木賃宿々泊兒童にして將に不良行爲に陷らんとするものを救濟保護する方が、金の使途としては生きてゐる。放任しておけば盜癖兒童に成つてしまふのであるから、竊取を常習とせない內に救濟して兒童の將來を光明ある世界にならしむるのである。一度盜癖がつくならば、中々直るものでないのは、恰も煙草好になつた人が容易に莨を止められない如く、又酒を嗜む人が禁酒禁酒と誓ひ乍ら酒を飮む樣なもので、不良行爲が止むでもまた再發仕易いのである。よし不良行爲が止むにしても、其には多大の金錢と努力とが費やされてゐるのである。此の多大なる金錢と努力とが、木賃宿々泊兒童にして、未だ盜癖つかざるものゝ上に向けらるゝならば、更に多數の兒童が救濟せらるゝのである。少年監獄も必要である。感化院も必要である。其に伴ひ木賃宿々泊兒童の教育、浮浪兒童の教育、不良工場徒弟の教育、此の三つは、大都會に於ける不良少年の救濟を徹底的たらしむる爲に無くてならないものである。

扨て今宮警察署管轄內なる釜ヶ崎の木賃宿四十七軒に就て學齡兒童の數を調べてみると次の樣である。

學齡兒童の年齡と男女別

	六歲	七歲	八歲	九歲	十歲	十一歲	十二歲	十三歲	十四歲	十五歲	計
男	四九	四五	五六	四三	四三	二〇	一七	二六	一六	一七	三三二
女	四一	二五	三四	三四	二七	二五	一七	一五	六	五	二二三
計	九〇	七〇	九〇	七七	七〇	四五	三四	四一	二二	二二	五五五

此の數は大正八年八月十八日に調べられたもので、絕對的に正確とはいへないが、如何に多數の童兒が木賃宿の屋根下に起居せるかを知り得ると思ふ。之に乳呑兒を加ふれば優に八百を超ゆるであらうと思はれる。十五歲以上になると多く工場に雇はれゆくが、十五歲以下の者は大抵「拾ひ屋」なるものをなして其日を送つてゐる有樣である。此の「拾ひ屋」なるものは大變危險にして、一歩誤れば竊盜になるのである。多くの竊盜兒は殆ど此の「拾ひ屋」なるものをせない者はあるまい。此等五五五名の兒童中幼稚園及小學校へ通へる者と、然らざる者とを分てば次の樣である。

木賃々泊兒童の就學關係

種別＼年齡		六歲	七歲	八歲	九歲	十歲	十一歲	十二歲	十三歲	十四歲	十五歲	計
就學セル	男	—	六	二五	二〇	一六	一一	五	九	三	四	九九
	女	—	六	九	一八	七	七	六	三	三	—	五六
計		—	一二	三四	三八	二三	一八	一一	一二	六	四	一五五
就學セザル	男	四九	三九	三一	二三	二六	九	一二	一七	一三	一三	二三三
	女	四一	一九	二五	一〇	二〇	一八	一一	三	六	五	一六七
計		九〇	五八	五六	三三	四六	二七	二三	二〇	一九	一八	四〇〇

普通の狀態に於ては、兒童は八歲より尋常小學校へ入學するを以て、八歲より十三歲迄の六箇年の兒童に就て不就學兒童の割合を見るに、三四一名に對する二〇五名にして、六割强といふものは遊んで暮してゐるのである。何故此等の多數兒童が通學せないかとの疑問は當然起らねばならぬ事であつて、普通家庭に育ちし者には一寸不可解の點である。

A、戶籍が不明である。

B、住所が定まらない。

C、學校を好まない。

釜ケ崎方面委員諸氏の努力の大半が、居住者の戶籍の整理に費やされてゐると云つても過言でない程である。結婚も屆けてなければ、出產も屆けてない、寄留屆もしてないといふ有樣であるから、兒童が學齡に達しても何處からも督促して來ることがない。事實としては子供が現存してゐても、戶籍の上ではない事になつてゐるといふ滑稽も起るのである、從つて學校へ這入るにしても戶籍の上から訂正してゆかねばならんのであるから、左樣な面倒臭い事迄して入れてもらはなくてもよいといふ圖棒羅心より、子供が九歲になつても十歲になつても遊ばしてゐる。

又よし戶籍の上では故障なくして無事に入學し得るとしても、同じ木賃宿に一年も二年も居ると云ふのではなく、三ケ月或は四ケ月位で移轉する者が多いのであるから、入學させても何時學校を止めさせて、他へ運行かねばならないか分からないのである。其に加ふるに木賃宿に住せる保護者も兒童も學校敎育を好まないのが多いのであるから、尙更始末に卒へない。父兄が學校を好まないのは頑迷偏狹であるからであつて、敎育の利益を理解せしめたならば、兒童を勸めて學校へ通はすに至るであらう。併し兒童が學校を厭ふのは理屈でなくて感情であるから、理論で說いた所が駄目で、學校は面白い所である好きな所であると感じさせなくてはならない。其所で、現在尋常小學校で行つてゐる樣な無味乾燥なる敎材や、敎授法では、到底木賃宿々泊兒童に學問の興味を持たす事は出來ない。一圓廿錢と二圓三錢との拂に五圓札を渡せば何程の釣錢が來るかといふ如き算術をやらせれば、兒童に算術を嫌がらせる樣なものである。恁麼敎材を課してゐたらば、二三日經たぬ間に一人も生徒が來なくなるであらう。父兄の勸めと敎師の威光と幾分の虛榮心の爲に、普通兒童は通學してゐるものゝ、節制なき木賃宿宿泊兒童は到底眞面目に授業を受けまい。理科は最も面白い學科であるが、敎へ方に依つて最も興味少い學科となつてしまふ。此點を鑑み御伽學校なるものを設けて最も面白く愉快に趣味深く各敎科を敎授しやうといふので、本年の八月十日に今宮釜ケ崎の空地に天幕張の敎場が出來た。此が大阪每日新聞の三面記事に現はれた天幕張の御伽學校である。初の目的は少年少女の各種雜誌を備付けて閱覽せしめ、玩具を貸與して自由に遊ばしめ、不良なる遊戲に親むを防遏し、稍年齡長じたる者には地理、歷史、理科、算術を最も興味ある御伽噺に仕組むで通俗的知識を敎授せんとしたのである。併し敎師の都合上午前になす事を得ざるため、夜間納涼旁々開演したる所、意外の好成績を得て連日連夜千名に近き出席者を見、八月を越ゑて九月に入るも尙聽講者の減少を見ざる盛況を以て、繼續して事業を進めつゝあるのである。（大正八年九月十六日記）

◇今宮町方面木賃宿の宿泊人

（『社会事業研究』第十一巻第四号・大正十二（一九二三）年四月二十五日）

大正二年九月二十七日第三種郵便物認可
大正十二年四月廿五日發行(毎月一回廿三日納本)

社會事業研究

重要目次

(第拾壹卷第四號)

今宮町方面木賃宿の宿泊人

木賃宿の叢淵地として周知さるゝ大阪市外今宮町に於ける本年三月現在の木賃宿四十九戸に就て同方面で今度宿泊人員並に男女年齢を調査した其統計表に仍ると。

今宮町方面木賃宿々泊人男女年齢別調査表

（大正十二年三月現在）

宿屋名	目次	別女男	自七十一歳至八十歳	自六十一歳至七十歳	自五十一歳至六十歳	自二十一歳至五十歳	自十四歳至二十歳	自八歳至十三歳	自一歳至七歳	計	合計
橋屋		女男	二	五	九	二二 九	二六	三三	三八	一〇二 六八	六九

紀州屋	大正屋	吉野屋	第[illegible]幟屋	第三幟屋	第一稲田屋	第二稲田屋	大黒屋	玉屋	岩城屋	伊丹屋	三河屋	因幡屋
男女	男女	男女	男女	男女	男女	男女	男女	男女	男女	男女	男女	男女
一	[illegible]	[illegible]	[illegible]	[illegible]	[illegible]	[illegible]	[illegible]	[illegible]	[illegible]	二	三二	二
六	二一			一	一一	二一	[illegible]	[illegible]	[illegible]	[illegible]	[illegible]	[illegible]
六	一四	一四	[illegible]	[illegible]	[illegible]	[illegible]	四	[illegible]	[illegible]	[illegible]	七	[illegible]
三六七	二四七	四四七	一〇三	三四〇三	一三九三	三三六九	二六三	九九	五八	六三	二四九	三六
二	一	一	二五	三三	五四	二六	一	五一	三	一二	四六	一三
二	一	一	四二	五六	四七	八七	一一	四二	一一	一〇	七二	四七
一二	二	三	四五	四二	七二	五三	一二	一	二二	一〇〇	九八	六一
九四五	一五四六	七五四	二三三七	五六五九	三六八一	五八二一	一七三一	二四三三	八三八	三五〇〇	五八二〇	二九三九
九九	七〇	六二	六〇	三四	九九	一三	八四	六四	四六	八〇	一三	一六八

春本屋　男女		一二	三七	三五 一二	八	二	一七	二七 〇九	九九
日ノ出屋　男女		一	三	六三 一四	一一	三	二三	三四八	七
藤本屋　男女	一	一一	一	四五	一		一	七八	一五
小松屋　男女		一	五	六[illegible]		一	一四	七一 四	四八
楠甲屋　男女				六〇 四	五	一一		七六 四	五三
穂屋　男女		一	一	六三	一	三		七八 一	二五
第一八百安　男女		三	七	四一 [illegible]	三四	二九	一八三	六五 六八	一五二
第二八百安　男女			[illegible]	[illegible]	四二	六三		八七 二三	六五
第一備前屋　男女	一一	[illegible]	一八	三六	三	五四	七一	二一 四四	八三
第二備前屋　男女		[illegible]	三	[illegible] 四	二一	八三	一六九	二〇 六八	一四一
第三備前屋　男女		三	[illegible]	四三	一一	二	二	九九 一	二八
第四備前屋　男女	三	一		九三	四二	五六	一〇八	一九 四三	八〇
紀ノ國屋　男女		一	一三	二〇 五			一一	七五 二	三五

三笠屋	男女	[illegible]	[illegible]	[illegible]	[illegible]	[illegible]	[illegible]	[illegible]	[illegible]	[illegible]
末廣屋	男女	[illegible]	[illegible]	[illegible]	[illegible]	[illegible]	[illegible]	[illegible]	[illegible]	[illegible]
山陽館	男女	[illegible]	[illegible]	[illegible]	[illegible]	[illegible]	[illegible]	[illegible]	[illegible]	[illegible]
第一戎屋	男女	[illegible]	[illegible]	[illegible]	[illegible]	[illegible]	[illegible]	[illegible]	[illegible]	[illegible]
第二戎屋	男女	[illegible]	[illegible]	[illegible]	[illegible]	[illegible]	[illegible]	[illegible]	[illegible]	[illegible]
養島屋	男女	[illegible]	[illegible]	[illegible]	[illegible]	[illegible]	[illegible]	[illegible]	[illegible]	[illegible]
南堺屋	男女	[illegible]	[illegible]	[illegible]	[illegible]	[illegible]	[illegible]	[illegible]	[illegible]	[illegible]
大和屋	男女	[illegible]	[illegible]	[illegible]	[illegible]	[illegible]	[illegible]	[illegible]	[illegible]	[illegible]
大和屋支店	男女	[illegible]	[illegible]	[illegible]	[illegible]	[illegible]	[illegible]	[illegible]	[illegible]	[illegible]
吾妻屋	男女	[illegible]	[illegible]	[illegible]	[illegible]	[illegible]	[illegible]	[illegible]	[illegible]	[illegible]
松乃家	男女	[illegible]	[illegible]	[illegible]	[illegible]	[illegible]	[illegible]	[illegible]	[illegible]	[illegible]
兒島家	男女	[illegible]	[illegible]	[illegible]	[illegible]	[illegible]	[illegible]	[illegible]	[illegible]	[illegible]
徒屋	男女	[illegible]	[illegible]	[illegible]	[illegible]	[illegible]	[illegible]	[illegible]	[illegible]	[illegible]

富士屋	第一鶴屋	第二鶴屋	第三鶴屋	第一日吉屋	第二日吉屋	第三日吉屋	第一河内屋	第二河内屋	進計	總計
女男	女男	女男	女男	女男	女男	女男	女男	女男	女男	
				一	一	一			三三	一四
三	一	一	三	四	二二	二	二	一	五八九	二四
二	一七	二八	四	[illegible]	[illegible]	六	[illegible]	[illegible]	四三	六四
九三	五八	一九	三九	九四九	六八九	四八	八二	九一二	七九六 八五八	[illegible]
一	[illegible]	[illegible]	二七	一	四四	二二	[illegible]	[illegible]	八 二三	三二
	八一三	六五	三八	二三	二四	一四	七四	四一	一七六 一九七	三七三
三三	九一三	六九	五六	一〇三	一〇六	九三	七三	二四	二七七 二九九	五七六
一三 四〇	四六 二三	五三 九	四三 三〇	五〇 七	六九 [illegible]	四一 [illegible]	四二 [illegible]	三二 三三	一、四一五 一、八二二	
五三	一六八	九四	八四	一〇四	七五	九七	八五	六五		四、二三七

にして男女總計實に四千二百二十七人といふ驚くべき多數のものが夫々前記の安宿に分布され、兎に角不完全ながらもホームを作り、然らざるも之を自己の城廓として單獨の身を落着けて居るのである、而して其中八歳より十三歳に及べる學齡兒童は三百七十三名あるも就學せるは其中二百九十九名に過ぎないが、たつた一人ではあるけれど資產階級の多數居住せる濱寺町の羽衣高女への通學生が此の安宿からあるのも一寸其對照が異樣な感なきにあらずだ。

同宿泊人就學兒童同上

學校名	人員
今宮第三尋常小學校	五三人
大阪市立德風尋常小學校	八
四恩學園	六〇
大阪市立濟美第四尋常小學校	一
貝柄町保育所	二
羽衣高等女學校	一
合計	二九
備考	就學年齡ニ達シタルモノ三七三人ニ對シ二割強ノ不就學

次に宿泊人の本籍地を見ると何んといふてもお膝元の大阪が一番で、之に次ぐを隣接地の兵庫及三重、奈良縣等の順序となつて居る。

宿泊人本籍地縣別同上

本籍	男	女	計	本籍	男	女	計	合計	備考
北海道	三三	二	三五	滋賀	八一	二四	一〇五	一四〇	
東京	八〇	三七	一一七	岐阜	四四	三八	八二	一九九	
京都	一〇一	八二	一八三	長野	三九	二	四一	二二四	
大阪	五五七	四一二	九六九	宮城	三〇	三	三三	一〇〇二	
神奈川	三〇	一六	四六	福島	二九	二	三一	七七	
兵庫	二一三	一二一	三三四	岩手	一八	二	二〇	三五四	
長崎	三〇	六	三六	青森	二七	一	二八	六四	
新潟	三五	二五	六〇	山形	二〇	一〇	三〇	九〇	
埼玉	二七	六	三三	秋田	二九	二	三一	六四	
群馬	一五	一三	二八	福井	五二	三三	八五	一一三	
千葉	一九	一一	三〇	石川	六〇	七	六七	九七	
茨城	一八	一〇	二八	富山	五〇	一二	六二	九〇	
栃木	二二	八	三〇	鳥取	三四	二七	六一	九一	
奈良	九九	八〇	一七九	島根	一九	二〇	三九	二一八	
三重	八一	二五	一〇六	岡山	六一	五六	一一七	二二三	

愛知	四五	五〇	九五	
静岡	一一三	一一	一二四	
山梨	三〇	二	三二	
徳島	八一	五四	一三五	
香川	五六	三一	八七	
愛媛	九八	四	一〇二	
高知	五九	六	六五	
福岡	四八	四	五二	
大分	三三	一〇	四三	
通計	一、八二二	一、〇三七	二、八五九	
廣島	七〇	三六	一〇六	二〇一
山口	二八	一四	四二	七六
和歌山	七七	六〇	一三七	一六九
佐賀	二八	七	三五	一七〇
熊本	三五	五	四〇	一二七
宮崎	二九	四	三三	一三五
鹿児島	三六	七	四三	一〇八
沖縄	三九	三	四二	九四
朝鮮	三一	一七	四八	九一
通計	九七七	三九一	一、三六八	四、二二七
總計	四、二二七			

それから職業別を見ると最も多數を占むるは手傳、之に次ぐを仲仕、土方等とし其中少數であるが放鳥業、畜牛削蹄師、杭打の如きは一寸毛色の變つて居るのが面白い。

同宿泊人職業別同上

仲仕	三六三
土方	三二
廣告配	五
玩具商	一〇
繩買	三
小間物商	五
磨砂賣	二
電話工夫	五

遊藝	三五
鐵工	三〇
僧侶	一五
指物職	一〇
手傳	四九三
料理人	九
傘直シ	八
筆耕	一
道具方	三
書籍行商	一
大工職	二七
電工	六
裁縫	四
染色工	二
革職工	四四
外交員	三一
事務員	三
人力車夫	一七
金物商	二
煮豆商	五
アイスクリーム行商	三〇
鍛錬	一〇五
オデンヤ	二
衞生人夫	三五
植木職	三
古物商	三五
印刷職工	三
社僕	一
研師	七
齒刷子行商	二
辻占賣	一〇
紙行商	五
煙管直シ	一八
書畫	一
露店	一二
夜店	一〇
車先曳	一六
屑物拾ヒ	八
勞働	六五
會社女工	六
洋傘職工	二
ペンキ塗	一〇
東西屋	四
飴行商	一〇
陶器商	二
木箱職	四
井戸替職	六
香具師	五
左官	一五
片栗商	二
農業	一五
放鳥業	二
理髮職	一〇
石工	五
塗シヤ	三
製材業	二
荷車輓	三五
看板職	三
帽子商	四
硝子職	四
易者	七
綿打	三
ロクローヤ	一
活動ビラ配	五
針行商	二
雜役人夫	四七
自轉車職	二
コールタル塗職	三
竹細工	二
市場小使	一
旗持人夫	五
製紙業	三
馬力輓	一五
著述業	一
表具職	二
鐵力職	五

ゴム製品行商	五
衛行商	二
菓子行商	一九
魚商	四
昆布	一
雑貨行商	六
青物商	一九
鏡掛職	六
瓦斯職工	五
石炭商	二
畜牛削蹄師	二
畳職	三
灰や	一
マッチ職	五
籠屋	二
木靴	五
煉瓦職	一五
洋家具	二
薬行商	三
按摩	九
目立や	二
新聞売	五
接板職	二
郵便局夫	五
瓦葺職	二
蕎工	一
箒や	二
文具行商	二
日稼	六五
豆腐や	二
屑物女工	三
袋物商	一
洋服職	一
配達人	二
船乗業	一
鍍金職	一
各種製品行商	六八
遍路	五
書家	三
麺類売	三
桶屋	三
菓子職	一五
花売	一
鞄職	一
煙筒掃除	九
椅子職工	二
織物職	一三
カモジナ	二
紙断職	一
人造石工	一
広告張	[illegible]
テグス商	[illegible]
杭打	[illegible]
下駄職	五
貝釦	三
其他	一三
一四〇種	二、九七七人

◇一木賃宿の解剖

（『社会事業研究』第十三巻第三号・大正十四（一九二五）年三月一日・
弘済会保育部　田村克己）

大正二年日九月二十七第三種郵便物認可
大正十四年三月一日發行（毎月一回廿八〔　〕本）

社會事業研究

第拾參卷　第參號

三月號

要目

大阪社會事業研究會
〔大阪府社會課内〕

研究

一木賃宿の解剖

弘濟會保育部　田村克己

A　總序

茲にこの水を充たしたコップがある、これを蓋も何もせずして、暫く置くと、何所からか、また何時の間にか飛んで來た塵が一面に水面に浮ぶ、その水面の中心點をフーッと口で吹いてゐると、表面の塵が旋回し、流動を始める、廻つたりクル〱動いたり、さうしてその一部の塵は外の方に集まつて來る。

一の平野があると、何時の間にやら、何所から來るのか、家が一軒、また一軒建つて、さうして時が經過すると、其邊には家が一面に建ち並んで、遂には一の村が形成される、さうして村から町へ、町から都市へと形態が改められて行く、かうして發達を遂げた都市の跡を振り返へつて見ると、文化の風が吹くに伴れて、その一部の塵はその都市の外郭に過群する狀態を示すと云ふ傾向が認められる、一部の塵の過群狀態―、都市の文化に伴ひ、細民は都會の中心地から、次第々々に外郭に向つて押流され、其所にはまた塵が一の細民街塵と云ふものを形成する、貧乏な人の家ばかり集まる、斯うして出來た細民街を大阪に求むるならば、その一として大阪市外今宮町の俗稱釜ケ崎を擧げねばならぬと思ふ。

御承知の通り釜ケ崎の位置は、大阪市の南區に近接した今宮町の一部で、主として東入船、西入船と、それから東海の方でも一部を含む地帶の俗稱で、市電の霞町停留所の傍ら、惠美須町からズッと霞町の車庫前を通り、電車が廻つて行く、その突當りの堤防の上に線路がある、それは關西線である。市電の霞町を堤防に沿うて右に曲り又左に曲りて、さうしてあの關西線のガードを南に紀州街道を市外へ踏み出した兩側一帶が釜ケ崎である、この釜ケ崎は大阪府に於ける木賃宿の創生地として有名である。

木賃宿は今宮町にその數が四十九軒ある中で、東田と曳船と東海に三軒ある、其他の大部分たる四十六軒は悉く釜ケ崎に在るのである、さうしてこの木賃宿に一軒當平均約九十人の宿泊人を有するものとすれば、約四千百四十人の男女が動いてをる譯である、そこで東入舩、西入船の最近の人口は約二千九百であつて、これに徵して見ても、亦普通の民家が東入舩、西入舩を通じて總戸數約六百五十軒ある、これに徵して見ても釜ケ崎に於けるところの趨勢は、木賃宿に據つて決せられるものと容易に判斷することが出來る、目下は大阪市が大きくなるので、東成、西成の兩郡が市に編入されるに就いて、湯屋とか、道路とか云ふ問題と同じに、木賃宿は何う云ふ風にしなければならぬかと云ふやうな事に就いて、人々が頭を惱ましてをる時であるから、此事に就いてお話をするのも無駄ではないと思ふ。

で私は木賃宿に就いて述べることを許されるならば、私は概括的に廣くこれを論ずることは後にして、先づ代表的の木賃宿、常連客の生活解剖から着手しなければならないと思ふ、大きな池を掘ると云ふ事よりも、一の井戸を深く掘つて、さうして水を汲むと云つた方が面白いと思ふ。

B 本　　編

一　小　　序

(一)木賃宿の設備。先づ木賃宿の設備であるが一般にその宿泊人は一時的の者と、半永住的の者と、即ち時間的に區別することが出來る、また家族を有つてをるか有つてゐないか、即ち獨身者とさうでない者と、それを又空間的に縱横に區別することが出來る、だから宿泊人の素質に依つて木賃宿と云ふものゝ觀方が異つて來る、見解を異にする木賃宿は一方旅館であり、共同住宅であり、また共同下宿でもあり、觀方に依ると、一面野合場でもあり、また賭博場でもある、で宿には共同浴場、共同自炊場を設備してゐる、室は二疊敷、三疊敷、四疊半敷と云ふのが最も多いので、中には雜居室を有つた木賃宿もある、次に

(二)宿泊料であるが、或宿屋には次のやうな揭示がしてある「宿泊料、一等一人に付三十錢、二等二十七錢、三等二十五錢、間貸、一日に付一等八十錢、二等六十錢、三等四十錢」と書いてあるが、併しながらこれは一定されてをらない、その宿々でも一定してゐない、何う云ふ譯かと云ふと、それはお客さんが値切る場合と、値切らぬ場合とで異つて來る「なんぼに負けなはれ」「そんなに負かりはせぬ」「モット負けなはれナ、高いぜ、明日の朝また汽車に乘つて行かねばならぬ、錢が足らぬのや、もう些と負けてんか」と云ふと「まあ仕方が無い」と云ふ風でブツ〳〵言ひながら負ける場合がある、それからまた負けぬ場合もある、値切らぬ場合には一人に付一泊二十三錢、二十五錢を徵發するが、さうでない場合には二十錢で辛抱すると云つたやうな調子である。

次に私が今日茲に發表する調査の範圍は、澤山にある宿屋の中で代表的でもあり、またこの釜ケ崎に於ける木賃宿の總常連客總數に對する一軒の平均率に近い常連客を常に有つてると云ふ第三〇〇屋に就いて、最近の調査を茲に發表することゝするが、その調査した月には、新しい投宿人が男女を通じて四百五十二人あつたが、大部分その翌日と

か、二三日の間に各方面に出發して行つた、怪しげな男女の一對は申し合はせたやうに、その翌朝何所かへ出發して行つてをる、一日約十五人平均の投宿歩合です、かうした一時的の投宿者は別として、玆に發表するところの調査は主として半箇月以上の宿泊者に就いてゞある。

この宿屋は小間が約八十室ある、さうして常には約五十室が使はれて、他の約三十室は空室になつてをるのが普通である、今比較的長く宿泊してをる宿泊總組數の中三十室を擇んで、これを基調として研究の歩を進めて行きたいと思ふ。

チヨツト玆にお斷りして置かなければならぬ事は、この調査は私が人生の探訪の一部であつて、主として人々と會話をし、談笑の裡に記憶して來た印象を手帳を以て、人の見てをらぬ所で書いて來て、それを統計したものであるから、烏滸がましくも役人式の調べではないと云ふ誇りを有つてをると云ふ事と、それからもう一つは殘念な事には、これを調べる間に行方不明になつた者が二人ある、それから轉宿した者が一軒ある、それから拘引された者が一人ある、計四組は調査を完了することが出來なかつたのは殘念であるが、これを附言して置く。

二　所住期間

(一)世帶を有つ宿泊人、かうした人達が木賃宿にどれくらゐの期間所住してをるかと云ふ事は、第一に考へて見ねばならぬことである、勿論一晩や二晩で出發する人々も澤山あるが、木賃宿を共同住所として此所から或は朝早くから出て夕方に歸り、また仕事の關係で晝は寢てをり、夕方點燈時に出て翌朝、夜明に歸つて來ると云つた風の常連の客は、此所を根城として、どれくらゐの期間立籠つてをるかと云ふ時日である。

今三十世帶を基調として、その所住期間を調べて見ると、二箇年以上住つてゐる者が七世帶、この中には獨身者を一人含んでをる、それから一年以上の者が四世帶、三箇月以上の者が十一世帶、この中には獨身者二人と朝鮮人一人とを含んでをる、その次は半箇月以上住つてゐる者が八世帶、この中には獨身者二人と朝鮮人一人を含んでをる、それで計三十である、調査中に二箇年以上の宿泊者の中で、獨身者が先きに申した通り賭博で拘引された。

（二）期間　この所住期間であるが、半箇月以上半年以上と云ふ者を假にチョット負けて、以上を滿とする、即ち二箇年以上を滿二年とかう見積つて、この人々の宿泊總延月數は二百五十三箇月、それを日數にすると七千五百九十日さうして一世帶の平均宿泊日數は二百五十三日、で宿泊日數は八箇月半が平均である。

三　教育程度

次にはかうした宿屋にかうした住ひをしてをる人々は、どれくらゐの智識の程度を有つてをるか、何も字一字も知らぬ者か、例へば小學校を卒業した者かと云ふ、その住んでをる人々の頭を解剖して見ると、無學な者が十五、これは世帶主だけです、何も學問の無い世帶主が十五人、それから尋常を卒業した者が十二人、高等小學校を半途退學した者が一人、補習學校を半途退學した者が二人、計三十である、この中で月極の新聞を讀んでをる者が一軒、それから時々仕事の歸りに赤新聞でも他の新聞でも買うて來ると云ふ人が三人ある。

四　家族數

（一）家族數　この家族數を述べるに就いて、獨身者、親子、夫婦者、子供のある夫婦と、かう四つに分類して、次の如く統計した、獨身者の中には同居人をも含んでをる、獨身者は五世帶、男が九人、女が二人、計十一人です、それから獨身者ですから、これは子供が無い、獨身者が子供を有つてをつたなら大變です、次に親子の方です、親子の方で世帶は二世帶、男の大人が二人、女の大人が二人、計四人です、男の子が一人、この總計が五人です、次には夫婦者です、夫婦者は九世帶ある、夫婦は二人だから二を掛けて十八、これは勿論子供を有たない夫婦ものである。

その次には子供を一人有つてをる夫婦、二人有つてをる夫婦、三人有つてをる夫婦、四人有つてをる夫婦、斯う云ふやうに四つに別けて見た、子供一人有つてをる夫婦は七軒あつて、お父さんお母さんで十四人の大人です、子供は男か五人、女が二人、計七人です、それは十四と七で二十一、子供二人有つてをる夫婦は、これは二軒しかない、大人が男女で計四人で、子供は男の子二人、女の子二人、計四人です、これは四と四で八。子供を三人有つてをる婦夫は三世帶ある、男の子が六人、女の子は三人、子供の頭數は九人です、これは六と九で十五。次には子供四人を有つてをる夫婦、これは二軒しかない、子供は男五人、女三人、計八人これは四と八で十二である。

それで三十世帶で、これを男と女の性別にすると、男五十三人、女三十七人、計九十人である、それから成少年即ち大人と子供と別けて見ると、大人六十一人、子供二十九人、計七十人である、斯う云ふ狀態で、滿十五歲以上を大人として私が統計した、一家平均大人は二人、子供一人、即ち子供を一人有つてをる夫婦の生活がこの調査範圍に於ける標準である、夫婦者の世帶數は最高率を示してをる、その次が子供を一人有つてをる夫婦と云ふ順序である。

(二)子供が少い　次には子供は木賃宿に少いと云ふことを申上げなければならぬが、比較木賃宿には子供が少數である、夫婦者の世帶、即ち子供の無い夫婦が木賃宿には一番多い數を占めてをることでも判る、それは何所かに原因がなければならぬ、皆さんも二階貸に「但し子供無き方」かうした二階貸の廣告が子供冷遇の但書と共に常に、路地に散見することが多いのである、勿論二階を貸して、二階で騷かれた日には餘り心持の好くないことは判つてをる、併しかうした廣告を見て、尤もだ、當然だと、全部を許してしまふ譯には行かない、兒童保護の上に立つて家の無い親子を思ふ時に、其所には一層の遣瀨なさを感ずる。

子供の冷遇は木賃宿に於ても行はれてをる、おかみさんが言ふ「どうなるものかこの安い宿賃で、斯う蒲團を穢された日には堪らん」と蒲團の生命を短縮されると云ふ理由の下に、自持のお炬燵自辨の炭團を使うても、おこたを入れると一日に金二錢は加徵せられる譯である、餘計取られる譯である、蒲團を穢される、部屋を穢されると云ふのが此所に於ける子供の冷遇の一大理由である、木賃宿に於ける子供の少いのは、茲に消息が窺はれる、世間に貧乏の子澤山と云ふ事がある、貧乏人の子澤山と云ふのは、貧乏をしながらも子供を育てゝ行ける身分の者のみに通用する事の出來る言葉である、社會の澱汁ドン底に徹した人々は、一体子供を輕業師にでも賣るのであらうか、若しくは子供を生まないやうにするのであらうかと云ふ事は、能く考へて見なければならぬ點である。

五　本　籍　別

かうした運命を見出した人々は、一體何所から流れて來たのだらうかと云ふことを知るのは、先づ何所に本籍を有するかを確めねばならぬ、大人のみに就いて本籍別を示すと、大阪府の者が十三人、兵庫縣の者が十三人、和歌山縣の者が十人、大阪市の者が六人、朝鮮の者が四人、堺市の者が二人、京都府の者が一人、奈良縣の者が一人、高知縣島根縣、神奈川縣、鹿兒島縣、東京府とみな一人づゝある、即ち大人の總數の百分比例から見ると、大阪市の六、堺市の二と郡部の十三を合せて、計大阪府の二十一人と云ふのが最高で三六％、即ち府下に本籍を有する者は全數の三分の一强を占めてをる、これは勿論轉籍してをる者も這入つてをる、次に兵庫縣の約二十一％、和歌山縣の約十六％次は朝鮮の約六％である。

前にチヨツト言ひ落したが、この本籍別で判らないのが六人ある、大阪府に於ける救濟事業、社會事業の對象の府縣別即ちその收容者は何れの縣の者であるか、收容所の仕事の對象となつてをる人々の府縣別を調べて見ると、いつも大阪府の人々が無論筆頭であるが、次に出て來る者はお定りの兵庫縣、四國四縣、和歌山縣、奈良縣、これはお得意先であります。茲にもこの趨向が略ぼ窺はれる、同じ人間でも古來大阪で呼ばれてをる江州商人の出生地だけに、かう云ふ救濟事業、社會事業の對象にならぬ、滋賀縣は常に少數である、茲に皮肉なコントラストを見る事が出來やうと思ふ。

六　職業調査

斯うした人々が如何なる職業に依つて其日々々を糊してをるか、私は本職、內職別を茲に示さねばならないのである。

（一）本職別は職名前後に說明を申上げるが、鮟鱇仲間が三世帶、男四人である、鮟鱇人夫が十一世帶、男十三人である、無職と云ふ職業がある、無職が六世帶、男七人、香具師が三世帶、男三人、古物行商が二世帶、男二人、女一人、計三人、造花行商の世帶一軒、男二人、女二人、計四人である、俳優が一世帶、男の人が二人です、淫賣が一世帶、これはもとより女で、二人、拾屋が一世帶、これは女一人、馬力仲仕が一人、これは男です、男で世帶一軒ですそれで職業の頭數は無職を入れて十種、世帶數が三十、男三十四人、女六人、計四十人である。

（二）內職別　職名を云ふと助俳優が男一人、拾屋が男三人、女四人、計七人、乞食及び辻占賣が一人、女三人、計四人です、それで內職を別けると、內職の數が三、男五人、女七人、計十二人です、先きに讀み上げた說明をしやう。

（三）賭博　これは博奕打です、この表の中で無職とあるのは博奕打、即ち賭博者です、またこの內職の中で賭博か澤山あるが、これは內職の表中には省くことゝする、香具師も性質の惡いもので、俗稱お天氣師と云はれてをる者が全部である、お天氣師と云うて、香具師の極く柄の惡いものである。

（四）鮟鱇　鮟鱇仲間、鮟鱇人夫、これは垢じみた印半纏が、腕を組んだり、仕事着の上に上ッ張りのやうに垢じみた單衣を着て、煮〆めた手拭を帶にしたり、頭に被つたり、帽子の上から頰被りをした人達で、辻々や倉庫の壁等に凭れて、洗ひ破れた帽子の下から往來を睨んでをる群を見ることが出來やう、これが前に言ふた鮟鱇の群である。

鮟鱇と云ふのは何う云ふ所からそんな名が來たのであらうか、自分から進んで職を求めやうとせずして、他動的に先方から仕事を持つて來て吳れるのをパッと口を開けて待つてゐるから、鮟鱇と云ふ尊稱が何時の間にか奉られたので、この鮟鱇を傭ひに來る者は大抵仲仕などの小頭で、請負仕事の常傭者、人足では人手が足らぬと云ふときに、臨時に人手を要する爲めに鮟鱇を呼びに行くのです、傭ひに來る爺は親方から一人に付何圓何十錢を斯う請負うて、その中から何十錢と云ふ頭を跳ねて置くのです、それから「何々の仕事、何人どれほどやるぞ」と云うて鮟鱇を呼ぶ、その聲に集まつて來た鮟鱇は一つやつて見やうと云ふ連中である、集まつた數の多過ぎるときは、傭主の方で籤で漏らして行く、さうして所要の頭數を釣つて行くのです、その仕事を望まなかつた者と籤漏れの者はまた前と同じ所へ歸つて雑談をしたり、立つたり蹲踞んだりして、その次に來る釣主を待つてをる、自分が仕事をしやうと思つてゐてもその仕事は値が安かつたり、値が高くても、また自分ではとても仕事が出來ぬと思ふと、また好い傭主が來はしないかと思つて待つてをり、正午頃までボンヤリして、午後歸つてしまふのもある。

この鮟鱇がどんな仕事をするかと云ふと仲仕の仕事では揚方と云ふて、米の揚方、豆の揚方、袋入セメント、シンボリ、シンボリと云ふと鐵の屑や鐵の束にしてあるもの、鐵板の揚方、荷ひの方では石炭の荷ひ、銑鐵の荷ひ、米、石炭の荷ひ、それから次に一荷持と云ふて土砂や、バラスの一荷持、其他丁稚車とて倉庫内から船に荷を載せる爲めに運搬する小車で仕事するもの又は張持と云ふて、一つの荷物を二人が短い棒で一緒に荷つて持つ、その張持にはセメント樽とか、石とか、レール等の種類です、レールの運搬の者は大抵四人一組で請負ふ。是は一人宛の出面日給五圓位はある。

それから土方の方では荷持、市役所、電鐵、ケンブリ、ケーブル、鐵砲掃除と云ふやうな綽名がある、雑役の方ではトロ、場内トロ、工場トロ、電燈、遞信省、日本橋梁等それから次に本船の仕事の方では、本船荷役、それから荷役積込、巨材、メリケン、角丸太、小丸、束板、さう云ふ風に仕事の上に綽名が附いてをる、さう云ふものは傭主がさう云ふ名前を言ふのです、例へば「この石炭の荷ひ五人、二圓五十錢、」と云ふ風に言ふ、すると希望者はその聲に蝟集するといふ順序であるが、鮟鱇の事はこのくらゐで止めて置く。

（五）古物行商　古物行商と云ふと、皆さんはお茶の道具、其他の古道具屋など、早合點して貰つては困る、勿論古物行商と云へば、古道具を買ひ歩くところの道具屋もある、それから仲間内の品物を買ひ集めて、市に出す市屋と云ふのもある、普通の紙屑買は、それはガミとか、ジヤミとか云ふ、それから空瓶買はビンタ、それから古着ばかり買ひ歩くのがボロ屋、さう云ふやうな種類の者が澤山あるが、この宿の人々は古物行商の鑑札を持つた紙屑買と御諒解下されば滿点です。

（六）造花行商　この造花行商の中には綿製の玩具を行商してをる女です、黄色の鳥を拵へたりする、綿製の玩具を行商してをる女、元來女の手仕事には變動が頻繁である爲めに、能く調査が出來ない、其他齒磨粉の工場へ通ふ女工もあつたが、それは少々ばかりである。

（七）拾屋　夜明前に繩屑や其他金になりさうな物を車を持つて來て拾ひ歩くもの、これは拾屋である、拾屋の中でも車無くして、目星い物ばかりを拾つて歩くもの、これをジミンと云ふ、普請場等に這入つて殆んど竊盗に近い行爲を常にしてをる、勿論古物行商の鑑札を持つてゐないから、警官に發見せられると拘留處分を受ける、併しこの種の職業は無資本の上に、塵箱から花の鋏が出て來たり、また普請場へ行つて見ると、大工さんが大切な鑿を忘れて行つたりして呉れるから、さう云ふ物を序に失敬して來るので、思懸けない利得があるから、これを内職にしてをる者が多いと云ふことは略見當が附くだらうと思ふ。

或日私は電燈工夫が電柱に高く上つて工事をしてをるのを見た、その電柱の根本には子供が澤山集まつてをる、それがみな口を開いて上を睨んでをる、それは工事の様子を見てをるのかと思ふとさうではない、上方から降つて來る金を待つてをるのだ、暫くすると電柱の上から被覆線、被覆した針金が降つて來た、子供の集團は俄かに動搖を始めて、被覆線の爭奪戰が開始された、贏ち得た者が、その切屑を手にして「これを持つて歸つたら一錢に賣れるワ」斯う獨言を言ふた、この邊の子供等は繩屑が路の上に落ちてゐても、針金が地上に落ちてゐても、これは幾らに賣れるこすぐにピンご頭へ來る。この拾屋の商賣は純であるべき筈の子供の腦裡に、恁うも影響してをるかご云ふことを私はシミ〴〵感じた譯である、而してこの拾屋の連中、並びに彼等の子供等は、僅かばかりの金を得るこ、いつも〳〵買喰ばかりしてゐる。

七　收入狀態

（一）日收標準　曩に私は斯うした人々はどんな職業を擇んで生活して居るかご云ふ狀況は報告したが、果してその職業に因つて得るこころの收入狀態は如何であらうか、どれ位儲かるのであらうか、玆にそれを述べなければならぬ職業別に從うて自然この收入率を異にする、つまり綻鱇をやつて居る者は幾ら位の收入があるか、拾屋はどれ位か、古物行商はどれ位かご云ふ風に、職業別に從うて自然この收入率が異つて來るので、今、次に一職業に携はる者は……斯う云ふ仕事に携はる者は略何圓位の日收があるかご云ふ標準を示すことが、この問題に對する最も正確な解答であらうご思ふ、それは何故であらうか。

（二）理由　その理由は五ッある、これを述べるこ、一般の人々はですナ。

一、天氣模樣に因つて全然仕事に出ない、又出やうとしても實は出られない狀況に置かれてある。

二、出るは出ても仕事を與へられない日がある、次は

三、元來が怠惰者だから、チヨツト曇つた序にもう雨降りだごから定めてしまふ、さうして寢込んでしまつたり金の持合せのある間は勞働に從はぬ。

四、それに賭博を收入の手段こして居るから、その收入額が不定である。

五、それに夫婦の間に於てすら各自の收入を隱し合うて、自分の小遣錢に宛てるのが常であるから、主人は收入の確實なるその日の額を知る由もなく、又その妻は夫の留守に內職を主人に內證でして、さうしてその收入を私服する、自分のものにしてしまふと云ふ例は珍らしくない、斯うした狀態であるから、その人達の收入は不定であるし、又不明である、だから最も正鵠の得たものを得やうとすれば、この種の職業に對して、其日の日收標準はどれ位であるかと云ふ事を知らなければならぬ。

(三)職業別と日收標準　鮟鱇仲間で二圓乃至五圓、鮟鱇人夫で一圓半から二圓半まで、鮟鱇人夫の中には大工の常傭をして居る者が三圓を取る、左官の常傭をして居る者か二圓半取る、それから建築土木の常傭が二圓半です、次には古物行商は一圓五十錢前後です、造花行商は二日で二圓前後、何故なれば、家で造つて、さうして賣りに行くのですから、椿の木を切つて來て、さうして桃色掛つた落し紙かある、あの如うな紙で花を拵へて附ける、一日仕込んでは一日賣りに行くから二日で二圓前後、日勘定にすると一日一圓、それから俳優……これはもう立派な俳優では勿論ない、これが三圓前後です、それから淫賣は一圓半から乃至二三圓まである、拾屋は一人當りが七八十錢見當、乞食や辻占賣は五十錢以上一圓前後です、これは子供も這入つて居る、それで乞食などゝ云ふものは普通モツト收入のあるものです。

(四)見當　それで私は各職業の日收標準を示したが、これを要するに、この宿の人々の收入は最低八十錢から最高三圓五十錢の見當であるが、收入月額は不定である、その理由は前に申した五ツの理由の中の初めの三ツがそれに當る、或朝私は或寄場に顏を出した、いつもの通りにかう云ふ鬢面で、袴も穿かずに、お祖父さんの形見の羽織を着て足袋もチヨツト破れたのを履いて寄場へ行つた、さうすると「親父さん、仕事だつか」と言ふたから、「イヤ今日は違ふんだ」と私は答へた、一人の鮟鱇がさう言つて寄つて來ると、四五人の鮟鱇がまた寄つて來て、私は鮟鱇に包圍攻擊をされた、それで私は「親父さん、仕事だつか」と言ふから、たゞ「お前も仕事を捜しに來てをるのか、俺も仕事に來てをるのぢや」と言ふのだと、かう云ふ風に初めは思つて居つた、けれどもさう云ふのではなかつた、その鮟鱇の顔には物を乞ふこころの色があり、その態度には無心を言ふ時の態度が讀めた、即ち正式に紹介者の手を經るまでに、私に妥協を求めに來たのです、其日を手から口にと志して宿を出ても、かうして何物も與へられずに、其日々々を過してしまふ鮟鱇の如何に多くゐるかを證據立てる譯である、家から仕事をしやうと思つて行つても、仕事を與へられない、だからこの理由の他にかうした人々の勞働能率と作業意思とを考へると、勞働能力の無いところの子供も含めて、この一日一人平均の收入額は約三十五錢と見當を附けても差支へないと思ふ、澤山收入があるやうですけれども家には働けぬ子供もあるし、それから天氣の惡い日もあるし、怠けてしまふ日もあるし、金のある間は行かぬから、頭數に割つて見ると、一日一人平均額は約三十五錢と見當して差支へないのです。

八　生活費

(一)消耗の景況　彼等は其日々々に因つて收入額を異にしつゝある生活の樣式であるから、これに伴ふこころの生活費も亦自然異る譯で一定はしない、金のある間は怠慢をして坐食し、疊から尻を離さうともしない暢氣者もあれば又一方俺は宵越の金は費はぬと云ふ男らしい美名に隱れて、酒を飲み明して、酒に飲まれる者もあると云ふ狀況であるから、其日々々の生活費が判然しないのも亦本當である、玆に私は一日の生活資料、消耗の景況を示す事とする。

(二)一般的の費用　一日に材料はどれ位要るか、これは各自が必ず每日支拂ふべき費用であるが、それは先づ米……

……米は一升乃至一升五合、でこのお金が四十錢乃至六十錢、これは親二人、子供二人、計四人としての話、家賃が一室四十錢、五十錢、六十五錢の三種類、お酒が三合宛四十五錢、大人一人ですナ、それから炭が三錢、これは小買三日分十錢の割ですから、それを日に割ると三錢です、割木が小買三日分二十錢の割ですから、一日分にすると約七錢是等は各自が必ず毎日支拂はなければならぬ費用です。

(三)副食物費諸雜費　次には煙草、魚類、漬物、電車賃、つまりこの三十室の副食物や諸雜費の調査です、煙草は三錢乃至十錢費ふ家七室、がそれから十錢から廿五錢喫む家が十一室、次は魚類で五錢から十錢まで食べる家が四室、それから十錢二十錢まで食べる家が二十一室、次に漬物は二錢から五錢まで費ふ家が十二室、五錢から十錢まで費ふ家が三室、電車賃は十六世帶で平均が一日十錢です。

(四)小遣錢　次には小遣錢です、小遣錢は大人ですが、男子の方で十錢までしか費はないのが二、それから二十錢まで費ふのが七、五十錢まで費ふのが四、一圓まで費ふ者が一、大人の女の方では二十錢まで費ふ者が五人、三十錢未滿二人、五十錢未滿九人、子供の方では三錢未滿一、五錢未滿四、十錢未滿九、十五錢未滿一、小遣錢は斯う云ふ狀況です。

(五)主要生活費　次に主要生活費と云ふことを考へて見たい、この街へ足を運んだ者は誰しも露店商人の數多いことに氣附くであらうが、朝早くから斯う云ふ屋臺店を包圍して、子供大人が口を動かして居る傍ら、昨日の酒がまだ醒めないで、其儘醉ひまみれになつて、身體を大道に横たへて居る光景を珍とするには、餘りに價値がなさ過ぎるほどだと言つても、私は言ひ過ぎだとは思はぬ、例へば今宮署の人が其所を通つて見ても、その巡査の顏には俺が行くからそんな風をば見せないで置いて呉れと云ふ、さう云ふ念願が顏に讀める、同じ巡査であつても、船場、島之內邊に居る巡査の顏には、何か惡い者の風を見附けてやらうと云ふやうな目附が見ゐる、けれどもさう云ふ細民街に行くと、俺にはさう云ふ風な態度を見せずに置いて呉れと云ふ念願があるやうに見ゐる、かう云ふ光景を珍らしいとするには餘りに價値が無さ過ぎるほどに淺ましい姿です、前掲の表を見ても、生活費の骨子となつて居るものは家賃と米と酒と間食費、この四項である、これに就いて假定をした一世帶と云ふものを考へて見る、この世帶は夫婦姉妹、即ち親子四人の庭家で一日の生計を立てるのに何圓を要するであらうか、今の四項に就いて前の表の平均率を以て當飲めて見るこ、家賃が五十錢、米が五十錢、酒は七十五錢、間食費は九十三錢、酒はお父さんが三合、お母さんが二合飲む、間食費はお父さんお母さんの合計は七十六錢、姉妹の合計は十七錢、即ち總合計二圓六十八錢を費す譯であるこれに副食物の消耗料、薪炭、煙草、娯樂費等を合算するこ、可なりの生活費が嵩む譯です。

(六)敎化、衛生、經濟。これに就いて考へなければならぬことは子供の敎化、衛生、經濟こ云ふことである、曩に述べたやうに親父は酒に醉うて大道に仰臥して仕事を忘れ、母娘は屋臺店を包圍して不就學、不就業を常こする、買喰を以て主食物こは心得て居るまいが、事實は時間を距てずに路傍に立食をし、三度の食事を度外する結果、消化系統の疾病に冒され易く、又この買喰を親から實行的に敎はりつゝある子供は、買喰癖は浪費癖こ轉更して漸次に惡化する、不良兒童は斯くして養成されつゝある、保育部で作つた標話に「買喰は身を食ふ」こか「間食は少々、お食事はタップリ」こ云ふのがあるが、この標語の宣傳を怠つてはならぬ事を痛感するものである、酒こ間食は、この一家の經濟を考へたこきに、家賃こ米の計一圓に對して、酒こ間食は計一圓六十八錢にして、即ち前者の一倍半强を占めて居る、貧困の原因、貧乏線から上れない理由も首肯するここが出來る。

(七)保護少年の不良化原因　參考までに大阪府刑事課の取扱つた大阪府管内保護少年少女不良化の原因に就いて見るこ、買喰をしたさこか、浪費癖がその原因こして調査の高率を示して居るここに氣附かれる、即ち大正十三年の統計の中で、個人性から見たる不良性原因こ云ふので、不良少年は定住者こ浮浪者の二つに別けて統計してある、定住者は一千九百二十三人の中で買喰をしたさに惡くなつた者が三百二十四人、約十七パーセント、それから浪費癖、無茶遣ひですナ、これが百七十四人、それから酒が飲みたさに不良化したのが五十七人、これは家のある不良少年ですで浮浪少年の方では、總數七百九十四人の中で七十八人が買喰したさに不良になつたが約十パーセントです、それから浪費癖の者は百五十二人、酒を飲みたさになつた者が五十四人、それで定住浮浪と云ふことを一緒にしてしまうて買喰したさに惡くなつだ者が百人の中で十五人、その買喰の癖が增長して無茶遣ひになつて不良少年になつた者が十二%、お酒を飲みたさになつた者五%、かう云ふ狀況である。

九　趣味及娛樂

(一)此の人々　此の人々はどんな趣味とか娛樂を有するかと云ふことに就いて調査した結果は次のやうである、基調數は男三十四人、女二十六人、その內男二、女一は家出したり、拘引されたり、轉宿した爲めに調査が出來なかつた、この調査は最も深い趣味を有するものを一ッとか、最も好む娛樂を一ッ聽かして吳れと云つて聽いたのではなくたゞ「お前は何が好きか」と、斯う尋ねたに對して、先方が言ふた答を後で統計したものであるから、中には「私は芝居と聲色と活動が好きだ」とかう三つも一緒に答へた者もあり、「俺は勞働即趣味だ、それが娛樂だ」と力む者もあれば「マア酒に女かナー」と隨分お芽出度いものもある、故に數字は一人一ッ宛でなく、答解數を以て示したから無論基調數には合うて居らぬ、種目にも種々なのを含んで居る、結局先方の答と云ふものを尊重した譯である。

(二)成人の部　大人から申すと、芝居好が男四、女十二、計十六、活動寫眞では男十六、女七、計二十三、三味線では男二、女五、計七、尺八が男六、女二、計八、尺八の好きな女の人もある、これは自分で吹くと云ふことばかりでなく聽くと云ふことも這入つて居る譯である、それから明笛が男七、聲色が男二人女一人、計三、唄が男七、女二計九、讀書が男二、女四、計六。博打が男十八、女六、計二十四、所謂勞働が男三、女無し、ブラ〳〵と云ふのが男二十一、女十七、計三十八、それから女と言ふたのが男九人です。

(三)答解數　この答解數を基調として、この方面の考察を下したならば、最も答の多いのは男女を通じてブラ〳〵の三十八である、ブラ〳〵と云ふのは讀んで字の如く遊ぶのでもなし働くのでもなし、たゞブラ〳〵して居るのが趣味だ、娯樂だと云ふのです、男三十二人の内二十一、女二十六人の内十七の多數を示して居る事に驚かされる。

(四)女は流石　に芝居を好む、男は活動寫眞を擇ぶ、一方三味線を彈ける優さ男もあるかと思へば、女で賭博が唯一の樂しみだと答へる射倖本能の權化もある、讀書がなによりの趣味だと云つて、紙屑の中から擇り出した英字新聞を逆樣にして讀まずに讀んで居る學者もあれば、勞働は神聖だ、働く事夫れ自身が趣味だ、と隨分鼻息の荒い者もある、得意の聲色や唄に咽喉を鳴らして居る者もある、私は學生時代の寄宿生活の床しさと云ふことも想はれて、一種の憧れをこの人々の上に見出すこともあつた、兎角この環境にも惠まれた床しさがあつて、別人の住むことの出來ぬ世界として誇りと氣樂さと、さうして懷しさが待つて居る、この境界から脫れることの出來ない繫縛も此点に一面の眞理が横たはつてるはしないかと云ふことを思惟する、これが觀方の一面です。

(五)少年少女のそれ　次にそれならば少年少女の趣味娯樂は何うであるかと云ふ事を述べなければならぬ、少年少女の趣味や娯樂として、何に一番の興味を有つて居るかと云ふことに就いて述べる、この調査は滿十五歲未滿の少年少女、男十六、女十、計二十六に對して、食べ物の他に何が一番好きかと云たことで、一ツ〳〵回答を求めた、斯くして出來た結果が次のやうである、芝居は男二人、女四人、計六、活動寫眞は男六人、女二人、計八、小鳥が男の子一人、それから繪本は、少年ですネ、男の子一人、讀書は男の子が三人、博打で一人、お伽噺で男一人、女一人、計二人、美しい着物と云ふのが女の子一人、水泳男一人、母親と言ふた女の子が一人。

(六)活動寫眞と芝居　子供の娯樂の上にも少女は芝居を好み、少年は活動寫眞を好む点は男のそれと一致して居る活動寫眞は何所の世界でも歡迎せられ、此所にも約三十パーセントの數字を占めて居る、「お母さんが一番好きよ」と淚の出るやうないたいけな小娘もある、「小鳥が一番好きだ」と斯ゥ言ふ優しい少年が居るかと思へば、一方には聲を大きくして「俺は博打か好きだ」と答へる末恐ろしい强者もある、讀書に趣味を有ゃる少年だとて、決して皆樣は感心して貰つては困る、みな忍術物の豆本の愛讀者である、美しい着物、美味しい食物に憧れを有つ子供達には、美衣美食をすることが一番結構だと心得て居るのは當然過ぎる程當然であらねばならぬ、茲に子供が美しい着物が好きだと答へたその答の半面には、美しい着物を着やうとしても被ることの出來ない欲求の不滿足が裏書されて居ると云ふことを想つたときに、一掬の涙を注がざるを得ない、單に大人の生活をのみ茲に發見したときに、一種の氣樂さと懷しさとをこの上に認めて、憧憬の心持を見出したと告白した、私はこの純眞な子供を通して、この人々の生活を想ふたときに、一種泣くに泣かれぬ

（七）暗さに直面　しなければならなかつたのである、純眞であらねばならぬ子供の口から博打が一番好きだと云ふこの聲が迸つたときに、私は胸が塞がるのを覺ひたことである、皆さん、家庭は人間生活の根柢を爲すもので、家庭に對する自覺が人間の品性の出發点でなければならぬ、此点から觀て家と云ふもの、觀念の影を沒した環境から伸びて行くところの芽生ひの將來を想つたときに、その悲しみは一層深刻さを增して來る、襄に大人の世界を觀て氣樂な世界だと眺めたのは一面だと申したが、子供を通して觀たこの人々の生活は、決してその何所にも明るい影を偲ぶことの出來ないと云ふことを深く感ずる次第である。（未完）

◇一木賃宿の解剖（続）

（『社会事業研究』第十三巻第四号・大正十四（一九二五）年四月一日・

弘済会保育部　田村克己）

大正二年九月二十七日第三種郵便物認可
大正十四年四月一日發行（毎月一回廿八日納本）

社會事業研究

第拾參卷　第四號

四月號

要目

大阪社會事業研究會
〔大阪府社會課内〕

一木賃宿の解剖（續）

弘濟會保育部　田村克己

一〇　嗜　好

(一)酒に飲まれる可能性　嗜好物に就いて尋ねて見るこ、又此點にも一般人には想像以外の現象を發見した、即ち酒に就いて見るこ、男三十二人の内で二十四人まで酒を嗜むこ云ふ狀態で、その七十五パーセント、即ち百人の中七十五人までが酒を愛する連中であるこ云ふ結論である、即ち三十二人の内で八人だけは酒を好まぬけれごも、その數の三倍である後の二十四人は酒に飲まれ得る可能性を有つて居るものであるこ云ふことになる、女が酒を飲まぬのは一般人の社會では當然だこされて居る、然らばこの社會の狀勢はこ調べて見るこ、二十六人の內十九人までは酒の愛好者である、即ち七十三パーセントの多數を示して居る、即ち二十六人の內七人だけが酒を好まぬけれども、後の十九人は酒の愛好者である、或はこれを換算するこ、四人寄るこ三人までが捲舌を捲き兼ねない痴漢です、剛膽者です、これを男女合せて考へ直して見たときに、一層この輪廓がハッキリする、即ち大人の總數五十八人の内十五人だけは酒を飲まぬもので、後に殘された四十三人は酒で動いて居ると云ふ人間です、言ひ換へて見ると云ふと、十人寄ると立派に七人までは酒を飲む、酒を飲まれるところの可能性の持主である。

(二)煙草　煙草は酒に亞ぐ嗜好物である、男女總數五十八人の内で三十七人までは煙草を喫む、好む、即ち六十五パーセントは煙草を薫らす連中です、然るにこれを男女別にして觀ると面白い現象が出て來る、即ち男よりも女の方に愛煙家が多い、煙草の喫み手が多いと云ふことです、男は三十六人の内十六人、即ち半數の者より好まぬに對して女は二十六人の内五人だけ煙草を喫まないが、他の二十一人は煙草が好きだ、即ち六人寄ると五人までは朝風呂、丹前、長煙管である、それで煙草はどんな種類かと云ふと、主に男はバット、朝日を吸ふ、其次は敷島・胡蝶・リリー女はあやめが重く用ゐられる、はぎはこれに亞ぐものです。

(三)菓子　菓子とか善哉、汁粉を好む男性もあるが、矢張り甘黨は女の世界に多い、子供も殆どその嗜好物は菓子に限られて居る。

(四)遊人と口道樂　大人の嗜好物に就いて上來述べて來たが、それを表に作つて見ると次の樣です、男三十二人、女二十六人がこの調査の基本數であるが、該嗜好物の數字は答解の跡を尊重する爲めに、答解數の全部を算入した、つまり前に言つた趣味娯樂と同じ風です、それで酒が男二十四、女十九、計四十三、煙草は男十六、女二十一、計三十七、善哉は男一、女三、計四、麵類男五、女二、計七、菓子は男三、女十一、計十四、即ち全計男四十九、女五十六、計百〇五、この答解總數の性別を見たときと、人數に於て事實少ない女性が反比例して、男よりも多數を占めて居る所に、遊人と口道樂としての女場面性を讀める譯である。

二　將來の希望

(一)この生活の中に育まれつゝある子供は、將來どんな職業を以て身を立てやうかと志して居るか、どんな職業を有つ人々の上に憧憬を有つて居るかと云ふことを知るも徒事ではあるまい、勿論現在の私の聽いたときの素志は、これはもう氷久的のものでない事は判つて居る、勿論元來が子供は衝動的であるから、熟慮的に斯うだと能う考へた上での答解ではない、今日この仕事が好きだと云ふのは必ずしも明日の希望職業で無い事は判つて居るか、斯う云ふやうな環境に芽生ゐて行くところの小さい人々の頭腦に、果して何が描かれて居るだらうかと云ふその跡が十分偲べる譯である。今左に職業に關係なきもの、親の職業を嫌ふもの、親の職業を好むもの、とを分類してこれを申上げると、男十九、女十、計二十九を基調として。

(二)職業に關係のないもので、子供等に「お前どんなものになりたいか」と聽いて見ると、洋服を着て威張りたいと云ふ男の子が一人、偉い人の嫁さんと云ふのが女三人、役者の嫁さんが女一人、たゞ偉い人と答へた男の子が三人計八。それから

(三)親の仕事の嫌ひな者　それは役者になりたいと云ふ男の子が二人と女一人、計三、兵隊になりたいと云ふ男一人、先生になりたいと云ふ男の子二人、女の子一人、巡査になりたいと云ふのは男一人、藝者になりたいと云ふ女の子一人、女郎の希望者が一人、淫賣の希望者が一人、それから飛行機乘が男二人、電車乘と云ふのが男二人、計男十女五、計十五です、それから

(四)親の職業を好んで居る者ゝが馬力仲間が男一人、博打打が男二人、拾屋の希望者が男一人、お天氣師男一人、古物商行女一人、即ち計男五、女一、計六。

先刻からズット三ッに分けてお話をしたけれども、男十九人、女十人、計二十九人を基調として聽いた譯です、將來を如何にこの子供等が夢みて育成されつゝこの果敢ない人生を辿つて居るかを考察したときに涙無きを得ぬ、私の

家には五つになる子供がある、「信一よ、お前大きくなつたら何になるか」と私が聽いたら、子供は（五）桃太郎さん　になると答へた、至極明瞭であつた、それで私は「桃太郎さんは强くて心が優しいから、犬も猿も雉子もお供をさせて下さいとかう言つて伴いて來た」と話したことである、勿論この調査の對象は幼兒前期の子供のみでは無いにしても、餘りにこの距離のあるのに一驚を禁じ得ない、この答解の跡を眺めては顏を顰めずには居られない、無論中には無邪氣な者もある、

（六）偉い人　「お前大きくなつたら何になるか」「偉い人になる」……この偉い人になると云ふのは、どんな場合にも一般の子供等が齊しう答へる事です、小學校の先生でも偉い人にならなければならぬと云ふことを標準にして居る、子供も「お前何になるか」「偉い人になる」と云ふことは一般的です、また子供の世界には兵隊さんが好まれて居るのは相變らずです、先生になるのも宜からう、但しそれが美しい着物被、袴を穿いて至極樂に見れたり、洋服を着て威張りたい所に根據があつてはならない筈です、飛行機乘を夢見たり、無賃で何時も好きな電車に乘つて居られるから電車乘を志願するのは子供らしくて罪が無い、併しこの子供等の憧憬の焦點は遊んで居つて、美しい服裝をして、威張られる……一、遊んで居つて、二、美しい着物を被て、三、威張られると云ふ、この三つが一致した所に焦點を求められるとすればです、たゞ無邪氣だと言うて雲煙過眼視することは出來ないと思ふ、好きな電車に乘つて日收が貰へる、こんな進んで居るやうな仕事は又と他にはなからう、俺の親父も隣りのお爺さんも巡査を見ては平身低頭する、威張る權化は巡査であると夢見て「洋服を着て威張りたい」者と好く握手をしてしまつた。美しい着物を被て、これも樂に見れる渡世には役者もある、藝者もある、女郎もある、淫賣もある、その何れにも一の根據がある、子供等の考へには根據がある、藝者になると答へた女の子は、事實さう答へた少女の姉さんが神戸の或街で藝者をやつて居る、金も送つて吳れゝば、宿を訪ねて來るときには華奢に飾り立てゝ來て、この家はこの美しい來訪者に因つて一つのプラ

イドを感じ、宿の人の肩身も廣くなると云ふ狀態である、遊んで居つて、金が儲かつて、美しい着物を被て、つんと威張つて居る、至極滿点である。

(七)女郎淫賣　この女郎の希望者と淫賣の希望者とは事實姉妹です、「お前は何になるか」と言ふと「私淫賣になる」と、かう妹が先陣の功名を立てると、流石に姉は「私、おやまが良いわ」と、これも中々負けては居らぬ、この女の子供の前の部室には二人の淫賣女が宿泊して居る、淫賣になるものは晝間は比較的美しい着物を被て、さうして何時も寢そべつて間食と、無駄口に餘念がない、夜の暗さを出稼ぐ時分には、この子供等は何も知ずに睡つて居ると云ふやうな譯で、淫賣の憂き勤めは想像も着かぬのです、たゞ美しい着物を被て、遊んで居つて金が儲かる、結構な商賣であると、かう心得て居るのも無理からぬ咎である。

次に親の職業を好む者に就いての表を見ると、總數六の內五までは男の子である、親の職業を繼ぐと云ふ意志は穩當であらうが、併しその職業其者の素質を吟味した上にその世襲の可否を定めなければならぬ、親の職業を繼いで善いか惡いかと云ふ、此點から判斷したならば、馬力仲間を希望する一人の子供の他の四人は、如何はしい素質を有つて居るものである、即ち博賭打を希望する者が二人、鑑札を有たないで、殆んど竊盜に近い拾屋を希望する者が一人それからお天氣師と云つて、マア香具師の下品な者を志すものが一人と云ふに至つては、思半ばに過ぐるものがある女の子供は流石に古物行商を希望して居る、これはしをらしい。

三　希　望　職　業

(一)收入の道　渡世の爲めに何かの職業を擇んで、各自收入の道を講じ得る者の中には、その與へられた職業に滿足して居る者もあれば、收入の爲めに他の職業に走らうと焦つて居る者もある、今男三十二人、女二十六人、計五十八人を基調として、その希望職業に就いて左の事が申上げられる、即ち自分の職業に滿足して居る者と、それから他に轉職を希望して居る者と、かう分けて話をすることが出來る。

(二)自職に滿足せるもの　ゝ中で、鮟鱇の常傭大工が男一人、これは大人ですよ、即ち大人に「お前どんな仕事が好きだ」とかう聽いたときに……鮟鱇常傭大工が男一人、板無俳優男二、それから鮟鱇仲間が男二、鮟鱇人夫で男二乞食男一、古物行商で男一、淫賣女が一人、拾屋の文が一人、即ち自分の職業はこれで可いと滿足して答へた者は計男九人、女二人、男女合計十一人。それから

(三)他職に轉じたきもの　は、相場師及び其他が男十二人、女十六人、計二十八、それから役者の希望者が男一人女二人、計三人、大臣になりたいと云ふ男が二人、親分になりたいと云ふ男が二人、大工の棟梁になりたいと云ふ男が一人、藝者になりたいと云ふ女が二人、女郎になりたいと云ふ女の人が一人、月給取又は官吏になりたいと云ふ男の人が四人、巡査になりたいと云ふ男の人が二人、それから金滿家の妾になりたいと云ふ女が二人、たゞ抽象的に氣樂に暮したいと答へたもので女が二人、つまり他の職業に轉じたいと云ふ希望を有つた男が二十三人、女が二十四人計四十七人、全計男三十二、女二十六、計五十八。

(四)金に滿足　己が職業に滿足して居る者には相當理由がなければならぬ、三日したら止められぬと、かう言ふ乞食の理由は餘りに明瞭過ぎる、資本も要らなければ技術も要らぬ、人の同情心を濫用する呼吸さへ呑み込んだら、其日から卒業程度、大成功です、又收入も乞食は一般二三月平均得られる譯です、で鮟鱇の常傭大工は日收三圓以上、板無俳優は日收三圓見當、鮟鱇仲間は三圓以上、鮟鱇人夫は平均二圓以上の日收である、淫賣も相當な收入がある關係から職に滿足してゐないまでも金に滿足せられて居るものである、拾屋も平均日收としては餘りに多くは望まれないが、これとて資本も要らなければ腕力も要らぬ、勞力も要らずして仕事が出來る、其上この連中は拾つて歩く間に便所の糞壺から金の這つた財布を發見することもあらう、或は普請場等に相當な値を有つた道具も轉がつて居ること

があるから、豫期しない收益を見ることが出來る、其間の消息は明かである。

（五）一攫千金の夢　他の職業の上に憧がれを有つて居る心持は、その理由が子供の將來の希望の所に述べた點と一致することを認める、樂で、それで寢て居つて金が儲かつて、美しい着物が被れて、美味しい物が食べる、その上に威張つて居られる、かう云ふのであるから、その希望の標準が餘り高過ぎる、濡手で粟の掴み的の……一攫千金の夢を見る人々のやる相場師や、それに類する職業を希望する者は、男女を通じて四十八パーセント、百人の內四十八人までゞ、最高に達して居る、男十二に對し女十六の數の多いのは、これは寢て居る者には夢を見る度數が多いと云ふ證據になる。

（六）Xの値　それで大臣になりたいと云ふのは少し望みが大き過ぎるか、これは前に述べた三つの條件……三つの條件と云ふと、遊んで居つて、美しい着物を被て、威張られる、かう云ふ三條件の上に名譽と云ふ之繞を掛ければXの値が出ると云ふ方程式も何所かに與へられるやうな氣がする、偉い者になると漠然と答へた心理と、氣樂に暮したいと漠然と答へた心持は共通して居る、洋服を着て威張りたいと云ふ子供の心は、月給取官吏を希望する親父の心理とは餘り距りが無いが筈である、大工の棟梁や親分を希望するのは權威と收入が目標であり、巡査からは權幕が買物である、役者、藝者、女郎、金滿家の妾と云ふ職業の歡迎せられるに就いて、その理由を詮索する必要はなからうと思ふ、蓋しこの中に生立つて行くところの子供等の理想を聽いて驚かされた皆さんは、この消息を得て、この親あつてこの子ありと云ふ結論の當然さに遭遇せられた事と存ずるのである。

（七）この常客連　これを要するに、前述の嗜好、趣味、抱負、希望等を一括してこれを極言すると、この常客連の嗜好物調べから考へて見ると、酒も煙草も比較的男よりも女の方に飲み助が多かつた、子供に將來の希望を聽いて見たら、洋服を着て威張りたい男の子と、役者の嫁さんになりたいと云ふ女の子があつた、博奕打、拾屋、お天氣師などは親の職業を其儘言つたものであるが、本當に子供の頭から出て言つたものには、役者と先生、次には飛行機乘、電車乘、後は兵隊に藝者、女郎、淫賣まである、その親達は何うかと云ふと、現在の職業に滿足して居る者の內、淫賣から乞食と云ふ極端なのがある、他の職業に轉じたい方では男女共相場師志望が大多數で、其次は月給取、官吏、巡査など、つまり洋服を着て威張りたい連中が多いので、役者志願も相變らずある、大臣の志望が二人あるが、これとても大工の棟梁や親分と大して違はぬやうに思つて居るらしい、藝者、女郎、金滿家の妾、樂に暮したいと云ふのは、みなそのお嬶連中のお答である、男女を通じて、子供大人を通じて見て、この人々の脈がどの邊に何う搏つて居るかと云ふ見當が附くだらうと思ふ。

一三　小　結

（一）假定一世帶　この種々な原因とか、雜多の機會に遭遇して、この人々は一木賃宿に集團生活を敢て營まねばならないと云ふ運命を發見した、この人々の生活の一面を窺ふべく、私は一木賃宿を擇んで上來比較的永住性のある三十世帶に就いて、その解剖を試みた譯であるが、今その述べて來た各項の中から主要の部分だけを選擇して、例へば所在期間とか、教育程度とか、家族數とか、本籍別とか、職業別とか、收入狀態、生活費、かう云ふやうな主要の部分だけを選擇して、平均率に近い一世帶を假定して、この調査を小結して見たいと思ふ。

（二）串團子　茲に一本の串團子がある、その串は團子の一つ〱を列ねるところの作川をして居る、團子は團子、串は串と別々に離れて居るものとすれば、それは決して串團子ではなしに、これは團子です、これは串です、今各項は一つ〱の團子です、所在期間と云ふ團子である、教育程度と云ふ團子である、家族數と云ふ團子である、一つ〱の團子が轉がしてある儘です、今この串に依つて各項十二の團子をズツト列ねて一本の串團子として、全編をもう一遍皆さんの前に新しく生れ更へして見やうと思ふ、これが私の小結を申上げる所以である。

(三)平均世帶　この假定した一世帶。無論假定した一つの世帶を實際的に此所に表現するこ云ふこごは難かしい、多分の矛盾に逢着するだらう、併し私は別に實際の一つの世帶こ云ふものを頭腦の中に描きつゝお話を進めて行くから、その矛盾する點は補塡し、充塞して行けるこころの自信を有つて居る、平均の世帶の家族數は子供を一人有つた夫婦生活者、即ち三人を基調こして、そこでこの家族三人の者がこの宿へ來てから二百五十三日、即ち八ケ月位の時日が流れた、父親の教育程度は四ケ年制だつた頃の尋常卒業生の頭腦の程度で、時々夕刊を買うて來て讀むこごがある、お父さんは大阪市の生れで、お母さんは堺市の生れであるこ云ふこごだけは判明して居るが、その前生涯に就いては一切判らぬ、子供は大阪市に在住中出生したらしく思ふが、勞働能力は全然無く、儲けるここを知らぬ子供である。

(四)父母の職業　は、お父さんは鮟鱇人夫で、お母さんは拾屋、立派なお父さんお母さんを有つて居る、さうして渡世をして居る、それでお父さんの日收は約二圓、お母さんの日收は約七十錢であるが、双方共に屋外勞働に屬するものであるから、天候などの影響を受け易く、一日、十五日等は休養するものこして、何うしても月一杯自分の力を表はすこごが出來ぬ、それでお父さんの勞働は月二十五日働くものこ見積つて月收五十圓見當、お母さんは拾屋に行つて、便所の糞壺から出て來る財布の中の錢や、朝早く起きて塵芥溜の中からお花の鋏を見着け出すこ云ふ餘得は別こして、日收七十錢の收入があるが、これこて家の都台があつたり、子供がお腹を下したり、雨が降つたりするこ何うしても月一杯は働けぬ、先づ二十日間の勞働こ見積つて月收十四圓こ云ふ勘定である、夫婦の總收入は月額六十四圓こ云ふのが標準である、併し曩にも言ふた通り迚もこれだけの收入は無いのです、迚もこれだけの月收は無いが、假りにこの夫婦が眞面目に働くものこしての話です、これがこの世帶の總收入である。

(五)生活費　次にこの世帶の生活費は何うであるかこ云ふこ、一日の費用を極く切詰めて見るこ、主食費が五十錢……米ですネ、それから副食費が三十錢、燃料費が十錢、酒、煙草が五十錢、交通費が十錢、家賃が四十五錢、間食費が五十錢、其他の經費は略する、計二圓四十五錢、で一日の計二圓四十五錢だから、月額金七十圓と云ふ勘定であつて、休んで收入の途絶ゆる日があつても、食べるものは休むことも途絶ゆることも無いから、何う切詰めて見ても月額九圓内外の生活費の不足を來す狀態である。

（六）家庭調査の結果　この假定一世帶の收支精算報告は、餘りに實際と遠距離に無いと云ふことを證明する材料に私の方で弘濟會保育部の保育所で、保育兒として收容してある子供の中で、この木賃宿の方面から……私が今調べた木賃宿とは違ふが、兎に角この方面の木賃宿から通所して來る子供の分九人だけを擇つて見て、その家庭調査の結果を表にして見た、簡單に言ふと、男の子が五人、女の子が四人ある、親の職業は、土方、鍛冶屋、小使、石工、古物行商、生魚行商、鮫鱇、名刺注文取、裁縫師、車夫、女工、炊事婦、菓子行商、かう言つた者です、その九人の子供の家庭狀況の平均率について申上げると、家族數が約四人、疊數が三疊半、家賃が約十一圓、これは一月です、主食費が十一圓、副食費が九圓、燃料費が約三圓、酒煙草が約六圓、交通費が約一圓五十錢、間食費が五圓、その平均の計が四十八圓五十錢です、それから月收の方では六十八圓となつて居る。

この今讀み上げた表は、保育所の保姆長の調査した保育兒原票から拔粹したもので、假定した一世帶の各事項とこれを比べて見ると、その大體に於て月收、家賃、主食費、副食費、燃料費は略々同位に在ることを發見する、同じ位の高さです、茲に問題は、酒煙草、間食費の相違高が、彼此相違する點があるから、其點を斷つて置かなければならぬ、この保育部の調査は、外面的のもので、私の本調査は內面的の調査であることに依つて、兩者相容れないところの結果に到達したものである、即ち保姆長のする家庭調査は改まつた餘所行の調査で、標準は酒を飮まぬ時の調査であるけれど、本調査は胡坐をかいて酒を飮んで居る時の調査である、元來家庭調査なるものは、その申告者が稅金に關係を有つたものでないかと案じて、實際の收入を秘して達慮して見るかと思へば、又一方には虚榮心が動いて收入を過大に發表する、日收一圓しかないものを、一圓五十錢あると過大に發表して見たり、生活費を誇大に告げて見たりする、さうかと思ふと又一方預託の恩典に浴して子供を預つて貰ひたいものだから、その親は「私は酒などは一口も飲まない、マア友達でもあれば一合位は飲みますけれども、直きに醉うてしまふ」とかう遠慮して言ふたり、又粗暴な子供や買喰したりする子供は此方が嫌ふから「この子はもうお金なんか一錢も費はない、極く温順しいもので、喧嘩口論をしても直き此方から負けてやめる」などゝ、保育所へ行くのには買喰するなどゝ云ふことは秘して行かなければならぬと云ふので、チヤンと此方へ來るまでに試驗準備が出來て居る、だから此方等に聽診器を充てゝ見たら彼此相通ずる心音を聽取することが出來ると思ふ。

話は元へ逆轉する、この眞面目に働くものと見た假定一帶の月額に於て、尙ほ約十圓內外の生活費の不足を告げる譯であるが、併しこの程度の收入不足は何所でもザラにあることで、餘り珍らしいことではない、又補足の途は十分ある、壞れた茶腕ならもう飯を盛ることは出來ぬが、チヨツト缺けた位なら手慣れた懷しみから、一層食べ心地がよい、この世界人情味に溢れた人々も澤山あつて、お互ひ同志、同病相憐れみつゝ手から口へと其日々々の生活が續けられ行く、家賃は日勘定であるから、其日々々に帳場の番頭さんの手に納めねばならないが、少し顏馴染になると暫くは待つても呉れる、で番頭さんが人情味を奴忘れしたときには、隣室のおつさんが肩肌拔ぐこともを憶ひ出して呉れる、此邊至極便利である、暖簾を潛らないでも質屋の相當有難味を會得出來て居る者もあるし、さうした男は無くとも商賣道具だけはいつでも金になるだけの覺悟は、持主の經驗上體驗して身賣も躊躇せぬ、博打も金融の道を開いて呉れるし、かうした狀態は一定した收入の途が開けてある間は算盤がどうでも彈けて行ける。

（八）雨と酒　こころが天候の緩急が酒の値打に影響する世界——天氣が惡ければ屋外勞働の働き途が絕れる、鮟鱇連中の受ける打撃は大したものである、切めては内職なりとも、氣遣がないでも、徒食する事に對する反省があれば兎も角も、實際天氣が悪ければ酒屋が餘計賑ふと云ふ狀況、酒の交際は絕ち兼ねるものとか、一時はお互ひの親睦も保たれやうが、何れその結果は喧嘩の花が咲いては散る、これが毎日のやうに打續く、でこの梅雨時分にでもなると又格別で、及渡り三尺の秋水が肝を冷しめると云ふことも珍らしくない、これが常態であるから、缺損は缺損を生んで加速度に陷り、生活が益々苦境に沈淪するのが當然である。

（八）常識線を超越　達者な時には酒も飲めるが、一朝世帶主に不祥でもあるとか、病氣にでも罹るとかすると、其時こそ悲慘は常識線を超越してしまふ、六十四圓の收入は妻の勞働に依つて得られるところの金十四圓で、この一家三人の生活を支へて行かねばならぬ、妻は子守と主人の介抱をしつゝ、收入の途を塞がないやうに怠らねばならない、收入に反比例して支出はもう算を亂すと云ふ有樣、主人の病は頓に革つて、遂には妻も主人の介抱の爲めに仕事に出られなくなつてしまつた。飯の爲めに鮟鱇人夫として勞働を始めた主人、元來が强い身體の持主ではなかつた、それに持病である、痔疾も重患になり、搗てゝ加へて忘れて居つた脚氣が起つた、もう寸分も動けぬと云ふ悲慘さがこの一家三人の上に降り掛つて來た、麥五合に一錢の豆腐切れ、それに鹽をぶつ掛けて、一日合計十五錢內外で、病める生命を妻子と共に續けねばならなかつた、これは實際の話です。

それで妻は子供を伴れて拾屋に出掛けやうとしたが、元來は正當な職業ではない、また手纏ひ足纏ひの子供があつては收入の狀態も思はしくないので、私はこの子供を弘濟會保育部の貝柄町保育所へ預かつてやる、嫁さんにも何か收入の途を講じてやらうと、かう言つて約束をした、その翌日保育部へ來る筈が來ない、訝かしく思つて迎ひにやると、子供を連れた細君がやつて來た「何故連れて來なかつたか」と訊くと、「辨當箱もなければ、入れてやる白い米の御飯が焚いてやれぬから可愛想である、誠に恥づかしい次第であるが、それが爲めであつた」と云ふたことである、これを見ても如何にその生活苦がその深刻さを極めて居るかと云ふことが判る、僅かにあつた關東煮の材料も何も彼も身賣をさせてしまつて、殆んど金に換へ得る何も彼も、持ち合せるものはみな金と換へた揚句がこの始末である、この家庭を構成して行く一切のものを賣却してしまつて、悲慘も悲慘、喩へやうのない苦痛の極である、さう斯うして居る間に子供が急性のジスペプシイに罹つた、胃腸の病氣です、併しこれは幸にも保育部の手に依つて全快させることが出來た、けれども依然一家は主人の病氣と生活苦の爲めに苦鬪を續けて行かなければならなかつた。

(九)流轉主人　は立てない悔しさに下唇を噛み締めて、天井の一角を睨んで、苦痛を負うて居ると、枕邊の中敷居の戶をあけて「○○さん、病氣はどうだつか」と云つて立つてをる二十歲位の妊娠した女がある、この女は病人の細君とは舊い友達で、この宿から半町くらゐ西に當る……三四軒目くらゐ西の木賃宿に泊まつて居る女です、愛人と共に救護所から手に手を取つて逃げ出して來て、其所で夫婦生活をして居るが、その主人は矢張り大阪市の或市場へ仕事に出る、天氣の快い日は一圓五六十錢の收入がある、無論普通の日にそんな收入はない、それに主人の持病の喘息が復た擡頭して來て、此頃は休み勝ち、多大の宿料も滯納して居るので、種々金の苦面にも出たけれども今猶ほ何うすることも出來ない、この女中々の嬶天下を決め込んで、喘息でズー〲言うて居る主人をば、天氣が快ければ仕事に叩き出してしまふ、さうして自分は何うかと云ふと、關東煮や東京燒、一錢洋食と云ふやうな間食順禮に無駄口叩き浮草日記を綴つてゐるのか此の妊婦の日課である、お腹も大きい、胎兒の生れる日も近づいた、想へばこの兒も亦かうした親の因果を背負うて、何所まで時間的に空間的に流轉して行くことやら……時々この病人を尋ねて來る青年がある、これもある救護所から逃げ出して來て、今では天王寺邊に乞食生活をして居る、この男も亦この附近の宿泊人である。

(一〇)惠まれる春　かうした悲慘な物語の中に、彼は病を養つて居つたが、その內に或救療病院に入れられることになつた、さうしてこの世帯主の健康も遂に快復して、もう今では元々通り働いて居ることである、私はこの物語を何時の間にやら假定世帯から現實の世帯へと甦生つて來て居ることに氣が附いた、茶店に少憩を求められた皆さんは、茶話に愛想をお添へする心根から薦めるこころの、この一本の串團子を手にして戴けば私の本懐である、切めてものこの貧者の一燈として捧げるものをお受け下さる心持ちから……

C　結　論

（一）生命慾の犧牲　文化に伴ひ、都市の發達に伴れ、細民は都會の中心点から漸次々々に周圍部へ、外郭へと押流されて行く、絶えず繰返される金と名の戰の爲めに、力なく〳〵敗れた者は自業自得として諦めもしやう、併しこの競爭……この戰爭の餘波を喰らつて戰はずに逐はれて行く者の後ろ姿こそ、實に見送つてもその遣瀬なさに涙が溢れる、枯死し掛けた葉は風のある日も風の無い日も、絶えずこぼれるやうに落ちても落る、金と名の欲求を滿足する爲めに、或ホンの一部の階級である幹や枝には又巡つて春も來やう、併し落ちた葉はもう甦生つては來ない、一番肝腎であらねばならぬ生命慾すらも犧牲にされつゝ落ちて行く、枯死した葉は落ちても、幹や枝に無事に寒さを越さす爲めに推肥となつて庇護しやうと努めて居ると見れば、一層その枯死した葉の慘めさと遣瀬無さとが深刻に味はれる、犧牲者の血は無駄に流れまいが……犧牲者の血が無駄に流れて、落ちて行く葉の豫期せぬ犧牲を敢て拂はねばならない犧牲ほど、夫れ自體に取つて無駄な流血の慘はあるまい、葉は落ちる、不斷に落ちて居るが、一朝暴風雨に遭へば纒まつた葉は一齊に振ひ落されてしまふと云ふ際立つた現象が生れる。

（二）寢城の脅威　交通網の發達は、その都市の文化に密接な關係を有して居る事ほど左樣に、交通線の進展は直接に細民の寢城（根城ではない）を脅威する熱度が强烈である、新しく電車が開通されると、暫くの間にその兩側には前と全く面目を異にした一軒の店が其所に列ぶ、また列ぶ、遂に櫛比する、櫛の齒を立てたやうに……又新しく電車道路が兩側面へ擴張されると云ふと、その機會を狙うて大廈高樓か割込んで來る、割込んだ大建築物の大きさに正比例して、數多くの細民の寢城は夥しく旋回し、流動を餘儀なくされると云ふ道程に這入る。

最近の例を大阪市に取れば、堺筋、日本橋三丁目から惠美須交叉点へ亘つて、道路の擴張工事が行はれた、この數字は茲にあるけれども略する、その影響を受けて裏長屋の細民は町の外郭へ、周圍部へと移動した、斯くして或一部の者はこの機會を利用して、經濟的に豫期して居ない……豫期以上の利得を收めた者もあらう、又一方何等の痛痒をも感じないで濟む者もあつたらうが、併しそれは極めて一小部分なものであつた、大部分の者は多大の脅威を被つて壓倒せられ、遂には悲しき人々の集團に運命を見出す結論が與へられるのである。

(三)萬卒零落の實在　こんな機會に動いた人々の中で、若干の持合せのある者は却つて成功して居るが、それは至極少數である、それで移動後の消息に就いて、その成功した者のみの噂は誰もしやうが、併し零落した者の上には當然の行き方として世人は一顧も晉して吳れない、些つとも振返つて吳れない、一人の大將が成功したならば、その裏には萬人の兵卒が亡くなつたと云ふことを知らねばならぬ、言ひ換へて見れば一將が成功の消息を耳にした者は、同時にその裏面に萬卒零落の實在を知らねばならぬ、家を移轉すると云ふと、前より小さい家でも敷金が高かつたり、家賃が高かつたり、子供を有つて居つたならば、二階も貸して吳れぬ。

(四)去り難き羈絆　日本橋小學校は、大正八年頃までは堺筋の電車道路に面して建てられて居つた、ところが校舍が增改築する必要に迫られて、土地の關係上や其他の理由で堺筋線の道路から後退して建てられることになつた、今松坂屋のあるところが元日本橋小學校のあつた跡です、同校舍移轉の選定地と目された敷地はその裏通りであつた、その道路に面した全部、其他の一部を除いた大部分は裏長屋に住む第四第五に屬する階級の細民であつた、有名な顔役の太政官なども彼所に居つたのです、尙ほ同校舍に近接した御藏跡の圖書館や小公園なども、これと同時に生れたものです、それで校舍の移轉に就いて起つた住民の立退一切に就いては、學校側の方から手を下したさうであるが、悲慘な話です　中には立退を承知しない、又承知して居ても落ち着く先きが見附からぬ爲めに動くことをしない、困つたのは學校側です、それで戸締りなどを嚴重にして釘附にして置いても、犬や猫が這入つて來るやうに、何時の間にか住民か這入つて來て寢て居る、それをまた立退かすのに非常に困つたと云ふ消息を仄かに聞くだけでも、茲に去り難き羈絆のあつた事も窺はれる、斯くして逐はれ行く淋しき人々の落ち着く先も、略々想像することが出來やうと思ふ。

（五）貧しき寡婦の影　由來都市の裏面には、すべてこの交通線に接近した方面から、奥へ〳〵と文化的に形態を整へて行く傾嚮を示して居る、さうして物質の集散とか、交通とかの便益を最も能く有つた地点は一層その進化が急速である、さてこの都市の美觀を添へることがその面目を維持する上より必要である、それをするのも結構である、小學校を建てるも宜しい、小公園も無論必要です、都市がその外形を整へ、内容を充實する爲めに設備する勢は急を要する筈である、文運の發展に伴れ、變遷に伴れ、住民の移動も當然であらうが、美しく都市が建てられて行くその裏面には、その餘波を喰らつて驅逐され行くところの貧しい人々、老婆の手を引き、榮養不良の幼兒の手を引く、貧しき寡婦の影を見失つて貰つてはならない事を極言したいのである。

（六）散る葉の淋しき運命　一時的或は不斷に散りつゝある葉の淋しい運命の持主は、何うしても都市の中心点から周圍部へ、外郭へと押流されて行く悲しい人々である、この人々の貧困の原因は勿論個人的の原因に在つたにしろ、都市生活者の敗慘者として外遷を餘儀なくせられ、この周圍部に集團生活を敢て營まねばならなくなつたとすれば、その落ち行く者の自然の道行として個人的原因とのみ看過して貰つては困るのである、この意味から本編は幾分かの責務を果し得られるものと信ずる次第である。

尙ほ併せて都市改良の計畫が正に着手せられて行く現在から、將來に亘つて、特にこの方面に多くの考慮を拂はれんことを念願してこの講演を了りたいと思ふ。（完）

◇不良住宅地区改善の諸力

（『大大阪』第二巻第八号・大正十五（一九二六）年八月・志賀志那人）

大大阪

大正十五年八月發行

第二巻
第八号

大阪都市協会

密集住宅地區の研究

內務省社會局では六大都市に於ける密集住宅地區の改良計畫を樹て、今後十ヶ年間に全部の整理を斷行しやうと準備中である。このときに際し多年貧民窟研究に從事しつゝある左記諸氏の調査研究の發表を求めてこゝに收錄することゝした。大阪市に於ける密住地區の現狀が如何なる狀態にあるか、その對策は如何にすべきかに就いて左記新進の諸氏は忌憚なき所見を本誌に寄せたのであつた。

不良住宅地區改善の諸力

志賀志那人

一

私は今度六大都市不良住宅地區改善の候補地に數へられた大阪市の長良附近に過去五年間居住してゐる。そこに住む事が公務を果す事の一要件たる以上此の地區の種々の變遷に對しては少からぬ興味と熱心とを以て觀察の眼を向けてゐるが既往五年間の經驗は斯かる地區の改善が單に改善のみを目的としたる作業のみでなく或は寧ろ斯かる事を直接の目的としない色々の力の要素が加つて不知不識の間に面目を一新の功を擧げてゐると思ふ。

私が之等の要素として數へたいものは直接改善の事業から謂へば最も長い歷史即約六年を數へる中津警察署長良出張所及方面委員、今は移轉したが弘濟會、寺院では長良の鶴滿寺など皆改善に對し相當に大きい力を有つてゐた。其後市立市民館最近には淀川善隣館、內鮮協和會、市立長柄共同宿泊所、豐崎勤勞學校等を數へる事が出來る。

之等直接間接の改善機關の人と經費とを見積つて見ると少くとも常時七十人位の人手と年額十萬圓近くの經費とを費し外に舊豐崎町役場の施設した町營住宅などを入れると改善事業の豫算がないと云ひ乍らも過去五、六年間に費された費用が相當の巨額に上る事は想像せられる。

然るに之等諸施設の働は軒の滴が庭石を穿つやうなもので極めて徐々に其効果を奏するに過ぎない、氣の早い人々から見れば實にまだるい仕事に相違なく誰でも斯々の仕事をしたとは謂へるが何れ丈けの効果があつたとは的確に自信を以て陳べ難い。けれども多く改善事業として實行せられるものは古來此の類の仕事に主力を置いてゐる。而かも私共は自分の仕事の根據を堅固にする爲に往々外の仕事を輕んじ何時までも單に自分の仕事の立場から觀察して其の功績を吹聽する癖を有つてゐるためにお互の似た仕事同志の聯絡提契を計り力を一にし働を共にしやうとの努力に於て恥しい程貧弱なものである。

斯かる狀態の下に直接間接の改善事業が推移する裡に非常に大きな改善の効果が豫測しない他の事業或意味に於て一種の營利事業によりて達せられるを見ても相變らず直接間接の改善事業が從來の株を守つて其の行り方を變へやうとしないやうな場合があるのは遺憾である。勿論以上の改善の諸力は主として敎化或は救濟の方面であつて次に述べんとする都市的施設とは比較し難いけれども必要なる都市的施設の充實はやがて自然の結果として不良社會圏の改善を結果するものである時に內務省が最近試みんとしつゝあると云ふ六大都市の不良住宅地區改善の如きはむしろ後者に屬する施設であつてこれが實現の曉に於ける成敗は別として、大体を髣髴する資料として過去に行はれたる都市的施設が其の量に於て如何なる改善の効果を見たかを考へたい。

二

長柄方面に於ける不良住宅地區は豹の斑點の如く諸所に分散し決して一所に集合してゐない。其全數に於て長良出張所所管に十七個所他に本庄方面に於て密住區一個所あるが分散の全範圍は舊豐崎町即ち長良の名稱に於て總括せらる、全面積五四萬五千八百七五坪に散在するものである。而して此の北に淀川運河 南に 市電都島梅田線東に新淀川西に阪神北大阪線があつて畧此の地域の境界をなしてゐる。右の中心部を南北に縱貫する一線が俗稱十丁目筋で天神橋筋六丁目より北に直進して長柄橋に至るものである。而して所謂不良地區こ稱せらる、ものは殆んど全部此の線の東方淀川に至る間に存在するのである。

隨つて改善の施設は其の種類の如何を問はず此の全部に對して行はるべきものこ豫想しなければならない。然るに相當大きな改善的効果が此の全地區の中心に於て擧げられた事を注意しなければならぬ。

三

昨年十月十五日に開通したる新京阪天神橋筋六丁目より淀川左岸に至る高架線こ最近家屋取除工事中の市電天神橋筋六丁目及長柄橋南詰に至る二線が長柄の不良住宅地區の改善に對し如何に大きい影響を與へてゐるか左の數字を見れば明かである。

全地域　五四五、八七五・二坪

新京阪鐵道株式會社收用地積　四、九七九・八一坪

内

天神橋筋六丁目ビルヂング　九九七・三一坪

右地點より淀川迄幅員十間延長三六鎖即三、九八二・五坪

大阪市電氣鐵道收用地積　九、五〇〇坪

計　一〇、四七九・八一坪

即ち全面積に對して約二分弱にしか當らないのであるが此の兩線上及其の附近は可成り陰慘な住宅地區として風紀上衛生上隨分多くの問題を起した所であつた。

而して右兩線によりて收用取除けられた戸數は畧次のやうに概算せられてゐる。

新京阪電氣鐵道　約二五〇戸

大阪市電氣鐵道　約六〇〇戸

計　約八五〇戸

然るに從來不良住宅地區の戸數こ稱せらる、ものは約一千戸内外であるが其の内で右の八百五十戸中に包含せられ清掃されたものは從來の不良住宅の割合より推定するに約百戸を

下る事はあるまい。而かも殆んど全部が不良住宅ど云つても過言でない位であつて両線の縦貫によつて突然明るみに出た住宅が勢ひ改善せられる状勢にあるを考慮すれば實に千戸以上約二萬五千坪近くの清掃が行はれた譯である。而して長柄の不良地域は割合に廣大であるやうであるが中津警察署の管内に於ける商業用建物の建坪五、三六九坪工業用建物の建坪一〇、二八九坪住宅用建物の建坪一二、六八〇坪計二萬八千三百五十八坪どなり。住宅の建坪が四割五分餘である。此の點より推定する時は舊豊崎町全部に於ても商工業用の建物の占むる面積は比較的大きく特に工業用の建物等に就いては工場建築の取締によりて目的を達すべく、長柄の不良地區改善は狀況頗る有利であつて今一息の努力によつて完全に其の目的を達し天下に名を得たる一區域が一躍して立派な一市域を形成するを疑はない。今大正十四年及十五年の三月及四月に於ける密住地區中最も類型的な木賃宿の宿泊人員調を見るに次の様な狀態である。

	木賃宿	木賃宿類似	計
大正十四年	九	二一	三〇
大正十五年	八	二一	二九

右に於ける宿泊延人員

	大正十四年	大正十五年
三月	三、四九九	二、〇五五
四月	三、三六六	二、〇七九

即ち一年を隔てたる同月に於て木賃宿投宿者の數は約四割を減じてゐる。此の減少を以て市立長柄共同宿泊所が大正十五年二月に開設せられたる爲めならんどの說もあるが、木賃宿は本來世帶持の定住する多數住宅の集團であつて單身の男子のみを收容する市立共同宿泊所の設立が直ちに木賃宿投宿者の四割を奪ひ去つたど云ふ事は出來ないのみならず北市民館の大正十四年三月の調査によれば木賃宿の單身投宿者は一・九割を占めて居るに過ぎない。

右の一例を以て見ても長柄方面に於ける不良住宅地區の居住人口が目下非常な勢を以て他の方向に流轉しつゝあるものど見る事が出來る。その原因が直に新設二交通線にあるものど斷ずる事は出來ないが想像以上の力を以て此の地區の改善的機運を促進しつゝある動力たるを疑はぬ。

四

不良住宅地區は晝は光線と空氣との缺乏により夜は闇のヴエールにより淫蕩と病魔との跋扈を恣にするが常である。それは狹い路次と濕氣の多い裏屋とに培はれ光を避け空氣を遮り惡酒と化物じみた夜の女によりて育てられる。長柄方面四千八百四十世帶はもとより其の中心圏に近き幾多の若き市民は日夜不衛生と不道德との危險に曝露せられてゐる。

此の一地區を目前に控えて暮してゐる私は此の地域に加はるあらゆる善き力を歡迎する。そしてそれ等の間に完全なる提携と連絡とが保たれて今一息と云ふ所まで押しつめた長柄の都市化を熱望してやまない。

資料集　昭和期の都市労働者 2
［大阪：釜ヶ崎・日雇］《図書資料編》　第 1 回配本【全 8 巻】-1
1　大正期
揃定価（本体 72,000 円+税）

2017 年 9 月 30 日発行
監　修：吉村智博
企画編集：近現代資料刊行会

発行者：北舘正公
発行所：有限会社　近現代資料刊行会
東京都新宿区四谷 3-1
電話 03-5369-3832 E-mail:mail@kingendai.com
印刷：㈱三進社　製本：㈲青木製本

（セット 1・全 4 冊分売不可セットコード ISBN978-4-86364-498-4）
（第 1 巻　ISBN978-4-86364-500-4）